本著作同属湖南科技大学"湖南省汉语方言与文化科技融合研究基地"
"中国古代文学与社会文化研究基地"成果

湖南省少数民族古籍整理研究中心规划

湖南少数民族民俗文化研究丛书

主编 万建中

礼仪民俗

李跃忠 编著

湖南大学出版社 · 长沙

图书在版编目（CIP）数据

礼仪民俗/李跃忠编著 . —长沙：湖南大学出版社，
2020. 11
　（湖南少数民族民俗文化研究丛书/万建中主编）
　ISBN 978-7-5667-1733-7

　Ⅰ. ①礼…　Ⅱ. ①李…　Ⅲ. ①礼仪—少数民族风俗
习惯—介绍—湖南　Ⅳ. ①K892. 464

中国版本图书馆 CIP 数据核字（2020）第 097661 号

礼仪民俗
LIYI MINSU

编　　著：	李跃忠
丛书策划：	祝世英　刘　锋
责任编辑：	吴海燕
印　　装：	湖南省众鑫印务有限公司
开　　本：	710 mm×1000 mm　1/16　印张：20　字数：306 千
版　　次：	2020 年 11 月第 1 版　印次：2020 年 11 月第 1 次印刷
书　　号：	ISBN 978-7-5667-1733-7
定　　价：	80. 00 元

出 版 人：李文邦
出版发行：湖南大学出版社
社　　址：湖南·长沙·岳麓山　　邮　　编：410082
电　　话：0731-88822559(营销部),88823547(编辑室),88821006(出版部)
传　　真：0731-88822264(总编室)
网　　址：http：//www. hnupress. com
电子邮箱：presszhusy@hnu. edu. cn

总　序

　　湖南是一个多民族的省份，居住着土家族、苗族、侗族、瑶族、白族、回族、维吾尔族、壮族等五十多个少数民族。如果不主编这套丛书，我竟然不知晓湖南有如此之多的少数民族，这种情况在内陆地区是很少见的。还有，原本以为处于汉民族民俗文化的裹挟当中，这些少数民族的民俗文化传统肯定难以为继，大多只能存在于人们的记忆里，但结果大大出乎我的意料。

　　湖南省西部和南部地区毗邻广西、贵州和重庆等省（区）市，在这里，少数民族民俗文化有着其他内陆省份难以媲美的优越的生存环境。曾几何时，少数民族聚居的山区道路蜿蜒起伏，通向外面世界的路径极其不便。闭塞和贫困反而使得少数民族民俗文化传统比较完整地保留了下来。在这些民族中，以土家族、苗族、侗族、瑶族等少数民族人口数量为多，并且都使用本民族的语言。改革开放以后，尤其是近十年来，人们修路架桥，道路畅通后，进进出出变得便捷起来。少数民族民俗文化衍化为热门的旅游资源，备受关注。另外，在非物质文化遗产保护运动兴起以后，民俗文化的经济价值和社会价值逐渐凸显出来。一旦民俗传统资本化，维系民俗传统便自然成为一种文化自觉。从过去到如今，湖南少数民族民俗文化的生存土壤都是异常肥沃的。

　　不仅如此，长期处于汉民族文化的夹缝当中，湖南少数民族民俗文化铸就了顽强的生命力。如果说生存环境只是民俗文化得以延续的外在因素，民俗文化本身的多元与互动则构成了其牢固的传承系统。对湖南少数民族民俗文化进行分解，它至少呈现为以下六个方面的特色形态：一是以濮文化、巴文化、楚文化、苗文化、越文化和汉文化为源头的"历史文化"；二是以土家族、苗族和侗族文化为主体的"民族文化"；三是以民间信仰和儒道释融于一体为特征的"宗教文化"；四是以土家族、苗族、侗族、白族服饰为标志的"服饰文化"；五是以湘西北"湘菜"和渝东南"川菜"为特色的"饮食文化"；六是以转角楼、吊脚楼、鼓楼和"三坊一照壁"为标志的"建筑文化"。前三者侧重于内在，属于民俗文化的根脉和特质；后三者侧重于外在，属于民俗文化的日常生活世界。它们之间互为表里、互相依存，共同构建了湖南少数民族民俗活动可持续的常态性运行机制。

尽管民俗文化分属不同民族，但毕竟相处于同一区域空间。各民族民俗文化并非孤立地存在，相互之间有着密切的关联性。要系统展示湖南少数民族民俗文化图式，显然不能以单一"民族"为书写对象，将各民族民俗文化之间的内在联系割裂开来是不可取的。故而本丛书打破民族之间的壁垒，以"门类"立卷，将不同民族同一领域的民俗事象集中起来加以审视，努力寻求同一民俗事象在不同民族间的演绎脉络和差异性，这是一种整体观照的学术视野。当然，操作起来有一定难度，因为每一本书都需要顾及湖南省内所有的少数民族。

本丛书从民俗学的视角发掘、理解和阐释少数民族民俗文化传统，以传承和发展为编撰之宗旨。丛书第一批六部，涉及"信仰""礼仪""服饰""饮食""民居""工艺"六个方面。丛书总体设计宏大，触角深入湖南民族地区民间生活的方方面面，涵盖民俗文化的基本形态及日常的民俗行为、观念，为认识和把握湖南少数民族民俗文化提供了系统而翔实的知识谱系。有规模，方成体系，以往湖南少数民族民俗文化的呈现都是局部的，有很大的局限性。也曾有单本同类书籍出版，但难以产生广泛的社会效应。而本丛书是对湖南少数民族民俗文化全方位的展示，其价值是已出版的任何一本同类书籍难以企及的。从政治的高度而言，丛书立足于习近平总书记关于弘扬中华优秀传统文化系列讲话的现实语境，根植于中华优秀传统文化之土壤，可以满足国家乡村振兴战略的需要，是湖南优秀传统文化"走出去"不可多得的学术成果。

丛书的学术追求相当明确：一是以小见大，以点带面，深描各民族民俗文化的内部知识和行为表现；二是把民俗置于具体的生活空间中进行表达，还原民俗的生活状态；三是突出民俗之"民"的主体地位，即当地人是如何实施"俗"的，力图消除以往民俗书写只有"俗"、不见"民"的弊端；四是关注民俗的过程、具体操作的方式和行为，在具体的事件和语境中展开民俗叙事，而不是把民俗当作共性现象加以呈现；五是极大限度地使用贴近当地生活的语言，用具有方言特色的语言描绘当地风俗。当然，将这五个方面的要求贯彻到书写的过程当中，实属不易。至于落实到何种程度，只能交由读者去评判了。

丛书的作者都是湖南当地的学者，又是地方文化精英，具有深厚的草根情结，是民族民俗文化传统的积极传承者。他们有着长期深入少数民族地区的田野经历，掌握了大量的第一手资料，有着比较丰富的信息储备；他们对自己书写的对象非常熟悉，而且反复观察和参与过相关的民俗活动，最了解民俗事象产生的语境及程序、环节，是这一选题的言说权威，又禀受民俗学科学的涵养，是最适合进行丛书写作的人。同时，作者还肩负传承和弘扬民族民俗文化的神圣责任，如果没有一种担当精神，是不可能在规定的时间内完稿的。我作为主编，衷心感谢丛书的所有作者。

万建中

（中国民俗学会副会长，北京师范大学教授）

2020 年 4 月 12 日于京师园

总序

前言

一

礼仪民俗，即礼俗。"礼俗"之称，古已有之。如《周礼·天官·大宰》载："六曰礼俗，以驭其民。"①又《三国志·魏志·王粲传》："瑀子籍，才藻艳逸，而倜傥放荡。"裴松之（372—451 年）注引晋代孙盛（生卒年不详）《魏氏春秋》说阮籍（210—263 年）："旷远不羁，不拘礼俗。"②人们一般以为"礼俗"包含"礼"与"俗"。如民国时期许地山（1894—1941 年）说："礼俗是合礼仪与风俗而言。礼是属于宗教的及仪式的，俗是属于习惯的及经济的。风俗与礼仪乃国家民族的生活习惯所成，不过礼仪相对是强迫的，风俗相对是自由的。"③今人邓名瑛也说"礼俗"包含"礼"与"俗"两个部分。④

"礼"和"俗"是有联系又有差异的。人们一般认为"礼"源于人类古代祭祀神灵祈求福祉的活动，东汉许慎（约58—约147 年）指出："礼，履也。所以事神致福也。"⑤后衍生亦指古代社会中一系列的用以调控人之社会行为的法则、规范、仪式的总称，如《周礼》《仪礼》《礼记》等书就记录了先秦时期贵族朝觐、祭祀、婚丧嫁娶等种种行为规则。唐代张守节（生平事迹不详）在《史记·礼书》之"正义"中说："天地位，日月明，四时

---

① 崔高维，校点. 周礼. 沈阳：辽宁教育出版社，1997：3.
② 赵振铎，赵幼文等. 三国志校笺·上·魏志. 成都：巴蜀书社，2001：789.
③ 许地山. 礼俗与民生//许地山. 国学与国粹. 长春：吉林出版集团股份有限公司，2016：97.
④ 邓名瑛. 中华民族道德生活史：魏晋南北朝卷. 北京：东方出版中心，2015：154.
⑤ 许慎. 说文解字. 李恩江，贾玉民，主编. 喀什：喀什维吾尔文出版社，2002：6.

序，阴阳和，风雨节，群品滋茂，万物宰制，君臣朝廷尊卑贵贱有序，咸谓之礼。"①宋代理学家朱熹（1130—1200 年）称"礼，谓制度品节也"（《朱子四书语类·论语·为政》）。清末民初著名学者章太炎（1869—1936年)《检论》释"礼"为："法度之通名。大别为官制、刑法、仪式是也。"②民国版《辞源》释其义曰："礼，履也。因人所践履，定其法式，大而婚冠丧祭，小而视听言动，皆有其节文也。"③均指出其是社会制度、规则之意。今人对"礼"的概括则更为明白，认为："（礼）泛指我国周朝以来维护统治阶级专制统治的礼节仪式，是一种制度化了的道德规范与行为规范，具有导向性和强制性的特征。"④

中国历史上，历代统治者都重视礼，其目的是利用其"安上治民"（《礼记》），即以其节制臣民，巩固统治。这样的言论非常多。如《左传·昭公二十五年》"简子问礼"时，子太叔指出："礼，上下之纪，天地之经纬也。民之所以生也，是以先王尚之。"⑤荀子（约公元前 313—公元前 238 年）则从个人成长、社会治理的角度指出了"礼"的重要作用："人无礼则不生，事无礼则不成，国家无礼则不宁。"⑥司马迁（约公元前 145—公元前 87 年）也在《史记·滑稽列传》里面引孔子的话语，强调了中国古代礼乐文化的功能是"治"："六艺于治一也，《礼》以节人，《乐》以发和。"⑦清代，石成金用通俗的语言解说了"礼"在维护统治方面所起的巨大作用："自古至今，许大的世界，许多的人民，全凭着一个'礼'字安排定了。这'礼'是甚么呢？就是所以辨尊卑、上下、长幼、大小的名分了。要知道世人只靠着名分维持制度，但相安于名分，则在上为纪纲法度，在下为风俗教化。否则小而犯上，大则作乱，无所不为了。"⑧

----

① 司马迁. 史记. 裴骃，集解. 司马贞，索隐. 张守节，正义. 长春：吉林人民出版社，2005：927.

② 章太炎. 检论·礼隆杀论//陈平原. 中国现代学术经典：章太炎卷. 石家庄：河北教育出版社，1996：185.

③ 辞源. 上海：商务印书馆，1915：1841.

④ 巴兆祥. 中国民俗旅游. 福州：福建人民出版社，1999：7-8.

⑤ 陈戊国，点校. 四书五经（下）. 长沙：岳麓书社，2014：1141.

⑥ 荀况. 荀子. 廖名春，邹新明，校点. 沈阳：辽宁教育出版社，1997：4.

⑦ 司汉迁. 史记. 北京：线装书局，2006：522.

⑧ 石成金. 传家宝全集（一）. 北京：线装书局，2008：6.

"俗"则是普通民众的习惯和风气，我国历史上有民俗、民风、风俗、习俗等称谓。许慎《说文解字》训"俗"作："习也。"郑玄（127—200 年）《周礼注》释"俗"为："土地所生习也。"《汉书·地理志》以"好恶取舍动静无常，随君上之情欲，故谓之俗"解之。可见"俗"是地域性很强的自然生成的习俗，具有地方性、易变性、多样性等特点。

　　对二者的关系，人们多有论述。如民国二十三年（1934 年）《奉天通志·礼俗志》的修撰者说："礼与俗相因：因地异宜，谓之俗，俗定约成者，谓之礼。俗为礼之因，而礼为俗之果，未有离俗而能成礼者。"①今人杨志刚也指出俗先于礼，礼本于俗。礼一经形成，成为一种"理想形态"的行为规范，并凝结成典章制度，就与俗有了明确的分野。但是，"道德仁义，非礼不成；教训正俗，非礼不备"，礼对俗具有极大的渗透、影响和制约力量，人们在实践礼的活动中，将礼作为指导原则融摄进俗，从而将礼和俗不同程度地统一起来。比如，汉民族的一些婚丧祭祀活动（如"五服制"），就表现为既是礼，又是俗，"礼俗之界，至难划分"。因此，礼与俗的关系，既有差异性的一面，又有同一性的一面。②"与此同时，礼俗一经统治者纳入礼仪之道，加以推广，对整个社会生活便产生巨大的调控和影响作用，它的普及也得到大大加强。"③

　　巴兆祥则就礼俗、风俗等术语的内涵、外延做了辨析，指出"风俗的内涵外延最广，不仅涵盖了民俗、习俗、礼俗，而且还包括社会风尚。习俗次之，民俗再次之，礼俗最窄。在传承时间上，民俗、习俗、礼俗和风俗中的绝大部分均具有历史传承性。其中礼俗传承最为稳定，在传统社会里对人们的行为具有强制性，即使在当今社会，它的约束力与影响力也要强于其他。而社会上的某些风尚可能长期流传，被模式化而转化为俗，也有某些风尚却不能演化为俗，只能是短期流行的趋同性的社会现象"④。

---

① 辽宁省地方志办公室. 辽宁地方志书凡例小序选. 内部资料，1987：184.
② 杨志刚. 礼俗与中国文化. 复旦学报：社会科学版，1990(3).
③ 王辉. 中国古代民俗. 北京：中国商业出版社，2015：6.
④ 巴兆祥. 第二轮志书风俗志纂刍议//朱敏彦. 上海方志研究论丛（第二辑）. 上海书店出版社，2015：201.

二

礼仪与习俗都有传承性、变异性。"一代之兴，必有一代之礼。"①民俗是指一个国家或民族中广大民众所创造、享用和传承的生活文化现象，是人民群众在社会生活中世代传承、相沿成习的生活模式，是一个社会群体在语言、行为和心理上的集体习惯。②

从历时态角度分析，礼俗的对立在中国文化中构成了一种基本的矛盾运动。"礼"要给"俗"以规范，"俗"又要冲破"礼"的约束。这对矛盾如从"礼"形成之时算起，直到它在近现代逐渐消亡，其间几千年，一直贯穿于中国文化发展的全过程。礼俗在其矛盾运动中，自身也发生着变化，并影响系统和功能。这一漫长的过程，大致经历了以下四个阶段：

（1）从"礼"脱胎于祭祖的仪式，到春秋战国礼崩乐坏。这一阶段的"礼"，以周礼为典型。它与宗法制相联系，主要是用来规范贵族的行为和交往，以人情为本，以节仪为文。

（2）春秋战国，社会急剧变化，风俗人情大异于前世。面对社会的"失范"状态，当时的思想家们纷纷发表对"礼"的见解，给"礼"注入新的内容，如孔子、荀子就分别援"仁""法"入"礼"，使"礼"获得新的生命力，继续规范、制约社会生活。这一阶段一直延续到唐代。其间汉代"三礼"（指《周礼》《仪礼》《礼记》）的整理和注释，意味着被改造、加工过的"礼"，再次在社会生活中确立了指导地位。到唐代玄宗时，出现官方颁定的一百五十卷的《大唐开元礼》，完成了中国礼制的法典化。

（3）中唐以后，人身依附关系减弱，商品经济因素增多。发展到宋代，人情风貌又发生很大的变化，反映到被称为"礼之大者"的婚丧活动中，越礼逾制的现象十分普遍。如同春秋战国一方面是礼崩乐坏，一方面是复兴"礼"的呼声四起，宋代也出现了关于"礼"的激烈讨论。讨论的

---

① 伍炜，王见川. 永定县志·礼俗. 厦门：厦门大学出版社，2012：294.
② 钟敬文. 民俗学概论. 上海：上海文艺出版社，1998：1.

结果，是肯定"礼即理"，而"理"即是"天理"，从而把"礼"确立在哲学的本体论基础上。"礼即理"成为以后"存天理，灭人欲"的张本。唐宋之际"礼"的形态也有变化，那就是"民间通用礼"的酝酿产生。这标志着宋代以后"礼"的功用，重心已落在对民间生活的规范和约束上。这个阶段延伸至晚清。

(4)晚清以后，伴随闭守的国门被轰破，西方的政制、法制被引进。中国社会从经济基础到上层建筑都发生前所未有的变化，"礼"逐渐开始退出历史舞台，礼俗复合系统缓慢地消解。不过，尽管披着古老外衣的"礼"渐渐隐去，在中国现代社会的各个层面，还是能够经常看到"礼"的原型。①

三

由于礼俗在维护社会稳定方面具有极为重要的作用，历代统治者、思想家、文人除重视礼教文化的建设外，也形成了中国特色的"观风知俗"的礼教民俗观。如中国历史上，官府派专门的人将民间诗歌采集起来，以闻于天子，使之了解民间心声，以省政治之得失。东汉应劭(生卒年不详)《风俗通义》"序"中引《尚书》说："天子巡守，至于岱宗，觐诸侯，见百年，命大师陈诗，以观民风俗。"②《礼记·王制》载天子："……岁二月东巡守……命大师陈诗以观民风，命市纳贾以观民之所好恶，志淫好辟。"③班固(32—92年)《汉书》亦有对这种制度的记录，其《艺文志》说："故古有采诗之官。王者所以观风俗，知得失，自考正也。"又《食货志》篇记："孟春之月，群居者将散，行人振木铎徇于路以采诗，献之大师，比其音律，以闻于天子。故曰'王者不窥牖户而知天下'。"④对这一制度，东汉末经学家何休(129—182年)在《春秋公羊传解诂》中写得更具体：

---

① 杨志刚. 礼俗与中国文化. 复旦学报：社会科学版，1990(3).
② 应劭. 风俗通义//岳麓书社. 野史精品(第一辑). 长沙：岳麓书社，1996：165.
③ 戴一圣. 礼记通释(上). 贾太宏，译注. 北京：西苑出版社，2016：157.
④ 班固. 汉书. 长沙：岳麓书社，2008：760、509.

从十月尽正月止，男女有所怨恨，相从而歌。饥者歌其食，劳者歌其事。男年六十、女年五十无子者，官衣食之，使之民间求诗。乡移于邑，邑移于国，国以闻于天子。故王者不出牖户，尽知天下所苦，不下堂而知四方。①

由此可见历代"王""天子"是非常重视民风民情的，他们把民间风谣当作了政治的一面镜子。古人认为"凡音者，生人心者也。情动于中，故形于声。声成文，谓之音。是故治世之音，安以乐，其政和；乱世之音，怨以怒，其政乖；亡国之音，哀以思，其民困。声音之道，与政通矣"②，认为这些民间歌谣可使王者"于以考其俗尚之美恶，而知其政治之得失焉"③，君主则可以之"经夫妇、成孝敬、厚人伦、美教化"④。

受这种民俗观的影响，我国历史上有不少重视风俗的政治家或居官文人，他们认为风俗的兴衰反映了政治的兴衰，为政者研究通晓民俗有裨于管理，东汉应劭《风俗通义》"序"中说："为政之道要，辨风正俗最其上也。"⑤此外，宋代苏轼（1037—1101 年）、王安石（1021—1086 年），清代龚自珍（1792—1841 年）、黄遵宪（1848—1905 年）等都有过相关的论述。其中黄遵宪在重视民俗方面则堪称典范。黄遵宪曾长期担任驻日的外交使节，编纂了《日本国志》。他对礼俗颇为重视，继承我国"采风致礼"的传统，在《日本国志》"礼俗志"之序中论道：

是故先王之治国化民，亦慎其所习而已矣。……古先哲王知其然也，故于习之善者导之，其可者因之，有弊者严禁以防之，败坏者设法以救之。秉国者其念之哉！⑥

---

① 中华书局编辑. 汉魏古注十三经·春秋公羊传注卷十六. 北京：中华书局，1998：118.
② 崔高维，校点. 礼记. 沈阳：辽宁教育出版社，2000：125.
③ 朱熹《钦定诗经传说汇纂》卷一，第 1 页。
④ 吴钊，伊鸿书，赵宽仁. 中国古代乐论选辑. 北京：人民音乐出版社，2011：1043.
⑤ 应劭. 风俗通义//岳麓书社. 野史精品（第一辑）. 长沙：岳麓书社，1996：165.
⑥ 黄遵宪. 日本国志（下卷）. 天津：天津人民出版社，2005：820.

黄认为"秉国者"即治国者，必须研究通晓民俗，以便对其中的善者加以倡导、发扬，对那些于国于民不利、弊端重重者严厉禁止，对那些原本良好，却因某种原因已经败坏的民俗，国家、政府还应当设法拯救它。公允而论，这确实是一项了不起的见解，即使在今天，对我们的为政者仍有一定的指导意义。

四

礼仪民俗的内容是非常丰富的。当然，对其具体内涵，历代学者的认识是有一定差异的。如清人段玉裁（1735—1815年）在《说文解字注》注"习"字时，引《周礼·天官·大宰》"六曰礼俗，以驭其民"一语，并解释说："礼俗，昏姻丧纪。旧所行也。"①可见其所说的礼俗，即指今人所说的人生礼仪之婚娶、丧葬习俗。而早在两汉时期，郑玄在注《周礼》中"六曰礼俗，以驭其民"一语时，则似乎只指婚姻之礼，其语曰："俗谓昏（婚）姻之礼，旧所常行者为俗，还使民依行，使之入善，故云以驭其民。"②随着时代的发展，人们关于"礼俗"内容的看法，其范围逐渐扩大。如黄遵宪在《日本国志》之"礼俗志"序中将礼俗分为14类："曰朝会、曰祭祀、曰婚娶、曰丧葬、曰服饰、曰饮食、曰居处、曰岁时、曰乐舞、曰游宴、曰神道、曰佛教、曰氏族、曰社会。"③而今人夏征农、陈至立等人对礼俗内容的认定，其范围更广。他们在《大辞海·民族卷》之"礼俗"条中，介绍礼俗的来源、内容时说：

> 来源于民俗。在阶级社会里，有些民俗被统治阶级固定化、程式化、复杂化、神秘化后，即成为礼俗，如奴隶社会、封建社会贵族等级制度的社会规范和道德规范等，它们反映统治阶级的意志和利益。礼俗的内容十分广泛，涉及饮食起居、服饰、祭祀、

---

① 段玉裁《说文解字注》（八篇），光绪三年成都尊经书院重刊经韵楼本，第46页。
② 郑玄，注，贾公彦，疏. 黄侃经文句读. 上海：上海古籍出版社，1990：26.
③ 黄遵宪. 日本国志（下卷）. 天津：天津人民出版社，2005：820.

交往、节日、人生礼仪等各个方面；而人生礼仪又可分作诞生礼、冠礼、婚礼、寿礼、葬礼五种，每种尚可再分成若干小类。①

考虑到丛书的总体设计，本书主要考察了湖南少数民族的人生礼俗，以及祭祀礼俗中的祖先祭祀。人生礼俗是指个体生命成长过程中，社会对其所经过的各个重要阶段赋予一定仪式的民俗活动。这些礼俗具有重要的社会功能，即通过这些人生礼仪，个人与社会之间产生了密切的联系。

湖南地域广袤，境内民族情况极为复杂，据第五次人口普查的调查来看，湖南省有汉族人口 5686.35 万人，少数民族人口 641.07 万人。少数民族中人口较多的是：土家族 263.95 万人，苗族 192.15 万人，侗族 84.21 万人，瑶族 70.46 万人，白族 12.56 万人，回族 9.74 万人，壮族 2.36 万人，蒙古族 1.59 万人，满族 0.82 万人，维吾尔族 0.79 万人。从行政区划上来看，湖南少数民族分布广泛，遍及全省 14 个市州及所辖各县市区，但多数在湘西、湘南一带，呈小聚居、大分散态势。全省有 1 个民族自治州(即湘西土家族苗族自治州，辖 1 市 7 县)，7 个民族自治县(即城步、麻阳 2 个苗族自治县，新晃、芷江、通道 3 个侗族自治县，靖州苗族侗族自治县，江华瑶族自治县)，100 个民族乡。② 而且一般以为，湖南世居少数民族在清代雍正年间朝廷实行"改土归流"后，其礼仪习俗便较多地接受了汉族礼俗文化的影响。又，1949 年以后，政府推广普通话教育，在大部分交通不便的地方修筑了公路或铁路(甚至高铁)，影响了人们的出行方式，"改革开放"以后许多年轻人选择了外出务工，由于这些因素的作用，不少少数民族地区的文化受他族文化的影响非常大，甚至导致一些地区原有文化的消失。

由于以上诸因素的影响，再加之本人学识浅陋，时间亦很仓促，因此要对湖南少数民族的礼俗文化做一宏观整体、系统深入的研究，其难度是可想而知的，因此，本书采取的是"点""面"结合的方式，而以"点"的介绍居多一些，故而书中偏颇、遗漏之处肯定有不少，恳请广大读者批评指正！

---

① 夏征农，陈至立. 大辞海：民族卷. 上海：上海辞书出版社，2012：504.
② 湖南省城乡小康发展中心. 湖南小康年鉴(2014). 长沙：湖南地图出版社，2014：248.

礼
仪
民
俗

生育礼俗： 祈生与保胎礼俗

　　"生育为人生大事，妇人从怀孕到生产以及婴儿诞生，直到婴儿满一周岁，上自皇室宫廷，下至一般百姓，都有一系列烦琐的礼仪习俗。"①湖南世居少数民族类别复杂，他们长期以来主要居住在偏僻、边远的山区，且在历史上又受过汉族或其他民族文化的影响，因此这些民族的生育礼俗各具特色，且呈现各民族生育习俗相互影响的特点。本章主要介绍湖南世居少数民族的祈生礼俗、保胎礼俗。

---

① 方建新. 中国妇女通史：宋代卷. 杭州：杭州出版社，2011：427-428.

（一）祈生礼俗

在中国"以男性为中心的社会势力及以生男为目标的繁衍观念形成并稳定地发展了数千年，生育习俗的内容也因此而以生子、求子为核心了"①，因而在民间婚丧嫁娶、岁时节日等民俗活动中，常常都有意、无意地体现出求子的意图，除了这些贯穿于其他民俗中的求子活动外，各地围绕"得子嗣"还形成了许许多多单独的送子、求子习俗。以婚后求子习俗而言，即有请神赐子、招魂求子、驱邪求子、偷子巫术、求子巫术、投钱求子、吞物求子、拜树求子以及接触求子等方式和方法。② 随着时代的变化，尤其是 20 世纪 80 年代中国政府实施"计划生育"政策以来，人们的生育观念较之以前，不管是汉族还是一些少数民族都发生了较大变化。古代求子习俗主要是祈祷生育男丁，本书以"祈生礼俗"来指我国民间祈求神灵、祖先保佑新婚夫妇或久婚不孕的人生育子嗣的习俗。"祈生礼俗"指有生育意愿的家庭在育龄女性怀上宝宝之前，围绕育龄女性怀孕而形成的民俗事象，既包括丰富多彩的祈祷生育的习俗，也包括民间判定胎儿性别的做法等。

因生育子女是家庭、家族得以传宗接代、延续存在的根本保证，生儿育女的传统观念在我国可谓根深蒂固。青年男女若久婚未孕，将面临来自社会、家族、家庭等各方面的巨大舆论压力。湖南民间历来就有向神祈祷保佑生儿育女的习俗。如早在春秋战国时期屈原写的《少司命》，就是一篇祭祀少司命神的祭歌，而少司命乃主管人间子嗣后代的天神，因此该篇是楚国"沅湘之间"，即今沅陵、溆浦等地的求子习俗的反映。又南朝《荆楚岁时记》载有湖南长沙一带民众向九子母神祈求生育的习俗："四月八日，长沙寺阁下有九子母神。是日，市肆之人无子者，供养薄饼以乞子，往往应验。"③

祈生礼俗，除有许多五花八门的专门礼俗外，也有很多是伴随在其他喜庆活动中。如中国古代婚俗的聘礼中，无论南方还是北方，一般都有"鱼"

---

① 吴格言. 中国古代求子习俗·序. 石家庄：花山文艺出版社，1995：1.
② 宋兆麟. 中国生育信仰. 上海：上海文艺出版社，1999：387-412.
③ 宗懔. 荆楚岁时记. 姜彦稚，辑校. 长沙：岳麓书社，1986：31.

"羊"。二者除了一般意义上的食物外，其实都有求子之意。① 关于中国民众"专门"的祈求生育的方式、方法，宋兆麟在《中国生育信仰》一书中基本都有涉及。本书将介绍部分在湖南世居少数民族间盛行的祈求生育的方式方法。

1. 请神赐子

中国古代形成了许多司管人间生育的神灵，有的是国内普遍供奉的，如高禖、女娲、土地、碧霞元君、九子母、观音菩萨、张仙等，有的是地域性的，如福建一带的临水夫人、妈祖，山西晋东南地区的二仙奶奶等。湖南世居少数民族祈求神灵赐予儿女时，有不同的情形。

（1）向国内普遍供奉的神祈祷。如在邵阳苗寨潭村会求观音娘娘赐子。在该村人的心目中，观音娘娘是神力最大、最灵验的神，所以每逢农历二月十九观音诞辰、六月十九观音得道日和九月十九观音出家日，那些有求于菩萨的人都要去附近的阳乌岭寺庙烧香。在尼姑主持下，求子者先向观音菩萨"许愿"。许愿时根据自己的财力许诺，日后真的如愿生了孩子，则必须按时还愿。还愿时，要带香、烛、纸钱和感谢菩萨灵验的锦旗。大人抱着婴儿，在寺庙门边燃放鞭炮，以示报喜。然后，在尼姑的主持下，将许愿钱呈到观音菩萨的香案前，打一通卦以判断菩萨是否接受了。② 土家族民众也拜佛、拜观音菩萨求子。如在桑植县，婚后久不生育的土家人常会拜佛求神，祈求神仙菩萨赐予子嗣，他们（或父辈、祖辈）拜祭观音菩萨，认为观音菩萨是送子娘娘，她主管人世间的生儿育女，每一个孩子的出生都是送子娘娘的功劳，是送子娘娘早已安排好的。③ 新晃侗族民众也主要是奉观音菩萨为送子娘娘。在新晃侗乡，高峻的山头上多建有观音娘娘或地母娘娘的庙宇。观音娘娘，在侗家人心目中，主要是作为生育之神来祀奉的，即是"送子娘娘"。观音菩萨极受侗家人的尊敬。有的妇女生了小孩，为了祈保长生，也常给小

① 李跃忠. 试论元曲中"羊酒"的婚俗文化功能. 中南大学学报：社会科学版，2007（1）：102-104.

② 姜又春. 社会人类学视阈下农村儿童养育制度研究. 成都：西南交通大学出版社，2013：80.

③ 刘琼. 文化人类学视野下的土家族生育习俗——基于两个传统土家村寨的田野调查//黄柏权，田敏，刘伦文. 中国西南民族研究学会建会30周年精选学术文库：湖北卷. 北京：民族出版社，2014：338.

孩取"观音保"的乳名，由此亦可见侗家人对观音娘娘之尊敬、信赖的程度了。①

在我国，土地神也是一位广受民间供奉、掌管人类子嗣的生育神。如上举潭村苗家人也求"家仙土地""当坊土地"赐子。在潭村，土地公公、土地婆婆被认为是送子神。婚后一年多还不怀孕的，便怀疑是得罪了神灵，然后就举行仪式以求神灵原谅，并希望得到帮助。先是这家年轻夫妇，在长辈女性亲属的带领下去"娘娘"（巫婆）处问神，以确定是得罪了祖先还是"家仙土地"。若是被"家仙土地"怪罪，即要举行仪式请祖先、土地神，但主要是跟土地神说好话。潭村每家的神龛下都立有"家仙土地"神位，跟祖先一样享受祭祀。不能生育的夫妇祭拜先祖、"家仙土地"，希望送个子女来，并焚化纸钱许"酒筛愿"。日后若真的生下儿女，再来还愿。也有去村口土地堂找"当坊土地"祈求的。去之前，先请木匠师傅做一个"围子"——用木板制作的精美方形盒子，并用红布包上②，带上斋粑、豆腐及煮熟的猪肉等祭品。在土地堂前摆上祭品祭祀后，焚化纸钱，并放一通鞭炮。③ 桑植县土家人也有拜土地庙，到土地庙烧香，保佑生子的习俗。④ 土地公公之所以成为生育神，与我国先民们对土地的朴素直观认识有关，即所谓"土，地之吐生万物者也""地，万物所陈列也，从土，也声"。段玉裁在《说文解字注》中曰："地土生物，故从土""坤道成女。园牝之门，为天地根，故其字从也"。⑤ 既然土地能吐生万物，当然也就能赐予人类子嗣了。

土地这一功能也被民间艺人创编进了一些戏曲剧本中。如在湖南平江县流传的《桃花洞救母》（二郎神杨戬救母故事）一剧中，杨戬的母亲临盆时，便有土地婆婆出来为其接生的表演：

① 秋鸿. 侗族宗教迷信习俗//贵州省民族研究所. 民族研究参考资料：第22集. 内部资料，1985：130-131.

② 在"求子"过程中，用木板做的"围子"具有重要的文化意义：象征着妇女怀孕的子宫，中间怀着小孩；外面包的红布象征血液。当地人利用这种模仿巫术，实现土地送子的目的。

③ 姜又春. 社会人类学视阈下农村儿童养育制度研究. 成都：西南交通大学出版社，2013：76-77.

④ 刘琼. 文化人类学视野下的土家族生育习俗——基于两个传统土家村寨的田野调查//黄柏权，田敏，刘伦文. 中国西南民族研究学会建会30周年精选学术文库：湖北卷. 北京：民族出版社，2014：338.

⑤ 段玉裁. 说文解字注. 成都：成都古籍书店，1981：721.

（土地婆婆）土地，土地，有点灵气，初一十五，领受牙祭。

作田的敬我土地，保佑他一粒下地，万担收起；干娘大嫂敬我土地，保佑她狐狸跟猫不咬她的鸡；生崽妇女敬我土地，保佑她快快生下地，生下地。

我乃是金山土地婆婆，张吉泰娘子产期到了，传我前来，只得前往与她接生去也。①

会同县、通道侗族自治县、绥宁县、靖州苗族侗族自治县等地旧时盛行"杠菩萨"的傩仪，其中有一出《土地送子》的小戏，是专门用于求子仪式的表演。该戏三个角色出场，分别为送子土地、大婆、小婆，在傩坛或堂屋表演。开场后，巫师上场作法，宣诵《求子疏》：

今据
湖南省××州××县××土地祠下居住，奉
神修〔麻〕供求子嗣法事一宗，即日上干
圣造意者，伏维言念，信人×××，×氏同缘，夫妇仗天地之盖载，鼓琴就瑟；荷日月之照临，宜室宜家，自桥横银汉之时，路人桃园之日，空乏无嗣，罪莫大于不孝，是以夫妇发心虔修凡供，卜取今月吉日，恭就
圣母殿下，仅求嗣裔，伏愿
圣德仁恩，速赐弄璋之兆。善继善续，有统先人之续；承亲承祀，以像夫妇之心。未尽祈言，聊纳献芹。具疏上奉
玉皇大帝、太白金星、送子土地，呈进
圣慈洞回，昭格谨疏

××年×月×日　具疏

巫师念完后下场，然后一行至附近送子土地庙，设香案供品供奉。供品

① 余剑鸣. 平江影戏. 内部资料，2011：385.

生育礼俗：祈生与保胎礼俗

中，必有做成老鼠形状的糯米粑粑，取其子属鼠之意。巫师作法之后，一人戴土地公面具，两人戴土地婆面具，一同唱着傩歌，前往求子人家，演唱如下内容：

> 送子土地：（唱）天灵灵来——
>
> 大婆小婆：（唱）地灵灵，
>
> 送子土地：（唱）老君催我——
>
> 大婆小婆：（唱）下凡尘。
>
> 送子土地：（唱）催我下凡——
>
> 大婆小婆：（唱）无别事。
>
> 送子土地：（唱）单为送子——
>
> 大婆小婆：（唱）到此行。
>
> ……①

　　(2)向地方性的神灵祈求赐予后代。如侗族人祈求"萨"赐予子嗣。侗族的生殖崇拜，强调生命是"萨"神送来的。"萨"是侗家人真正的唯一的生育之神。侗家人的生殖崇拜习俗，具体说就是求子的习俗，都和"萨"有密切的联系。② "萨"又称"萨虽"或"萨岁"。这是一种带有图腾神、祖先神性质的远古信仰习俗。在侗族人心中"萨"神既是人类的始祖神，也是村寨的保护神。③ 通道县平坦乡皇都侗寨2015年重建的"萨"坛（见图1-1），便充分体现了侗族民众对这一女性神的虔诚信仰。坛的正面书有一对联，道明了在侗族人的心目中，"萨"神的重要性。其文曰："萨德贤良长佑人丁皆繁盛；萨心菩萨永保村寨尽康宁。"

　　侗族民众除供奉萨神以保人丁兴旺外，也供奉其他神灵以祈获得子嗣。如在芷江侗族自治县县城有一座乾隆十三年（1748年）由福建客民修建的天后宫。天后宫供奉妈祖。妈祖又称天上圣母、天后、天后娘娘、天妃、天妃娘

---

① 李怀荪. 中国傩戏剧本集成（湘西傩戏杠菩萨）. 上海：上海大学出版社，2017：291-292.
② 余达忠. 侗族生育文化. 北京：民族出版社，2004：132.
③ 马本立. 湘西文化大辞典. 长沙：岳麓书社，2000：332.

娘、湄洲娘妈等，本为福建湄洲岛的一位地方神。最初，她只是一位海上保护神，后来她的职能逐渐扩大，信士也越来越多。妈祖在乾隆时期被福建商人带到了芷江，并且为侗族民众虔诚礼拜。而妈祖受到侗族民众虔诚礼拜的重要原因之一，便是其能给民众送来子嗣。

瑶族则祭祀其俗信的生育之神"花婆"，以祈求赐予后代。① "瑶族认为，婴儿是花婆神送来的，如无生育，或生而养不活，需要向花婆神求子，或请师公设祭坛，来'架桥接花'。"②

在桑植白族也有向神祈求保佑生育的习俗，许诺请一场傩愿戏或者舞半个月的龙灯，甚至有的答应修庙、塑金身。③

图1-1 通道县皇都侗寨萨坛正面
（摄影 李骏逸）

许愿求子，即是向神祈求赐给子嗣，不过其带有交换的性质而已。

（3）向被民众赋予神异事迹的自然生成物祈求生育。

这些自然生成物，是女阴、男根崇拜的体现，因被赋予神迹，被神化了，故亦可视其为求神赐子。这样的例子在湖南少数民族地区较多。如：

江永县（今江华瑶族自治县）大远瑶乡的瑶族妇女，她们为了生育常到一处被称为"千家峒"的地方求子。该洞内供有"石童子"，大者十米高，小者几十厘米，均为石祖形象。④ 又，该县夏层铺乡有一石洞，内有潺潺泉水，附

① 万里. 湖湘文化辞典（6）. 长沙：湖南人民出版社，2011：80.
② 朱继胜. 瑶族习惯法研究. 北京：中国法制出版社，2015：58.
③ 谷聘骅. 白族人在什么情况下求神许愿//谷利民. 桑植白族博览. 北京：民族出版社，2012：100.
④ 丁宏，等. 中国少数民族生育文化（上）. 北京：中国人口出版社，2004：278.

近汉族、瑶族的不育妇女多来此拜祭山洞求子嗣，并以葫芦瓢汲水饮之，认为可以得孕。①

城步县苗族地区的清溪乡盘石村，有一个山洞，状似女阴，人称"求子洞"，当地不育妇女都来拜洞求子。洞顶一钟乳石往下滴水，妇女进洞拜神求子，然后仰饮数滴甘泉，认为可以怀孕。②

隆回县小沙江虎形山乡铜钱坪路边上有一座石堆小庙，如女阴状，庙的中下部有一个卵圆形空洞。洞前放一小杯，杯内盛水。庙旁又放一根竹竿，竹子从正方形空木板的中央穿过去。该地不育妇女多在天亮前去祭神，然后饮用小杯中的水。③

龙山县洛塔一带有一座石山，如女人卧状，该山下也有一个石洞。据传附近不育妇女都来拜此山，饮用洞中泉水。④

芷江县罗旧花山有一突兀石头，似男性生殖器官。相传不生育的妇女只要在顶端坐一会，就有生育的能力，因此附近婚后不育妇女往往前往祈子。⑤

(4)举行专门仪式祈求生育。

在湖南世居少数民族地区，还形成了通过举行专门仪式以求生育子嗣的习俗，且这样的习俗有不同的形式。

①"解天狗煞"求子。湖南一些少数民族地区有通过祭祀"天狗"以求子的习俗。如在花垣县苗族有"解天狗煞⑥"以祈求生育的仪式。苗民相传，夫妻多年不生育或生有两胎子女都夭折的，就可能是夫妻中的一方或者双方犯了"天狗煞"，经测算、卜卦确认后，就得"解天狗煞"，整套仪式包括苗祭师请各路真神、请"天狗"、敬"天狗"、送"天狗"回天庭等程式。"解天狗煞"由

---

① 宋兆麟. 中国生育信仰. 上海：上海文艺出版社，1999：180.

② 姚光荣，向绪成. 简谈邵阳傩文化中的生育信仰//邵阳市文史资料研究委员会. 邵阳文史（第20辑）. 内部资料，1994：226.

③ 姚光荣，向绪成. 简谈邵阳傩文化中的生育信仰//邵阳市文史资料研究委员会. 邵阳文史（第20辑）. 内部资料，1994：226.

④ 力木. 略述楚地求子习俗与性崇拜遗存//巫瑞书，林河，龙海清. 巫风与神话. 长沙：湖南文艺出版社，1988：214.

⑤ 赵小鹏，杨文基，梁海鸥. 湖南怀化民俗史料. 北京：线装书局，2007：121.

⑥ 当地民间传说，"天狗"是玉皇大帝的爱犬，非常凶，侵犯了"天狗"，"天狗"就会咬人的灵魂，被它咬了，就活不长；子女灵魂下凡投胎时，被它咬了，就活不成或活不长，所以必须"解天狗煞"。

苗祭师在主人家堂屋内外进行。在堂屋中设神台①。法师将神坛、神洞布设好后，穿上法衣法服，先请天界的玉皇大帝、太上老君，地界的观音老母、送子娘娘、傩公傩母，水界的龙公龙母等，同时请玉皇大帝将天狗带来放到户主大门外。接着苗祭师"上表"，报告户主无儿无女的处境和求子的心愿，说明造成其无子女是因犯了"天狗煞"，要求解脱等。讲完表文，苗祭师带主人跪在供桌前，打卦以测神意，直到打到"胜"为准。祭完诸神，打得好卦，苗祭师要"送天狗"上路了。届时，一个苗祭师脱下法衣法服，换成黑装，脸上用锅底灰画成黑脸凶神像，倒穿蓑衣，头戴火坑里的"黑三脚"。请一人背一个穿上衣服的草人，牵一只主家准备的作为祭品的满双月小狗，连着带上大门外敬天狗的祭品等走在前面。装扮成凶神的苗祭师，念巫词，挥动师刀、马鞭，在后面驱赶"天狗"回天宫、地宫、水宫去，永远不能伤害事主及其儿女降世的三魂七魄。送走"天狗"后，祭师换上法衣法服，为主家送神求子女，最后打坐定数，送神归位，法事结束。②

新晃侗族也有祭天狗求子的习俗，但其和花垣县苗族的"解天狗煞"又有较大的差异。"祭天狗"是新晃侗家求嗣和保命的一种信仰习俗。妇人无子，一般要"祭天狗"来求嗣；有了儿子，如不健旺，则要"祭天狗"来保命。"祭天狗"的时间，大都选择在每月中旬十五或十六日，如果这天晚上恰逢月食（民间相传是天狗吃月），那主人更加高兴，以为百灵百验了。"祭天狗"时，祭坛设在大门口，分上下两层，用竹子扎十二级的竹梯，从坛上直架通达房屋瓦面，用以天狗降临。"祭天狗"的祭仪很丰盛，除了全鸡全羊、香烛酒醴外，还有布鞋和架桥布等，并且还要用糯米舂粑，捏成很大的月亮和天狗等模样，摆到祭坛上，由巫师念咒祭祷，直到半夜方休。③

②"架桥"求子习俗。这一习俗在湖南多个少数民族中盛行。麻阳苗族地

① 神台布置：用五色纸剪成纸马，绞在竹条上，架"神门洞"在一张木桌上。"神门洞"里摆上一块五斤以上的猪肉块、四十个米粑粑、一升米、两碗白酒、一碗药物，用来请玉皇大帝等神；在户主大门外右前方阶檐上，摆一小桌子，桌上摆放菜油、豆腐、清水各一碗，五个米粑、一升白米，以敬天狗。

② 湖南省花垣县《文史资料》研究委员会. 花垣文史资料：第12辑·神奇的花垣·风情篇. 内部资料，2007：104-105.

③ 秋鸿. 侗族宗教迷信习俗//贵州省民族研究所. 民族研究参考资料：第22集. 内部资料，1985：134.

生育礼俗：祈生与保胎礼俗

区民众若婚后不育或产后婴儿难以成活，及生女无男的人家，大多数要"架桥"以求子嗣或保佑子嗣。"架桥"有"架阴桥"和"架阳桥"之分。"阴桥"是请巫师架在屋里厅堂，要青布一丈二尺和酒肉、香纸、斋粑、豆腐等物。"阳桥"是架在对着该妇女娘家方向的路上的小坑上，由娘家舅子砍木三节(也有二节的)，主家备齐酒肉、香纸等物，巫师来架。桥木两头左右打上木桩，桩上包以三蓝四白的布块，布块上缠以三蓝四白的线。有的事先预约人来"踩桥"，也有的是等着来往行人"踩桥"。凡踩桥人都要念："天地开张，日吉时良，禧贺主家架桥梁，送子娘娘桥上过，拖儿带女走忙忙。今日把你送一对，明年又来送一双。恭喜主家家发人兴，富贵双全。"然后就地干杯吃菜，主家送给踩桥人一个小红包。[①]

侗族亦有"架桥求子"习俗。如在通道县，若已婚男女多年不育，则请算命先生测算，按阴阳五行方向推算，要主家在选中的一方架一座用三五根杉树木头架成的简易木桥。侗族民众称其为"为素"。[②] 侗族民众通过巫师求子的习俗，似乎现在仍然存在。侗族妇女如果难孕，便会选择收养一个养子，以期盼生育孩子；或者求助于侗医，吃一些传统药方配置的草药；也有可能求助于巫师作法。如果通过巫师作法后，生育了孩子，需要拿着侗布、鸡、鸭、草鱼、红包(以前三块六，现在三十六)前去还愿。

根据宋兆麟《中国生育信仰》一书中的说法，"架桥"求子习俗亦属巫术招魂求子，故本书在稍后的巫术招魂求子一节中还将介绍这一习俗。

③怀化南部侗民驱赶"善巴"，或向龙灯求子。怀化南部地区侗民，婚后无子嗣的还有通过驱赶"善巴"以求子的习俗。求子还愿时，做降土地法事，驱赶"善巴"。由一个穿着求子妇女的衣服的人，在簟席上打滚，先后做恋雄的雌猫状，做雌猫求雄状。最后，一个扮演"善巴"者出场，被一个用草扎的阳具显赫的野神抢走，在场的观众大声喧哗，表示驱赶"善巴"。通道县侗族还有向龙灯狮子祈子的习俗。正月民间舞龙灯闹元宵时，久婚不育者则向龙灯祈子。届时龙灯狮子到其家入室表演，并送给主妇一个圆灯笼——意为龙

① 薛祖芬. 抚养幼儿的习俗//麻阳苗族自治县文史委员会. 麻阳文史：第5辑·麻阳民俗风情. 内部资料，1999：67.

② 林良斌，吴炳升. 习俗大观·中国湖南通道侗族文化遗产集成：第四辑·下. 北京：中国国际文艺出版社，2008：46.

宝，来年可生龙子。向龙灯狮子祈子，亦可视为专门的祈求生育的习俗。①

④举办傩仪祈求傩公傩母送子。通过举办傩仪祈求傩公傩母送子的习俗，在清代的一些地方志中偶有记载，如道光元年（1821年）《辰溪县志》载当地在举行包含"求嗣"等祈禳后"酬还"时，便要演傩戏《桃源洞》《孟姜女》等，其实就是一场傩愿活动。其文曰：

> 如求财、求嗣、求雨、禳灾、镇痛，必延巫致祝，或请道士建
> 醮燃烛，又有还"傩愿者"。遇有祈祷，先于家龛焚香叩许，择吉酬
> 还。至期，备牲牢，延巫至家，具疏代祝，鸣金鼓，作法事，扮演
> 《桃源洞》《神梁口土地》及《孟姜女》等剧。主人衣冠，随巫拜跪，
> 或一日、三日、五日不等。②

这一习俗在湘西、怀化的苗族、土家族民间较为盛行。如花垣县苗家有请苗祭师（巫师）为自己向"傩公傩母"许愿求子的习俗。许愿由苗祭师出面，用主人家的一头猪、一只羊作为许愿抵押品，并剪下猪、羊身上的一点毛，合包在一个用黄表纸折成的三角形纸标中，插在主人家的堂屋板壁上。这个"标"，苗语叫"罢傩"（愿傩）。如果年内如愿以偿，主人即用许愿的猪羊，并再购一只猪、一只羊，以双猪双羊外加鸡鸭鱼肉若干，敬谢傩公傩母，即"还傩愿"。家境较好的，"还傩愿"时，还要大请宾客。③"傩"是我国古代的一种祛邪逐疫的仪式，周朝时由方相氏主持，《周礼·夏官》载："方相氏掌蒙熊皮，黄金四目，玄衣朱裳，执戈扬盾，率百隶而时难（傩），以索室驱疫。大丧，先柩。及墓，入圹。以戈击四隅，殴方良。"④周代以后，随着时间的推移，"傩"在民间的变异非常大。如同属荆楚傩仪的湖南临武傩"舞岳傩神"、湖南新晃侗族傩仪"咚咚推"、湘西土家族傩仪"毛古斯"（图1-2）等，其外在形态就有天壤之别。因此，花垣县的"傩公傩母"可以说是地方性

---

① 赵小鹏，杨文基，梁海鸥. 湖南怀化民俗史料. 北京：线装书局，2007：121-122.

② 丁世良，赵放. 中国地方志民俗资料汇编：中南卷. 北京：北京图书馆出版社，1991：607.

③ 湖南省花垣县《文史资料》研究委员会. 花垣文史资料：第12辑·神奇的花垣·风情篇. 内部资料，2007：99.

④ 杨天宇. 周礼译注. 上海：上海古籍出版社，2004：451.

的神灵。

图 1-2　沅陵县七甲坪镇土家族民众表演毛古斯（摄影 李跃忠）

湘西苗族的"还傩愿"有一套非常复杂的程式，计有"安司命""发锣鼓""孟姜女戏书"等 31 节，其中第十节"求子"（这一节"系无子之人作之"）、第十八节"扮送子"①均纯为满足求子之家而举行的傩仪。

在湘西凤凰县苗族傩坛上有"架桥"法事，之后便是"求子"和"送子"仪式。对这两项仪式，胡健国考察后，对其实况做了如下简要描述：

求子：掌坛师吹牛角、舞师刀、用竹茭击角作板念咒。站在神坛小凳上，将事先写有"四子团圆""五子登科"等吉语的小纸片折成纸阄丢进空碗内。锣鼓骤起，另一巫撑纸伞旋转而舞。掌坛师将纸阄抛在伞面上，使纸阄在旋转的伞面上跳荡不停。俄顷，掌坛师信手从伞面抓起一个纸阄，展开一看，或是"四子团圆"，或是其他吉语，随即向主东家和围观者大声宣读。舞伞之巫遂将傩儿（木偶）交给掌坛师，掌坛师又将傩儿交与主东家。嗣后，掌坛师唱巫歌行罡步，主东家抱傩儿虔诚随后，如是绕坛一周。主东家将傩儿交还掌坛师，向傩神叩拜谢恩。法事毕。

---

① 石启贵. 民国时期湘西苗族调查实录：还傩愿卷. 北京：民族出版社，2009.

送子：巫扮小旦，戴旦角面具，手抱傩儿（木偶）站在坛前象征槐荫树的木凳上，唱傩戏腔。唱词自称是董永之妻七仙女，下凡为夫送麒麟子。唱毕，另一巫扮老生戴土地面具上。土地撑纸伞与七仙女舞蹈一番后下场。主东家上场。七仙女唱傩歌，歌舞中将傩儿送给主东家，主东家抱傩儿下场。七仙女再歌舞一番后亦下。掌坛师与主东家同上，跪对傩坛诸神，掌坛师击茭而歌。掷茭求卦，二人下。七仙女复上，歌舞谢神、送神后亦下。法事毕。①

凤凰县的这一习俗，民国时期石启贵对这一仪式有非常详细的载录。作者在"还傩愿"之第十个科仪"求子"的文本开头注明："此节系无子之人作之。作法时巴代（即巫师）穿红衣，包红帕，戴冠匝，负柳巾，立在桃源洞前之长桌下。此桌长约丈余，上铺其布。其布系青色或蓝色，忌红、白色。"也就是说，巫师演唱这一文本就是为无子之家求子的仪式。而巫师开头的唱段亦非常明确地表达其代主人家向玉皇、祖师求"儿孙"、求"麒麟"的目的。其词曰：

（唱）开辟天地立乾坤，设法立教救万民。

信士打鼓烧香不为天和地，不为江山不太平，

不为天晴不下雨，不为平地草不生，

不为科场去求考，不为把笔跳龙门。

信士打鼓烧香只为夫妇配合历有年，未曾产下贵子生。

犯了天高并命贵，缺乏承接后代人。

上去图天天又高，下去图地地无门。

才请先生去卜卦，玉皇殿前求麒麟。

男人操心天样大，女人操心海样深。

双皇姊妹多作主，五男二女显威灵。

许你三炷明炉信香当庭摆，瓶封净酒摆当庭。

信钱二箱当庭摆，表文二通摆当庭。

---

① 胡健国. 巫傩与巫术. 海口：海南出版社，1993：269.

明光宝烛当庭摆，明灯照耀亮沉沉。

鸡料马料当庭摆，长麻细布摆当庭。

白米粑粑当庭摆，水化豆腐摆当庭。

一数一齐当庭摆，一物一件求儿孙。

······

未时叩请未时到，申时叩请申时临。

上前穿衣顶帽带，依我弟子求麒麟。①

图1-3 沅陵县七甲坪镇土家族辰州傩戏傩坛供奉的傩公、傩母（摄影 李跃忠）

在湘西土家族，也流行向傩神许愿求子的习俗，即婚后不孕的人家会请道士代替自己向神仙、菩萨许愿：若赐予后代，让香火延续，一定请法师做傩仪式以谢诸神。在许愿的过程中，法师做道场念经，画"符水"、烧香纸，让未能生孩子的媳妇喝"符水"，媳妇怀孕生产后，择吉日做傩仪式还愿。②刘冰清在《傩文化的家庭伦理内涵——沅陵傩文化的个案研究》一文中对沅陵县土家族的求子许愿之俗有详细的介绍。他说求子许愿是无子嗣或少子嗣的夫妇及其长辈，为求神灵保佑自家生下一男半女而表达的愿心。表达愿心的方

① 石启贵. 民国时期湘西苗族调查实录：还傩愿卷. 北京：民族出版社，2009：63-64.

② 刘琼. 文化人类学视野下的土家族生育习俗——基于两个传统土家村寨的田野调查//黄柏权，田敏，刘伦文. 中国西南民族研究学会建会30周年精选学术文库：湖北卷. 北京：民族出版社，2014：338-339.

式，有心许、口说，也有正式请老师公做法事求子许愿的。

沅陵傩文化中的《求子科》就是以求子为主要目的的法事。在敲锣打鼓的造势之后，老师公登坛向傩公傩母（见图1-3）及诸傩神呈"求子上表疏"。事主夫妇尾随其后，向殿前众神行三拜九叩大礼。接着老师公唱《求子歌》，诚恳地表达无子无嗣夫妇的百般痛苦，祈求傩公傩母生育神和殿前诸神给事主早赐麟儿：

> 不说儿女都还好，说起儿女好悲情。
>
> 家有金银要人收，有田有地要人耕，
>
> 家有良田千万亩，也要子女去受领。
>
> ……
>
> 日月如梭催人老，老来无子靠何人？
>
> 人生在世难免病，卧在牙床谁奉迎；
>
> 无儿无女多磨难，要口水喝也不能；
>
> 呜呼哀哉离世去，谁做披麻执杖人？
>
> 灵柩发出山野间，无人痛苦叫一声；
>
> 葬后无人来祭扫，青草蓬蓬坟上生；
>
> 乱香无人烧一炷，破纸无人化一文。
>
> ……
>
> 恳请神灵多庇佑，早为事主赐麒麟。

唱词恳切、音调婉转、催人泪下，由衷地展示了老师公为事主祈求子嗣的伦理心愿。事主一旦产下麟儿，喜不自禁，便又要请老师公"还喜愿"酬谢神灵。①

⑤湘西土家族的"求男求女"法事。土家族壮年夫妇在没有生子或不生育的情况下，即请土老司②举行求子活动。如在龙山县土家族，若夫妇婚后没有生育，民间一般要在农历八月十五日至十月十五日间请巫师敬神祈子。敬

---

① 刘冰清. 傩文化的家庭伦理内涵——沅陵傩文化的个案研究. 沧桑, 2005(5)：27-29.

② 土老司：也作"土老师"，乃湘西土家族民间对巫师的称呼。

生育礼俗：祈生与保胎礼俗

神的"地点在草坪，搭台子挂菩萨像，供粑粑、豆腐、牛肉及五脏，用纸剪纸人，放一盆水，水里放牛肉，中间放豆腐，纸人挂在豆腐上，用粑粑做成小孩样。敬菩萨后，哪家没有小孩的向这家讨粑粑，讨回后两夫妻躲在屋里分着吃，即可生小孩。"①这种敬神求子的习俗，在湘西各县都存在。请梯玛②敬神求子有一套烦琐的法事。如保靖县土家族梯玛向宏清做的"求男求女"法事就共有7套36节：

第1套：告兵

第2套：捉马。含查四方、老司插水话、捉马、赏酒

第3套：拜男拜女。含求男求女、四门求男、求天地公婆

第4套：奠酒。含奠天地公公、奠天地婆婆、奠四仙姐、奠祖公、六起八杯酒

第5套：求子问卦。含问卦、老司插话、卧男卧女坪、接生、户主讨喜、得粑粑儿

第6套：七板桥。含走四路、造七板桥（又分安魂、粉桥、刷桥、晒桥）、渡儿、渡粑粑儿、求卦、收桥、回门回桥

第7套：搭十二板桥。含团男、小楔、喊船、玉掌无鬼盘歌、上岸、搭十二板桥、渡儿斟心换性、渡桥、渡粑粑儿、收桥回门。③

法事大致的过程是梯玛前往神界请求天兵捕捉"飞天骡马"，以供其乘骑。获得兵马后，便祈求"天地公婆"即祖神雍妮、补所大发慈悲，给子嗣艰难之家赐儿女。求神完毕后，向天地公婆奠酒祭祀。接着，以"问卦"法事来获知神意。获得始祖旨意后，梯玛搭建"七板桥"来迎接始祖赐给的孩子。最后修成"十二板桥"，迎接神赐的孩子们。为保证神赐的孩子聪明、健康，在"渡儿"时，又举行"斟心换性"仪式。仪式似戏非戏，亦戏亦仪，极具民族特色。

---

① 严学宭. 湖南龙山土家族初步调查报告//彭继宽选编. 湖南土家族社会历史调查资料精选. 长沙：岳麓书社，2002：5.

② 梯玛：土家语称从事祭神驱鬼巫术的人，即巫师。

③ 彭荣德，王承尧. 梯玛歌. 长沙：岳麓书社，1995.

2. 送子巫术

即通过送一些象征物，如冬瓜、南瓜、麒麟等，给久婚不孕或新婚女子，以达到祈求生育的目的。

送瓜求子之俗，在湖南较为普遍。笔者检索了丁世良、赵放主编的《中国地方志民俗资料汇编》(中南卷)一书所辑录的74个修撰于明、清、民国时期的湖南地方史志的婚俗资料，发现其中记中秋节送瓜求子习俗的有24个。从这些史料来看，送瓜求子习俗在湖南的各民族、各地区均盛行，其名称或叫"摸秋"，或叫"送瓜"，或叫"送秋"，其方式或自己偷(摸)，或他人送，或他人偷后送，偷的瓜有南瓜也有冬瓜，而其装扮瓜的方式也各具特色。下面辑录历史上少数民族人口较多的一些地方史志中，记载这一习俗的资料，以见明清民国时期该俗在湖南少数民族中的情况：

> 道光元年(1821年)《辰溪县志》："(八月十五日)有艰于子者，亲友为私取邻园瓜，设鼓乐送之，以为宜男之兆，曰'送瓜'(取瓜瓞绵绵意)。"

> 同治十二年(1873年)《武冈州志》："(八月十五日)城乡妇女是夜以衣服装瓜像小孩，金鼓笙箫，爆声，送于少妇床第，兆生男，谓之'送瓜'。"

> 同治十三年(1874年)《黔阳县志》："(八月十五日)或入人家蔬圃中摘瓜抱归，置之帐幔中，以兆宜男。"

> 光绪元年(1875年)《兴宁县志》："(八月中秋)好事者或以鼓吹、灯、爆送瓜，为宜男之庆。"

> 光绪元年(1875年)《宁远县志》："(八月)中秋送瓜，祝人有子。有艰嗣者，戚友取南瓜，择父母俱存、兄弟众盛之稚子，捧瓜鼓吹送至其家。"

> 光绪二十八年(1902年)《沅陵县志》："(中秋)有艰于子者，或妇人私取乡园瓜，暗酬以值，或亲友备鼓乐送瓜，主人设筵款宾。(《府志》)"

此外，道光五年(1825年)《晃州厅志》(今新晃县)、同治八年(1869年)《保靖志稿辑要》(今保靖县)、同治九年(1870年)《芷江县志》、光绪三十三年(1907年)《古丈坪厅志》(今古丈县)、民国十二年(1923年)《慈利县志》等县志均对其有记载。但这些地方志的记载都只记了个大略。下面援引今人的调查研究来对其作详细介绍。

邵阳苗寨潭村1949年以前一直流行送瓜求子的习俗。在八月中秋前夕，村中热心的亲友商量给那些婚后久不生子的家庭送瓜求子，但一般要事先通知该家家长并得到他们的同意或默许。也有的是婚后久不生育的家庭，通过非正式的渠道向众人表明希望大家在中秋节帮忙送"孩子"。① 邻舍凑在一块儿，商定去某家摘一个冬瓜，然后用细长的丝瓜做成手脚，用茄子安放在冬瓜的顶部做成头部，在冬瓜下面戳个小孔，往里灌水后用一红辣椒塞好。红辣椒，叫"麻翘子"②。将冬瓜扮成小孩模样后，在一位老人的带领下，放着鞭炮、吹着喇叭，热热闹闹地涌进求子人家里。一进门，领头的说："恭喜贺喜！我们大家给你送来一个白胖胖的儿子了，今年再养个小儿子。"众人边说边把"冬瓜小孩"放在床上，用被子盖好，接着把冬瓜底部的辣椒拔下，装在里面的水便流了出来。大家一阵欢笑，说："撒尿了，撒尿了。"虽然床上一片狼藉，但主人仍很高兴，而且办酒席招待众人。③

花垣县苗寨也有中秋夜"送子"的风俗，其做法显得更古朴。中秋节那天，白天派一人找一个冬瓜，晚上偷来，在冬瓜下抠一小眼，灌入污臭的潲水，用一只红辣椒塞住。然后人们把瓜送到新婚或婚后不育妇女之家，祝贺主人早生贵子。接着把冬瓜放在妇女怀中，抽掉辣椒，潲水流在妇女身上。围观者学婴儿的哭闹声。女主人笑眯眯地收下瓜儿，马上端出果糖，热情招待客人。④

土家族亦有此俗。如在永顺县，凡生育(产)艰难之家，或希望生育(产)顺利的人，其相好者在中秋晚上，在田地里摘一个大冬瓜，用红布包住，一

---

① 其方式有如在与人喝酒聊天时表明想法，或者在院子故意埋怨说"我家媳妇结婚好久了也没得个崽，大家也没哪个关心一下"，以表明自己的意思。

② 麻翘子：当地方言称男性生殖器。

③ 姜又春. 社会人类学视阈下农村儿童养育制度研究. 成都：西南交通大学出版社，2013：76-77.

④ 巫瑞书，林河，龙海清. 巫风与神话. 长沙：湖南文艺出版社，1988：219-220.

进主人门，就连叫"恭喜，恭喜，送一个冬瓜儿上门了"。男主人用双手接住，然后交给妻子。其妻则抱着作喂奶状，有人装作婴儿哭笑之声。如次年果然生下男孩，必取奶名曰"冬瓜"，且请送冬瓜者大吃一顿。[①]

通道县侗族的中秋"偷月亮菜"习俗，较之上面各地的"偷瓜送子"有了不少变化，但仍可看出其求子的巫术意义。在该县坪坦地区，中秋之夜姑娘只要打把伞遮住自己，便可到别人的园里去"偷"瓜果小菜。但实际上这天晚上，主人都会选园中最好的瓜果，在旁边插上草标，使姑娘们不致忙中"偷"错。而姑娘们多选自己中意后生的园圃去偷，摘走之后，还高声喊："阿×，你的瓜果我摘走了，今晚到我家去吃油茶啊！"当嫂子的，这一晚也会跟着姑娘们去"偷月亮菜"，不过她们不能邀请后生。她们在默默祈祷，细心地寻觅，希望能摘到一个最肥大的瓜果，以保佑她来年生个胖娃娃。年轻的母亲们"偷月亮菜"，则只选择最青翠活鲜的毛豆，因毛豆谐音"毛头"（小孩），吃了毛豆，可以使她们的"毛头"平安吉祥。[②] 嫂子(未孕者或新婚不久者)参与"偷月亮菜"，显然是偷瓜习俗的衍变。

在巫术送子习俗中，嘉禾县则有送米筛以求子的习俗。民国二十年（1931 年）《嘉禾县图志》载："凡已嫁之女不孕不育，其母为其买一米筛，择一多子之妇送于女家。"[③]米筛，民间习称筛子，筛子之"子"与子女之"子"相同，再加之由多子的妇女送过去，这样在巫术思想之接触律的作用下，人们便认为其具有了求子的作用。这一习俗，据说现在在怀化仍有存留，不过有一定的衍变而已。据长沙理工大学郑劭荣教授说："怀化至今还有这习俗，新婚时夫家预备一米筛，送给进门的新媳妇。"[④]

其实，我国民间早在西周时期，便有以"瓜"象征妇女生子的习俗。如《诗经·大雅》中《绵》的开篇便是"绵绵瓜瓞，民之初生。"对民间缘何会形成这一习俗的深层原因，美国学者分析指出，"童年时代的人类想象万物都是有生命的，都像人一样有性别。古人从经验中得知性的果实，性既是一种很神秘的事物，也是对生殖和生命以及任何种类的存在的最现成的解释。所以

① 彭剑秋. 永顺县民族文化系列丛书：中国土家族婚俗考. 长沙：岳麓书社，2015：146.
② 湖南省通道侗族自治县县志编纂委员会. 通道县志. 北京：民族出版社，1999：846-847.
③ 丁世良，赵放. 中国地方志民俗资料汇编：中南卷. 北京：书目文献出版社，1990：541.
④ 采访时间：2018 年 3 月 31 日；采访方式：微信聊天；采访人：李跃忠.

古人认定万物，动物或非动物，都是有性的，以与人生儿育女的过程相类似的方式来繁衍自己的类或其他存在物的类。"①闻一多也指出，"是因为瓜类子多，是子孙繁殖的最妙的象征，故取以相比拟"②。

3. 吞物求子

"吞物求子，形式很多，如拴泥娃娃时吃小儿生殖器粉末、讨彩蛋时吃鸡蛋、吃祖婆粽等。这种风俗也比较古老，认为吃了某种象征物，吞食者即可以怀孕、生子。"③

吞物求子之俗，在湖南世居少数民族之间亦存在。在湘西苗寨潭村，妇女在生育了第一个儿子或女儿后，若久久不再怀孕，人们把这样的儿女称为"秤砣崽""秤砣女"，意思是他像秤砣一样压住了后面的弟弟妹妹，而使母亲不能再次怀孕。解决的办法是该妇女回娘家去挨家挨户讨鸡蛋吃。谁家出了鸡蛋就在一张红纸上记下，名为"记情"。鸡蛋讨回后，将其和秤砣放锅中一起煮，每次吃一个，每天吃三次。相传这样，妇女便可再次怀孕。④

桑植县土家族有喝"福水"求子的习俗。在土家社会，若相传某地方的井水或山泉能治病，就称之为"福水"，结婚后一直未能怀孕的夫妇就会去该地讨要"福水"喝。在讨要福水前，夫妇先跪拜"福水"所在地，并禀告愿望，接着烧香纸，喝"福水"，喝完后，再用瓶子装一些带回家喝（一般主要是妻子喝"福水"）。最后把红色纸或红色布条挂在"福水"旁的大树上，称之为"挂红"。⑤ 喝"福水"当属吞物求子。

通道县侗族在端午节时，有一种极具地方特色的"背妹粽"祭祖仪式。该习俗亦可视为吞物求子。关于这一习俗，林河介绍说，端午节这一天，家中年纪最长的老妇人，便是祭祖的主祭人。在主祭之前，她带领全家的女性先以艾叶、菖蒲等香草煮汤沐浴，把头发和身子洗净，然后带领众女性上木楼

① O. V. 魏勒. 性崇拜. 历频，译. 北京：中国文联出版社，1988：1-2.
② 闻一多. 神话与诗. 上海：上海古籍出版社，1954：65.
③ 宋兆麟. 中国生育信仰. 上海：上海文艺出版社，1999：408.
④ 姜又春. 社会人类学视阈下农村儿童养育制度研究. 成都：西南交通大学出版社，2013：81.
⑤ 刘琼. 文化人类学视野下的土家族生育习俗——基于两个传统土家村寨的田野调查//黄柏权，田敏，刘伦文. 中国西南民族研究学会建会30周年精选学术文库：湖北卷，北京：民族出版社，2014：338.

去包粽粑祭祖婆。当天，所有的男性严禁上楼，也严禁窥视。开始包粽时，众女子必须站立，由主祭妇带头，先包 12 个由两个枕头形的粽粑合在一起的、被称为"背妹粽"的粽粑。这象征着祖婆，也象征着子孙繁衍。包完"背妹粽"后，再包 12 个角粽。然后，全体才能坐下，继续包日常食用的粽粑。包粽时，有许多禁忌，如粽粑只能称"祖婆"，包粽粑应说"给祖婆穿衣"，洗粽粑叶称"给祖婆洗衣"，捆粽称"为祖婆系衣带"，烧火要称"给祖婆热洗澡水"，煮粽粑要称"给祖婆洗澡"，粽粑煮熟了，要说"请祖婆下楼"，才能把粽取出来。① 对这一习俗，宋兆麟以为是一求子仪式，而且是吞物求子。他分析说，在"背妹粽"的求子过程中，人们认为身体不洁，须以药汤沐浴，为生育提供一个清洁的身体。而"背妹粽"正是交媾状，经过"交媾"的粽子，吃下才能孕育，而"吃"又是一种接触巫术，而粽内的米粒则是子孙繁盛的象征。②

此外，江华瑶族自治县瑶族妇女喝夏层铺乡石洞的泉水、城步县盘石村妇女喝洞顶滴落之水、龙山县妇女饮洞中泉水、隆回县铜钱坪妇女饮洞中水，以及龙山县土家族民众在求神祈祷后吃粑粑求子行为，都带有"吞物求子"的性质。

4. 招魂求子

宋兆麟在《中国生育信仰》中认为："在某些民族地区，认为人们所以降生，必有转生灵魂，在这种信仰支配下，往往通过收魂的巫术祈求得子。""招魂巫术，也包括引小儿灵魂入室，如在贵州普遍流行一种敬桥求子，布依族称'搭花桥'，苗族称'敬桥'。"③

宋先生说的苗族"敬桥"习俗在花垣县、麻阳县苗族④均有，而且在花垣县，还有"架天桥""架路桥""建水桥"和"修亭子"之分。

花垣县苗族夫妇若有女无儿，或生男孩后很快夭折，当地相传有可能他

---

① 林河.《九歌》与沅湘民俗. 北京：生活·读书·新知三联书店，1990：159.
② 宋兆麟. 中国生育信仰. 上海：上海文艺出版社，1999：409.
③ 宋兆麟. 中国生育信仰. 上海：上海文艺出版社，1999：393-394.
④ 湖南省麻阳苗族自治县地方志编纂委员会. 麻阳县志(1978-2005). 郑州：中州古籍出版社，2008：670.

021

生育礼俗：祈生与保胎礼俗

们命中有子，但水重水大，投胎儿的灵魂过不了"天河"，因此要架"天桥"帮助灵魂渡过"天河"来到人间。"架天桥"由苗祭师施祭，引渡生魂。"天桥"的材料是一根桂竹或南竹，先用它破成五块或七块长篾，用长细篾条编五档或七档把它们连紧，从正大门上边的屋檐下，伸到屋梁中心，再伸向主人卧房上，然后由苗祭师做法引渡婴儿的三魂七魄过"天河"，投生人间。

苗家人也认为夫妇长久无子，是婴儿的三魂七魄在来凡间投胎时，由于隔山隔水路不好，无桥渡河，或恶鬼挡道，致使其中途夭折，故需架桥铺路让婴儿的魂魄顺利通过。但桥、路如何架修，需请算命先生根据夫妻的生辰八字、五行推算。"架路桥"由苗祭师施祭，请路神和土地神护儿女灵魂顺利到来。方位设在夫妇需要补缺的地方，如缺水，就设在夫妇住房的北边路上，因北属水。"桥"要架在路中间，在路中间挖一个约两尺长、一尺二寸宽、一尺深的坑；取五根或七根桃子树、李子树等带"子"的小树枝，用竹子的篾条将两头和中间捆紧，埋在路坑中，两边用泥土、沙石填平压紧，让过往的人踏在上面。"路桥"旁边还要用三块石板立一个小土地庙门，敬上香纸酒肉，作为供奉护桥的土地神庙；主人要将沿"路桥"两头一定长度的路面修好。这一习俗其实是当地民俗信仰之"修桥铺路迎贵子""修桥铺路迎儿女"的反映。

"建水桥"，即无子或无子女夫妇"架水桥"以迎子女的习俗。其成因和"架路桥"相似，是无子女夫妇缺水补水而架"桥"而已。"建水桥"不将"桥"架在路中间，而是架在经常有人路过的小河上。其方法也是用三根或五根带"子"的树干，用钉子或木条捆牢连紧，两头架在小河边上，便于行人踩过河，保证安全。在旁边也都建小土地庙，保护过路人，保佑婴魂安然而过。

无论是"修路桥"还是"建水桥"，都要请苗祭师施祭，请神敬神，祭品有酒、肉、鸡、鸭，以及苗家糯米斋粑和苞谷烧酒等。其中后一类，更是要准备充足，因不仅帮忙的人要吃饱、喝醉，就是过路的人，也要每人请吃一口酒肉，还要打发一个糯米斋粑。吃酒吃菜之人，都要好言好语敬贺。最后苗祭师"讨"送神，收工回家。[1]

---

① 湖南省花垣县《文史资料》研究委员会. 花垣文史资料：第12辑·神奇的花垣·风情篇. 内部资料，2007：100-101.

永顺县、古丈县、龙山县等地的土家族也有"搭子孙桥"求子的巫术。土家族人认为生育子嗣由生殖女神掌握。她们在送子时，常有邪魅野鬼从中作梗，破坏神灵送子，将女神送子的路挖断，使女神无法将子嗣送到。如遇到这类情况，就得请巫师施行巫术，修复被邪鬼挖断的送子之路。其方式就是"搭子孙桥"。行这类巫术时，梯玛及主人等须在村郊野外找一道路断裂处，先用公鸡血驱散邪魅野鬼，然后砍四根杉树枝，包上红布作"桥墩"打入道路断裂处两端，在"桥墩"上横架两根树枝作桥梁，上铺四根杉树枝条，桥即搭成。然后梯玛杀鸡，淋鸡血于桥墩上，烧纸奠酒，祝祷神祇，告知桥已架成，请神送子。同时施展巫术，镇住邪鬼，不再作恶。[①] 在"架桥求子"时，有的地方的梯玛还得念送一段长长的求子辞，恳请神灵赐予无子之人以子嗣："……哀求一点长庚子，伶俐聪明管万民。双皇亲领长庚子，速回鸾驾上天庭。信士焚香相等候，望皇堂上赐麒麟。我皇正揩慈悲眼，娘娘发动恻隐心，自古二皇多灵验，香烟供奉到如今。千处有求千处好，万处有求万处灵。无子之人叩动你，赐他贵子跳龙门……"[②]

瑶族、壮族亦均有"架桥"求子的习俗。[③] 其中瑶族的这一习俗叫"架桥接花"[④]。妇女结婚后不孕或生下婴儿养不成，便请先生公给"架桥接花"。通常请一位儿女多的先生公(即接花老人)，另请两位或四位或六位儿女多的亲人或邻居相陪，需备五色纸贴成的弓形竹纸桥、红花白花各六朵或十二朵(红花代表女孩，白花代表男孩)、小狗一只、糍粑一百四十块、糯米六斤、米饭六斤、酒一斤、纸伞一把，以及若干油豆腐、香纸，到十字路口或大树下陈列祭品。先生公念瑶经，架灶烹狗，用狗血淋过纸钱，用两只碗将狗耳、爪、牙、尾盛好，与12个铜钱一起埋在架桥的地下。先生公念完经后，将红花、白花交给陪来的亲人带回主妇家，意为接花老人送花。主妇将花接着后放在厅堂神龛上，并在家里设宴款待接花的人。接花老人把花送给人间，妇女便会怀孕，养育小孩长大。[⑤]

① 胡炳章. 土家族文化精神. 北京：民族出版社，1999：308.

② 周明阜，胡晨，胡炳章. 湘西风土志. 北京：中央民族大学出版社，2012：186-187.

③ 《中国各民族宗教与神话大词典》编委会. 中国各民族宗教与神话大词典. 北京：学苑出版社，1993：640-762.

④ 万里. 湖湘文化辞典(6). 长沙：湖南人民出版社，2011：80.

⑤ 李默. 瑶族历史探究. 北京：社会科学文献出版社，2015：202.

此外，新晃侗族民间亦是如此。新晃侗族学者秋鸿介绍说，侗家求嗣的方式是多种多样的，其中"架阴桥"是其主要的一种。无儿无女的人家，常常请道士祀奉白衣娘娘（即送子观音娘娘），用三根约一尺长的小木杆，连在一起做成桥梁，埋在堂屋大门内左边地下，以迎接子嗣，这叫"架阴桥"。民间认为，架了"阴桥"，儿女就会从阴桥上过来，便会有儿子传宗接代。①

对架桥、修路以求子嗣的行为，有人认为这是源于佛教的善恶之报、因果报应等，即认为通过行善、积阴功便会得到神佑，而生下子嗣。侗家民众还有为求子嗣而在路边设凳子方便行人的习俗。这和架桥、修路求子的行为心理，显然是一样的。在侗乡花阶小路旁，或山坳上，经常可以看到用两根木桩牢牢钉在地上，一块光溜溜的木板搁在上边的脚木凳。这种凳子其实是"乞儿凳"，是那些无儿无女的人修的"阴功"，积的"阴德"。他们希望用自己善良虔诚的举动感动上苍，以求上苍赐给自己一个子息，不至于断了传宗接代的香火。②

（二）保胎礼俗

女子怀孕后，为保护胎儿顺利出生、婴儿健康成长，保护孕妇安全，我国民间形成了许多相关的礼俗。对此，我们称之为"保胎礼俗"。众多的保胎礼俗中，有的是人们在长期的生育过程中经验的总结，故其有一定的科学性、可行性，但也有不少是原始人类在认识水平不高的历史阶段产生的，带有较浓的巫术色彩甚或迷信思想，故其仅是人们一种美好愿望的诉求。

1. 判断胎儿性别习俗

女性怀孕后，人们除了设法保护胎儿外，民众都想在婴儿降临之前知其性别，因此在我国民间产生了许多判断胎儿性别的"方法"，形成了一项独特的生育民俗事象。

---

① 秋鸿. 侗族宗教迷信习俗//贵州省民族研究所. 民族研究参考资料：第 22 集. 内部资料，1985：134.

② 秋鸿. 侗族宗教迷信习俗//贵州省民族研究所. 民族研究参考资料：第 22 集. 内部资料，1985：134.

早在春秋时期，我国就有了以梦占来判断胎儿性别的做法。如《诗经·小雅·斯干》载："吉梦维何？维熊维罴，维虺维蛇。大人占之：维熊维罴，男子之祥；维虺维蛇，女子之祥。"①即是说梦见熊罴就生男孩，梦见蛇类爬虫动物则生女孩。又《左传·宣公三年》记有郑文公妾燕姞因梦天使送兰花而孕，生下郑穆公的"奇"事：

> 初，郑文公有贱妾曰燕姞，梦天使与己兰，曰："余为伯儵。余，而祖也，以是为而子。以兰有国香，人服媚之如是。"既而文公见之，与之兰而御之。辞曰："妾不才，幸而有子，将不信，敢征兰乎？"公曰："诺。"生穆公，名之曰"兰"。②

此后，在民间梦见"兰"也就成了生男的征兆。这大概是"兰"与"男"谐音之故而形成的。而《梦书》载一则梦占的事更为奇异，说梦见履（即"鞋"）的生男，梦见韈（古同"袜"）的则是女。其文曰："履韈为子，属体末也。若梦得履韈者，必有子息。履者为男，韈者为女也。"③对此梦占产生的原因，刘瑞明解释说："'袜'与'瓦'谐音，这与摸瓦生女一样，都是从古代'弄瓦'典故而来。而'履'则谐音'力'，即与'男'字从力一样。今时两个字不同音，但'履'《广韵》力几切，《集韵》两几切，又里弟切，恰与'力'谐音。"④

历史上，民间还有根据孕妇肚子的形状、孕妇的动作、孕妇的气色、孕妇左右手的脉搏强弱、孕妇对食物的嗜好类别、胎儿所处的位置等来判断胎儿性别的做法，形成了所谓"酸儿辣女""肚尖生男，肚圆生女""儿勤女懒""男左女右"等说法。如在桑植县土家族民间就流传有一系列预测胎儿性别的"经验"：从孕妇体形看，男左女右；从孕妇饮食喜好看，酸儿辣女；从孕妇走路习惯看，先抬左脚生男孩；从头胎孩子的性格看，若其举止行为斯文秀气胆小，下一胎会生女孩，若像男孩性格，第二胎就会生男孩；从孕妇梦境推算，怀孕期间梦见蟒蛇生男孩，梦见花蛇生女孩；有的还会从受孕时间进

① 毛亨，毛苌. 诗经通释. 贾太宏，主编. 北京：西苑出版社，2015：282.
② 刘勋. 十三经注疏集·春秋左传精读：第二册. 北京：新世界出版社，2014：673.
③ 李昉. 太平御览：第3册. 北京：中华书局，1960：3110.
④ 刘瑞明. 陇上学人文存：刘瑞明卷. 兰州：甘肃人民出版社，2014：336.

行推算。①

这些"方法"在湘西苗族颇为盛行。20世纪30年代，彭继宽曾记录了湘西苗族"辨别胎儿男女法"："孕妇在六七月以上时，是男是女，可以辨别。大凡腹膨胀，硬则是男，软则是女。以面部论，鬓毛竖而青是男，倒而黄是女。胎动左边是男，胎动右边是女。或假会孕妇前行，由后呼之，视其头部转动。向左回答是男，向右回答是女。用上项各法辨之，多数相同，则是男是女，定卜无差。"②

湖南世居少数民族地区也有一些独特的判断胎儿性别的习俗。如花垣县苗族民众有根据新娘子"进门脚"来判断其头胎性别的习俗。在花垣苗家人接亲时，当迎亲队伍用红花轿把新娘抬到新郎家正屋院坝时，待进屋时辰一到，就要请新娘子进屋入户。这时大家都想看新娘是如何进门的，特别是男方家的父母、兄弟姐妹，都想看到新娘走下花轿到跨进大门槛的那一步，是左脚先跨进大门还是右脚先跨进。因苗族人认为根据新娘先跨进大门的脚，可以预测新娘子第一胎是生男还是生女。新娘子左脚先进门的，就先生男孩；右脚先跨的，则先生女孩。新娘的这一脚，苗族民间称"进门脚"或"进门第一脚"。又，此地还有"清水测尿"以判断胎儿性别的做法，即在孕妇怀孕三个月后，把木盆或瓷盆洗净，打半盆干净的清水放好，让孕妇向盆内撒尿，放一时半刻后，看尿水的颜色。若尿水呈红色，即是男胎；呈青色，则是女胎。每三五天一次，三次为准。若是连续三次均一样，就可定论。③

在会同侗族民间有梦见蛇生男孩的习俗。李一西在《会同侗族风貌》一文中介绍说，会同当地有一句"梦见南蛇生贵子"的俗话。有孕妇的人家，如有人梦见了蛇，认为一定会生下一个带富带贵的孩子。因此，若有此梦，全家人乃至亲朋必是老少皆欢。④

---

① 刘琼. 文化人类学视野下的土家族生育习俗——基于两个传统土家村寨的田野调查//黄柏权，田敏，刘伦文. 中国西南民族研究学会建会30周年精选学术文库：湖北卷. 北京：民族出版社，2014：339-340.

② 石启贵. 湘西苗族实地调查报告. 长沙：湖南人民出版社，1986：144.

③ 湖南省花垣县《文史资料》研究委员会. 花垣文史资料：第12辑·神奇的花垣·风情篇. 内部资料，2007：80.

④ 李一西. 会同侗族风貌//会同县委员会文史资料研究委员会. 会同文史资料：第2辑. 内部资料，1987：95.

2. 保胎禁忌

唐初著名医学家孙思邈《千金要方·养胎论》在总结前人经验的基础上提出："儿在胎，日月未满，阴阳未备，腑脏骨节皆未成足，故自初妊迄于将产，饮食起居皆有禁忌。"[①]孙思邈从医学的角度注意到胎儿生长发育"未成足"的特点，要求孕妇注意饮食起居，是很有道理的。而民间对胎儿的保护，也确实大部分是以禁忌的形式呈现，也就是禁止孕妇或其家人做一些事情。

花垣县苗族民众为保胎，形成了很多禁忌。有"育龄妇女三不坐""怀孕期五禁"的忌讳。

"育龄妇女三不坐"指刚结婚的年轻妇女和未结婚但年龄到了十七八岁的黄花闺女，她们在日常生活中要做到"三不坐"：一不坐成年男子刚坐过的热板凳。怕热板凳上有他人的余气或病毒残留侵入女人的子宫或者其他内脏，形成怪胎和传染病。二不坐磨刀岩石和河滩上的矶子岩。此种岩无角无棱，防止孕妇怀上五官不全、六根不正的似磨刀岩、矶子岩的怪胎。三不坐热地板，特别是不坐热地板上的洗衣棒和扫把，防止热气冲胎，蛇精传入，怀上怪胎、扫把胎等，出现难产现象等。

"怀孕期五禁"，则主要是针对孕妇说的：一是孕妇住的房子，特别是房间，在孕期不能更换，卧房内的东西不能随便搬动，以防震动胎儿，造成不良后果。二是孕妇怀胎期间不能请木匠装修房屋，说是木匠进屋后，挥斧动锯，敲敲打打，会惊动胎儿，伤及胎儿、孕妇。如果一定要做，则须择日择时，请苗祭师解煞。解煞时，孕妇须回避。三是怀孕期间，不能请苗祭师做还傩愿一类法事。因敬神要敲锣打鼓，吹号打铳，奉请鬼神。怕鬼怪神灵中的恶神恶鬼到来，影响孕妇，惊动胎儿。如为孕妇解邪、保胎、安胎之类的必做的法事，须择日择时。祭师和帮忙的人也须轻言细语，以免惊动孕妇，以保护胎儿。四是怀孕六个月后，禁止走娘家，因担心在娘家生孩子。苗家人认为，自己的孩子在别家生，不吉利；更主要的是别家孩子在自家生，是见"月血"，极不吉利，娘家会遭"血光之灾"。五是孕妇怀孕六个月后，不能

① 陈梦雷，等.古今图书集成·医部全录·点校本·第10册·儿科：卷401-458.北京：人民卫生出版社，1991：1.

远离家门，不能个人去野外上坡做事，以防在室外生子。如果孕妇在外面生了孩子，就要在野外搭棚让产妇、婴儿居住三到五天，才能回家，而且民间会将在外面生的婴儿视为"野生""野种"。①

麻阳县苗族民间也形成了很多的"孕妇禁忌"，其目的多数是为保护胎儿、孕妇。2008 年修《麻阳县志》载：①孕妇忌参与红白喜事。人家嫁娶时孕妇不仅不能做伴娘或者参与铺床、挂帐等婚礼仪式，而且不能前往观看。苗族新婚洞房忌孕妇出入，否则新婚夫妇会经常发生口角。忌孕妇看新郎新娘拜堂，否则对新娘不吉利。孕妇也不能参加丧葬活动，相传参加丧葬活动不仅会影响别人，更重要的是影响胎儿，导致发育不正常、难产、怪胎等。②孕妇忌出入正生孩子的人家，认为会给小儿带来种种灾厄、疾病。这种禁忌有的也推及家畜身上，连猪生崽也忌孕妇撞见。③孕妇忌参加工艺性生产活动。如苗族做酒和采药忌见孕妇，否则做酒酒醋坏，采药药失效。④孕妇月份禁忌：孕妇怀孕月份的不同还有不同的禁忌。民间认为一月和七月怀孕，"胎魂"在正门，忌挖地和修理东西；二月、八月孕，"胎魂"在庭院，忌挖地和烧火，忌在庭院存放重物；三月、九月孕，"胎魂"在米臼里，忌动米臼；四月、十月孕，"胎魂"在厨房，忌在厨房淋水；五月、十一月孕，"胎魂"在卧室，忌修理卧室或挪动室中用具；六月、十二月孕，"胎魂"在孕妇腹腔里，忌将孕妇的衣服泡在开水里。若犯忌，会导致流产、胎儿或婴儿先天性残疾等灾厄。⑤孕妇饮食禁忌：孕妇妊娠期间食羊肝，子多厄；食山羊，子多病；食马肉，子延月；食驴肉，子难产；食兔肉、犬肉，子无声并缺唇；食雀肉，子心淫乱不畏羞耻；食鳖，子短项。⑥丈夫在妻子怀孕期间不能为别人送葬、抬枢，以防止胎儿损伤"元气"。⑦家有孕妇，忌在附近挖土、丢笨重东西，以防震动胎儿。②

土家族民间，在妇女怀孕期间也形成了许多禁忌，有人归纳为以下六个方面：①孕妇不能偷懒，要手脚勤快，不能脱离生产和家务劳动，不然会遭人耻笑。②孕妇不能参加葬礼，否则会容易导致早产或是流产，如恰好遇到

---

① 湖南省花垣县《文史资料》研究委员会. 花垣文史资料：第 12 辑·神奇的花垣·风情篇. 内部资料，2007：81.

② 湖南省麻阳苗族自治县地方志编纂委员会. 麻阳县志（1978—2005）. 郑州：中州古籍出版社，2008：672-673.

自己家有丧事，土家人认为这是最不吉利的，会犯冲，将会有更大的不幸降临。丈夫在妻子怀孕期间不能抬丧，若是抬丧，生下的孩子会是软脖子（软骨病）。③孕妇不能打钉子，若打了，生下来的小孩的耳朵就会长肉丁，或是其他身体部位有类似于针眼的小缺口；如孕妇家的房子是由阴阳先生用罗盘仪占测过的，孕妇及其家人都不能在墙上打钉子，若打了，生的小孩十有八九有缺陷。④孕妇食物禁忌：不能吃母猪肉，否则生的小孩会得母猪疯病；不能吃糯食，若吃了，在分娩的时候会出现"巴尾骨"现象（胎盘粘连母体子宫不能脱落）；不能吃蛇肉或麝肉；生育前后一两个月，忌食辛辣等刺激性食物。⑤生育前后一两个月，禁止性生活。⑥土家人认为孕妇容易受到邪气的侵袭，不能从事危险性的事务，不能去危险的地方，不能去墓地，认为会惊动"胎气"，导致胎儿早产夭折。① 此外，还有的土家族"禁孕妇上树摘水果，说是来年不结果"②，也有的土家族"禁止孕妇进入别人新房或触摸嫁妆"③，石门县土家族"家有孕妇，屋里不动土不敲板壁，不在孕妇面前扬斧动刀，否则婴儿会破相；不能钉钉子乱移家具，以免触动胎神，产生怪胎死胎"④。

新晃县侗族地区在妇女怀孕后，婆婆会备酒肴敬奉神灵，祈求平平安安生个胖孙子，还要向儿媳妇传授保胎知识，不安排做野外重活，尽量在饮食上给以调养；有的人家在床顶上罩上渔网，意为"避邪"；孕妇忌站在劈柴人前面，防止胎儿破相；家有孕妇，忌在附近挖土、丢笨重物体，防震动胎儿。⑤ 这里也忌讳移动孕妇床铺或其他东西。如果确实需要移动，则必须要事先起煞、安煞，以免孕妇遭受震动而发生意外。起煞、安煞时需要念诵如下咒语：

① 刘琼. 文化人类学视野下的土家族生育习俗——基于两个传统土家村寨的田野调查//黄柏权，田敏，刘伦文. 中国西南民族研究学会建会 30 周年精选学术文库：湖北卷. 北京：民族出版社，2014：340.

② 《湘西土家族苗族自治州概况》编写组. 湖南湘西土家族苗族自治州概况. 北京：民族出版社，2007：26.

③ 《桑植县概况》编写组. 桑植县概况. 北京：民族出版社，2012：42.

④ 石门县文史委员会. 神奇石门：民俗卷. 北京：大众文艺出版社，2007：114.

⑤ 《新晃侗族自治县概况》编写组. 湖南新晃侗族自治县概况. 北京：民族出版社，2008：20.

左起奶公，右起奶公，起了年煞月煞日煞时煞，兑白三煞，一百二十四位禁忌神煞，起开一十五里，五五二十五里，起在空闲之地。男胎寄在左奶公，女胎寄在右奶公，猪羊牛马寄在青草大坪，直到工夫圆满，各归原位。安了东方木煞，南方火煞，西方金煞，北方水煞，中央土煞，安富坐位，永镇乾坤。①

通道县侗族孕妇的禁忌非常多，林林总总可能得有近百条，其中为"保护"胎儿的饮食禁忌有忌食葱蒜与羊牛肉(会有狐臭、变哑巴)、兔肉(小孩会是三瓣嘴)、狗肉(孩子会咬人、喂奶时爱咬奶头)、驴肉(新生小孩会有驴性)、公鸡(小孩夜里爱啼哭)、螃蟹(小孩流口水，或胎横难产)。此外，还忌吃河蚌、猪头肉、生姜、鸭子等。行为禁忌有忌见月食(所生孩子身体不全)、傀儡戏(会生无骨的孩子)、戏中花脸(孩子会生麻子)等。而丈夫在妻子怀孕期间，也不能去送葬、抬柩，否则会伤胎儿元气。②

江华县瑶族妇女怀孕的禁忌较之以上地区则少多了，但颇有地域特点。如孕妇在怀孕期间，吃的东西没有禁忌，但在生产生活中有些禁忌，如不能坐在别人家的门槛上，烧石灰时，不能上窑等。③ 在江华、江永等县女书流传区的瑶族，还形成了一些很有地域特点的孕期禁忌。据《女书习俗》一书的编撰者介绍说，当地民间流传妇女有孕后，就有胎魂常存于孕妇周围，专管胎儿的神灵，而胎魂会依月令的变更自动调位。为避免冲撞胎魂，形成了孕期禁忌：一月、七月怀孕的，禁在孕妇家修理正门或正门处挖土；二月、八月怀孕的，禁在庭院存放重物；三月、九月怀孕的，禁移动米臼；四月、十月怀孕的，禁在厨房淋水；五月、十一月怀孕的，禁修理或搬挪孕妇卧室；六月、十二月怀孕的，禁将孕妇衣服泡在开水中，若违犯会导致流产、死胎或胎儿残疾等。④ 江永县的勾蓝瑶村"禁孕妇摘邻家果子。村里人说被孕妇摘

① 秋鸿. 侗族宗教迷信习俗//贵州省民族研究所. 民族研究参考资料：第22集. 内部资料，1985：133.

② 林良斌，吴炳升. 习俗大观·中国湖南通道侗族文化遗产集成：第四辑·下. 北京：中国国际文艺出版社，2008：178-179.

③ 李祥红，任涛. 江华瑶族. 北京：民族出版社，2005：164.

④ 谢明尧. 女书习俗. 长沙：湖南人民出版社，2008：112.

过的果树会死的，于是主人就在果树上挂破草鞋，叫偷摘的孕妇流产"①。

以上禁忌看似荒诞不经，其实仔细分析一下，有些是有一定科学道理的，也有的是前人日常生活经验的总结。

3. 巫术或求神等保佑胎儿、孕妇

除了上述禁忌外，民间还有一些巫术保胎或者举行祭祀仪式求神保佑胎儿的习俗。如保靖县等地的土家族妇女怀孕，须行法事"安胎"，梯玛画一碗"神水"放在神龛上，意即隔掉邪煞，然后在大门上挂竹筛一个，还有乌泡、艾蒿之类药草。如此这样，人们就以为可以保护孕妇所住之屋不让妖灵闯进，不会触动"胎儿"，发生流产、早产。②

江永县、江华县等女书流传区的瑶族妇女怀孕五个月后，要选择五月、七月、九月这三个单月，备办酒礼请师公到家里举行隆重的祷告仪式，以祈求母子平安。③ 在怀化鹤城、中方一带，孕妇在临产前一个月左右需请巫师在房门上画符、酿海，驱鬼除邪，称为"暗房"，也叫"封禁"，以求顺利生产。④

湖南有些少数民族地区还盛行娘家给怀孕的女儿送"保胎饭"的习俗。如花垣县苗族认为孕妇怀孕到七个月时，就要做好生孩子的准备。当地民间俗传"七生八不生，九月是正经"，意思是早产七个月就要生，不然就要到九个月以后才生，而第八个月是不会生的。所以苗家人待女儿怀孕到七个月的月初时，母亲就要给怀孕的女儿做一餐"保胎"饭菜，做好后亲自送到女儿家给女儿吃。"保胎饭"是第七个月月初时做，以保住胎儿不要早产，孕妇吃"保胎饭"时，要吃饱但要剩一点，剩了则认为胎儿还不能出生，胎可保到正常的生产期。⑤

① 赵斌. 兰溪，美丽的城堡式瑶寨：勾蓝瑶历史文化研究. 长沙：湖南地图出版社，2008：147.

② 彭荣德，王承尧. 梯玛歌. 长沙：岳麓书社，1995：65-66.

③ 谢明尧. 女书习俗. 长沙：湖南人民出版社，2008：112.

④ 赵小鹏，杨文基，梁海鸥. 湖南怀化民俗史料. 北京：线装书局，2007：123-124.

⑤ 《麻阳苗族自治县概况》编写组. 湖南麻阳苗族自治县概况. 北京：民族出版社，2008：22.

4. 催生礼俗

孕育期还有一个非常重要的习俗，即催生礼俗。催生，即催产，即是孕妇进入临产一个月内，娘家要送一份特殊的礼物到女婿家，以给女儿催生。

催生礼俗，在宋代民间已有见。宋人孟元老《东京梦华录》、吴自牧《梦粱录》二书对此都有记载。如《东京梦华录》卷五"育子"载：

> 凡孕妇入月，于初一日父母家以银盆，或鋖或彩画盆，盛粟秆一束，上以锦绣或生色帕覆盖之，上插花朵及通草，帖罗五男二女花花样，用盘合装送馒头，谓之"分痛"。并作眠羊、卧鹿羊、生果实，取其眠卧之义。并牙儿、衣物、绷籍等，谓之"催生"。①

从《东京梦华录》所载送的礼物来看，催生礼既有祝贺的喜庆色彩，但更主要的是祈求女儿顺利分娩、母子平安，具有很浓的巫术意味。催生礼俗后来在民间一直得以流传，而且受地域文化、经济等的影响，衍生了各具特色的催生习俗，有"祈神、符咒催生""食物催生""巫术催生""襁褓衣物催生""药物(中药)催生"等。② 如图 1-4 所示为宋代陈自明《妇人大全良方》所载的一些"催生灵符"，计有治难产、安胎、催胞衣等功效。

此俗在湖南少数民族当中亦颇为盛行。如湘西、怀化等地的土家族巫师都使用"辰州符"，而"辰州符"中既有"身怀有孕可戴，犯胎身可吞""正胎可戴纸符""女人胎身犯子可吞"等保胎护胎的符箓，也有专用于"安身催生"用的符咒。③ 其中"安身催生"符如图 1-5；咒为："一化天上日月星，二化太子离都京，三化有朵朝天云，四化鬼神精，要养不养，要生不生，乌鸦含的水，喜鹊含的身，吾奉太上老君急急如律令。只望三告要动身，要养就养，要生就生，此符隔邪断鬼(切勿失于他人)。"

在湖南部分苗族聚集区，盛行母亲给怀孕女儿送"催胎饭"的习俗。如宣

---

① 孟元老. 东京梦华录. 郑州：中州古籍出版社，2010：99.

② 郑晓江. 生育的禁忌与文化. 北京：中央编译出版社，2014：141-145.

③ 金承乾，刘冰清，王文明. 辰州傩符. 北京：中国文史出版社，2007：112、20.

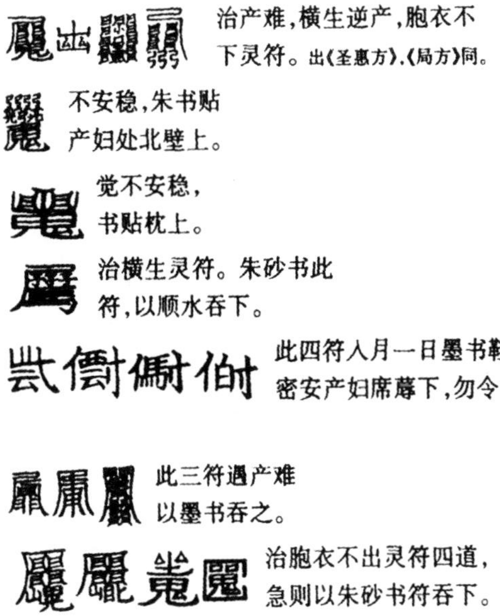

治产难，横生逆产，胞衣不
下灵符。出《圣惠方》，《局方》同。

不安稳，朱书贴
产妇处北壁上。

觉不安稳，
书贴枕上。

治横生灵符。朱砂书此
符，以顺水吞下。

此四符人月一日墨书鞋底上，仍
密安产妇席荐下，勿令人知。

此三符遇产难
以墨书吞之。

治胞衣不出灵符四道，
急则以朱砂书符吞下。

图1-4　宋代陈自明《妇人大全良方》所画各种催生符

统元年《永绥厅志》载今花垣县，"女既嫁，有妊矣。将产之月，母以食物馈之，曰'催生'"①。对这一习俗，今人有较详细的介绍，说花垣县苗族民间在怀孕第九个月的最初几天，女方母亲要给女儿送"催胎饭"，要求一餐吃完，吃完了表明婴儿能按时生下来。饭有大米、玉米等，菜则不同，若是两道菜，叫"二龙抢宝"；三道菜，叫"三星高照，三心成金"；五道菜，叫"五子登科"；七道菜，叫"七子团圆"。孕妇吃了"催胎饭"后，送饭的母亲当天即回。因民间传说吃了"催胎饭"，胎儿不出三天必

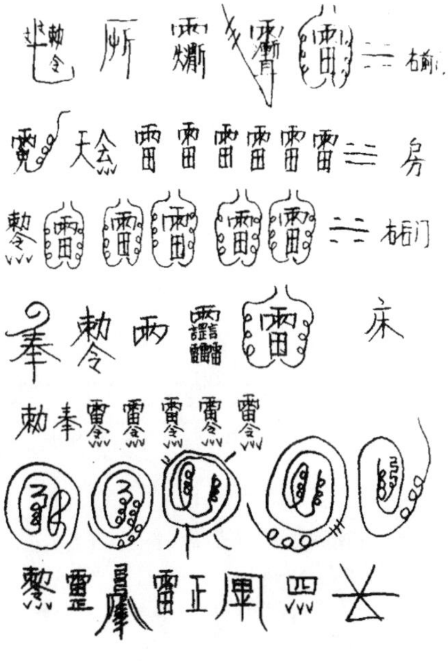

图1-5　辰州傩中的"安身催生"符

① 丁世良，赵放. 中国地方志民俗资料汇编：中南卷. 北京：北京图书馆出版社，1991：634.

生育礼俗：祈生与保胎礼俗

出生。当天回家,一是避免"踩血堂",二是回家准备吃喜酒的礼品。① 麻阳县苗家亦有送"催胎饭"的习俗。两地虽同是苗族后裔,但二者在这一俗信方面还是有较大差异:首先,麻阳县苗家送饭的时间、食物是"孕妇在产前的十来天半个月这段时间里,娘家妈妈总是要去送点糖食果品、鸡蛋、鸡肉等给女儿吃"。其次,送的次数不限一次,可以多次,"有的送了第一次婴儿还未出世,又送第二次、第三次"②。最后,麻阳苗族民间母亲在女儿吃完饭后不能停留,因为"母亲停留时间过长,女儿生孩子的时间就长"③。

土家族地区的催生礼俗较复杂,既有食物催生、褓褓衣物催生,亦有符咒催生。乾隆二十六年(1761 年)修《辰州府志》"风俗"载:"女既嫁,有妊矣,将产之前月,母必以食物馈之,曰'催生'。"④在张家界市土家族民间,一些地区现在仍留存着此俗。《张家界市情大辞典》的编纂者介绍说,送催生礼时一般娘家要给女儿送鸡蛋、红糖、生姜、辣椒、核桃及小孩衣物等。有的地方则送"催生符"。其符为一长方形白纸,上面印"语忘敬遗"四个大字,并盖阴曹地府、当地庙寺的"公印"。贴在产妇门口,以为借此可以驱走"产后鬼",使其不敢前来作祟,保婴儿顺利生产。⑤ 石门县土家族在孕妇即将分娩之时,娘家亦有送"催生蛋"的习俗。⑥

江永县、江华县等女书流传区的瑶族也有催生的习俗。这一地区的妇女在怀孕期间,要由亲戚送一碗冷饭、冷菜给孕妇吃,表示催生。送者不说话、不吃饭,不辞而归。⑦

怀化境内各地都有催生之俗,因当地称妇女怀孕叫"有喜",所以催生又叫"催喜"。"催喜"之俗,各地并不完全相同。如会同县对生育头胎,讲究"催喜",即在分娩前,娘家择吉日,携带婴儿衣服、鞋袜、帽子、屎尿布、鸡、糯米等礼物和一碗用糯米掺粳米煮成的"催喜饭",去女婿家叫女儿吃,为女儿

① 湖南省花垣县《文史资料》研究委员会. 花垣文史资料:第 12 辑·神奇的花垣·风情篇. 内部资料, 2007:82-83.

② 湖南省麻阳苗族自治县地方志编纂委员会. 麻阳县志(1978—2005). 郑州:中州古籍出版社, 2008:670.

③ 《麻阳苗族自治县概况》编写组. 湖南麻阳苗族自治县概况. 北京:民族出版社, 2008:22.

④ 席绍葆, 谢鸣谦, 等. 乾隆辰州府志(一). 长沙:岳麓书社, 2010:275.

⑤ 尚立晰, 向延振. 张家界市情大辞典. 北京:民族出版社, 2001:211.

⑥ 石门县文史委员会. 神奇石门:民俗卷. 北京:大众文艺出版社, 2007:114.

⑦ 谢明尧. 女书习俗. 长沙:湖南人民出版社, 2008:112.

"催喜"。人们以为通过"催喜"，女儿便可平安分娩。芷江人叫"催生"，在临产前，由娘家的母亲或兄嫂送一碗肉和饭给孕妇吃。沅陵县是在初产妇分娩前一月，母亲专程往女儿家送一斗米，亦有由母亲带两个煮熟的鸡蛋或包子，一进门就要女儿吃下以"催生"的。此后，常去女儿家走动，亦含催生之意。在辰溪，孕妇临分娩，家里要做糍粑分送给邻居，让大家知道主家在催子孙降临，称为"催生糍粑"。而溆浦瑶族妇女临产之前，她的娘家母亲或嫂妹要送碗饭给她吃，意谓吃了此饭则小孩降生又快又安全。[①]

　　不管是送"催生饭"还是"催生酒"，这一习俗其实是有着多方面文化内涵的。首先，反映了我国民众对子嗣生育的重视。其次，体现了娘家人对女儿的疼爱之情。我们知道，我国古代人民的物质生活水平总体来说是不高的，孕妇这个特别需要营养的女性，在婆家并不一定能得到特别照顾。娘家，实则是在其临产前，以催生的习俗给女儿送一些营养价值较高的食物，以期顺利生产。

5. 胎教习俗

　　我国先民认为胎儿在母体中会受孕妇言行的感化，故孕妇应谨守礼仪，以给胎儿良好的影响。如汉初贾谊有专论《胎教》之篇，从其举的一些事例，如周成王母亲育胎的事例来看，远在商周时期我国就注意到了胎教问题。贾谊在文中还引青史氏之《记》谈到了宫廷王室的胎教："王后有身七月而就蒌室，太师持铜而御户左，太宰持斗而御户右，太卜持蓍、龟而御堂下，诸官皆以其职而御于门内。比三月者，王后所求声音非礼乐，则太师抚乐而称不习，所求滋味者非正味，则太宰荷斗而不敢煎调，而曰不敢以侍王太子。"[②]稍后的刘向《列女传·母仪》、王充《论衡·命义》，以及南北朝时期的颜之推《颜氏家训·教子篇》等都有关于胎教的论述。从上面这些论述来看，主要是要求孕妇的言行举止都符合儒家的礼仪，需要孕妇依"礼"来节制自己的行为，即孕妇在怀孕期间要"目不邪视，耳不妄听，音声滋味，以礼节

① 赵小鹏，杨文基，梁海鸥. 湖南怀化民俗史料. 北京：线装书局，2007：122.
② 贾谊. 贾谊集. 上海：上海人民出版社，1976：175-177.

生育礼俗：新生与保胎礼俗

之"①。

当然，上述所论胎教方法说的基本都是古代上层社会阶层的情形。在民间，胎教的方法则多以禁忌的形式存在，即产生了一些相传会"影响"胎儿性格的禁忌。如上述"保胎禁忌"中，有禁止孕妇参加婚礼、葬礼，禁止孕妇去阴冷、危险的地方等，即属这类禁忌习俗。客观地讲，这些禁忌对胎儿的心智发育确实有较大的不良影响，因孕妇在上述场合情绪波动极大，"孕妇的情绪如果长期烦躁不安，会直接影响胎儿的智力发育，身体发育，甚至造成死亡。"②

总体来说，我国古代民间对胎教的重视程度不高，但随着时代的发展，20世纪80年代以来，无论城乡都有一些妇女在怀孕期间，有意放一些明快活泼的儿童歌谣、唐诗宋词或轻音乐等给胎儿听，或者阅读休闲、轻松的孕妇读物以进行胎教。

---

① 颜之推. 颜氏家训. 北京：崇文书局，2015：4.
② 宋德胤. 孕趣——生育习俗探微. 北京：中国青年出版社，1992：95.

生育礼俗： 诞生与育婴礼俗

　　婴儿呱呱落地，标志着其人生的开始。从婴儿出生之日至周岁期间，民间有一系列的诞生礼俗。婴儿出生后，民间又产生了大量的保佑婴儿茁壮成长和母亲身体健康的礼俗，形成了许多禁忌。这些禁忌，有的有一定的合理之处，但更多的并无科学依据，甚至是无稽之谈。但无论哪种情形，都体现了古代先民为延续生命，为保护刚出生的弱小生命和虚弱产妇做出的种种努力。对这些礼俗我们应以科学的态度审慎地对待。

（一）诞生礼俗

对诞生礼俗所包含的人生阶段，学者们有不同的提法。如邢军认为"诞生礼俗作为人生的开端礼仪，在人生各种礼仪中占有重要的地位，不仅持续的时间较长，而且由众多内容组成，主要包括祈子风俗、怀孕风俗、临产风俗、洗三风俗、百岁风俗、周岁风俗等"①，而毛艳等则说诞生礼俗"大致可以划定为从接生到孩子满月这一阶段的民俗仪礼。按时序，包括准备产房、分娩、报喜、开奶、"洗三"、坐月子、满月等内容"②。本书综合二家之说，以为诞生礼俗不包括祈求生育的习俗，而是指从婴儿出生到报喜、"洗三"、满月、"百岁"及周岁等具有人生礼仪的习俗。但期间那些为保佑婴儿茁壮成长和母亲身体健康而形成的民俗，笔者单独列"育婴礼俗"进行介绍。

1. 分娩习俗

不论汉族还是少数民族，大部分地方都认为孕妇不能在娘家生产，民间俗信以为那样会把娘家的福气冲散。如前文介绍的花垣县苗族民间"怀孕期五禁"之四，即属这一俗信。又，"瑶族妇女多在家中的卧室分娩，忌在娘家生产。"③在分娩的过程中，为了"保证"、促成孕妇顺利生产，民间亦形成了不少礼俗。

妇女分娩，自然是少不了接生的。在湘西，人们把小孩接生叫"捡生"，因婴儿出生后，有的小孩会问："妈，弟弟（妹妹）是从哪里来的？"妈妈通常会逗小孩说："是捡来的。""到哪里捡来的？""用撮箕到河里撮来的。"所以湘西人把接生叫作"捡生"了。在古代，每个村寨都有"捡生娘"（也叫"捡生婆"）。小孩快出生时，家人会提前把她请来。沅水泸溪一带的"捡生婆"，常年家里备有桃枝桃叶，来到孕妇家时，会在大门、窗户、侧门等处都插上桃枝桃叶，以驱除鬼邪，确保婴儿安全出生。龙山一带的土家族"捡生"时，家

---

① 邢军. 安徽民俗. 合肥：安徽文艺出版社，2012：33.
② 毛艳，洪颖，黄静华. 西南少数民族民俗概论. 昆明：云南大学出版社，2012：80.
③ 丁宏，等. 中国少数民族生育文化（上）. 北京：中国人口出版社，2004：280.

里凡有盖子的家具等物件，都要揭开，以利胎儿降生。①

20 世纪 30 年代，石启贵对湘西苗族地区的分娩习俗做了较为详细的记录：

> 一般顺产时，产妇自持，不须助产。先铺软垫于地下，上盖清洁之衣裙或布单，周正整齐，产妇伸开两足跨之，两胳膊下撑着两椅支持身体，胎儿顺利从容娩出。离母身时，卧于软棉衣裙上，如无障碍。""婴儿安全产后，速令家人用清洁之水烧沸后，瓢舀盛入盆中，待温度合宜时方用。水量十分讲究，盆水不宜过深，传说浴水过深，小儿多尿也。洗浴时，须以柔软细布作浴巾。先洗头部，次洗胸腹部，再洗臀腿足。要将污秽血液或粉白软物，概行洗尽。最先当洗眼鼻口为宜也。剪脐方法，亦有规定，留长难于保护，短则有伤婴身，以五六寸长为相宜。至于胎盘衣胞，须捡拾包好，埋藏土中。藏下时，包口向上，哺乳而无呕吐之虞。包要深埋，深则小儿安眠，浅则小儿好游也。②

石先生是凤凰县人，其记录的多为其家乡的习俗。其实，这些习俗在湘西苗族的其他地区也存在。如在花垣县苗家就如此。花垣县苗族妇女生育、接生和护理事宜多半由丈夫家的婆母担任或请亲属中的伯娘、叔娘、姨娘等帮忙。产前必须准备好产妇在生育时需用的布单、换洗衣物、棉被等用品，以及婴儿洗脸、洗澡的盆子、细布片等。产后护理分为两方面：一是对产妇的护理；二是对婴儿的护理。苗家产妇，产后马上服用抗冷药物③，增强抵御寒气冷气和生冷食物的能力。服用抗冷药物后，马上止血、保健身体和发奶，以保证产妇身体健康，奶水充足，为育好婴儿创造良好条件。婴儿安全生下后，婆母和助产姐妹，用清洁的温开水，用软细棉布作浴巾为婴儿洗澡，其洗澡顺序有讲究，先洗眼、鼻、口，再洗头、腹、手。先洗两眼"开

① 周明阜，胡晨，胡炳章. 湘西风土志. 北京：中央民族大学出版社，2012：189.
② 石启贵. 湘西苗族实地调查报告. 长沙：湖南人民出版社，1986：141.
③ 传说苗族民间产妇吃的抗冷药物，是用火炉底灰或灶上火塘烟灰若干，冲上开水而成，罩上阴阳碗，半个小时左右即可服用，一般三次即可。既抗寒冷，又有益于身体健康。

生育礼俗：诞生与育婴礼俗

天门"，次洗鼻子"点龙鼻"，再洗口称"开龙口"。眼、鼻、口洗好后，再从婴儿的头部洗到腹部，从腹部洗到手、脚和屁股。婴儿洗完澡，马上剪脐。剪脐很讲究，一般以五六寸为宜。剪下脐带后，创口要涂上少许洋尘灰，以防感染。脐带剪下后，还要剪婴儿的几根头发，与剪下来的脐带一起，随同胎盘、衣胞，用棉布包好，埋于园圃土中，或者埋在床铺底下，以后婴儿才聪明。埋时，有较多的讲究。一是包口要朝上，婴儿吃奶才不会呕吐；二是要埋深些，传说埋深了以后婴儿才能安眠，动静得体。有的苗家人为了防止婴儿中毒、中邪，还要马上在产妇房门上或者大门上，挂一把竹格筛，以驱鬼避邪，保护婴儿永远健康，不会有毒胎之灾。[①]

在桑植县等地区的土家族，若孕妇有"发作"（快要生产）迹象，就赶快洗头洗澡，准备生产。孕妇分娩要悄悄地进行，尽量不让他人知道，因相传知道的人越多，就越不容易生下来。所以生产过程中，孕妇要忍住疼痛，不能发出叫喊声，以免让外人知道家里在生小孩。若胎盘久不下来，就会在孕妇脚上拴只草鞋或布鞋，认为穿了鞋走路走得很快，胎盘就会顺利地下来。胎盘一般扔在厕所里，认为可使产妇奶水好。若婴儿生下来不哭，孕妇的家人就要在家使劲摔坛子，摔得越响越好，这样就会使孩子哭。若坛子没有了，就摔瓶子，直到孩子哇哇大哭才止。孩子生下来后，一般落到脚盆里或地面上，据说这样会使孩子胆大。[②]

江华县、江永县瑶族妇女分娩时，由半职业的师公或巫婆亲临产妇门外指点生育，他们以空中离月亮最近的三颗较亮的星星位置为标志，以确定产妇生育面对的方向。孕妇临产时，在房子一角搭一小平台，上铺一层厚厚的稻草，把洗干净的衣服放在上面，并在房梁绑上一节绳子垂到平台上。妇女坐着分娩，在痛苦时刻则拉住绳子敛起气以顺利分娩。分娩时，请有经验的接生婆助产，用竹制的刀割肚脐带。将胎衣等东西放在篮子里，同时放一些蔬菜，挂在树枝上让其风干，或者放在竹筒里，埋在树林干燥的地方，这样

---

① 湖南省花垣县《文史资料》研究委员会. 花垣文史资料：第12辑·神奇的花垣·风情篇. 内部资料，2007：84-86.

② 刘琼. 文化人类学视野下的土家族生育习俗——基于两个传统土家村寨的田野调查//黄柏权，田敏，刘伦文. 中国西南民族研究学会建会30周年精选文章文库：湖北卷. 北京：民族出版社，2014：341.

孩子就能健壮。婴儿一下地，要用柚子、黄果或橘子树的枝条挂在门上，禁止外人入内。

在苗族、瑶族、侗族、汉族杂处的怀化地区，民间也形成了不少孕妇分娩时的习俗。如溆浦县孕妇近产期，要经常走动，以利分娩。临产时，将裤子脱下，坐在妇女生产用的板凳上，双脚张开，双手抱着丈夫或助产妇的脖子，用力生下小孩。产后，将产妇扶上床，背后靠床棉絮，斜躺着，不能平睡，认为平睡会造成心脏不适。而靖州侗族孕妇分娩时，不能大吼大叫，以防众人知道。为了稳定情绪，不慌张，孕妇常服蓖麻子以助产。产前产妇须备衣裙、布单及软棉等物。顺产时，产妇自持，不须助产。有的在大门内架"阴桥"，在门楼土地前烧香点灯，接婴儿的降生。婴儿的"包衣"须埋入屋柱脚土中，以使哺乳无呕吐之虑。而在沅陵一带，称刚产下不哭的婴儿为"闷生子"。如遇生"闷生子"，则要将家中的坛坛罐罐打碎，把仓门、米柜门打开，以解其"闷"。①

分娩时，也有一些忌讳。如土家族，就产妇及其家人来说有这么一些忌讳：①忌讳刚脱离母体的男孩撒尿，认为孩子长大后会对父母不利，甚至克死双亲。因此接生婆遇到这种情况，会给孩子屁股一巴掌，认为这样可把对父母的不利转移到孩子本人。虽然接生婆对其进行了处理，但人们还是担心孩子会给家庭带来灾难，所以遇到这种情形，有的人家干脆把孩子送给他人抚养。②忌讳午时生男孩，子时生女孩，认为前一种情形犯了"将军剑"，后一种则犯了"阎王关"，孩子养不活，会夭折。③忌讳生龙凤胎，认为生龙凤胎的家庭或不吉利，但看重龙凤胎的出生次序。当地民间相传，"一阳一阴，家里兴旺；一阴一阳，家败人亡。"意为儿子先于女儿出生，龙凤胎对家庭运程带来的不吉利因素就少，反之则会使家庭遭受厄运。②

以上讲的各项习俗都主要是就顺产来说的，但在古代医术不发达，难产的情况经常出现，孕妇临盆分娩被看作是生死攸关的大事，是徘徊在生死关口的一次痛苦经历。因此，民间衍生出不少处理难产的习俗。面对难产，宋

① 赵小鹏，杨文基，梁海鸥. 湖南怀化民俗史料. 北京：线装书局，2007：123-124.
② 刘琼. 文化人类学视野下的土家族生育习俗——基于两个传统土家村寨的田野调查//黄柏权，田敏，刘伦文. 中国西南民族研究学会建会30周年精选学术文库：湖北卷. 北京：民族出版社，2014：342.

生育礼俗：诞生与育婴礼俗

人主张其时"内宜用药,外宜用法。盖多门救疗,以取其安也"(《产宝方》)①。"药"是指催生药物,"法"则是催生巫法。中国历史上形成了许多催生术,如在宋代就有"使用滑利迅即之药""产妇临产时手执或佩戴石燕、鸬鹚、飞生、水马子、槐枝、海马皮、文鳐鱼、水龟等催生""斧剑弩矢、秤锤铁杵、马衔铁、大剪刀环、钱币、铜镜鼻等寻常之物在生育过程中被赋予法术意义,认为有宜男或助产之效""采用书字、吞符、念咒等手段以求厌胜禳解,既可单独使用,也可多种并用"②等五花八门的或科学的或巫术的催生、助产"方法"。

这些方式方法在湖南世居少数民族民间均有一些存留。如过去江华县瑶族产妇若遇到难产,民众会认为是鬼怪作怪,往往请巫师或法师来驱鬼,杀只公鸡敬神后,用烧红的犁头将鬼驱走。③ 苗族人也多认为孕妇难产是鬼怪作祟,须请巫师驱鬼,并杀鸡鸭各一只到山坡上有水的地方献祭。④ 在湘西苗族民间也有请巫医念咒语、画符水治难产的。巫医念的咒语为:"请得辰州师父来,师父名叫张尚才。吹得五马龙凤开,是男是女早下来。一不准伤肝,二不准伤肺,吾奉太上老君急急如律令。"咒毕,巫医给孕妇再饮点念过咒的清水,据说就能顺利助产。⑤ 湘西苗族客教中则有举行《盖火籽》,即驱赶产亡鬼,使孕妇能平安分娩的仪式。⑥ 也有些苗家产妇,遇到难产时在产房里放一盆兰花,据说这样产妇就能顺利生下宝宝。⑦

在湘中一带汉、苗、瑶、土家等多民族杂居之地的梅山地区,则有对初产和胎位不正的产妇向神讨"催胎水"、"用蛇皮催产"、赶"难产鬼"等习俗。其中"用蛇皮催产"主要盛行于新化县。讨"催胎水"是产妇家人见产妇阵痛时间长,孩子仍没有出生迹象,接生婆无能为力时,人们便弄些大米,摆碗水到神龛前,烧香念咒请神,向送子娘娘、王母娘娘、报世仙娘讨"催胎水"。

① 陈自明. 妇人大全良方. 天津:天津科学技术出版社,2003:326.

② 方燕. 巫文化视域下的宋代女性:立足于女性生育、疾病的考察. 北京:中华书局,2008:116-124.

③ 李祥红,任涛. 江华瑶族. 北京:民族出版社,2005:164.

④ 丁宏,等. 中国少数民族生育文化(上). 北京:中国人口出版社,2004:95.

⑤ 李康学. 李康学文集:第九卷·古庸国揭秘. 北京:中国文联出版社,2016:138.

⑥ 张子伟,张子元. 湘西苗族椎牛祭. 长沙:湖南师范大学出版社,2012:167.

⑦ 文建. 湘西苗族农历八月二十八日敬拜花神的来历//张孝平,等. 兰花的意义. 北京:知识产权出版社,2013:107.

仪式完后,接生婆用口将"催胎水"喷到产妇肚子上,再双手按在产妇的肚子上帮产妇用力催产。而赶"难产鬼",是孕妇上产床后"毛毛"很久不能出来,孕妇和家人便怀疑是"难产鬼"在害人而采取的做法。于是人们除烧香拜佛外,还找来用桐油涂盖的烂纸伞、烂斗笠在产房内焚烧,或是在产房里摔打瓷碗,或同时在产房周围用铁器敲敲打打。这样做,据说就能赶跑"难产鬼"或防止"难产鬼"进房来。①

在怀化地区民间也形成了形形色色的处理难产的方式与方法。如在辰溪县,民众遇到难产就放炮、打枪、盖渔网等以驱邪。溆浦孕妇如遇难产,则认为是鬼神作怪,请巫婆焚香烧纸、撒茶叶米谷驱鬼。房子窗户都要用渔网拦住,鸣放鸟铳、大炮驱鬼。再生不下时,接生婆就用手伸入子宫将小孩扯下。靖州侗族孕妇分娩时,遇到难产,用秤钩钩出小孩,用破碗、碎铁片剪脐带。② 而在通道侗族自治县平坦乡横岭侗寨一带,"侗族妇女如果遇到难产,便会请来道士作法,将符水喷于正大门的背后,且喷一口水便狠狠地踩一脚,意为赶鬼驱邪。将道士的所画的符烧成灰烬,置于清水之中,让孕妇饮下,并抹一点在孕妇的额头,撒一些在孕妇的衣服上。"③

在湘西凤凰县苗族民间,据1933年石启贵的调查:"产下小儿不哭,则在小儿口中挖出血块,或用一猫放在旁边,打猫一下,猫叫使儿惊醒。"为使产妇易产,则"请祭司念咒,画符催胎"。如遇难产,则"有时用钩钩出,或用手拿出"。④ 花垣县苗族孕妇最害怕难产。遇到难产,往往使用助产药物,或请苗祭师化水、驱鬼等。有时,救了母亲,坏了婴儿,甚或母婴同归黄泉路。因此,他们最怕"月婆鬼"。⑤

很显然,以上旧时民间处理难产的方式方法多数是荒诞、不科学的,比方用手去扯小孩,用秤钩去钩婴儿,这常会出现母死子亡或婴儿死于破伤风等悲惨情形。有一些虽有一定的可行性,如难产时放炮、打枪,喷"催胎

① 刘楚魁,刘红梅.梅山婚育文化研究.西宁:青海人民出版社,2008:140-141.
② 赵小鹏,杨文基,梁海鸥.湖南怀化民俗史料.北京:线装书局,2007:123-124.
③ 根据通道侗族自治县平坦乡横岭侗寨村民龙义术、吴凤莲、吴国献、吴家益等口述整理。采访时间:2018年5月1日;采访人:侯文婷.
④ 石启贵.民国时期湘西苗族调查实录.习俗卷.北京:民族出版社,2009.403.
⑤ 湖南省花垣县《文史资料》研究委员会.花垣文史资料:第12辑·神奇的花垣·风情篇.内部资料,2007:84.

水",但其作用也是很微小的,仅限于给孕妇突然的听觉或触觉刺激,使其受到惊吓,身体猛然一动,可能会使子宫收缩而产下婴儿。但这种可能性其实很小。因此,在古代如遇难产,多是母婴双亡或只得保其一的悲惨结局。当然,随着现代科学医学技术的发展,孕妇分娩的成功率几乎接近百分之百。

2. "踩生"

国内很多地区、很多民族都有"踩生"习俗,在湖南世居少数民族地区亦广泛存在。"踩生",大致是指对第一个知道小孩出生的外人表示酬谢。"踩生"在各地虽然叫法相同,但不同地区的"踩生"俗信却并不一样。

湘西土家族的"踩生"是对产后第一个进屋的非家庭成员之人表示的一种酬谢活动。孩子生下后,全家人故意不声张,并忙着准备好糯米甜酒、鸡蛋、烟、茶,以恭候第一个来家的客人。土家人认为"踩生"是小孩未来前程的预兆。谚云:"女踩男,龙出潭;男踩女,凤飞起。"意为生的男孩,"踩生"者是女人,男孩日后有如神龙出潭,前程远大;若生的是女孩,中年男人"踩生"则女孩日后将如金凤展翼。其实,无论"踩生"者是男是女,都一律受到隆重欢迎,当"踩生"者进门时,主人立即迎上去,热情邀请,摆凳送烟茶,煮甜酒蛋,此时"踩生"者方才醒悟,立即恭贺,祝福小孩"长命富贵,易养成人"。[①] 但民间认为"踩生"时,会对"踩生"者本人不利,所以民间有"男不踩生,女不看灯"之说,故"踩生"后,主人要用甜酒煮鸡蛋甚至备酒饭热情款待。[②] 据此可以看出土家族人对"踩生"者是欢迎的,尤其是希望"踩生"者是"命好"的人,不过对"踩生人"本人来说,则是很忌惮的。之所以这样,是因为湘西一带的人认为"'踩生'者一旦真的为别人家的小孩'踩生',则自己一辈子的衣禄就会有一半属于这个新生儿,这样也就减少了自己的衣禄,故而人们都不愿意去'踩生'"[③]。但据刘琼的研究,其实新生儿家庭也忌惮"踩生",他们主要是忌讳那些八字恶的人为孩子"踩生",认为八字恶的

---

① 马本立. 湘西文化大辞典. 长沙:岳麓书社,2000:458.
② 尚立晰,向延振. 张家界市情大辞典. 北京:民族出版社,2001:212.
③ 周明阜,胡晨,胡炳章. 湘西风土志. 北京:中央民族大学出版社,2012:190.

人会克死孩子。①

在湖南的侗族地区，则无论生育者还是"踩生"者，对"踩生"都是忌讳的。《湘西文化大辞典》一书介绍，湘西一带的侗族人家如若生育，将第一个来家者称为"踩生人"。若是男踩女婴，因男性阳气重，则认为女婴吉利，易养成人，但"踩生"者将晦气三年，故主人须热情招待。若是女踩男婴，因女性阴气重，则会对男婴不吉，会体弱多病，"踩生"者则在三年内必交好运，故"踩生人"会受到主人冷遇。若是戴孝者"踩生"，无论男女，均被视为不吉。故侗家如知道某妇女将临产，往往不到该家做客。② 由于有这些忌讳，侗族先民因而想出了一些禳解之法：

> 产妇家忌生人进门，故有的在产房门窗前挂草标或橙子叶避邪，禁止生人入户，橙叶还有祝福新生儿吉祥、易养成人之意。门窗所挂之物是生男或生女的标识，如吊放一字形辣椒是生男孩的标识；吊十字形草标加放鸡蛋壳是生女孩的标识……为避免不慎的"踩生"，有些地方还特意请来"踩生"人，若是男孩就请男客；若是女孩则请女客。不过，也有相反的，生女请男客，生男请女客。③

湘南之江永县、江华县等地的瑶族地区对"踩生"俗信和侗族是一样的。当地人说新生婴儿落地后第一个经过产妇家的外人，或产妇听到第一个说话声、走动声的外人，皆称为"逢生人"或"踩生人"。民间俗信生男孩，最好是女人"逢生"；生女孩，最好是男人"逢生"。有"男逢男，霉三年；女逢女，霉到底。异性相逢，阴阳才合，彼此才不相克"之说。"逢生人"遇到产孩子的人家，不管什么情况，都得进产房看看，并对婴儿说"凤尔"等乳名。产家对"逢生人"要好好款待，除给"逢生人"煮酒糟蛋、红蛋吃外，还要为其挂红（红布条、红线）免灾。此外，还得尽力满足其来之要求：若是收账讨债的，

贰
生育礼俗：诞生与育婴礼俗

---

① 刘琼. 文化人类学视野下的土家族生育习俗——基于两个传统土家村寨的田野调查//黄柏权，田敏，刘伦文. 中国西南民族研究学会建会30周年精选学术文库：湖北卷. 北京：民族出版社，2014：340-341.

② 马本立. 湘西文化大辞典. 长沙：岳麓书社，2000：310.

③ 丁宏，等. 中国少数民族生育文化（上）. 北京：中国人口出版社，2004：252.

要如数偿还债务；如是借东西的，要二话不说，尽量借与；若有求事宜的，要从善应求成全完好。如若不然，"逢生人"为了避祸，会撕破裤脚，使婴儿和产妇招祸进灾。①

湘西苗族民间也是忌讳"踩生"的，尤其是产妇及其家人更是忌讳非本宗族之人进入产妇家里。其原因是怕外人将邪魔带进，扰乱婴儿灵魂。因婴儿灵魂极不稳定，易受惊吓而被邪魔带走。所以，婴儿一落地就得在大门口插个草标，提示外人不要进来，或在门上悬挂一顶草帽，暗示外人不得入内。如果不慎而入门者，出门时要洗脚，喝一碗冷水，否则会把产妇的奶水"踩干"。②

而在桑植白族地区，人们对"踩生"则没有这些忌讳，而有一种和上述地区完全不同的俗信。谷俊德《白族人为何爱胀"踏公"》介绍说：

> （桑植县）白族人称的"踏公"，就是婴儿出生时第一个来到产妇屋场的"踩生"者。"踩生"者有年老的，有年轻的，各式各样的人。无论是谁，新生儿家里都要拿最好吃的食物犒劳"踏公"，叫"胀踏公"。原因有三：一是表示白族人家对添丁进口的喜悦之情。二是把"踏公"当成第一个送喜的使者，往往当"踏公"者越多，主人家越高兴越热情招待。三是胀了"踏公"预示小孩将来有吃有喝，富贵长寿。若小孩出生，没有"踏公""踩生"，有的父母自己充当"踏公"也要饱食一顿。③

但也有的白族地区不完全是这么一回事，民众最忌讳戴孝的人来"踩生"，所以婴儿降生后，家人要立刻用白石灰在门口撒三道弧线，并在门槛上缠一道青篾子。若是生男孩，还要在青篾子下加一只草鞋，有的还在大门上钉一个瓢笆底，以示禁忌。若不小心闯入了产妇家，则须送一碗新鲜稠米

① 谢明尧. 女书习俗. 长沙：湖南人民出版社，2008：113.

② 姚周辉. 失衡的精神家园：中国民间灵魂、鬼神、命运信仰的研究与批判. 南宁：广西人民出版社，2002：201.

③ 谷俊德. 白族人为何爱胀踏公//谷利民. 桑植白族博览. 北京：民族出版社，2012：44.

汤，一些红糖、鸡蛋、甜白酒和一锅猪蹄子炖韭菜根给产妇吃。①

总之，"踩生"之俗，一方面体现了父母亲人对婴儿未来美好人生的期盼，另一方面也体现了民众对婴儿、产妇的小心呵护。

3. 报喜

报喜即新生婴儿降临后，婴儿父母将喜讯告知亲友，其中主要是报告给产妇娘家父母。报喜之俗，各地皆有，而且是同而不同，各具特色。笔者拟以世居少数民族人口较多的怀化地区为例来作说明。怀化，古称"五溪"，境内有5个少数民族自治县，即麻阳苗族自治县、靖州苗族侗族自治县，以及新晃、芷江、通道三个侗族自治县，此外鹤城区、洪江市、中方县、沅陵县、辰溪县、溆浦县、会同县等地，境内亦多是汉族与少数民族杂处，有不少少数民族乡镇。怀化地区世居的少数民族主要有侗族、苗族，其次是土家族、瑶族等。故下面所介绍的报喜之俗，均可视为少数民族的相关习俗。

会同县：第一胎婴儿出世后，当天要宰杀一只大公鸡(俗称"落地鸡")敬奉祖宗，向祖宗"报喜"。第二天丈夫要提一只活鸡(俗称"引笼鸡")、一只煮熟的鸡和一壶甜酒去岳家报喜。到岳家时，酒壶放在桌上，壶嘴朝外，表示生了男孩；朝内，生的是女孩。岳家一见，便知婴儿性别。岳家三天内，要请左邻右舍来家吃甜酒，以把喜讯告诉邻里乡亲。

芷江县：女婿向岳家提鸡报喜，生男的提公鸡，生女则提母鸡。娘家要回赠一只与报喜鸡性别相反的鸡，谓之"长生鸡"。这只鸡要喂到婴儿满周岁才能宰杀。

沅陵县：婴儿生下的第二天，婴儿的父亲到岳家报喜，生男提一壶酒，外加一只雄鸡，生女则只提一壶酒。

靖州岩脚一带侗族：婴儿诞生以后，由婴儿的父亲提一壶酒到岳家报喜，生男用辣子塞酒壶嘴，生女儿用菜叶塞酒壶嘴。回家时，岳家赠送甜酒、鸡、鸡蛋、糯米等。

新晃县：报喜时，生男孩提去一只母鸡，岳家即回报一只公鸡；是女孩

———————

① 王玉姝，杨宏娟. 中国民族(三). 长春：吉林文史出版社，2014：90.

便捉去一只公鸡，岳家回报一只母鸡。（按：秋鸿介绍的新晃县侗家报喜之俗与其相较，有较大差异。他说新晃县侗家生小孩，当天要请左邻右舍拢来吃甜酒，并宰杀一只大公鸡，将修鸡的水和毛一起泼到三岔路口去，这是给来往行人及寨邻报信，表明这家已生孩子了，同时把鸡肉砍成无数块，每家一块鸡肉向岳家及亲戚家去报喜。也有用整个公鸡向岳家报喜的，岳家一得信，立即携带甜酒、鲜鸡蛋、鸡等到女婿家，看望女儿和外孙，和亲家互相道喜。①）

溆浦县：小孩生下后，做父亲的提一只猪腿、酒、糖等到岳家报喜。另外，洪江、会同及芷江、新晃一带还有煮红蛋、做红粑、备甜酒等礼物到岳家"报生"的。②

从上面的介绍来看，虽然上述诸地同属五溪地区，但因历史、地理、民族以及其他人文原因，各个地方的报喜之俗还是呈现出同而不同的特点。为简明易见，笔者择报喜礼物和显示婴儿性别的方式为例列表比较如下：

表 1　怀化部分地区报喜习俗比较简表

地区	报喜礼物	显示婴儿性别的方式
会同县	活鸡、熟鸡各一，一壶甜酒	酒壶壶嘴朝外，表示生的男孩；朝内生的女孩
芷江县	鸡	生男孩提公鸡，生女孩则提母鸡
沅陵县	一壶酒，一只雄鸡	生男孩提一壶酒，加一只雄鸡；生女孩提一壶酒
靖州	一壶酒	生男孩用辣子塞酒壶嘴，生女孩用菜叶塞酒壶嘴
新晃县	鸡	生男孩提母鸡，生女孩捉公鸡

从上面的介绍来看，报喜一般都要携带地方约定成俗的物品，但也有的少数民族如宁远县的瑶族民众没有这些象征物，而只在"婴儿降生后，女婿及时向岳父母报喜，一般不拿礼物，告知是男或女即可"③。（按：宁远县的

───────────────

① 秋鸿. 新晃侗族生活习俗琐谈//贵州省民族研究所. 民族研究参考资料：第 22 集. 内部资料，1985：116.
② 赵小鹏，杨文基，梁海鸥. 湖南怀化民俗史料. 北京：线装书局，2007：124-125.
③ 湖南省宁远县地方志编纂委员会. 宁远县志. 内部资料，2014：503.

邻县江永县瑶族民众在报喜时仍要带约定俗成的物品:"婴儿降生后,主家带只宰杀的公鸡、4个鸡蛋、1包食盐或者1包茶叶向岳父、岳母报喜。岳父母见食盐便知是生男,若是茶叶便知是生女。"①)

一般来说,家里添了丁口以后,新生儿父亲还要到附近的土地庙前"报丁",其仪式为插三炷香,摆三杯酒,放一块刀头肉,边烧钱纸边祷告:"××屋里添丁,特来报信,伏乞土地公公、土地婆婆保佑他四季平安、易养成人!"②

3."洗三"与"三朝酒"

婴儿出生三天后,一般都有"洗三"仪式、做"三朝酒"习俗。这一习俗,在清代、民国时期修撰的各地地方志中都有三言两语的记载。"三朝"时有的地方还有给婴儿取名、寄名等习俗。我们这里主要介绍"洗三"仪式、做"三朝酒"。

(1)"洗三"

"洗三",又称"洗儿""洗三朝澡""看月"等。该习俗在唐五代时便已形成,但从文献来看,此习俗最先似乎只在宫中盛行。唐玄宗天宝年间(742—756年),安禄山认杨贵妃为干娘,贵妃为其举行"洗儿"礼。《资治通鉴》载:"甲辰,禄山生日,上及贵妃赐衣服、宝器、酒馔甚厚。后三日,召禄山入禁中,贵妃以锦绣为大襁褓,裹禄山,使宫人以彩舆舁之。上闻后宫欢笑,问其故,左右以贵妃三日洗禄儿对。上自往观之,喜,赐贵妃洗儿金银钱。"③又前蜀(907—925年)花蕊夫人《宫词》之六三:"东宫降诞挺佳辰,少海星边拥瑞云。中尉传闻三日宴,翰林当撰洗儿文。"④此后,这一习俗慢慢流向民间,而且在不同地方形成了各具特色的"洗三"礼俗。

江华县等地的瑶族,小孩出生后的第三天,父母也要请师公为婴儿洗澡。师公把婴儿抱在怀里,不断地唱赞美歌和摇篮曲。⑤桑植县土家族、白

生育礼俗:诞生与育婴礼俗

---

① 吴多禄. 江永县志. 北京:方志出版社,1995:725.
② 龙燕怡,龙民怡. 神秘大湘西:民俗散文撷萃. 北京:线装书局,2015:319.
③ 司马光. 资治通鉴:第三卷. 长春:吉林大学出版社,2008:227.
④ 黄勇. 唐诗宋词全集:第六册. 北京:燕山出版社,2007:2504.
⑤ 谢明尧. 女书习俗. 长沙:湖南人民出版社,2008:113.

族"洗三"是在婴儿出生第三天，外婆要去女儿家亲手用风藤、鸡屎藤、化香叶等草药煎水，给小外孙洗澡，名曰"洗三"，也叫"看月"。同时由祖父母、父母、舅爷等长辈为婴儿取名，叫"三朝命名"。① 怀化各地均盛行"洗三"，如芷江侗族自治县，婴儿降生三天，采枫叶、四眼草、斑鸡窝等野草煎水给婴儿"洗三"，人们认为这样可以除疱疮、随风长。② 在怀化地区"洗三"有一套较为烦琐的程式：①准备。清早到溪边水急的地方提一桶洁净的溪水（取"源远流长"意），倒进鼎罐里，并放少许三角枫、四轮草、苦竹叶和香树叶③，再放一个鸡蛋（俗称"揩屁股蛋"）一起煮。水烧开后，在脚盆上摆一只格筛（寓宝宝将来心眼多），筛里放上算盘（祈望小孩长大有心计）、秤或戥子（将来发福发贵）、葱（聪明）、牛角（像牛一样健壮），并撕一点窗棂纸（宝宝心明眼亮）丢进去。然后把药水倒进格筛里，让药水浸过算盘等，漏进脚盆中。药水倒完，奶奶取掉格筛，并将下银手镯放进盆里，再掺一些溪水进去，叫"添盆"。待水温适中，拿一量米的升子（意"步步高升"）倒覆在脚盆里，垫上软片，把宝宝捧在升子上洗。②洗澡。"洗三"一般请接生婆（俗称"稳婆"）洗。奶奶扶着婴儿坐在升子上，稳婆给婴儿抹身，边抹边讲："宝宝洗了三，身子壮如山；宝宝洗了澡，越长越乖巧！"旁边围观的亲人则齐声附和。接着姑姑用一面铜锣端来药水，稳婆用浴巾在铜锣里蘸一下，边抹边念："铜锣两面光，宝宝长大响当当；铜锣当当响，宝宝长大当将相。"从头洗到脚，每洗一处都要讲吉语，大家也随声附和。③"开粪门"。洗好之后，在婴儿屁股边放一把铜锁，并用钥匙打开，念道："三天屙把屎，两天屙泡尿。"叫"开粪门"。④"滚蛋"。奶奶将"揩屁股蛋"去壳，稳婆接过开始"滚蛋"。先在婴儿头上滚动，边滚边念："头上滚蛋，聪明能干；多滚几圈，赛过神仙！"接着在身上滚，一直滚到脚底，边滚边祝福，"药蛋滚一遍，皮肉嫩鲜鲜"，一直念到"药蛋千遍滚，百病不沾身"为止。完后，要把药蛋分给邻居孩子吃。⑤祭祖。洗浴后，稳婆给婴儿穿一件黄色内衣，用包裙裹好，由奶奶把婴儿抱到堂屋，在神龛前燃香烧纸，作揖，求祖宗保佑。接着，奶

---

① 《桑植县概况》编写组. 桑植县概况. 北京：民族出版社，2012：31.

② 赵小鹏，杨文基，梁海鸥. 湖南怀化民俗史料. 北京：线装书局，2007：125-127.

③ 当地相传三角枫洗澡可去风湿，四轮草洗澡不吵夜，苦竹叶洗澡不生狐臭，香树叶洗澡能化毒解瘀。

奶一手抱婴儿一手拿秤砣在堂屋的左边中柱上连敲三下，并祈祷："秤砣敲一下，宝宝什么都不怕；秤砣敲两下，宝宝胆子比天大；秤砣敲三敲，宝宝全身火焰高。"①

综上所述，可见"洗三"的目的即是给婴儿洗去污秽，消灾免难，并向神灵、祖先祈祥求福，以期其健康成长。仪式中用多种草药煎水给新生婴儿沐浴，是有一定科学性的，而其寓意则显示出了长辈对婴儿的美好祝愿，其中透露出浓浓的巫术思想。此外，还有的一些地方，有在给婴儿洗澡后"捆手"的习俗。如麻阳县民间"当婴儿洗澡穿衣后(内衣是外婆缝的，名曰脱手衣)，用绳带将衣袖筒捆住，一则不让手缩回胸前去乱抠，二则说是孩子长大后为人正直光明磊落，不乱拿别人的东西"②。

(2)"三朝酒"

"三朝酒"，是在婴儿出生三天后(也有的地方稍微推迟数天)举行的庆贺仪式。对这一仪式，各地有不同的称呼，如"三朝""打三朝""吃三朝饭""做三朝"等。常与"洗三"仪式在同一日举行。"三朝"在湖南各地盛行。

我们先看湖南一些侗族地区的"三朝酒"习俗。

新晃县侗族的"打三朝"，不一定在婴儿出生后的第三天，可看情况延至第十天或半个月后举办。"三朝庆喜"，主要是接待外婆家及本家至亲，如叔伯、小婶、外婆、姨婆、大小舅妈及寨邻来贺喜。庆喜之日，各亲戚送来礼物，一般是糯米、鲜蛋、肥鸡和帽袜、布等。外婆的礼品，除大笼鸡、大篮蛋、大担糯米和甜酒外，还有背带、襁褓、小衣帽、口水兜等。这天，主家杀大猪办宴席，款待宾朋，女伴姑娘们则给新生婴儿唱贺歌及感谢外婆的酒歌，一直唱到深夜。③

通道县侗族婴儿落地后，当天指定人去外婆家报喜。接着外婆家的人挑甜酒、鸡、蛋、小人衣帽、布料来"打三朝"。"打三朝"，产后第三、七、十一天中可任选一天，一般以第七天居多。外婆亲手送来银帽、花背带以及药

① 龙燕怡，龙民怡. 神秘大湘西：民俗散文撷萃. 北京：线装书局，2015：320-322.

② 湖南省麻阳苗族自治县地方志编纂委员会. 麻阳县志(1978-2005). 郑州：中州古籍出版社，2008：670.

③ 秋鸿. 新晃侗族生活习俗琐谈//贵州省民族研究所. 民族研究参考资料：第22集. 内部资料，1985：116.

草(枫叶、四眼草、斑鸠窝)熬水洗澡,以防疱疮,求祈无病无灾。在酒席上还请外婆取名。"打三朝"头一天,请外姻妇女及婴儿娘辈妇女、房族妇女参加。外亲送鸡、衣、布、钱,主家回赠一串约六两的肉,内亲送几斤米几元钱。第二天请上述亲戚的男人,受请者每户送布、衣、鞋,或鸡一只,外加十斤糯米饭。主家以半斤肉作串肉回礼,即人们常说的"串串肉"。"三朝"菜肴因时而异,过去一般人家只杀一头肥猪,摆长桌,每人面前摆一串肉(串肉里有炸豆腐、猪肉块、腌鱼)。桌上再摆几碗公菜:一大碗肉,一碗肉排黄豆汤,一些小菜、酸菜之类。公菜吃剩归主家,串肉吃剩客人带回家。① 但通道县侗族"三朝酒"最有特色的还是酒宴之前的请巫师"祭桥头婆"。"祭桥头婆"之俗,乃由侗族歌"萨"中的"sax wap liemc yenxdaol map jiuv guangl"(即四萨花林引咱来到世间)之说演变而来。侗族传说,人来到阳间是由"四萨花林"带领走过阴间通向阳间的桥,所以婴儿降生后首先祭祀萨神。主要供品有鸡蛋、猪头、酒、茶水、黄豆、糍粑等。祭仪由巫师主持,通常幼儿的乳名当即在祭桌上取之,而且婴儿的服装、裁剪背篼的布料也放在祭桌上作祭品。"祭桥头婆"之后"三朝酒"方开席。②

靖州县寨牙岩脚侗族办"三朝酒"时,将煮熟的猪肉、牛肉、腌鱼切成大片,用竹片穿成串,每串四两,分送每户两串带回家,餐桌上亦有几个菜下酒,唱《酒歌》《取名歌》助兴。外婆家的亲戚都有人来送鸡、糯米饭、蛋、糖果和小儿服饰。外婆则送银帽、背带、风裙、包被、鞋袜为礼品。③

再看看其他少数民族地区的"打三朝"。

江华瑶族妇女产后第三天,外婆家要适当送些衣物、鸡蛋,表示"打三朝"。"打三朝"仪式,其中"盘瑶"只有在生男孩时才举行。孩子出生后第三天,杀一只鸡,师公为婴儿向祖先祷告后,产妇抱着婴儿再祷告天地,求天地赐福,保佑婴儿快长大。④

---

① 综合 1999 年、2004 年修的《通道县志》相关介绍而成。[分别参考湖南省通道侗族自治县县志编纂委员会《通道县志》(北京:民族出版社,1999:855)、通道侗族自治县民族宗教事务局《通道侗族自治县民族志》(北京:民族出版社,2004:254.)。]

② 陆中午,吴炳升. 侗族文化遗产集成:第三辑·下册·信仰大观. 北京:民族出版社,2006:113-114.

③ 赵小鹏,杨文基,梁海鸥. 湖南怀化民俗史料. 北京:线装书局,2007:127.

④ 谢明尧. 女书习俗. 长沙:湖南人民出版社,2008:113.

桑植县白族在三朝、满月、周岁等重要人生礼仪时，都要祭祀本主神，求其保佑。[①] 此外，婴儿出生三日后，接生婆用艾叶、花椒、鸡屎藤等草药煎成药水，将婴儿洗得干干净净，这样婴儿就不会生疮。接着施行"落脐炙卤"，表示完全脱离孕期残余，正式进入婴儿期。[②]

麻阳苗族民间则有"吃三朝饭""贺大三朝"的习俗。婴儿生下的第三天晚餐，宴请娘家和婆家的长辈及有关亲属，叫"吃三朝饭"。宴席上要商议约定"大三朝"赴宴时间。"大三朝"要历时三天，以娘家为主要宾客，第一天是毛筵席，第二天晚上是正酒，第三天客散。"大三朝"多在婴孩产后半个月进行，取一个月三十天的中间数，这样娘家婆家各占一半，两边无亏损，双方无强弱，如意吉祥。是时，娘家房族戚友要抬台盒、挑担，装着鸡鸭、蛋品、孩子的衣服鞋帽、金银首饰等礼品向新生婴儿主家道喜。"大三朝"第二天晚上正酒时，外公（或舅舅）得给婴儿取名。其仪式是酒过数巡后，将鸡头劝给外公进食，同时请外公（或舅舅）给婴儿取名。取好后，主家鸣放鞭炮，然后把孩子抱出房来让外公抱，外公就赏赐钱物，说一些"长命富贵，易养成人"的吉利语。[③]

4. 满月、"百岁"、周岁

婴儿满月前后到其周岁期间，民间也有很多习俗。如"满月酒""剃胎头""取名""封手""出月""开斋""百岁宴""抓周"等。

江华、江永县瑶族妇女生育小孩满月后，要大办酒席款待亲戚朋友，赴宴的亲友和邻舍均备有满月礼物送给小孩。同时，按当地婚姻习俗补赠年轻夫妇"结婚礼物"。所以，庆祝孩子的"满月宴"，也是庆贺孩子父母的"结婚"典礼。宴会时有一定的仪式，宴会前请老人给小孩取名。宴会开始时，媒人为小孩的父母祝词，要说"料话"（即训诫词），大意是庆贺年轻夫妇生育儿女、婚后幸福美满，并希望他们相亲相爱、教育儿女等。宴会上，男女双

① 詹承绪. 桑植白族的生活习俗和宗教信仰//中国社会科学院民族研究所. 南方民族的文化习俗. 昆明：云南人民出版社，1991：191-192.

② 谷厉生. 白族婴儿"洗三"怎么洗//谷利民. 桑植白族博览. 北京：民族出版社，2012：45.

③ 湖南省麻阳苗族自治县地方志编纂委员会. 麻阳县志（1978—2005）. 郑州：中州古籍出版社，2008：670.

方的父母都对年轻夫妇和生育的孩子表示祝贺，并送给礼物和一些钱财。女方父母给的钱财叫"出财"，男方父母给的叫"还财"。男方父母还要致祝词，内容主要是讲述祖先的来历和迁徙的历史，以及血缘近亲的情况、关系等，边喝酒边讲述，一讲一答地欢庆整夜。①

江华县壮族则有"满月逛寨"习俗。即在婴儿满月这天早上，外婆家派人送来背带、衣帽、鞋袜、褛巾等以示祝贺，主家则用汤圆待客，象征家庭和睦，生活甜蜜。而后，一位穿新衣的少女，用外婆送的背带背着婴儿去逛寨。出门时，一位老人送给少女一把伞，表示孩子长大后有胆识，走南闯北，风雨无阻；又拿几本书或纸放在小孩怀里，表示孩子长大后能知书达理；又放入几棵小葱，表示孩子聪明能干。逛寨后，家人再来庆祝一番。②

新晃县侗族在满月前后则有"剃头""封手""开斋"等习俗。婴儿快满月时，要请外公来剃头，把婴儿的胎毛剃去，尤其是眉毛一定要剃干净。侗家人相传，婴儿不剃眉毛，长大后会看不得别人的东西，比方别人家熬甜酒、酿烧酒等，要是他看了，那么酒就会变坏。剃头后，还要把婴儿放在隔筛里，在火塘上来回过火三次，据说这样后，婴儿长大后才会聪明、心眼多、见识广。婴儿月中，也要"封手"。"封手"即用布把婴儿的五指缝封起来。民间以为，小孩这样，长大后才能规规矩矩，不随便拿别人的东西。③ 而通道县境内的侗族民众，其婴儿做满月的习俗，真可谓丰富多彩了，虽在同一县域内，但东西南北各村寨的亦有差异。满月时，南部侗族村寨，其母于婴儿额头抹桐油、锅烟少许作记号，携糯米饭、鸡鸭等礼品和婆婆同去娘家。娘家则杀鸡宰鸭款待，其近亲族内妇人提篮拎肉前来作陪，吃一餐饭后回家，当地人称"出月"。芙蓉一带的侗族民众，则由一位子女齐全的老妇人背着婴儿到外婆家吃一餐饭后即回，并给婴儿剃头。流源一带的婴儿满月那天，要炒一二十个鸡蛋，另备一些甜酒，让一位老婆婆撑伞背婴儿踩过一座桥，用蛋祭"花神婆婆"，然后将炒蛋分给村里的儿童吃。④

---

① 谢明尧. 女书习俗. 长沙：湖南人民出版社，2008：114.

② 《江华瑶族自治县概况》编写组. 湖南江华瑶族自治县概况. 北京：民族出版社，2008：39.

③ 秋鸿. 新晃侗族生活习俗琐谈//贵州省民族研究所. 民族研究参考资料：第22集. 内部资料，1985：116.

④ 通道侗族自治县民族宗教事务局. 通道侗族自治县民族志. 北京：民族出版社，2004：254.

湘西土家族婴儿有满月"出月"之俗。如在龙山县土家族："满月那天，母亲用右手中指在烧饭的三脚架上摸三下，将黑灰在婴儿前额正中画一'十'字，旋即抱到井边'出月'，插一束香和烧些纸钱，向井内舀回一罐水给婴儿洗澡，说可免除灾星，易养成人。"①而常德石门县土家族婴儿的满月习俗与之相比，有较大差异。产妇满月后（需满45天后），夫妻双双抱着新生儿去"嘎嘎屋"（即外婆家）"出月"。"出月"时要在新生儿额上点锅灰，途中翻山过坳和过渡口时要连续呼唤婴儿乳名，以防失魂。嘎嘎要给"打发"，给小儿手臂上系一绺青线，名长寿线。②此外，男孩出生半个月或女孩满月后，请老成厚道的剃头师傅为孩子剃胎头，头发剃完后，要用煮熟的鸡蛋在头皮上滚一圈，然后把刚剃下的婴儿头发包在鸡蛋内，让狗吃掉，认为这样会使孩子的记忆力增强。③

婴儿在出生满百天时，有的也举行庆祝仪式，摆"百岁酒"，给婴儿开荤、剃头等。如在石门县的土家族民间，婴儿满百日时便有一系列的习俗。届时，人们请土司给婴儿度"百日关"，祭祀、敬白虎神；设宴待客，给小儿喂肉食、米粥等；亲友送"百岁钱"；选有子有女的健壮夫妇做干爹、干妈，使之容易生长。满百日这天，要给婴儿尝残菜汤，意在婴儿长大以后能吃五谷杂粮。满百日这天，还要请当地有名的"代周"（即剃头匠）给婴儿剃胎头，还要给"代周"米、烟、利市。④

婴儿在满百天后，便可"开斋"。"开斋"也叫"开荤"，各地时间不太一致，有的是在出生百天时，有的满六个月，还有的地方则是小孩周岁时才"开荤"。"开荤"时要办一桌丰盛的筵席，请德高望重的老年人或命好的亲友主持。其仪式较为简单，主持者夹一片肉沾点酒，然后对婴儿说一些祝贺性的口彩语，同时将肉送入婴儿口中，此后，小孩便可随便吃荤菜了。"开荤"时忌用麻雀肉、鸭蛋等，因民间相传用这些食物开荤，小孩长大后会多嘴

① 湖南省湘西土家族访问团. 湖南龙山县土家族有关情况的调查报告//阳盛海. 湘西土家族的历史文化资料. 长沙：湖南人民出版社，2009：82.
② 石门县文史委员会. 神奇石门：民俗卷. 北京：大众文艺出版社，2007：116.
③ 刘琼. 文化人类学视野下的土家族生育习俗——基于两个传统土家村寨的田野调查//黄柏权，田敏，刘伦文. 中国西南民族研究学会建会30周年精选学术文库：湖北卷. 北京：民族出版社，2014：343.
④ 石门县文史委员会. 神奇石门：民俗卷. 北京：大众文艺出版社，2007：129-130.

生育礼俗：诞生与育婴礼俗

多舌。

周岁是小孩的第一个生日，多数家庭会给孩子举办规模不一的庆祝宴会，而且届时多有"抓周"仪式。该仪式的目的都一样，仪式也大同小异。如在江永县瑶族地区孩子满一岁时，要办周岁酒宴，杀鸡、杀鸭，做花米饭，请至亲好友赴宴。酒宴时在堂屋里放一只簸箕，将书、笔、刀、锄、花米饭置于簸箕上，让孩子坐正中自由抓取，作为成人后选择什么职业的预兆。① 在通道县、新晃县侗族民间，"抓周"也叫"试盘"，其方法是用一个大木盘或簸箕摆上书本、尺子、算盘、丝线、食品、玩具等，放在小孩前面，让孩子去摸，以测孩子长大后做什么。② 其中，通道县侗族除"抓周"活动外，还有其他仪式，比如请外公剃头、开荤、"开脸"（防长大眼浅）等。③

5. "坐月子"

以上诸礼俗主要是从婴儿的角度来介绍的，其实围绕保护生育者即产妇，也形成了一些礼俗。对产妇的保护，主要是针对其产后一个月内，即"坐月子"期间来说的。这时的产妇，民间称之为"月婆""月婆子"等。对产妇的保护，也多是以禁忌的形式呈现。其中有些禁忌则具有保护婴儿的目的，则属育婴礼俗了。

湘西土家族地区产妇"坐月子"有很多禁忌。如二十世纪五十年代，湖南省湘西土家族访问团曾对龙山县土家族女子"坐月子"习俗做了简单描述："产妇产后七天内不能见天，外人也不得看产妇。并从分娩的第一天起，在厨房饮水缸内放一索铁，每日烧红一次再放进去，共放七天。妇婴在一月内不许跨进厅堂……产妇未满40天或没去娘家和水井边'出月'以前，不得访邻舍，否则须请土老司诵经敬神。产妇在'坐月'中所吃鸡子的毛和鸡蛋的壳，必须在满月后，用钱纸送到屋外山坡上。"④

今人对湖南土家族产妇"坐月子"习俗也有很多介绍。如说产妇不能吃白

① 谢明尧. 女书习俗. 长沙：湖南人民出版社，2008：113.
② 湖南省通道县侗族自治县县志编纂委员会. 通道县志. 北京：民族出版社，1999：855.
③ 湖南省通道县侗族自治县县志编纂委员会. 通道县志. 北京：民族出版社，1999：855.
④ 湖南省湘西土家族访问团. 湖南龙山县土家族有关情况的调查报告//阳盛海. 湘西土家族的历史文化资料. 长沙：湖南人民出版社，2009：82.

毛鸡、花毛鸡，因湘西地区的土家族人认为它们是"白虎"邪神的象征物，若犯忌，会带来灾殃；不能吃牛肉，否则小孩今后就不会说话，或者会蠢笨如牛；不能吃鸭子，否则小孩今后走路的姿势会像鸭子一样东摇西摆；不吃生冷、酸辣食物，因会直接影响产妇的身体健康；产妇不能随便走动，一般在生产后的七日之内，要尽量卧床休息，否则会给自己的身体带来疾病；未满月，不得进入堂屋和灶房，怕冲撞主家神灵和灶神；未满月，丈夫不得进产妇房间，外人也不得进房看望产妇；产妇的碗、筷不得与他人杂用。① 而在桑植县，土家族"月婆子"还"禁吃重冠鸡、芦花鸡以及任何鸡的鸡头、鸡爪、鸡内脏""禁入堂屋、厨房"等。② 此外，刘琼还提到土家族的"月母子"（即产妇）每天用艾蒿熬制的热水擦洗身子，一般要戴头帕，穿暖和，即使夏天也穿长袖衣服，防着凉染风湿；不碰冷水，不洗澡，不梳头，不能与丈夫同房等，以防得"月子病"；不能吃葱，否则，年纪大了后会常打屁；不能吃花椒，吃了会炸奶（缺奶）；不能到他人家里，否则会使他人运气不好，成为有罪之人，即使死后也会受到惩罚，要用筛子盛水帮他人洗门槛。③

江华县、江永县瑶族认为产妇在分娩的四天内有秽气，要用草药洗澡，必须待在家里，消除秽气后才能出房门。在此期间不得吃醋泡菜、牛肉和无鳞鱼等；忌外人穿草鞋入内；分娩后三天内禁回娘家，禁外出，否则祖先会怪罪。④ 溆浦瑶族妇女"坐月"时，不准外出，以免秽污龙神，给人带来灾难。满月后，才能到别家串门。产后，还要用草药煎水给产妇和小孩洗澡，防止风湿及其他疾病。⑤

新晃县侗族产妇在"坐月"中，有很多忌讳。如忌入厨，免得触犯灶神；忌入堂屋，免得触犯祖宗；忌在露天下走，免得触犯天地。忌吃葱蒜及青菜，忌吃羊肉、牛肉，免得婴儿将来臭腺和不会讲话；忌喝冷水和用冷水洗

① 周明阜，胡晨，胡炳章. 湘西风土志. 北京：中央民族大学出版社，2012：190.
② 《桑植县概况》编写组. 桑植县概况. 北京：民族出版社，2012：42.
③ 刘琼. 文化人类学视野下的土家族生育习俗——基于两个传统土家村寨的田野调查//黄柏权，田敏，刘伦文. 中国西南民族研究学会建会30周年精选学术文库：湖北卷. 北京：民族出版社，2014：341.
④ 谢明尧. 女书习俗. 长沙：湖南人民出版社，2008：112.
⑤ 赵小鹏，杨文基，梁海鸥. 湖南怀化民俗史料. 北京：线装书局，2007：124.

手等。① 靖州侗族妇女"坐月子"期间，若外出须头戴斗笠，民间认为产妇身上不净，不能走亲戚，否则，得罪天地；不能踩灶，否则得罪灶王菩萨；不得进出堂屋，否则得罪祖先。产妇不吃鸡的头脚、内脏，否则，婴儿长大了不洁净；在月子里，专吃鸡、蛋类肉食，吃甜酒助发奶汁；忌吃辣椒，用锅底烟灰煮蛋吃，裨益身体，以防身体火旺。②

麻阳苗族民间认为分娩是污秽不洁的，"生男育女秽天地"，因此有不少产妇禁忌。其中有些是就产妇"坐月子"来说的：妇女分娩未满月前忌孕妇、生人入其卧室，尤忌携铜、铁等金属器皿进入，认为对产妇、婴儿均有妨害，为此，分娩后以柔草缚鸡毛和一块布(生男用红布，生女用青蓝布)挂于门前，以示非至亲莫入；产妇3天不出房，7天不进灶，认为上灶会得罪灶神，也不去别人家，不去井边，以免给人家带去不祥或玷污井水；产妇不满百日，被认为是"身不净"，不能入别人家；忌产妇未满40天外出，忌婴儿便布晾晒，认为产妇、婴儿秽气大，污秽天地；忌未满月的产妇去他家做客，以为空肚子入门，他家女人将不孕。③

以上禁忌，有的确实荒诞无稽，但也有一部分对产妇和新生婴儿是有益处的。

(二) 育婴礼俗

育婴礼俗，指在婴儿出生后直至周岁期间，为保佑婴儿健康成长而形成的诸多民俗礼仪。这些习俗，从行为主体的主动性来说，有的是以积极的态度、健康、科学的方式进行，如溆浦一带的瑶族、苗族民众，在小孩生下后，洗净包好，先喂几天甘草水解毒。三天后，采集松叶、杉叶、金银花藤、擂鼓风等，煎水给小孩和产妇洗澡。一月内，每天早晚都要给小孩洗

① 秋鸿. 新晃侗族生活习俗琐谈//贵州省民族研究所. 民族研究参考资料：第22集. 内部资料，1985：117.

② 赵小鹏，杨文基，梁海鸥. 湖南怀化民俗史料. 北京：线装书局，2007：127.

③ 湖南省麻阳苗族自治县地方志编纂委员会. 麻阳县志(1978—2005). 郑州：中州古籍出版社，2008：673.

澡，用桐油烫小孩的肛门、肚脐眼、气门，谓之"取风火"。① 又如上面提到龙山县土家族婴儿的"出月"习俗，取井水给婴儿洗澡。但更多的是以禁忌、求神等方式出现的。

1. 育婴禁忌

在上一章"坐月子"中，举了许多"月婆子"坐月子时的禁忌，其中一些是从保护婴儿以使其健康成长角度考虑的，这当是育婴礼俗了。下面将那些出于保护婴儿的禁忌摘出部分，以见古人之育婴禁忌习俗。

湘西土家族：产妇不能吃牛肉，否则小孩今后就不会说话，或会蠢笨如牛；不能吃鸭子，否则小孩今后走路的姿势会像鸭子一样东摇西摆。此外，对新生婴儿的家庭来说，不允许外人来家借火种，否则婴儿会吵闹不休，甚至夭折；穿草鞋的人不能进入产妇家，据说这样会使母亲的奶水枯竭；不准带铜铁之类器物的人进屋，相传铜铁之物带有杀气，会惊吓婴儿灵魂，给婴儿带来灾害；婴儿出生一个月内，不得见到天光，即不能出大门；不得将婴儿的尿布、衣裤等晒在外边过夜，因夜空中有某种凶恶的精灵，会在婴儿露夜所晾的尿布或衣服上作祟，从而危害孩子的健康。②

新晃县侗族：产妇忌吃葱蒜及青菜，忌吃羊肉、牛肉，免得婴儿将来臭腺和不会讲话。

通道县侗族：孕妇忌食葱蒜与羊牛肉（小孩会有狐臭、变哑巴）、兔肉（小孩会是三瓣嘴）、狗肉（孩子会咬人、喂奶时爱咬奶头）、驴肉（小孩会有驴性）、公鸡（小孩夜里爱啼哭）、螃蟹（小孩流口水，或胎横难产）；忌见月食（所生孩子身体不全）、忌看傀儡戏（会生无骨的孩子）、忌看戏中花脸（孩子会长麻子）等。

靖州侗族：产妇不吃鸡的头脚、内脏，否则，婴儿长大了不洁净；忌吃辣椒；用锅底烟灰煮蛋吃，裨益身体，以防身体火旺。

这些育婴禁忌，多数荒诞不经，但其体现了先民们在医疗技术不发达的时代，为延续生命，为保护刚出生的弱小生命做出的种种努力。

① 赵小鹏，杨文基，梁海鸥. 湖南怀化民俗史料. 北京：线装书局，2007：123-124.
② 周明阜，胡晨，胡炳章. 湘西风土志. 北京：中央民族大学出版社，2012：190.

生育礼俗：诞生与育婴礼俗

2. 寄名

"寄名"之俗，在我国大部分地区都有，也叫认干亲。"寄名"，除寄给异姓人外，也有将小孩"寄"给观音、关公、妈祖等神灵的，或将孩子在庙里做一个寄名道士或寄名和尚①。

永顺县有些土家族人习惯于在小孩几个月后，将其寄拜给别姓人，做别姓人的"干儿子""干女子"。传说这样"寄拜"，小孩可以清除一切灾星，易养成人。②

桑植县白族人家给儿女拜"干佬儿"（即认干亲）有三种情况：一是拜寄对孩子的成长有利的成年男子"踏公"做干爸。二是孩子出生后，"八字"有劫难，须拜命好的人为干爸，才能逢凶化吉。第三种情况，是拜有权有势的人或者相交甚好的人。③

江永县、江华县等地瑶族"寄名"的习俗颇为特别。这里的小孩出生后的第三天，父母要请师公为婴儿洗澡。在举行洗澡仪式时，如有人经过这里，不论男女，都被认为是婴儿的干爹娘，并对这个婴儿将来的命运负责。拜寄干爹、干妈时要在门前插香，三拜后先进屋者为干爹干妈，并由他为小孩另取新名，以解病灾。除人之外，果树、樟树、枫树、大石头、泉水、社王、庙堂等都可拜寄。④ 若是拜寄人，在拜寄前，先选定好的人家作为拜寄对象，然后择吉日携带小孩和香纸、肉酒、糍粑、蜡烛、鞭炮等到寄父或寄母家祖先神榜前，烧香化纸点蜡烛和放鞭炮祭祀一番。而寄父（母）则按自家儿女的字辈给小孩取新名，并送饭一碗、筷子一双、鸡蛋一个、衣服一件、帽子一顶、鞋子一双。若是拜寄给山、水、石、井、桥等，则以孩子命里缺什么而定。寄拜时要择吉日，带香纸和供品祭祀，然后由父母根据寄拜对象给孩子命名。如寄拜树，则在树干上贴张红纸，上书"×家花男××在此寄名，请求保佑"，再烧香化纸。一般寄拜什么，则名字的第一个字便是该物。如寄拜山，

① 卢国龙，汪桂平. 道教科仪研究. 北京：方志出版社，2009：158-160.

② 彭剑秋. 永顺县民族文化系列丛书：中国土家族婚俗考. 长沙：岳麓书社，2015：145.

③ 谷俊德. 白族人家在什么情况下拜干佬儿//谷利民. 桑植白族博览. 北京：民族出版社，2012：44.

④ 谢明尧. 女书习俗. 长沙：湖南人民出版社，2008：113.

叫"山生";寄拜水,则叫"水生"等。[①]

在麻阳县苗族民间,如果小孩不好养,便要拜别人为寄父寄母;或者拜灵官菩萨、岩坎(石壁)、古树、井水、池塘、观音娘娘等;甚至有的过房与他人为子,以求易养成人。[②] 2018 年 8 月 30 日,李跃忠、李骏逸在麻阳县大桥江乡苗族村寨豪侠村考察时,在该村对面山上建的龙氏"祖神殿"里见到了十几份"寄名帖"。龙氏祖神殿正殿供奉龙氏的祖先龙云甫,侧殿则供奉河南师傅(龙氏祖先的师傅)。殿中的墙上有不少"寄名帖",有的是将家中不好养的小孩寄给祖先,有的则是寄给河南师傅。这里的"寄名"习俗颇有特色,主要是体现在凡欲将小孩拜寄者,除写好"寄名帖",置办纸钱、香烛外,还要用红色纸做冥鞋两双贴在"寄名帖"上方,献给祖先或河南师傅(如图 2-1)。村民们介绍说,这两双鞋是给祖先或河南师傅为保佑小孩健康成长疏通关系跑路用的。[③] 就墙上的十几份"寄名帖"来看,其内容大同小异,多由家长自己书写。图 2-1 中的"寄名帖"文字如下:

拜寄

兹有我儿名叫龙××命大

拜何南〔河南〕师父为纪〔寄〕父纪〔寄〕母

长命富贵壹〔易〕养成人

特此

二〇一七[④]冬月二十日正[⑤]

通道县侗族的"认干亲"习俗,既有和国内其他民族一样的地方,也有一些地域性特征。小孩一有病痛,民众就认为是子女命不好,八字不佳。为了免灾除祸,他们就让小孩去拜人、拜物、拜神,以求吉祥,祈祷福寿,叫"认干亲",俗称"认干爹干娘"。寄拜干爹娘的形式多种多样,如上门认干爹娘、寄拜过路者、求乞妇、拜树干娘、拜马干爷、拜石头等。上门认干爹娘

① 孙秋云. 湘南桂北地区当代瑶族人家宗教信仰的变迁//中南民族学院民族研究所、民族学系. 南方民族研究论丛:第一辑. 北京:民族出版社,1996:87.

② 湖南省麻阳苗族自治县地方志编纂委员会. 麻阳县志(1978—2005). 郑州:中州古籍出版社,2008:670.

③ 据该村子弟、现在该乡乡政府工作的龙先生介绍整理而成;采访时间:2018 年 8 月 30 日.

④ 二〇一七:原本误作"一九〇〇一七"。

⑤ 按:原为竖排,此改为横排;另原件中小孩姓名也做了一点技术处理。

图 2-1　麻阳县大桥江乡豪侠坪村龙氏祖
神殿的寄名帖（摄影　李骏逸）

一般由父母领着子女，携带礼物到议定的受寄之家。入门后，先祭干爹娘的
祖先，再向干爹娘献礼，礼物一般是猪肘子一个、鲫鱼一对、酒若干，也有
加上鸡、鹅的。干爹娘要为受寄的子女代取名字，有的改从己姓，列入子女
的排行；有的则以金银锁片等物，置于书写着为干儿干女所取名字的纸上送
给出寄父母，或送衣帽鞋袜等物。承寄之后，两家便成了干亲，每逢节庆或
干爹娘生辰，干儿女要给干爹娘送礼，除夕则送午饭及岁烛一对，干爹娘则
答以压岁钱及糖果等，通常是三年为满，也有的因为相处融洽，终生往来。
认干爹娘的活动在南方乡下又称"认寄父寄母"，要选择一个吉利的日子进
行。简单一点，孩子向干爹娘叩三个头，改口称干爹干娘就算完成。而那些
年幼娇贵，或者是体弱多病的，由先生宣告了"五行八字"有亏，非过寄不可
的孩子，其拜寄仪式就要复杂一些：

　　孩子认干娘时，干娘需穿一条特制肥大的红裤子，坐在床上，
让旁人抱着孩子，引导孩子从干娘的裤腿里钻出来，象征亲生一
般。干爹则要立即给孩子取个乳名，送给干儿干女一套小衣服。还
要配上饭碗、筷子、长命锁。当然，孩子的父母也要给干亲送礼，

礼物中必不可少的是送给干爹的帽子，送给干妈的鞋子，再加上衣料等物。

寄拜仪式结束后，干娘给孩子戴上长命锁，以后使用干爹干娘送的碗筷吃饭，意思是吃干爹干娘的饭，托干爹干娘的福，健康长寿。长命锁是用白银或铜制作的，用料的贵贱取决于孩子父母的经济状况。长命锁有的两面铸字，有的单面铸字。所铸之字，不外乎"长命百岁""富贵安乐""富贵双全"之类的吉祥语。它一般是家长出资以干爹干娘的名义定做，也有确实是由干爹干娘赠送的。倘能募化百家，合资定做，制成真正的"百家锁"，则能得到百家的福佑，那就更珍贵了。①

3. 祈求神灵或举行特殊仪式保佑婴儿

面对不会言语的弱小生命，人类为了保护其茁壮成长，除了医药外，还有祈求冥冥之中的神灵或举行一些特殊的仪式来保佑婴儿。这里介绍数例，以见一斑。

在民间供奉有各种保佑小孩健康成长的神灵，其中既有专司之神也有非专司之神，如痘神（或天花神庙）、床公床母、阿密麻妈（土家族亦称"茶婆婆神"）、送子观音、鬼子母等，在民间均被视为保护婴儿的神灵。如在花垣县苗区有痘神庙，供的就是痘神，民间"一般生小孩、满月、周岁时祭之。祈禳消灾、解厄、保平安"②。此外，"农历六月六日，传说为痘神娘生日，又是痘病麻疹流行之际。是日，民众汇集痘神庙，将痘神菩萨抬着游行，祈求痘神娘保佑，驱瘟疫，免遭病灾。"③

在湘西土家族地区有举行"赶白虎"仪式保护新生婴儿的习俗。湘西龙山县、古丈县、永顺县、保靖县的土家族居民对白虎神是恐惧与仇视的。据周

① 林良斌，吴炳升. 习俗大观·中国湖南通道侗族文化遗产集成：第四辑·下. 北京：中国国际文艺出版社，2008：51-52.
② 湖南省花垣县《文史资料》研究委员会. 花垣文史资料：第12辑·神奇的花垣·风情篇. 内部资料，2007：188.
③ 湖南省花垣县地方志编纂委员会. 花垣县志. 北京：生活·读书·新知三联书店，1993：594.

明阜等介绍，在湘西土家族，婴儿出生三到七天内，就得备上牺醴，请梯玛（巫师）施行"赶白虎"的仪式，否则白虎就会残害小孩。也有的地区是在小孩出现睡梦中惊叫哭喊、口吐白沫、浑身痉挛等症状时，才请巫师驱赶白虎。因人们认为这是"过堂白虎"作祟，必须驱赶，才能保证孩子健康成长。其仪式为：在大门外竖立一根桃树桩，上捆一只活公鸡。仪式过程中，用一口大铁锅罩住病孩，拿锅底灰在小孩的额上画上一个十字符号。巫师焚香奠酒，先对小孩画符念咒，然后再手持桃树枝满屋乱打，并四处抛撒五谷驱鬼，直到桃树桩上捆着的公鸡大叫一声，则意味着白虎被赶跑了。仪式结束后，在小孩睡的摇窝边插上剪刀、柴刀、火钳等铁器，以镇住白虎邪灵，使小孩不再受白虎邪灵的危害。① 但刘能朴介绍的龙山县土家族"赶白虎"仪式较之有一定的差异。他说"赶白虎"法事有正规和一般之分。正规法事的程式为：在大门外进行，在院子里摆一张桌子，桌子一角绑一根带枝的翠竹，象征白竹弩弓，竹竿顶部绚一只雄鸡。设香案、挂神图。布置好后，梯玛在堂屋里作法，主人家则随其身后抛撒五谷。对仪式过程，刘先生描述道："只见他舞了一路长刀后，手中又换上大竹卦，他口中念念有词，持卦往堂屋的中柱上用力一拍，就在这一卦拍下去的一刹那，绚在竹竿顶上的那只雄鸡便会猝然全身颤抖地发出垂死的哀叫，这样就算把白虎赶出去了，否则还要继续赶。只见巫师手持长刀，声色俱厉地在室内追来赶去，似有所见，弄得全家大小惶惶然不知所措。直到那只活蹦蹦、昂然然的雄鸡霎时猝然垂翅弹爪，发出凄厉的哀叫声时才算把白虎赶走，屋里再没邪气，从此干干净净了。"而普通的因小孩受惊吓举行的"赶白虎"法事则较简单。巫师在主人家的堂屋里嘟噜（即念咒语）一阵后，用盘子端上酒肉、斋粑、豆腐及一用糯米粉捏成的白虎出门，一直念着咒语，走到十字路口，将糯米团儿的白虎抛于荒郊，或送猎犬噬之，就算把白虎赶走了。②

湘西土家族也敬奉保护婴儿的神，以保佑婴儿。如龙山县的土家族民众"从婴儿出生的那天起，用纸剪成娃娃形（土家称'阿迷妈妈'或'巴山婆婆'），贴在碗柜头上（也有用竹片夹着并附小纸伞插在碗柜上的），每日早晚

① 周明阜，胡晨，胡炳章. 湘西风土志. 北京：中央民族大学出版社，2012：193-194.
② 刘能朴. 梯玛. 北京：中央民族大学出版社，2009：170-171.

和餐前供奉一次。120天以后，则逢年节或每月初一和十五敬午祀一次"①。永顺县土家族也敬奉婴儿保护神(土家语叫"沙帕妮")，早晚焚香敬奉，一直敬到小孩长到7岁为止。② 这位茶婆婆神又称"阿密麻妈""春巴麻妈""巴山婆婆""沙巴妮"等，乃是土家族信奉的婴儿保护神。俗信认为，敬奉之，则新生婴儿不怕白虎吓，长得壮实，容易抚养。③

沅陵县土家族民间则有小孩出生后"还喜愿"的习俗。这其实也是一种保佑婴儿健康成长的仪式。刘冰清曾在《傩文化的家庭伦理内涵——沅陵傩文化的个案研究》一文中，描述了2002年9月27日至29日，沅陵县七甲坪镇桃坪村黄炳垭组张高举家因得一孙子而还"喜傩愿"的仪式。这场傩愿为期三天，热闹隆重，张家专门杀了一头大肥猪，以供祭祀和亲朋食用。27日，几位老师公就提前来到张家，做各种准备，祭祀张家祖先神灵，即报家先。次日一早，礼炮轰鸣，在热闹的鞭炮声和锣鼓声中，法事正式开始。依次举行了请师、申文、接盖、封禁、立案、造桥、接驾、迎朝王、出标、开洞、请戏、蛮八郎买猪、上熟、游愿、和潮水、渡关、姜女下池、禳星、封洞、送神等23场法事。28日，老师公一伙七人，外加锣鼓手、傩戏剧团演员和年老会唱傩歌帮腔的数十人，大家紧密配合，整个活动安排得井井有条。傩戏安排在28日晚，通宵达旦。老师公诵唱的傩歌中，傩戏班子演出的一出出戏剧中，都是一些口彩语。还"喜傩愿"中有"渡关"的法事。小孩在成人之前一般要经过多次灾难，为使小孩顺利通过以后的各道人生难关，必须去邪去灾去病。老师公模拟各道难关，祈求神灵庇佑，驱逐招惹或纠缠小孩的各种鬼怪邪魔，模拟小孩子顺利渡过重重难关，以后就无病无痛，无灾无难，易养成人。④ 这一仪式的功能是多元的，除刘先生所说的"充分表现出长辈对晚辈爱怜的伦理情感""体现了长辈对幼小晚辈无微不至的关怀和怜爱"外，还有表达父母喜得子女的喜悦心情，兑现对傩公傩母的承诺，祈求傩公傩母保佑婴儿健康成长之用。

---

① 湖南省湘西土家族访问团. 湖南龙山县土家族有关情况的调查报告//阳盛海. 湘西土家族的历史文化资料. 长沙：湖南人民出版社，2009：82.

② 永顺县地方志编纂委员会. 永顺县志. 长沙：湖南人民出版社，1995：547.

③ 万里. 湖湘文化辞典(6). 长沙：湖南人民出版社，2011：76.

④ 刘冰清. 傩文化的家庭伦理内涵——沅陵傩文化的个案研究. 沧桑，2005(5)：27-29.

生育礼俗：诞生与育婴礼俗

图 2-2　沅陵县傩戏《姜女晒鞋》剧照（摄影 印清玲）

　　通道县侗族地区有不少保佑出生不久婴儿健康成长的习俗。除上面介绍的认干亲习俗外，还有一些习俗是通过举行仪式以祈获得神的护佑。有以下五类：

　　（1）解关煞。"打三朝"这天，有的人家为确保婴儿长命百岁，会请道人先生解关煞，给婴儿、婴儿背篼上都挂一串避邪的铜钱。有的还要将铜钱扎成一条祭绳，捆在一株古树下，以请神灵保佑。

　　（2）"拦外婆"。这是通道芙蓉地区的特有风俗。女儿生育后，外婆择吉日送背带。到寨门前，婴儿家祖母穿着破烂衣服，用一个破筛子放上几堆干猪牛粪，以蚌壳当酒杯装上小便，再拿一沾有污秽的竹篾圈，邀约伯叔母一齐到门外迎候，待外婆一到即将污秽圈套到外婆颈上，戴上破烂斗笠，将小便洒到外婆身边，把干粪投到身上。民间相传这样做是为了隔鬼，怕外婆来时，路上有野鬼跟来。此外还将寨楼门关着，外婆在门前唱歌才开门迎进，进入屋内脱去污秽衣服，举行筵宴。①

　　（3）"送鹅黄衣"。通道县侗族外婆在得知外孙诞生后，得用黄色布做一套婴儿衣给外孙送去，叫"送鹅黄衣"。侗族人历来崇拜鸟，特别崇拜一种叫"雁鹅"的大鸟。他们认为这种鸟是他们的祖先。"鹅黄衣"的颜色与雁鹅幼雏

① 通道侗族自治县民族宗教事务局. 通道侗族自治县民族志. 北京：民族出版社，2004：254.

的绒毛颜色一样，婴儿穿上"鹅黄衣"等于返璞归真，归属于雁鹅的后代，从此祖先就会保佑他岁岁平安，大吉大利。①

（4）穿彩衣。用红、黄、蓝、白、深蓝的小布条拼成小方形或圆形布块，缝进小孩衣服的背后。据说这样的衣服能辟邪、防病。②

（5）祈求"萨"神保佑。在通道的独坡、播阳等地广泛流传的关于"萨"的侗歌中，普遍有"四萨花林引咱到世间"句子。传说"四萨花林"主管生育，护佑婴幼儿成长：之一谓"床头婆"，隐居床头，注胎、安胎；之二谓"门背婆"，把守大门，防鬼邪入户，护佑孩子平安；之三谓"天花婆"，孩子染上天花之时，保之免灾脱险；之四谓"桥头祖母"，护佑婴儿之魂魄从阴间走向阳间。故侗家凡生子女三天之时，请巫师祭祀"桥头祖母"。此外，还有"偷魂盗魄婆"，威胁儿童健康。为此，侗家长者，在半夜及餐桌上不许骂小孩，否则会招来"偷魂盗魄婆"偷去小孩魂魄，以致危及生命。③ 侗族民间虔诚信奉"萨"神，各村寨都建有"萨"坛。

新晃侗族民众也有不少为小孩"治病"的习俗。新晃县侗族人秋鸿在《侗家宗教迷信习俗》一文介绍了不少相关习俗，其中与护佑婴儿有关的习俗有如下一些：

（1）遣凶：小孩受凉感冒，或患发烧和昏迷等病，侗家说是遇"凶"。"凶"分"高凶"和"低凶"等，传说高凶是遇着"岩鹰老鹞"，低凶是遇着"狐狸野猫"，小孩痉挛，说是遇着"地马"。这些情况都要请土医取"高方"遣送。如小孩遇凶——地马，要请道师"祭地马"，用茶盘盛大米充作马料，并备香纸祭仪来祭送。这时巫师口中念咒："敬请东方青马邪一郎、南方赤马邪二郎、西方白马邪三郎、北方黑马邪四郎、中央黄马邪五郎、天上饿马公、地上饿马母、马公马母、马子马孙、马家眷属、养马土地、看马郎君，一魂在于下古桃元各霉灵境潭洞，二魂在于天上中央、地下五方，三魂在于病良身边左右，请赴草台之上，受今祭奉。"

---

① 张世珊，杨昌嗣. 侗族文化概论. 贵阳：贵州人民出版社，1992：171.

② 林良斌，吴炳升. 习俗大观·中国湖南通道侗族文化遗产集成：第四辑·下. 北京：中国国际文艺出版社，2008：48-49.

③ 陆中午，吴炳升. 侗族文化遗产集成：第三辑·下册·信仰大观. 北京：民族出版社，2006：64.

（2）"滚蛋"。小孩因受凉感冒，一般不请人医治，却用"滚蛋"的办法来治疗。即用一个鸡蛋放在罐里煮熟，取出破开，掏去蛋黄，用一枚银戒指放入蛋里，合拢后用手巾包着，在小孩脐上及身上头上来回滚动，边滚边念："臭——惊狗跟狗去啊！臭——惊风跟风去啊！臭——惊雷跟雷去啊……"滚一会儿，打开看，如果银饰上现有红色，他们说是惊火；如现有绿色，则说是惊风；紫色则说是惊雷惊电。

（3）收吓。小孩受吓患病，即请巫师收吓，收吓不备其他祭礼，只在火炉边，烧一会纸（三行冥纸），插三炷香，巫师手执一炷香，对着病者的脸，书符念咒："一不收天，二不收地，收到东方青吓，南方赤吓，西方白吓，北方黑吓，中央黄吓。收到天吓、地吓、人吓、鬼吓。一律收来，收到深山而去。"

（4）"禳关"。侗家小儿若生来多灾多病，他们以为是遇着关煞，必须请巫师进行禳祷，祈保婴儿脱去关煞，恢复健康，侗家叫"禳关"。"禳关"时，设坛门口，架上板凳一条，上铺桥布，并用饭甑一个，顺直摆在凳上，门前插上一根连枝带叶的竹子，竹枝上系着无数五彩的布条，叫作"花树"，另用一根长五六尺的竹竿，一头破开，织成锥形的像鱼筌一样的竹笼，内装斋粑祭礼，插于"花树"之旁。又用公鸡一只，灌以酒，使其醉而不动，巫师作法念咒，将公鸡和小儿的衣服等在甑内穿过三次，最后把鸡放在鱼筌形的竹笼里。法事完后，巫师将公鸡交给主人好好喂养。同时把"花树"插在村外的三岔路口，"禳关"即算结束。据说这样做了，小孩就会健康起来。

（5）安"桅斗"。侗乡坳头土地祠前，常常有两根木柱，柱中腰各钉有一个四方形的木斗。斗上写着"长命富贵""易养成人"等字样。这便是侗家人由于孩子多灾多病，为了祈保孩子脱灾长命而立的保命"桅斗"。①

通道县苗族民众则有通过"帮桥"，以保佑婴儿健康成长的习俗。新修《通道侗族自治县民族志》介绍说，当地大高坪一带的苗民为了请求天地灵神对新生婴儿的保佑，婴儿满三天要举行一次"帮桥"。其做法是用一根刚从山上砍来的杉树条削皮后系上红布条、两根禾穗，带一斤酒、三个酒杯、煮熟

---

① 秋鸿. 侗族宗教迷信习俗//贵州省民族研究所. 民族研究参考资料：第22集. 内部资料，1985：132-134.

了的半斤刀头肉、一盏明灯和"帮桥"香纸等到桥头祭祀(不另请祭师),祭毕将杉树条安放在桥面的右沿上即可。①

会同县金子岩乡品溪一带侗族民众有祈求地神保佑婴儿的习俗。民间相传,地神是主管一村一寨之神。它是长寿之蛇,千年进修得道而成神。地神显灵为蛇时,头有红冠,鸣声如鸡,体形粗短,鳞光闪闪,相貌凶恶,但从来不伤害人畜。因它是负责保佑村寨人丁康泰、六畜兴旺的,所以家中生儿育女的,要前往地神庙禀报,祈求地神保佑小孩长命富贵,易养成人。当地人叫"报喜"。②

又土家族、苗族、壮族、白族、布依族、瑶族等地区有为保佑孩子健康成长,立"指路碑"(又称"将军箭""报路牌""挡箭碑")的习俗。如永顺县土家族人生小孩子后,为了好养,便在村寨不远处的十字路口或岔路口立一石头"指路碑",中间刻上、下、左、右各到什么地方去,石碑的左右两边则分别刻上"长命富贵""易养成人"。③ 又如麻阳苗族民众,婴儿生下后,多数人要请命理先生定时算命,看犯有什么凶煞。如果测定小孩八字恶,便请岩匠打"指路碑"竖立在三岔路口或十字路上,为来往行人指引方向,以行善化解凶煞。④

湖南瑶族地区有举行"师公刹邪"以保佑新生婴儿、孕妇平安的习俗。旧时妇女生小孩,于第三、第五、第七天请师公念咒驱邪,谓之"南或"。经过"南或"七日后,母婴都平安无事,产妇便可下地劳动,半月后可背婴孩外出。⑤ 江华瑶族有供盘王等神灵保护小孩的习俗。在广西富川瑶族自治县新华乡龙集村有一座建于清宣统二年(1910年)的盘古庙,内供仁王、盘古王、哪吒。庙虽已被毁掉,但在附近一个尚能遮蔽风雨的小棚里"不仅香火不绝,而且还供有不少红色彩旗、彩伞和小孩布鞋"。1984年,孙秋云在调查该庙时了解到"该庙收有年轻妇女送的小孩布鞋1000多双、彩旗200多面、彩伞

① 通道侗族自治县民族宗教事务局. 通道侗族自治县民族志. 北京:民族出版社,2004:256.

② 李一西. 会同侗族风貌//会同县委员会文史资料研究委员会. 会同文史资料:第2辑. 内部资料,1987:94.

③ 彭剑秋. 永顺县民族文化系列丛书:中国土家族婚俗考. 长沙:岳麓书社,2015:146.

④ 湖南省麻阳苗族自治县地方志编纂委员会. 麻阳县志(1978—2005). 郑州:中州古籍出版社,2008:670.

⑤ 万里. 湖湘文化辞典(6). 长沙:湖南人民出版社,2011:76.

生育礼俗:诞生与育婴礼俗

50多把，其中的大多数都是该县的平地瑶人和湖南江华瑶族自治县的瑶族人供奉"，其目的则是希望三位神灵"保佑自己的孩子健康成长、家运亨通"，而"若哪家小孩多病，父母还会到该庙用钱买一双供奉的鞋子给小孩穿，以驱邪镇煞"。①

4. "女儿林"

在福建龙岩市永定区南江村有一片"女儿林"，据说是出嫁的女儿为报答父母养育之恩而种下的。当地风俗，每位出嫁女子在办喜宴那天，要由兄妹或父母陪同，上山种下一棵树苗，并系一块红布。女儿嫁后，委托

图2-3 壮族村寨十字路口
"将军箭"（摄影 曹冠英）

父母兄弟给树苗浇水。之后，她们回娘家时，都要上山照看。天长日久，一片饱含着感恩之情的"女儿林"就形成了。

湖南不少世居少数民族也种"女儿林"，也与女子婚嫁有一定关系，但其含意和作用却和南江村的完全不同。在绥宁的苗侗山寨，家庭生下女儿后要种一片树林。对这片树林，人们习惯称为"女儿林"。对此，杨焕礼介绍说："根据寨子里古时流传下来的传统，凡是寨子人家生了女儿的，在出生的一周岁内，其父母要到山上去种一片树木，树木的种类以杉树为主，也可以种一些其他的树木。种下的这块林子就归女儿所有，等女儿长大要出嫁时，树木长得快的，父母可以砍下林子里的树木给女儿做嫁妆，树木长得慢的，等女儿出嫁后，成家立业修造房子时，由娘家人砍下来给女儿送去，女儿出嫁后家里如果不需要起屋造房，那这块林子砍下树木卖掉的钱也要归女儿

---

① 孙秋云. 湘南桂北地区当代瑶族人家宗教信仰的变迁//中南民族学院民族研究所、民族学系. 南方民族研究论丛：第一辑. 北京：民族出版社，1996：85.

所有。"①

永顺县土家族也有类似习俗。永顺县土家族人的新生婴儿在转角楼里降生后，若是婴儿(不管男女)出生在春季，父亲做完了他应该做的事情之后，就马上从一层转角楼的杂屋里搬把挖锄，到园圃里挑选十来棵椿树苗，到后山把它栽下，称为"喜树"。栽树人希望小宝宝像椿树一样，苗壮成长。过二十年左右，无论是女儿出嫁或是男儿娶亲，椿树就可以做嫁妆或家具了。假若婴儿是在夏秋冬季出生，主人也得在第二年春季补栽"喜树"。②

桑植县白族人生小孩后，其父或祖父必须亲手栽几棵树苗，一般是生男栽杉，生女栽椿。数量为四、六、八株不等，多选与怀孕期基本相等的幼苗。栽植在屋前房后，田边地角，并系上黄布条，人称"金带"，作为标志，叫"同庚树"。植"同庚树"的用意在祝福孩子像树木一样，长大成材。同时还可以作为以后的用材。杉树是修建房屋、制造棺椁的上等材料，30年后可以使用；而椿木是打嫁妆、做家具的上等木材，18年左右能成材。故民间俗话称其为"养女栽椿置陪嫁，养儿栽杉装自家(意为做棺椁)"。所以，"同庚树"备受人们保护，不准随意砍伐，即使成材后，需要用材时，也必须主家亲手去砍或先砍三斧头后，再由别人代伐，否则便是犯忌。③

在黔东南、湖南西南部的侗族有种"十八杉"的习俗。每当新生孩子，长辈亲人都要上山为孩子种上几十甚至上百株杉树，让孩子与树木一同成长。待孩子长大成人时，杉树也长大成材，当地人称为"十八杉"或"女儿杉"。侗族民间流传着一首"十八杉，十八杉，姑娘生下就栽它。姑娘长到十八岁，跟随姑娘到婆家"的民歌④，形象地解释了民众栽种杉树的原因。如在通道县，侗族民众不论生男生女，父母都要选一空地栽植几十株杉树苗，十八年后子女嫁娶，家人砍已成材的树做家具或办嫁妆，当地称"十八年杉"。可惜此俗现已不盛行。⑤ 湖南西南部地区侗族对杉树有着特别深的感情，他们认

① 杨焕礼. 女儿林和男儿树：寻觅绥宁苗族风俗之八. 绥宁民俗公众号"古苗疆那些事儿". Wechat ID：gh_ 2e716d60d788. 引用时间：2018-02-26.

② 彭剑秋. 永顺县民族文化系列丛书：中国土家族婚俗考. 长沙：岳麓书社，2015：145.

③ 谷忠诚. 民家人生小孩后为什么要植同庚树. //谷利民. 桑植白族博览. 北京：民族出版社，2012：48.

④ 陈幸良，邓敏文. 中国侗族生态文化研究. 北京：中国林业出版社，2014：240.

⑤ 通道侗族自治县民族宗教事务局. 通道侗族自治县民族志. 北京：民族出版社，2004：236.

为本族的生存和兴旺全是杉树神恩赐的结果，因此以杉树为本族的图腾，形成了给杉树敬"年庚饭"的风俗。每年正月初一，侗族人全家给祖宗和长辈拜过年后，就一齐来到杉树前，给杉树敬献一次酒和饭。之后，全家人再吃新年饭。"十八杉"是侗族杉树图腾崇拜的遗风之体现。[①]

苗侗山寨种"女儿林"，土家族民家栽"喜树"，白族乡里植"同庚树"，侗族民众种"十八杉"都体现了父母对子女的深深爱护之情，体现了少数民族民众的男女平等意识，以及长期居住在深山老林里的民众对大自然的爱护。

中国民间为育养子女还有大量的礼俗，如很多地方为三岁、七岁或十二岁小孩过关煞的、戴"长命锁"的，湘西土家族还有"烧胎""打胎"等习俗，因其已脱离婴儿期，因此本书均不再涉及。

（三）生育礼俗的文化内涵

从上面的介绍来看，这些生育礼俗有着多方面的文化内涵。

（1）重视人类自身的延续。人类的生存和发展有两个基础要素，即物质资料的生产和人类自身的生产（即种族的延续）。恩格斯说："根据唯物主义观点，历史中的决定性因素，归根结底是直接生活的生产和再生产。但是生产本身又有两种。一方面是生活资料即食物、衣服、住房以及为此所必需的工具的生产，另一方面是人类自身的生产，即种的蕃衍。"[②]其中前者是人类社会赖以存在和发展的物质基础，是人类获得饮食起居等生活资料的手段；后者则是保障人类作为一个物种得以延续下去的手段，"没有人类自身的生产和再生产，就没有人类物质生产的世代延续，也就没有社会的存在和发展。"[③]二者相互作用，相互补充，推动着人类社会向前发展。

但在人类社会早期，由于生产工具落后，生产能力低下，人们获取生活资料往往取决于人口的多少，而当原始人群、部落之间发生冲突、战斗时，"人"多的作用更加得到凸显。进入农耕社会以后，农业的增收，往往取决于

---

① 左汉中. 湖湘图腾与图符. 长沙：湖南美术出版社，2012：205.

② 中共中央马克思、恩格斯、列宁、斯大林著作编译局. 马克思恩格斯选集：第 4 卷. 北京：人民出版社，2012：2.

③ 张森林，孙伟. 马克思主义基本原理. 成都：西南师范大学出版社，2008：103.

人力，因而中国人非常重视子嗣的生养。因此，我国民间形成了丰富多彩的生育礼俗，且在最初的夫妻祈求生育，产妇怀胎、保胎，到婴儿呱呱坠地，养育幼儿等各阶段都无不透露出了我国民众对生育子女的重视。

对生育子女的重视，在传统婚姻礼俗中也同样有明显的体现。如江华瑶族定日子时的"添孙酒"、平地瑶新娘进门时的"斩煞"仪式，以及部分聘礼所透露出的巫术思想，都表现出了这一点。民国时期民俗学家黄石在《婚姻礼节的法术背景》一文中，曾就结婚戒指、交杯酒等习俗所透露出的巫术意识指出："结婚的主要目的，在养儿育女，'百子千孙'，故用种种法术，增长新婚男女的生殖能力，好叫他们能够担负'蕃殖尔类'的大使命。"①

（2）对婴儿弱小生命的全力保护。刚出世婴儿的生命力是极为脆弱的，他们尚没有掌握人类的交流方式，身体不舒服也无法告知父母，再加之古代乡村医疗条件极其落后，因此古代婴儿出生后成活率并不高，如笔者母亲曾生育十个儿女，但后来长大成人的只有兄妹五人。鉴于此，古人采用了他们认为有用的一切方法来保证胎儿的顺利生产，保佑婴儿的健康成长。生育礼俗中大量针对孕妇、产妇的"不准""不能"等禁忌，充分说明了这一点。

在今天看来，或许其中许多习俗是可笑的、荒诞的，是毫无科学道理的，但那确实是湖南世居少数民族的先辈们对弱小婴儿生命的全力保护，对身体虚弱的产妇的全力保护。

（3）庆祝新的生命降临。婴儿的降临，对一个家庭来说，意味着增添人口，确实是一件值得庆贺的事情。因此，人们在婴儿出生的第三天、一个月、一百天、一年等不同时段，以不同的方式庆贺他们的降临。届时，除备办酒宴外，有的地方还要邀请戏班或者曲艺班团演出。

（4）浓浓的巫术思想。生育礼俗中很多民俗事象都透露出浓浓的巫术思想。"巫术是人类企图对环境或外界做可能控制的一种行为，它是建立在某种信仰或信奉基础上，出于控制事物企图而采取的行为。也就是说，它是为了有效地控制环境(外界自然)与想象的鬼灵世界所使用的手段。这种手段的实际功效是不可验证的。"②英国人类学家弗雷泽在广泛考察世界各地的巫术

① 黄石. 婚姻礼节的法术背景. 黄石民俗学论集. 上海：上海文艺出版社，1999：175.
② 张紫晨. 中国巫术. 上海：三联书店上海分店，1990：37.

事象后，指出所有的巫术赖以建立的两个思想原则：第一是"同类相生"或果必同因，即"相似律"；第二是"物体一经互相接触，在中断实体接触后还会继续远距离的互相作用"，即"接触律"或"触染律"。而人类根据第一原则即"相似律"，引申出"能够仅仅通过模仿就能实现任何他想做的事情"；从第二个原则出发，人类"能通过一个物体来对一个人施加影响，只要该物体被那个人接触过，而不论该物体是否为该人身体的一部分"。①

在湖南世居少数民族生育礼俗中有大量根据"相似律"而衍生的习俗，如"踩生"习俗中，民众以为"踩生"者的品行、命运将直接影响婴儿。张家界土家族、白族民间以为"踩生"是一种预兆，所生小孩，无论性格、品行和前程等都会像"踩生"者，所以生小孩的人家，希望碰上一个品德、才能、威望各方面都好的人来"踩生"。② 江永县、江华县瑶族民间也认为"逢生人"（即踩生人）和出生婴儿有缘分，是老天爷的安排，小孩长大后的性格、脾气、品质会与"逢生人"相同。如"逢生人"的性情文静，孩子长大就文静；"逢生人"是读书人，孩子就聪明，智商高，长大能读书求得功名；"逢生人"是生意人，孩子长大后会做生意，赚大钱。由于有这样的俗信，所以在江永、江华的瑶族区，有的父母便自己预先安排好，选择最符合自己心愿的人来充当孩子的"逢生人"。③ 这就是一种典型的"相似律"原则作用的结果。

---

① 詹·乔·弗雷泽. 金枝. 徐育新，汪培基，等译. 北京：大众文艺出版社，1998：19.
② 尚立晰，向延振. 张家界市情大辞典. 北京：民族出版社，2001：212.
③ 谢明尧. 女书习俗. 长沙：湖南人民出版社，2008：113.

成人礼俗

　　婴儿在父母的精心养育下，身体、心智日渐成熟，经过十几年的童年、少年生活后步入成年。为考验、确认少年是否已长大成人而举行的仪式，学术界多称之为"成年礼"。成年礼，在先秦时期被称为"冠礼""笄礼"。随着时代的发展变化，"冠礼""笄礼"等成年礼发生很大变化，多数地区的成年礼被婚礼中的某一仪式取代了。湖南世居少数民族的成年礼俗较为复杂，既承袭汉族风俗，以婚礼时的"簪花""告祖""上头"等作为成年礼，也有专门的独具民族特色的成年礼仪。

（一）男子成年礼

为达到一定年龄的男子举行成年仪式，以确认其已长大成人，可以享受家庭、家族中成人才有的权利，以及必须要承担家庭、家族成年人应尽的义务。这是世界各地都存在过的一种文化现象。综观世界各地传统的成年仪式，大致都包括这么三方面的内容：一是能力尤其是体力和勇气的测试。如瑶族男子成年仪式"度戒"中，当事人必须上刀梯、踩火砖；台湾高山族举行成年礼的男子有完成六公里越野跑的仪式。很显然，这些仪式就是用来检验少年是否具备了成年男丁的力量和胆识。二是性的允诺。性的成熟是人成熟的重要标志，因而许多成年礼仪都与此相关。如滇西普米族通过了"穿裤子礼"，便认可青年步入成年，有了结交"阿注"的权利。三是外形的改变和装饰。如北美印第安人举行成年礼时要以图腾纹身或黥创，在身体上留下本民族的印记。而这三个方面的内容和方式，在我国都存在过。①

1. 冠礼

我国古代汉族男子的成年礼俗叫"冠礼"。这是给进入成年的男子举行加冠的礼仪。我国古代男子"二十曰弱，冠""男子二十，冠而字"②。意即男子在二十岁的时候，要给他举行冠礼，并取"字"。男子的成年冠礼，乃是"成人之道也"，要按照"为人子、为人弟、为人臣、为人少者"四方面的礼仪加以约束，使男青年成为具有孝、悌、忠、顺等品德的人。所以古人十分重视冠礼，认为"冠者，礼之始也，嘉事之重者也"，而"凡人之所以为人者，礼义也"。《礼记·冠义》就该仪式的重要性做了论述：

> 古者冠礼筮日筮宾，所以敬冠事，敬冠事所以重礼；重礼所以为国本也。故冠于阼，以着代也；醮于客位，三加弥尊，加有成也；已冠而字之，成人之道也。见于母，母拜之；见于兄弟，兄弟

---

① 庄华峰. 中国社会生活史：第2版. 北京：中国科学技术大学出版社，2014：179.
② 戴一圣. 礼记通释（上）. 贾太宏，译注. 北京：西苑出版社，2016：5—16.

拜之；成人而与为礼也。玄冠、玄端奠挚于君，遂以挚见于乡大夫、乡先生，以成人见也……是故古者重冠，重冠故行之于庙。①

这段文字在阐述冠礼的重要性的同时，也交代了这一仪式的主要程式，即通过占卜确定举行冠礼的时间和宾客；冠礼在家庙里的阶阼上进行，凡三次，而后取"字"；之后依次拜母、兄弟、君、乡大夫、乡先生等。其仪式非常隆重，主持仪式者要给冠者加冠三次，分别为"缁布冠""皮弁""爵弁"，象征加冠者此后可以治人、服兵役、参加祭祀了。

《仪礼·士冠礼》中对冠礼的参与者的服饰、方位、程式、祝辞等都做了详细规定。另外我国历代官修史书的"礼志卷"中一般也都记有冠礼礼仪。

但随着历史的发展，我国古代的冠礼在元明时渐被废弃。如《明史·礼志八》虽记载有"品官冠礼""庶人冠礼"，但编撰者同时又说："古冠礼之存者，惟士礼，后世皆推而用之。明洪武元年诏定冠礼，下及庶人，纤悉备具。然自品官而降，鲜有能行之者，载之礼官，备故事而已。"②其意就是说，当时已经很少行冠礼了，编撰者之所以将其载录，目的是为"备故事而已"。湖南各地的冠礼在明清时期也基本被废弃。如嘉庆二十二年（1817 年）《桂阳县志》的编撰者说："古重冠礼，所以为国本也。乃《通考》云：'自东迁后，礼乐废坏，以致人自为礼，家自为俗，即缙绅大夫亦不识筮卜冠履之制。'故《通志》载冠礼久废，桂邑亦然。"③

作为男子成人礼的冠礼虽渐被废弃，但并没有完全消失，其存在有两种情形：一是绝大多数地方，将冠礼融合在婚礼中了，即在婚礼前一天举行一个简单的仪式，为男子取"字"。通过这一仪式后，男子即被视为成年人，意即男子一旦结婚，即被视为"成人"看待，而不再有其他成人礼的仪式了。二是有极少数地区的少数世家大族仍保持着"行冠礼"的仪式。

此外，在一些少数民族中，仍举行独具特色的不同于汉族冠礼礼仪的成人礼，如湖南桑植县白族男女在十二岁时举行的"脱白穿青"仪式，湖南江华瑶族男孩 18 岁前后举行的"度戒"仪式，纳西族男子在 13 岁时行的"穿裤子

① 戴一圣. 礼记通释（上）. 贾太宏，译注. 北京：西苑出版社，2016：738-740.
② 张廷玉，等. 明史. 吉林人民出版社，2005：896.
③ 丁世良，赵放. 中国地方志民俗资料汇编：中南卷. 北京：北京图书馆出版社，1991：528.

礼"等，都属于人生仪礼中的成年礼。

2. 男子成年礼与婚礼

将男子成年礼和婚礼合二为一，视婚礼的某一仪式为成年礼的情形，在湖南各地较为普遍。如清同治五年（1866 年）《桂东县志》的编撰者就桂东县的冠礼说道："昔时，年近二十者，父兄卜吉，延亲族依冠仪加冠，礼颇隆重。近多敛繁就简，不拘年齿，率于娶妇日请乡先生表字加冠，盖冠与婚合矣。"清同治八年（1869 年）《慈利县志》的撰者也指出："然男子命字必于将婚之际，犹存冠礼遗意。"又清光绪二年（1876 年）《零陵县志》的撰修者也说："冠礼，久不行矣。零邑于婚前一日，家长以宾礼礼其子，加冠带，与女家施襐之制同。先请族中习礼者。及期，此子冠带出立西阶，族长为把盏安席，如款宾礼，犹有冠礼遗意。"①从文字来看，这三个地方都是将婚前一日中的一个程式视为男子成年礼。这里说的是男子成年冠礼在汉族与瑶族、土家族等少数民族杂居地方的情形。

冠礼和婚礼的某一仪式结合作为男子的成年礼俗，在湖南一些世居少数民族中广泛存在。这当是受汉族文化影响的结果。如清道光五年（1825 年）《晃州厅志》（即今新晃侗族自治县）的编撰者认为，侗族民间将婚礼前的告祖仪式视为"冠礼""及笄礼"，与古礼并不符合。其文曰："冠礼，近世鲜有能行者。郡邑相沿，于婚期先日，父率其子告于祖，醮于客位，谓为冠义之遗，其实非也。《礼》：'父亲醮子而命之迎。'注曰：'父醮酌子，命往迎是妇，是为婚义。'俗盖牵附，以成冠礼耳。"②近似的话语在清同治九年（1870 年）《芷江县志》（即今芷江侗族自治县）、同治十三年（1874 年）《麻阳县志》（即今麻阳苗族自治县）中亦有记载。这里说的是清代一些侗族和苗族地区男子成年礼俗的情况。

湖南土家族男子的成年礼俗，也是将成年礼和婚礼合二为一。如光绪四年（1878 年）《龙山县志》载该地的婚礼："婚前一日，其亲友因其名而字之，

---

① 丁世良，赵放. 中国地方志民俗资料汇编：中南卷. 北京：北京图书馆出版社，1991：526-665.

② 丁世良，赵放. 中国地方志民俗资料汇编：中南卷. 北京：北京图书馆出版社，1991：616.

制小匾，鼓乐送至悬于厅，盖亦冠而字之义。其父母于是日宰牲牢，具馔祀先祖，致祝词，宴客醮子，谓之'贺郎'。"这一习俗在有些土家族地区，则衍变成"戴花礼"（也称"金花礼"）了。如同治八年（1869年）《保靖志稿辑要》载："冠礼之废久矣。近日惟于婚娶前一日簪花被（披）红，祭祖设宴。父母亲族次第展拜，权作冠礼。"①

"簪花被（披）红"，民间称之为"戴花礼"。"戴花礼"有一套较为烦琐的仪式。如永顺县土家族民众，结婚前一天男方家要给新郎披红戴花。其"戴花礼"的仪式为：①准备：贴喜联，朝门、大门、二门、房门、窗户、厨房门等处都贴上红对联和"囍"字，大门正中用红纸写上"鸾凤和鸣"或"天作之合"等大字。同时，举行"升匾"（舅舅等赠送的贺匾）仪式。"戴花礼"仪式由督官（即礼官）主持。神龛上点亮蜡烛、装上香，神龛下摆一张四方大桌，上面放一个装着稻谷的升子，升子里放上金质或银质的扦花。司礼唱："吉辰良日，××飘香。掘来良缘，龙凤呈祥。日月同辉，地久天长。百年偕老，五世齐昌。"接着奏乐、鸣炮，烧榆蜡树叶、丝茅草等；使用三眼炮四个，连放三次，共十二炮，寓意月月红。②戴花：依规矩给新郎头上戴花（届时还得请一个年龄比新郎大的已婚男人陪着拜）。新郎的舅舅、舅妈给新郎披红戴花，并即兴唱祝颂词："树上喜鹊叫喳喳，新郎戴上金银花。×府公子结良缘，从此人发家更发。"祝词后给新郎头上戴花。新郎的姑爷、姑妈给新郎披红戴花，并祝词："土家山寨×花开，远方新娘迎进来。明日洞房小登科，来年金榜中状元。"祝词后给新郎头上戴花。新郎的姨爹、姨妈给新郎戴花，并祝词："新郎披红又戴花，××两家成一家。男才女貌展宏图，五湖四海人人夸。"祝词后给新郎头上戴花。新郎的阿大、阿朵（汉语称姐姐、姐夫）给新郎戴花，并祝词："吉日良辰×花香，金童玉女结成双；夫唱妇随情谊深，幸福生活万年长。"祝词后给新郎头上戴花。披红戴花完毕后，司仪主持"新郎拜谒天地。新郎面对堂屋外三拜（叩首）。新郎拜谒祖先。新郎面对神龛三拜（叩首）"仪式。②

张家界一带土家人的"戴花礼"和永顺县的又有一些差异。新郎在结婚前

① 丁世良，赵放. 中国地方志民俗资料汇编：中南卷. 北京：北京图书出版社，1991：642-644.

② 彭剑秋. 永顺县民族文化系列丛书：中国土家族婚俗考. 长沙：岳麓书社，2015：114-115.

一天晚上，要请"礼生"（男方司仪）在堂屋内行"告祖礼"。"告祖礼"开始前，由女方掌勺厨师做"礼菜"①。"礼菜"一方面用来考验厨师的真功夫，另外也用以假乱真的手法来刁难男方的"礼生"。"礼菜"做好，点烛，由男方"礼生"领唱"告祖歌"，女方司仪点菜，男方"礼生"赞颂，一人唱数人和。如男方"礼生"错赞，就会引起一阵善意的哄笑。歌毕，新郎跟在"礼生"后面磕头，然后由"礼生"请新郎向外公以下的长辈行"戴花礼"。戴花时，长辈要给新郎一匹长五尺或八尺的彩布搭在肩上，同时讲几句祝愿的话。如"我给外孙来戴花，几尺粗布肩上搭，祝愿百年同偕老，恩爱勤劳家也发"。新郎行礼致谢。②

龙山县、保靖县土家族的"告祖""戴花礼"与上面两地相比较，受儒家文化的影响更为明显。龙山县民俗研究专家、土家族后裔贾绍兴介绍说，在龙山县等地的土家族民众"临近婚礼，女方的戴花、辞祖、上轿和男方的告祖以及一对新人的庙见、拜堂都要请'礼生'主事，进行婚事演礼活动"。其中男方的"告祖礼"是在新婚前一天举行，届时亲朋族友按序分排两边，由新郎父子主告。在"礼生"的引导下，新郎父子面对神龛祖宗牌位，"礼生"宣读告文、献香、献爵、献馔、献箔，演唱《诗经》和唱词，再由有关长辈给新郎加冠更衣，披红戴花。在上述诸项仪式过程中，均有乐师伴奏，"礼生"演唱相关祝词。如加冠（戴状元帽）时唱："加尔桂冠，显亲扬名，愿尔成德，致君泽民。"更换状元衣时唱："授尔华服，洁体新装，楚楚动人，喜气洋洋。"佩戴状元花时唱："插尔金花，灿烂若霞，鸾凤和鸣，百世荣华。"披戴状元红时唱："披尔花红，弥尊玲珑，天长地久，其乐融融。"③

从贾先生的介绍来看，龙山县、保靖县土家族的"告祖礼""戴花礼"受儒家的冠礼的影响比较明显。首先，在程式上，"宣读告文、献香、献爵、献馔、献箔"等当是由《仪礼》《朱子家礼》中的"醮""冠者进席前，跪，祭酒，兴，就席末，跪，啐酒，兴，降席……"等衍化而来。其次是仪式中的三次赞辞，在内容上虽没有完全承袭《仪礼》中的赞辞，但其句式沿袭了《仪礼》的

---

① 礼菜：厨师通过各种方式，将原菜加工，使之外形看起来像其他的菜，如猪舌子变猪肝，脚爪变猪尾等。

② 尚立晰，向延振. 张家界市情大辞典. 北京：民族出版社，2001：205.

③ 贾绍兴. 喊礼——湘西神秘婚丧礼俗考察记. 北京：学苑出版社，2009：126-127.

"四言体"，而且戴状元帽时唱的"愿尔成德"当是根据《仪礼》之"顺尔成德"改编而成。最后，赞辞，除对新郎的祝贺外，也有对他未来人生之路的期望，而赞辞"显亲扬名""致君泽民"二语是据《三字经》"上致君，下泽民。扬名声，显父母"①改编而来，其彰显的乃是儒家的孝道和忠君济世之价值观。

3. 江华瑶族成年礼"度戒"

在湖南世居少数民族中也有一些不同于汉族"冠礼"，也不属婚礼的成年仪式，如瑶族男子的"度戒"成年礼，极具民族特色。

桑植白族地区的"脱白穿青"，明显地带有成丁礼的意义。仪式适用于到了年龄的所有男女儿童，具有浓郁的地域特色。按当地白族人的说法，一个人投胎转世到 12 周岁前，因未赎取前世罪过，所以没有魂，既不能算人，也无法抵御妖魔鬼怪的侵扰。而一个人在前生去世时，穿的是白色衣服，现在转世要成为一个有魂的人，就得脱去白衣，穿上青色衣服。通过这一脱一穿的仪式，便意味着赎取了前世罪过，度过了童年，从此可算一个正式的人。② 因这一仪式通用于族内适龄男女，故我们将其放在女子成年礼中去介绍。

"度戒"或叫"斋刀"（戒道）、"打幡"、"过牌"等，是瑶族男子的成年礼仪。该仪式一般是在男子 16 岁至 19 岁之间举行。江华瑶族民众认为男子没有举行"度戒"这一仪式，就不算成年，不能参加社会劳动，不能恋爱、结婚，更不能担任村寨的社会公职。凡未经过"度戒"的人，生前没有神兵保护自己，死后不能成神，只能变成野鬼，不能享受后代的祭祀。只有经过"度戒"的人，才能得到老君印和受三清管辖的最高级别的阴兵保护，死后才能上祖先神位，接受香火供奉。只有经过"度戒"，才能成为具有最高等级、能独立做大法事的师公。否则，不管做了多少年的师公，也不算是正式的师公。瑶家每代青年人都要"度戒"，如果一家三代都不参加"度戒"，祖先就不

① 王应麟. 三字经. 长沙：岳麓书社，1986：43.
② 詹承绪. 桑植白族的生活习俗和宗教信仰//中国社会科学院民族研究所. 南方民族的文化习俗. 昆明：云南人民出版社，1991：183-187.

承认是其子孙，不再保佑他们，就有可能遭受绝代的危险。① 因此，瑶族民间极为重视"度戒"，而且有一套烦琐的仪式。关于江华瑶族的"度戒"仪式，李祥红对其介绍得颇为详细，摘要介绍如下：

男青年到了成年阶段，就在父兄陪同下，在选定的吉日里，穿上洁净的衣服，带上酒、鸡等礼品到师公家拜师。师公出门相迎扶进屋，杀鸡设宴，确认师徒关系，然后择日举行"度戒"仪式。"度戒"一般在秋收后的冬季农闲时进行。"度戒"前，参加"度戒"的男青年要严格斋戒七七四十九天，其间不能吃荤，不能做坏事，出门戴帽，不能看天，不能笑，更不能同妇女说话，否则就是心神不正，难以接受"度戒"活动中的各种考验。

"度戒"有"家度""村度"（族度）两种形式。"家度"是一种小型"度戒"仪式，"村度"是全村寨未度戒的男青年集体参加的大型"度戒"活动。"家度"一般 7 天 7 夜，"村度"一般 15 天左右，前 5 天至 7 天为伊始阶段，中间 7 天为传度，后 3 天为结束。整个"度戒"过程要做 3 夜隆重的道场，即初夜道场、中夜道场、末夜道场，以请 3 次"圣"为划分阶段。

"家度"时，师公将占卦决定的日期提前告诉受度者，要求做好一切准备工作。行度前一日，师公来到"师男"（受度者）家里，要其家人及外来客人全部斋戒。在师男家中厅堂扎花挂彩，设"龙宫宝殿"，神龛及左右墙上挂 18 张神像。"度戒"期间外人不能随便出入。"度戒"时，进行请神、乐神、酬神、送神仪式，受度者学习做法的经验，要经历下地狱、上刀山、过火海的考验。

"村度"，按照科仪程序要求，在空坪地上设立醮坛②。仪式前 7 天夫妻不能同房。封斋后，"度戒"者不能进入女禁房，不能与任何女人说话。妻子也不能进入男禁房同丈夫说话，有事由陪郎和陪娘转达。"度戒"时，也不能说汉话。犯戒者，罚喝辣椒水。

"度戒"需要建醮坛，醮坛分为内坛、外台。"度戒"的主要活动在内坛完

---

① 李祥红，任涛. 江华瑶族. 北京：民族出版社，2016：245-248.

② 醮坛布置：即盖一栋数百平方米的大厂棚。厂棚隔成五间，其中三间正室，左右两边各一偏房。居中正门一间较为宽敞，设为醮坛，是科仪的主要活动场所；左间又隔成两小间，分别为书表师写文词和盖印的书表房、纸缘房，设孔子神位；右间为厨房和库房。右偏房是"女禁房"，为度戒者之妻的居室；左偏房是"男禁房"，为度戒者的集体居室。

成，辅之外台活动，构成一个完整的仪式。内坛多用于念经、"下地狱"时置阴床，后壁设有一字排开、扎成拱门、配有对联、安放神像的 12 道宫门，装载各宫门受理的文牒疏表的 12 宫袋，供奉"随缘祖本众师之神位"的花楼（花坛），安放家先神位的"家先坛"，过往神童位，天桥、阴桥和告谕天地神灵人神的榜文，宣扬道教教旨、道坛行为的花牌和 12 副对联。外台设在村外的空坪地上，是"开天门""过刀山""下火海"，以及面奏天神的场地。设有师公引领受度者"上刀山"的云台，为"开天门"、奏词设置的文台，装"开天门"、奏词疏表的疏篓，象征"度戒"道场的黄幡、白幡等。

所有准备工作完成后，师公择定吉日，一步一步地完成以下各项程式：

（1）立堂。由一名师公立起"众位家先堂"，以安顿各房、各姓的先祖和兵马。

（2）落兵。当天下午，主持"度戒"的各位师公，如主醮师、引度师、书表师、纸缘师，按顺序入坛。设香案于"众位家先堂"前，请神安位于众堂后，由主要师公将事由说一遍，通告各神，以求得护佑。其他师公按各自的职责，做纸马、钱笼，抄写"度戒"黄榜，准备茶酒、鸡鸭等贡品。

（3）封小斋。即"立起小位斋门"。参加"度戒"的师公和受度人员全部斋戒，贡品改为素食，大厅内不能有一样荤食和蛋品。

（4）一次拨兵。撤除封小斋的香案，另置 3 个香案，由主醮师三请兵马、兵将，引度师拨刀梯、桥梁兵，书表师拨疏表兵，以护卫各方安全。

（5）封大斋。封小斋 5 至 7 天后，进入正式"度戒"阶段，参加的人员全方位进行斋戒，举行"封酒坛"（寄魂）科仪，即将受度者的魂魄封在酒坛中，以免邪魔恶鬼侵袭，只留躯体在阳间接受"度戒"，直到开斋启动酒坛时，魂魄才归体。

（6）二次拨兵。科仪同第一次拨兵，补充兵力。主要是为受度者祖辈拨加职兵，为父辈补充兵员。

（7）串坛迎圣。二次拨兵后，用 1 天时间将内坛重新整顿一番。这一步的活动在内、外坛交错进行。内坛主要是将坛内物件、法器一一敕变，加变，加大法力。外坛主要是"登文台""大开天门"，迎请天神、众圣降临醮坛作证。受度者身穿道服，手持铜铃、牙简，立于内坛迎圣。

（8）请初夜圣。由师公中任证盟师、保举师、总坛师、同坛师职务的"恭迎圣驾",拜见"圣真神祇"。

（9）落禁坛。进行设禁井、收邪师、下禁坛的活动。目的为免遭邪神邪师干扰，维护"度戒"活动安宁。

（10）发功曹。由引度师、纸缘师主持。拜请功曹后，说明本次"度戒"的经过。接下来有上光奏表、请中夜圣、升刀、攀刀山、还四府愿、合星拜斗、挂灯、开天门、请末夜圣、四府功曹、度水槽、上刀梯、抛老君印、度棘床、捧火石、奏迎兵表、游兵游将、签名押字、升老君职位、奏青词、招兵分兵、开斋、合婚合火、吃合欢饭、宣讲戒律、奏谢圣黄表、奏赦罪黄表、酬谢阴阳师傅、点破宫门、撤坛送圣、开禁坛、拜师拜散、带兵归坛、送船等一系列科仪。①

作为瑶族男子的成年礼，"度戒"在各地瑶族民间均盛行，但各地仪式繁简不一。如二十世纪八九十年代，美国汉学家比尔·波特在广西矮岭寨，恰遇几位瑶族青年在进行成年"度戒"仪式。从其"一个瑶族男性要成为男人，必须与寨子里其他所有将要成为男人的男性一起，在完全黑暗的环境里'度戒'3天。不吃、不睡，不见天日的3天过去之后，他还要表演一些壮举，其中最后一项是从3米高的台子上跳下，如果落地的时候不摔倒的话，他就是男人了。如若不然，只能等来年再跳了"②的描写来看，其仪式较之江华县瑶族的要简单多了。而且随着时代的变化，这一仪式在人们心目中的神圣感、严肃性也大大减少。如比尔·波特描述，他在矮岭寨时曾遇到十几位接受"度戒"的青年男子，但当他们发现来了一个外国人后，竟向比尔·波特兜售起商品来了，全然忘记自己此时是在接受一次严肃的洗礼。

4. 新晃侗族的"滚烂泥田"

湘西、云贵等地的侗族民间，小孩五岁、十岁、十五岁生日时，要"滚烂泥巴田"，侗语叫"过塘移"。意思是说小孩在过这三次生日时，要从烂泥巴田的这边滚到那边去。

这一习俗在新晃侗族地区亦盛行。秋鸿先生介绍说，仪式目的是让孩子

① 李祥红，任涛. 江华瑶族. 北京：民族出版社，2016：206-210.
② 比尔·波特. 彩云之南. 马宏伟，吕长清，译. 成都：四川文艺出版社，2013：35.

从小锻炼意志。侗家有句俗话说："从母亲那里学到善良，从父亲那里学到勤劳，从祖父那里学到耐性。"一生滚三次泥巴，便是根据这句俗话来安排的。一个人到了五周岁，从此脱离母亲善良温柔的怀抱，要开始跟着父亲学习劳动，接受艰苦的锻炼了。所以让母亲把孩子领到田边，由父亲在那边接着。到十岁，由父亲领到田边，由祖父(若无祖父，则请寨里有名望的老人)在那边田坎接着。意思是孩子初步养成了劳动的习惯，下一步要向祖父更好地学习和锻炼，锻炼意志，培养耐性。到了十五岁，则由祖父带到田边，但这次对面田坎上则没有人接他了。意思是从这时起，孩子即将长成大人了，需要自己去体会人间的艰辛，闯出生活道路。侗族地区有一句俗话说："男人十五成丁，女人十五出嫁。"因此一般男女到十五岁后，便算成人了。①

对这一仪式，一些学者认为其具有成年礼的意义。如刘芝凤说，这是一种成年礼，相当于中国古代的冠礼和笄礼。② 李黔滨等也指出"'过塘移'是侗族以前盛行的一种成年礼"③。

5. 石门等地土家族的"童子关"仪式

"渡关"是湘北澧县、临澧县、桃源县、石门县等地男孩曾有的一种成年礼。当地民众相传，小孩生下之后，要遇到诸多"关煞"(如"四季关""百日关"等)，必须许愿、"还傩"，所以，孩子在三岁、六岁、九岁时要分别渡"小关"，而十二岁的男孩则要举行渡"童子关"。当地人都说，渡了"童子关"，表示他进入成年，可以享受一个男子订婚、成家、继承财产等的权利。④ 石门县土家人渡"童子关"有一套烦琐的仪式，时间跨度很长。因渡"童子关"其实就是还傩愿，故又称"还巫愿""还傩愿"。一般请巫师做三天法事。⑤

准备渡关的孩子的父母，在孩子 12 周岁生日前，须要做好以下准备工

---

① 秋鸿. 新晃侗族生活习俗琐谈//贵州省民族研究所. 民族研究参考资料：第 22 集. 内部资料，1985：117-118.

② 刘芝凤. 中国侗族民俗与稻作文化. 北京：人民出版社，1999：128-131.

③ 李黔滨，杨庭硕，唐文元. 贵州民族民俗概览. 贵阳：贵州人民出版社，2006：195.

④ 巫瑞书. 孟姜女传说与湖湘文化. 长沙：湖南大学出版社，2001：152.

⑤ 邱渭波. 常德土家族. 哈尔滨：北方文艺出版社，2005：348-350.

作：一是讨"百家米"和"百家布"。一般男孩在十一岁半时，就开始讨"百家米"①。男孩子带着香，每到一户人家，就在司命菩萨前插一根点燃。每户人家的主人除了给孩子米以外，还要给一根线，一块大小不拘的白色布。二是将讨来的布头缝成"百家衣"，以备孩子满 12 岁那天"渡关"时穿。

给孩子过关的父母，请巫师在孩子生日那天给小孩渡"童子关"。届时，要做如下准备：

（1）设供桌，供桌上供五通、飞天、青玄三尊傩神②。在八仙桌前侧围一块红色桌围，桌后侧用两根竹子支起一块黑布幕，称"神帐"。傩神前置一方斗或升子，内装谷子或米糠，中间插一炷香和印有"前传后教，历代宗师"的宗师印牌。

（2）搭桥。在大门外朝东方铺两块门板，门板首尾相衔，板上铺三段四五尺不等的黄、白、黑三色布。三段布首尾相衔分别表示金桥、银桥、铁桥。其中铁桥上铺两行青瓦，每行六块。瓦片朝下覆盖。

（3）置关煞。用一大饭甑两头贴关煞符，横置于桥尾的桌子上。

以上诸项设施准备好后，开始渡"童子关"。该程序大致如下：

第一天：①发功曹。②请神。③安位。④邀岗。在傩神前摆三碟冰糖、糕点、水果。⑤立标，悬斗，问卦，倒标。

第二天举行正式的"渡关"仪式。包含"过桥"、"过关"、理发、换衣。

（1）"过桥"。"过桥"的孩子身穿事先准备好的"百家衣"，脚穿旧鞋子，身背装有新衣新裤、新鞋新袜的大包袱。过桥时，过关孩子左手牵一百根讨米线，法师一手提一只开叫的公鸡，一手牵着一百根讨米线的另一端，在桥下引导孩子过桥。法师口中唱道："一座金桥造成，桥公桥母前面引。父母双双来迎接，渡过金桥保长生。"银桥、铁桥依此类推。但在过"铁桥"时，孩子每走一步都要把脚踏在瓦片上，而且一定要将其踩碎，据说只有这样才吉利。每踩破一块瓦，跟随在孩子身后的另一位巫师就用手卷起一层布。

（2）"过关"。"过桥"后的孩子走到饭甑边，即关煞处，将牵百家讨米线

① 作者在原文中说，20 世纪 80 年代后仪式已趋简化，"也有只讨 12 户人家的"。
② 《常德土家族》一书介绍这三尊傩神为：清源妙道傩部真君，男，黑脸，三只眼，鼓眼睛；五通五显华光大帝，女，白脸；飞天五岳都总大帝，男，红脸。（邱渭波. 常德土家族. 哈尔滨：北方文艺出版社，2005.）

的手松开。这时一法师念避煞咒：

> 四季关，关煞神君；四柱关，关煞神君；铁蛇关，关煞神君；
> 直难关，关煞神君；夜哭关，关煞神君；百日关，关煞神君；鸡飞
> 关，关煞神君；落井关，关煞神君；阴锁关，关煞神君；断桥关，
> 关煞神君；无情关，关煞神君；阎王关，关煞神君；系脚关，关煞
> 神君；恩门关，关煞神君；七十二煞，关煞神君。请赴香案，渡关
> 功德，再焚其香，试上启。

小孩身后的另一法师手执用劈破一端的
竹竿做成的响篙问："你愿出家，还是愿俗
家？"旁人答："愿俗家。"法师于是用响篙在
小孩身后噼噼啪啪地赶："愿俗家，赶出山
门！"小孩听后，就从饭甑中钻过。牵百家讨
米线的法师将手中提的公鸡也从饭甑中抛过
去。孩子钻过饭甑后，由站立两旁的父母接
住，抱下地。

图 3-1　沅陵县七甲坪镇伍家湾
游傩队伍中走在最前面的二郎神
（摄影 李跃忠）

（3）理发。孩子下地之后，由请来的理
发师给孩子理发。当地习俗，男孩子 12 岁
渡"童子关"之前都是剃光头的，但在"渡关"
后，第一次理发必留马桶盖（头顶留长发、
蓄辫），所以渡"童子关"又称渡"脱白关"①。

（4）换衣。理发后，由父母给孩子脱下
旧鞋旧袜、和尚衣，换上新衣新裤、新鞋新袜，表示小孩从此成为一个新
人，一个成年人。

第二天晚上到第三天白天：还傩愿。演唱《土地戏》《姜女团圆》二傩戏剧
目。最后是"勾愿送神"。"勾愿送神"时要念"勾愿文疏"：

---

① 脱白关：即脱离白光头的年纪。

上清三洞五雷经篆叩行主奏法士　九叩

上言今疏为

湖南

土地下居奉

巫设供钧愿酬

恩信士　　即如上午

神造具陈意者言念士等叩生土忝列入

天地之大德沐

日月之照临兹因信士虔心叩取

山岳下良愿一堂共计×××自叩有感恩

保无涯为此寅具疏文百拜

上启

傩车会上满位高真　圣前①

6. 冠礼在湖南世家大族的遗存

　　一般的学者都认为明清以来，民间的男子成丁礼冠礼几乎消失，但据清代一些地方志的记载来看，在极少数地区的世家大族里还有行冠礼的。如在湖南慈利县、益阳县（今益阳市赫山区）就如此。其中益阳县主要是汉族人口，该县在同治年间（1862—1874 年）"读书之家"还有仿行冠礼的。同治十三年（1874 年）《益阳县志》载："冠礼之废久矣。近读书之家，于初补弟子员授衣顶者，或仿而行之。诹吉告庙，设宾，有醮词，冠以时制，以品递加。虽不尽如礼，稍存古意。"②而以土家族人为主的慈利县③，在同治年间，该县的冠礼在"邑中世家知礼者仿《仪礼》行之"，但"余不尽然"。该县县志的编撰者特意将当时行冠礼的"陈设仪注"记载了下来。该礼仪相较朱子《家礼》

---

　　①　杜平，贾国辉. 湖南省石门县儿童"渡关"风俗调查//张紫晨. 民俗调查与研究. 石家庄：河北人民出版社，1988：62-67.

　　②　丁世良，赵放. 中国地方志民俗资料汇编：中南卷. 北京：北京图书馆出版社，1991：672.

　　③　1990 年时，该县土家族人口约占全县总人口的 50%。（慈利县志编纂委员会. 慈利县志. 北京：农业出版社，1990：123.）

所制"冠礼"①更为简便。录于下，以使广大读者对这一礼仪的程序有一清晰认识：

　　　　　　　祖先位
醮位(设爵、杯、酒樽)宾位
赞礼　　　　　　　　　赞礼
　　　　　　　　　　主位
　　冠位(设布弁、礼冠、爵冠)
　冠者位

　　筮宾(择亲友贤而知礼者具书迓之)。至期，质明告祖，陈设冠服、器具。(赞:)主人率冠者就位。降神。启椟出主。(赞:)上香。诣盥洗所盥洗。诣香案前跪。上香(三)，酹酒(奠酒于地)，读告文。"维(某)年、月、日，孝元孙(某)谨以香果、醴酒敢昭告于高祖(号某)、妣(某)孺人，曾祖(号某)，妣(某)孺人，祖考(号某)、妣(某)孺人，显考(号某)、妣(某)孺人之神主位前曰，(某)之子(某)，甫除稚习，渐近成人，将以吉日加冠于其首，谨具薄奠，用申虔告。"俯伏，兴，平身复位。辞神(四拜)，焚祝文，纳主椟中。礼毕。

　　速宾(至)，主人迎入，升堂行礼序坐(茶毕，行冠礼，照仪注序立)。(赞:)冠者就位。始行加冠礼。诣冠位前。宾举祝曰:"吉月令日，始加元服，弃尔幼志，顺尔成德，寿考维祺，以介景福。"遂加冠复位，俯伏，兴，平身。再行加冠礼(如前)。祝曰:"吉月令辰，乃申尔服，谨尔威仪，淑慎尔德，眉寿万年，享受百福。"(赞:)复位(如前)。行三加冠礼(如前)。祝曰:"以月之吉，以日之令，成加尔服，厥德允成，黄青无疆，受天之庆。"复位(如前)。行醮礼(如前)。举酒祝曰:"旨酒既清，嘉荐令芳，拜受祭之，以定尔祥，承天之休，寿考不忘。"饮酒复位(如前)。行字礼。祝曰:"礼仪既备，月吉日良，昭告尔字，厥字孔彰。髦士攸宜，令闻令

①　郑春.朱子《家礼》与人文关怀.福州：福建教育出版社，2010：154-156.

成人礼俗

望，永保受之，俾尔炽昌。"子(字)曰(某某)。冠者拜，兴。主人以冠者拜祖先(如前)。祝曰：(某)之子(某)，今日冠毕，敢见。四拜，兴。主人立右，冠者四拜，遂拜宾、礼生，后拜见尊长及内外诸亲。①

即使到了民国年间，在湖南一些地区还偶有行此俗的。如民国二十年(1931年)《嘉禾县图志》载该县的雷氏家族、萧氏家族就是这样。其文曰：

今冠礼虽废，而县属贵贤乡、榜背山、茶窝岭，大屋地诸雷族，銮三乡、枫梓溪萧族有师其意而为之者，凡间数年，或十数年一举行之。届期，择族年高德劭者主之，少者咸会于宗祠。简年满二十者书于册，按派行、名字义取别号，大书红帖粘祠壁，以次拜祖位，见父老，就席醴酒，三行或五行毕，退，谓之"庆号"，盖犹是古人"冠则字之"之遗也。曩时，村族尝见红纸书某名、某字，佳气溢闻弄间，今少见矣。②

从文字记录来看，其行的确实是古之"冠礼"，只是较之《仪礼》《朱子家礼》所载的"冠礼"有了一定的变异。

当然，冠礼在湖南世家大族有遗存，并不是说其在湖南世居少数民族间一定亦有留存，但汉族儒家文化在长期的历史进程中，对杂处的少数民族之生活的影响乃是巨大的，如永顺县土家族的丧葬，无论丧仪、葬仪，还是祭仪，其受儒家《朱子家礼》的影响都是显而易见的。因此，对其进行介绍确有助于了解各少数民族之成年礼俗的形成与发展。

(二)女子成人礼

人类历史上，女子成年礼的形式较之男子要更为丰富多彩，以中国为

---

① 丁世良，赵放. 中国地方志民俗资料汇编：中南卷. 北京：北京图书馆出版社，1991：665-666.

② 丁世良，赵放. 中国地方志民俗资料汇编：中南卷. 北京：北京图书馆出版社，1991：533.

例，除了传统的笄礼，还有不少少数民族是通过改变发式或服饰等方式来承认女子成人。但同时也要看到多数女子的成年礼仪，其仪式过程较之男丁的成人礼要简单一些。

1. 笄礼

我国古代汉族女孩子的成人礼是"笄礼"。笄，即簪子，其仪式就是用簪子插住挽起的头发，以示女子成年。《礼记·内则》："十有五而笄。"郑玄注："谓应年许嫁者，女子许嫁，笄而字之。其未许嫁，二十则笄。"[①]其意即是说女子在十五岁许嫁后、出嫁前行笄礼，并给其取字。对那些应年而未许嫁的，则在二十岁时行及笄礼。但先秦及汉唐等文献，均无对这一仪式的详细记载，这当是受古人重男轻女思想的影响。

到了宋代，儒者为推行儒家思想，开始构拟了一套较为烦琐的笄礼仪式。公主的及笄礼，在《宋史》中有详细记载，而士庶家庭女子的笄礼在司马光《书仪》[②]、朱熹《朱子家礼》都有记载。引《朱子家礼》所载笄礼如下：

> 女子许嫁，笄（年十五，虽未许嫁亦笄）。母为主（宗子主妇，则其中堂；非宗子而与宗子同居，则于私室；与宗子不同居，则如上仪）。前期三日戒宾，一日宿宾（宾亦择亲姻妇女之贤而有礼者为之。以笺纸书其辞，使人致之。辞如冠礼，但"子"作"女"，"冠"作"笄"，"吾子"作"某亲"或"某封"。凡妇人自称于己之尊长则曰"儿"，卑幼则以属于夫党；尊长则曰"新妇"，卑幼则曰"老妇"；非亲戚而往来者，各以其党为称，后放此）。陈设（如冠礼，但于中堂布席如众子之位）；厥明陈服（如冠礼但用背子冠笄）；序立（主妇如主人之位，将笄者双紒衫子，房中南面）；宾至，主妇迎入升堂（如冠礼但不用赞者，主妇升自阼阶）。宾为将笄者加冠笄，适房服背子（略如冠礼，但祝用始加之辞，不能则省）；乃醮（如冠礼辞亦

① 郑玄. 礼记正义//十三经注疏整理本. 北京：北京大学出版社，2000：1014.
② 司马光. 司马氏书仪. 北京：中华书局，1985：24-25.

成人礼俗

同);乃字(如冠礼,但改祝辞"髦士"为"女士");乃礼宾,皆如冠仪。①

从文字来看,朱熹制定笄礼,主要是参照男子的冠礼而行之。但较之冠礼,其仪式简略多了,文中如"冠礼但不用赞者""略如冠礼,但祝用始加之辞,不能则省"等自注之语即是明证。

古代男子行冠礼、女子行笄礼,均称"上头"。如宋人吴自牧《梦粱录》卷二载,宋代"清明交三月,节前两日谓之'寒食'……凡官民不论小大家,子女未冠笄者,以此日上头"②。此处"上头"就兼指男、女的成年礼冠礼和笄礼。但"上头"一词,更多的是用于指女子的笄礼。如梁简文帝萧纲(503—551年)《和人渡水》诗"婉娩新上头,湔裾出乐游。带前结香草,鬟边插石榴"③,前蜀花蕊夫人《宫词》诗"年初十五最风流,新赐云鬟便上头"④。这些诗句中的"上头",都是指女子的笄礼。清代民国地方志中,甚至现在民间,仍有不少地方称女子出嫁前一天的理装仪式为"上头",当与此有关。

2. 女子成年礼与"上头"

元明以后,正式的笄礼逐渐消失。在民间,笄礼逐渐与婚礼合并,使婚礼有了成年礼的含意。这主要是体现在婚典前的"簪花""女宴""上头"等习俗中。这一变化不仅出现在汉族,在一些世居少数民族地区也一样。如以下六地区的地方志载:

嘉庆十六年(1811年)《宁远县志》:惟女子将嫁,俗有所谓"上头礼",颇于古笄礼相近。

道光四年(1824年)《凤凰厅志》:冠礼久不行。厅人于子弟将婚时,亲友备礼称贺,易名而为之字。父兄延客醮子,命以成人之

---

① 郑春. 朱子《家礼》与人文关怀. 福州:福建教育出版社,2010:157.
② 吴自牧. 梦粱录. 济南:山东友谊出版社,2011:21.
③ 徐陵. 玉台新咏. 北京:文学古籍刊行社,1955:151.
④ 黄勇. 唐诗宋词全集:第六册. 北京:燕山出版社,2007:2504.

道，谓之"簪花"。女家亦如之。犹存古冠、笄之意。

道光八年(1828年)《永州府志》载东安县婚俗：择吉行上头礼。男家备花粉、茶果等送至女家，亦有用币者，亦于婚期前日具礼，儒家亦谓之"笄礼"。其实古者笄而字，不闻嫁而始笄也。又，男子将娶命字，称冠礼。

同治七年(1868年)《武陵县志》：婿家率其子告祖，醮于客位，谓之"贺郎"，女家亦告祖，设筵加笄，谓之"女宴"。

光绪四年(1878年)《龙山县志》：婚前一日……其女家父母亦于是日宴女，亲为女上头簪笄，谓之"带(戴)花酒"。

宣统元年(1909年)《永绥厅志》：冠礼，向不举行。男子届将婚时，戚党备物以贺，父母邀客醮子，易其名而为之字，命以成人之道，谓之"簪花"。女家亦如之。[1]

这六个地方的居住民众，在清代时以土家族、苗族、瑶族为多，其次是汉族、白族和侗族，因此，基本肯定这些文献记的应该是这些地方的世居少数民族的女子成人礼俗。下面我们根据今人的调查研究，对土家族的"上头"习俗做一较为详细的介绍。

"上头"，既是土家族地区的一种婚妆，也是一项婚嫁仪式。如张家界地区的土家族民间，在出嫁前的晚上夜深人静时，由新娘的亲嫂子和本家婶娘主持"上头"仪式，且不能被外人看见。届时，嫂子和本家婶娘带着由新郎家事先送来的黄杨木梳、红头绳悄悄走进闺房，并叫陪伴新娘的姑娘们暂时回避。然后点燃香烛纸祭神，新娘的母亲把女儿的头发解散，并用黄杨木梳象征性地在女儿头上梳三下，然后由一位善梳头的婶娘或嫂子把新娘的头发理成妇人的发式。土家族新娘"上头"的发式通常有三种，即粑粑髻[2]、麻花

成人礼俗

---

① 丁世良，赵放. 中国地方志民俗资料汇编：中南卷. 北京：北京图书馆出版社，1991：560-654.

② 粑粑髻：亦称"盘龙髻"。其法为先将头发梳成一条长辫，再将其一圈圈盘于脑后正中，用别簪绾住，如同一个圆粑粑。

髻①、太极头②。这由待嫁新娘根据自己的喜好决定。"上头"仪式要一次成功，不允许重新梳理。这样就意味着新娘夫妇能一世恩爱，白头到老。梳完头后，嫂子或姊娘用新郎先前送的红丝线为新娘绣眉，使眉毛细而弯，如两弯蛾眉新月，并用红丝线将其脸上的汗毛绞尽，再用新郎家送来的煮熟的红鸡蛋在脸上滚三遍，叫"开脸"。富贵人家的女儿还要戴上各种金银首饰。"上头"仪式是土家族姑娘的成年礼仪，亦是土家姑娘人生一次重大转折仪式。③"上头"仪式中，待嫁女子还要唱"哭扯眉毛""哭梳头"歌。

"哭扯眉毛""哭梳头"，一般是和主持上头仪式的姊娘或者母亲对哭。如在龙山县的土家族，待嫁姑娘"哭扯眉毛"后，由嫂嫂或姊娘梳头，在将长辫子梳成粑粑髻后，就意味待嫁女子从此要结束姑娘生活了，要成为人家的媳妇了。在梳头时，有一番对哭。摘部分待嫁姑娘的"哭梳头"词如下：

> 我的姊娘，我的母亲，
> 看到梳子心里寒，看到梳子心里酸。
> 梳子好像一把刀，对着女儿要开刀，
> 梳子好像一把叉，叉了女儿要离家。
> 小小梳子重千斤，女儿一见寒了心。
> 姊娘也，你把梳子甩丢它，你把梳子烧丢它。
> 我的姊娘也，女儿的话不听了，你把女儿不痛了，
> 你把头发一根一根数在了，你把头发一根一根理在了，
> 你把头发一根一根竖在了，你把头发一股一股打在了。
> 姊娘也，你的女儿年轻骨嫩的，你的女儿天事不知哩。
> 我生了牙齿，还没生板牙哩；
> 禁了头发，还没有长齐哩。
> 你的女儿哩，往日是你心头肉，今天为什么这样狠心了。

---

① 麻花髻：其法是先将头发编为四条小辫，再将其合编为两条，再将两条辫子上下折叠缠绕，用别簪绾紧，形似四朵小麻花。

② 太极头：其梳法是将头发在耳轮边分成两股，用红头绳扎住，再将两股头发在脑后正中相交盘成一个圆圈，形如太极阴阳交合。

③ 尚立晰，向延振. 张家界市情大辞典. 北京：民族出版社，2001：206.

我的婶娘呀，从前梳的一条龙，今天梳的重上重；

从前梳得一条线，今天梳得团团旋；

从前梳得贵人头，今天梳得贱人头；

拖着辫子是贵人，挽成粑粑是成人。

拿起镜子照一照，我和同伴不像了。

我的婶娘，从前讲痛我爱我是假话，今天要赶我出门是真的。

怎么这样狠心，怎么这样下毒手了。

我的婶娘也……①

湖南的侗族、苗族地区，和土家族、汉族等一样，也是婚礼与笄礼合二为一了。如前引清道光五年（1825年）《晃州厅志》的编撰者同样认为，侗族民间将婚礼前的告祖仪式视为"及笄礼"，与古礼并不符合："女行笄礼，亦于嫁前，是亦婚义。母醮其女，而命之嫁之义，非笄礼也。"这从另一个角度来看，恰说明那时晃州厅的女子是将婚礼与笄礼合二为一了。

苗族女子的成年礼也是婚礼的一部分，如在绥宁县苗乡，"结婚典礼的头一天，新娘要沐浴全身，行'开脸'的女子成年礼，已（以）表示闺女期结束"②。又麻阳县苗族姑娘出嫁前一天要"修眉"与"上脑"。出嫁姑娘在出阁先天晚上，要请村中有儿有女的长辈妇女帮忙修眉。修眉，用两根麻线搓成绳状，然后用嘴咬住麻线的一端，两只手分别各捏住麻线中间与另一端，形成剪刀状，先在姑娘脸上涂上少许热草木灰。然后用线在眉边和脑门上绞来绞去，直到把姑娘的两道眉毛修得又弯又细为止。修眉后，还要戴首饰，俗称"上脑"，表示姑娘时代已过去，进入成人行列。③

3. 女子成年礼与改发式、换服饰等

对女子成年的确认，有的民族、地区是通过女子发髻样式的改变来体现。如广西龙胜侗区的姑娘出嫁，得把姑娘的衣裳脱下，换上媳妇的装束，

① 永顺县民间文学集成办公室. 中国歌谣集成湖南卷：永顺县资料本. 内部资料，1988：115.

② 欧长伏. 芙蓉国里·湖南历史文化巡礼：上卷. 长沙：湖南人民出版社，2012：267.

③ 谭宗林. 麻阳下三区民间婚俗礼仪//麻阳苗族自治县文史委员会. 麻阳文史：第5辑·麻阳民俗风情. 内部资料，1999：69.

有的地方姑娘盘两个发髻，做新娘时要改为一个发髻。改髻当晚，本寨女伴及房族嫂子、婶子都要为她送行，唱"解髻歌""盘髻歌"。① 对湖南侗族地区的民众，笔者未见有关于这一习俗的直接文字介绍，但在一些介绍湖南侗族服饰的文献里，可以看出湖南侗族姑娘也有此习俗。如靖州县的寨牙、江东、横江桥、平茶一带侗族"未婚姑娘梳辫，戴滚边绣花头帕，已婚妇女挽发髻，插银簪，戴项圈、耳环、手镯"②。这里"辫"和"髻"，是女子婚否的标识。又如通道县临口、下乡、木脚一带的侗族女子也是这样。据介绍，这里的女子"进入青春期绾双髻，插双簪，叫'角髻'。生育前才将双髻挽成一个圆粑行的发髻，名曰'收心髻'"③。以"髻"的形式变化，标示是否成年、是否已经婚育。此外，在服饰上，也可看出女子是否已婚，如通道县一些侗族女性"婚前着裤，婚后着裙"④。这在古代结婚年龄较早的时代，亦可视为成年的一种标识。

瑶族女子也没有专门的成年仪式，但从民众为女性在特定年龄阶段对服饰、容貌方面做一些改变，并赋予其一定的含意来看，其行为也蕴含着成年礼的意义。如多数地区的蓝靛瑶女子在十五六岁时，要举行顶布或包头帕的仪式，同时拔光或拔去部分眉毛，以示成年，瑶语称为"妞答"，意为戴顶布。又如云南省富宁瑶族女子七八岁时就换掉花帽，改包头巾，到十五六岁时再在头上加戴银盘、挂白线以示成年。⑤ 湖南江华瑶族的女子，则是将结婚前一天的"上头礼"视为笄礼，同治九年（1870年）《江华县志》载："至于女子将嫁，有所谓'上头礼'，颇合于笄而字之义，谁谓古礼为尽亡哉！"⑥

苗族女子虽然在结婚时有"修眉""上脑"仪式，但也有学者以为，苗族姑娘穿着银饰盛装亮相芦笙堂也具有成年礼的意义。《湘西苗族银饰锻制技艺》一书的编撰者们介绍说："在姊妹节来临的时候，全套盛装的苗族姑娘在芦

---

① 山远. 改髻//杨通山，蒙光朝，过伟. 侗乡风情录. 成都：四川民族出版社，1983：118.

② 《靖州苗族侗族自治县概况》编写组. 靖州苗族侗族自治县概况. 长沙：湖南出版社，1991：32-33.

③ 林良斌，吴炳升. 习俗大观·中国湖南通道侗族文化遗产集成：第四辑·下. 北京：中国国际文艺出版社，2008：92.

④ 林良斌，吴炳升. 习俗大观·中国湖南通道侗族文化遗产集成：第四辑·下. 北京：中国国际文艺出版社，2008：89.

⑤ 杨筑慧. 中国西南民族生育文化研究. 北京：中央民族大学出版社，2006：252.

⑥ 丁世良，赵放. 中国地方志民俗资料汇编：中南卷. 北京：北京图书馆出版社，1991：594.

笙堂里，戴着银饰展示自己的美丽。芦笙堂的首次亮相也是成年礼的象征，宣告姑娘从此进入一个新的人生阶段。银饰在这里代表着一种资格，也是一种符号。"①

4. 桑植白族成年礼"脱白穿青"

在湖南，不论汉族还是少数民族，多数地区的女子成年礼或是与婚礼相结合，即在婚前举行一定的仪式以示女子成年；或是以改变发式、服饰等形式来表示女子成人。其中又以前者居多。较之男性的冠礼、"度戒"等仪式，女子成年礼确实简略许多。这在一定程度上反映了我国民众重男轻女的思想。但桑植县白族的"脱白穿青"仪式则不一样，它体现了该民族的男女平等思想。

在桑植白族地区，无论男孩女孩，满十二岁时，都要举行"脱白穿青"仪式以示其成年。鉴于湖南其他民族女子成年礼俗均较简略，故将桑植白族的"脱白穿青"仪式放在女子成年礼俗中来做介绍。

桑植白族地区的"脱白穿青"，举行仪式通常在十一周岁至十二周岁之间，由三元老师②根据孩子的生辰八字选择吉日。选日期主要根据两点：以十二地支为准，即举行仪式日期所属的地支不能与出生日所属的地支相克③；每月属"闭""破"的日子④不能举行。举行仪式前，要为孩子缝制白布长衫一件、白布鞋一双、白布帕子一条和青布长衫一件备用。用长14—15米的白布的一端钉在堂屋神龛上，另一端系于堂屋大门外屋檐，搭成"天桥"，上面放一些粑粑。同时将本主⑤雕像从宗祠迎回家中，供在堂屋内。在离住宅约30米处，竖一株高4米以上留有几根树枝的松树，枝上挂用皮纸做成的旗

---

① 田特平，田茂军，陈启贵，等. 湘西苗族银饰锻制技艺. 长沙：湖南师范大学出版社，2010：101.

② 三元老师：白族三元教中的神职人员。

③ 三元老师认为子午日、丑未日、寅申日、卯酉日、辰戌日、己亥日是相克的，即子日出生的孩子，除午日外均为吉日。余类推。

④ 三元老师说，每月30天由"定、执、破、危、成、收、开、闭、建、除、满、平"12字轮流代替，凡属"闭""破"日，均不吉利。

⑤ 本主：白族普遍信仰本主，对其十分崇敬，这是在原始宗教的基础上，结合本民族的传统文化发展起来的一种信仰。民众认为本主是本地方和本村的保护神。

幡，上面画 7 颗星做成"七星旗"①，树旁置供桌 1 张，上摆酒、饭、果等供品，点香烛。竖"七星旗"时，三元老师念祷词："扬起本主七星旗，吹角号领着兵。各方上下神明，孤魂野鬼，来此领受香烟……"脱白仪式开始，先在神龛前点燃香烛，摆上饭、菜、果等供品。孩子穿上白布长衫、布鞋，包着白布头帕，坐在本主像前。父母端坐在堂屋上方，外公、舅舅等坐于两侧。仪式通常为一天一夜，富裕之家也有延续三天的。②

"脱白"的功课程序繁复，有的介绍说有 24 个朝科③，也有的说是 21 个，如桑植县芙蓉桥村钟以放就称是 21 个朝科。此据钟先生的说法，对这一仪式过程做一较为具体的介绍。

桑植白族孩子，无论男女，在满十二岁时，都要举行"脱白穿青"仪式。"脱白穿青"仪式是一次很大的功课，由三元老师主持，功课有做一天的，也有做三天的。做功课时，先在信士门前竖两根高竹，扬两面用黄素纸做成的称"朝钱"和"戳钱"的神幡，三元老师先后共做 21 个朝课，即：启白师真、告报诸神、申发功曹、置堂搭桥、引神下马、下马问卦、招兵祭猖、铺席祭桥、祭关府神、迎神临坛、脱白穿青、领取星辰、攘星拜斗、解结解冤、辞神认亲、二堂谢恩、行罡乘朝、丢标扩散、撤轿、送神、安家神。每做完一朝，都要上表文牒。

接着是"判官勾愿"，将"脱白"的孩童，从头至脚，全身着白，坐在本主塑像前，由三元老师将孩童从本主神前领过来。三元老师念："堂前本主您且听，您的恩情比海深，一切灾难靠您保，将儿保过十二春。"届时，小孩给本主神叩头致谢，再由三元老师扶着孩童踩着用椅子搭成、上铺白布的踩桥，边走边念："穿白衣，戴白帽，白鹤仙童踩仙桥。"

"过桥"后，便转向坐在左边的父母，进行"过桥交子"，又叫"还亲"仪式。三元老师唱："山有昆仑水有源，花有清香月有影，萝卜有根果有蒂，莲蓬打从藕上生。皇帝虽大有父母，为人切莫忘根本，孩儿跪在地埃尘，拜

---

① 竖"七星旗"的目的有三：一是以之表明该家有孩子"脱白"，有孩子成人；二是祭祀三元老师在正式祭祀中可能遗漏的神灵；三是镇鬼压邪，使妖魔鬼怪无法影响孩子成长。

② 詹承绪. 桑植白族的生活习俗和宗教信仰//中国社会科学院民族研究所. 南方民族的文化习俗. 昆明：云南人民出版社，1991：183-187。

③ 谷俊德. 桑植白族风情. 北京：民族出版社，2011：161。

谢父母养育恩，一拜双亲怀胎苦，二拜双亲抚育难，三拜双亲恩似海，四拜双亲德如山。将儿送到双亲前，从今以后保平安。"并接唱"十月怀胎"词，曲调忧伤，情义恳切，直唱得母子悲痛至深，抱头大哭。而后由孩童向近亲长辈逐个磕头叫名，如伯伯、叔叔、姑母等，称"认亲"。

最后，由三元老师念"解劫辞"。再请舅父或姨父给孩童开"百家锁"，并递给三元老师一个红包，表示谢意。开锁后，父母帮孩童脱去白色的衣、裤、帽、鞋等，换上新做的青衣，表示孩童已渡过劫难，已脱白穿青了，从此便长命富贵，易养成人。[①]

白族姑娘的成年礼，除了"脱白穿青"仪式，也有人以为女子出嫁前一天"上头""开脸"的仪式，是"白族姑娘由少女转为少妇的一种标志"[②]。

其实男子结婚前一天的"戴花礼""告祖"，女子婚前一天的"上头""开脸"、换发式等婚俗所体现的文化功能，与"冠礼""笄礼""脱白穿青"等成年礼的文化功能还是有很大区别的。前者是"已婚"（当然，确切点说即将结婚）的标识，后者是"成年"的记号。在"成年礼"中，"成年"的年龄对所有个体的规定是一致的，如古代男子二十岁行冠礼、女子十五岁（未许嫁者二十岁）行笄礼，桑植白族无论男女儿童在十二岁时行"脱白穿青"仪式，江华瑶族男子在16—19岁期间行"度戒"仪式。而与婚礼相结合的被视为成年礼俗的上述婚仪，对青年男女个体来说，其时间则是不确定的。也就是说，纯粹的成年礼只承认仪式对象"成年"了，他（她）可以参与成年人的活动了，有恋爱结婚的权利了，但其并不一定已婚；而与婚礼相结合的成年礼，则是基于"结婚"即"长大成人"的观念。这大概也是明清时期许多儒者（至少地方志的修撰者）认为婚礼中的取"字"、插簪仅是古代"冠礼""笄礼"之遗意的原因吧。

---

① 张丽剑. 散杂居背景下的族群认同——湖南桑植白族研究. 北京：民族出版社，2009：152-154.

② 谷聘骅，谷利民. 白族姑娘出嫁前如何美容//谷利民. 桑植白族博览. 北京：民族出版社，2012：39.

恋爱礼俗

　　经过了成年礼的男女青年，就有了结交异性的权利，就得考虑婚嫁问题了。在古代，年轻人的恋爱行为往往会受到家庭、社会、道德以及个体自身等诸多因素的制约。历史上，湖南世居少数民族多数身居大山，与外界接触少，清代以前，受汉族儒家文化影响较少，故其恋爱自由，婚姻自愿，但自雍正年间"改土归流"后，受汉族文化的影响日深，在婚恋方面亦是如此。但总体来说，少数民族青年男女的恋爱是比较自由的，而且多数是"以歌为媒"。

（一）"以歌为媒"婚俗的历史溯源

1. 人类婚姻形态及汉族传统婚俗简介

纵观人类社会的历史，其婚姻大约经历了五个阶段，形成了五种婚姻形态："原始群团生活的杂婚""同辈血缘婚""伙婚""对偶婚""一夫一妻制专偶婚"。这五种婚姻形态，在其演化过程中，又呈现出多种多样的婚姻形式。① 人类社会起始之初，对两性的关系是没有限制的，如"其民聚生群处，知母不知父，无亲戚、兄弟、夫妻、男女之别，无上下、长幼之道"②之语，描写的就是这种状况。而且即使到了血缘群婚制、亚血缘群婚制乃至对偶婚制时期，人类的性爱意识仍处于原始的愚昧状态，如母系氏族社会，人"只知其母，不知其父"，就说明人们还不懂得真正的爱情是什么，那个时代的男女的人身完全自由，"恋爱"只是一种性交过程中的本能反应。③ 但我们以为，无论在哪一种形式的婚姻形态中，交往中的男女都应有两情相悦的心理，而美化容貌、拥有生存能力、能歌会舞等都是他们相互取悦的方法、手段。

人类婚姻"以歌为媒""以舞为媒"的现象，应该出现很早。如先秦时期，我国民间曾存在大量的歌谣，像大家熟悉的《诗经》中的"国风"，还有时常被人提起的被视为淫靡之声的"郑卫之音"，即指周代郑、卫、宋、齐等十五国的民歌、民谣，其中就有不少情歌。宋代理学家、大学者朱熹指出："凡《诗》之所谓风者，多出于里巷歌谣之作，所谓男女相与咏歌，各言其情者也。"④如周代郑国民歌《萚兮》，现代学者一般认为这是一首男女唱和的诗，也就是说是一首情歌。其词曰："萚兮萚兮，风其吹女。叔兮伯兮，倡予和女。萚兮萚兮，风其漂女。叔兮伯兮，倡予要女。"⑤诗歌描写的是树叶落地，也就是秋季吧，大家在一起歌唱，其中一方邀请另一方来给自己和调的情

---

① 苏全有，陈建国. 中国社会史专题研究. 呼和浩特：内蒙古人民出版社，2006：238.
② 吕不韦. 吕氏春秋. 太原：山西古籍出版社，2001：166.
③ 时春明. 实践婚姻家庭法. 兰州：兰州大学出版社，1989：78.
④ 朱熹注. 诗集传. 王华宝，校点. 南京：凤凰出版社，2007：2.
⑤ 毛亨，毛苌. 诗经通释. 贾太宏，主编. 北京：西苑出版社，2015：119.

形。从其语气来看，应是女性邀请男性的可能性更大一些。

但随着时代的发展，儒家思想慢慢确立了其在汉族文化中的中心地位。儒家思想对男女两性的交往、结合都做了严格规定，认为汉族男女两性的结合，首要的不再是两情相悦，而是考虑家庭、家族的利益了。人们对婚姻的态度，更重视其传宗接代的功能，重视其能给家族、家庭带来的利益。正如《礼记·昏义》所说，"昏礼者，将合二姓之好，上以事宗庙，而下以继后世也"。而且对女子的社会交往做了许多限制。如《礼记·曲礼上》要求："男女不杂坐，不同椸枷，不同巾栉，不亲授。嫂叔不通问。"《礼记·内则》则讲："礼始于谨夫妇。为宫室，辨内外。男子居外，女子居内……男不入，女不出。"规定男女七岁"不同席，不共食"。① 唐时一些女学著作更对女子的坐姿、行为都做了严格规定。如《女论语》要求女子"行莫回头，语莫掀唇。坐莫动膝，立莫摇裙。喜莫大笑，怒莫高声。内外各处，男女异群。莫窥外壁，莫出外庭。男非眷属，莫与通名"②。这些行为规范，显然是不允许男女自由恋爱的，当然也就谈不上"以歌为媒"了。

上述行为规范主要是就汉族女子，尤其是对汉族贵族女子而言的，对少数民族的影响就小多了。如在湖南世居少数民族中，青年男女的结合较汉族民众也显得自由多了，他们的结合有较大的自主性，而其恋爱的方式则主要是通过唱歌来实现，以歌为媒。也就是说他们的恋爱不是"谈"成的，而是"唱"成的。二十世纪五十年代，湖南省湘西土家族访问团曾对龙山县土家族的婚姻习俗做了报告，其中"汉唐以后，男女对象在正月九日在摆手堂跳摆手舞时自由选择，以武（舞）艺相爱。雍正七年'改土归流'后，男女婚姻凭媒说合"③一语，就证明了这一点。即是说在漫长的历史时间里，土家族青年是以歌舞为媒，自由恋爱的。又会同侗族民歌"高山种菜不用肥，我郎找妻不用媒，不花钱来不花米，唱支山歌带妹回"④，也明确说明在侗乡，青年男女完全是通过唱歌传情恋爱的。

① 戴一圣. 礼记通释（上）. 贾太宏，译注. 北京：西苑出版社，2016：14、343、351.
② 宋若莘. 女论语//陈宏谋，辑. 五种遗规. 北京：线装书局，2015：94.
③ 湖南省湘西土家族访问团. 湖南龙山县土家族有关情况的调查报告//阳盛海. 湘西土家族的历史文化资料. 长沙：湖南人民出版社，2009：80.
④ 李一西. 会同侗族风貌//会同县委员会文史资料研究委员会. 会同文史资料：第2辑. 内部资料，1987：108.

2. 古代典籍中的湖南少数民族婚俗

对少数民族的这种婚配自由、"以歌为媒"的特点，我国古代的一些文献有记载。如宋代周去非在《岭外代答》一书中就记载了那时岭南一带，瑶族民众通过歌舞自由恋爱的情形：

> 瑶人，每岁十月旦，举山同祭都贝大王，于其庙前会男女之无夫家者，男女各群，联袂而舞，谓之"踏摇"。男女意相得，则男咿嘤奋跃，入女群中负所爱而归，于是夫妇定矣。自由配合，不由父母。①

"自由配合，不由父母"说的就是恋爱自由，婚姻自主，而其结识的方式则是在"踏摇"歌舞活动中相识、相交、相爱。又宋代陆游记"辰、沅、靖州蛮"，即今湘西、怀化一带苗族、土家族民间的婚俗曰："嫁娶先密约，乃伺女于路，劫缚以归。亦忿争叫号求救，其实皆伪也。"这是假装抢婚。此外，陆游还介绍了那时男女以歌舞结合的情形：

> 醉则男女聚而踏歌。农隙时，至一二百人为曹，手相握而歌，数人吹笙在前导之。贮缸酒于树阴，饥不复食，唯就缸取酒恣饮，已而复歌。夜疲则野宿，至三日未厌，则五日或七日方散归……其歌有曰："小娘子，叶底花，无事出来吃盏茶。"盖《竹枝》之类也。②

清朝，这类记载就更多了。清康熙时期(1654—1722年)，浙江人陆次云在《峒溪纤志》一书中就多次记载了苗族以歌舞恋爱的习俗。笔者进行了粗略统计，这本薄薄的小册子，记载苗族民众以歌舞恋爱情形的就有五条：

> 跳月：苗童之未娶者，曰"罗汉"；苗女之未嫁者，曰"观音"。

---

① 周去非. 岭外代答. 上海：上海远东出版社，1996：264.
② 陆游. 老学庵笔记. 青岛：青岛出版社，2002：73-74.

皆髻插鸡翎，于二月群聚歌舞，自相择配，心许目成，即偕好合。余别有记以详其事。

浪花歌：溪峒男女相歌于正月朔、三月三、八月十五，而三月谓之"浪花歌"，尤无禁忌。

鬼竿：龙家苗立木于野，谓之"鬼竿"。春时男女旋跃其下，以择配偶。

踹堂：苗人每遇令节，男子吹笙撞鼓，妇随男后，婆娑进退，举手顿足，疾徐可观，名曰"踹堂之舞"。

水曲：播州苗所歌。十数辈联袂而舞，以足顿地节歌，名曰"水曲"。①

其中"跳月"之俗是古代苗家青年男女一种重要社交形式。每年农历三月春暖花开之时，和农历八月秋收之后，青年男女便相聚在月光下唱歌跳舞。对"跳月求偶"，陆次云在《跳月记》一文中描述得更为详细：

苗人之婚礼曰"跳月"。"跳月"者，及春月而跳舞求偶也……其父母各率子女，择佳地而为"跳月"之令……其歌哀艳，每尽一韵，三迭曼音以缭绕之。而笙节参差，与之缥缈而相处。吹且歌，手则翔矣，足则扬矣，睐转肢回，首旋神荡矣……渡涧越溪，选幽而合，解锦带而互系焉，相携以还"跳月"之所，各随父母以还，而后议聘。②

我们在查阅苗族的婚俗时，发现 20 世纪 80 年代以来，有十几位学者引用这样一条材料："胡朴安《中华风物志·湖南志》：'湘西苗族，每逢佳节良宵，有跳月之风，童男处女，纷至森林山巅，唱歌跳舞，此唱彼和，虽不相识，可相约订婚。'"但笔者在仔细查阅胡朴安《中华风物志》（最初名《中华全国风俗志》）后，发现原著中并无这样一条材料，尤其有意思的是发现该书之

① 陆次云. 峒溪纤志//骆小所. 西南民俗文献：第四卷. 甘肃：兰州大学出版社，2003：387－389.

② 陆次云. 跳月记//郑澍若. 虞初续志. 北京：中国书店，1986：56.

恋爱礼俗

"湖南总志苗俗"之"婚嫁"关于苗族"跳月"恋爱的记载，其内容与上述引文是相反的。其文曰："相传'跳月'之说，呼年少为马郎，集室女，听其自择配者，非此地风俗也。其嫁娶，亦由父母主婚，媒妁相通，以酒肉牛只财物为聘。"当然，我们非常有必要指出，胡先生说"跳月"之俗"非此地风俗"，即不是湘西北苗族的风俗，湘西北苗族的嫁娶"亦由父母主婚，媒妁相通"。因此，前文提及的那些学者的引用，是错误的，至少是不全面的。

胡朴安在《中华风物志》中，还有三处提到了"跳月"，一是"苗人之跳月结婚"条（按：此是摘录清人陆次云《跳月记》而成）。二是"龙氏土司之婚礼及家仪"条，介绍了滇黔之苗族、土家族婚俗："跳月为婚者，元夕立标于野，大会男女。男吹芦笙于前，女振金铎于后，盘旋跳舞，各有行列，讴歌互答，有洽于心即奔之。越日送归母家，然后遣媒妁，请聘价焉。"（按：此为摘引清初陈鼎《滇黔土司婚礼记》而成）。三是"峒溪诸苗奇俗纤志一"介绍道："孟春合男女跳月，扑平壤为月场，皆更服饰妆。男编竹为芦笙，吹之而前，女振铃，继于后，以为节，并肩舞蹈，回翔宛转，终日不倦。暮则挈所私归，比晓乃散。"（按：此乃摘引清代檀萃《说蛮》而成）①从这些文献可以看出，苗族青年男女的结合确实是自由的，而其手段就是"歌舞"。

"跳月"之俗，在湖南苗族民间亦广泛存在。如清代湖南新化人魏祝亭（1795—1854 年）在《荆南苗俗记》中记录荆南辰州（今湖南沅陵、泸溪、辰溪、溆浦等地）与黔（今贵州遵义、铜仁以北）毗邻地区苗族"三月三""跳月"的习俗（引文详后）。此外，一些明清时期以来修撰的湖南地方志亦对苗族、瑶族、侗族、土家族等少数民族的婚俗做了简要记载。如乾隆二十八年（1763 年）湖南《永顺府志》卷二载："土司地处万山之中，凡耕作出入，男女同行，无拘亲疏。道途相遇，不分男女，以歌为奸淫之媒，虽亲夫当前，无所畏避。"②当然，要指出的是地方志的编撰者对永顺县土家族的这种"以歌为媒"、自由交往的男女结合方式，是以汉族中心的观念来看待的，故其极力反对，用语也相当偏颇。又如宣统元年（1909 年）《永绥厅志》卷六"苗俗"条，也非常详细地介绍了永绥厅（今湖南花垣县）苗族的"跳鼓脏"的婚姻礼俗。文

① 胡朴安. 中华全国风俗志. 石家庄：河北人民出版社，1986：195、544、429、525.
② 陈天如，顾查光，等，编纂. 永顺府志（卷十）·风俗. 乾隆二十八年刻本.

中所谓的"皆淫亵语"，即是说其所唱都是传达爱情之意的情歌。

综上所论，可见会唱歌，是湖南世居少数民族民众人人必备的技能之一。而通过唱歌获得爱情，娶（嫁）到意中人，这也是许多少数民族民众学习唱歌的重要原因。

但据二十世纪三十年代石启贵在《湘西苗族实地调查报告》一书中的介绍，苗民的婚娶似乎完全是"父母之命，媒妁之言"的包办式婚姻。他说：

> 苗民不独结婚极早，而订婚尤早。如有儿女，自一二岁长至七八岁时，便请媒人代订婚。通常订婚，男向女家登门央求，须看某某平时于女家之家长声气相通有往来者，便请某某做媒人。此非空谈，要以酒食为证。男家必备肉酒，待媒人大餐。媒人吃后，始往女家讨其口风，从旁私问，并非直言受男家请而来也。苗谓"及沙秋"即试亲。倘察言观色，似有欣然状态表现，并吃女家酒饭后，始返男家将此情形以告之。略休数日，又往央求，始称正式做媒人。甜言蜜语，一说再说，三求四恳，往返多次自有头绪矣。此后，男方得请一位同族长辈做"合媒"，苗称"及保苟受"。此长辈既是媒人，又是男方代表者。两位媒人一同动驾说亲，女方才正式应许。因为苗人有习惯，亲要多求始为贵，表示女子尊贵，不轻易许人也。①

报告称"自一二岁长至七八岁时，便请媒人代订婚"，当然是包办式的了。对石先生的这一报告，我们认为其应不是整个湘西苗族地区男女的恋爱情况，而只反映了他调查时了解到的那一部分苗区的情形。其理由有四：

首先，本节前面引的不少材料都说明，苗族的恋爱是相当自由的。

其次，他自己采访的一些《苗竹枝词》亦说明苗族地区婚恋是自由的。如"苗女如云要岁新，路旁山旁戏风情。公然调笑公然笑，不计生人与熟人""歌声遥起乱山中，男女樵苏唱和同。只是鸾凤求匹配，自由婚姻最开通"

① 石启贵. 湘西苗族实地调查报告. 长沙：湖南人民出版社，2008：178.

"青年月下共徘徊，男女情浓丢不开。夜半歌声犹未歇，当言明晚早些来"①等就都是情歌。而这些歌谣反映的就是苗族"自由婚姻之情形"。

再次，与石先生同时期的其他的人类学家也称苗族的婚姻是自由的，是"以歌为媒"。如日本学者鸟居龙藏在民国时期的《苗族调查报告》称："苗族之婚姻为自由结婚。男子立于所恋女子之屋外吹笙，发美妙而有趣之音节。如能使女子感动时，则互为夫妇。又于踏月吹笙之夜间亦行之。"②

最后，从今人对不少苗族青年恋爱的调查来看，多数地区也是较为自由的，而且多数是"以歌为媒"。

3. 湖南世居少数民族的恋爱与婚姻之关系

针对上面对湖南世居少数民族婚俗的介绍，我们有必要指出：

(1)这些少数民族青年男女的婚姻，即使经"父母之命，媒妁之言"，那也不一定是包办式。因其结合多数是青年男女在"以歌为媒"，有了较长时间的交往，并建立了恋爱关系后，才履行"父母之命，媒妁之言"这一婚姻程序。如江华县瑶族、靖州侗族（详见第五章）、花垣县苗族等地的婚俗礼仪。也有的青年男女虽然其自由恋爱可能遭到了父母反对，但他们可以通过"拐婚""逃婚""偷婚"等"非正常"方式结合，而社会对这种行为并不指责，反而获得社会的同情和帮助，如在通道县的侗族民间就有这种情形。③

(2)这些少数民族地区青年男女虽然恋爱自由，但其婚姻却也有一套严格的程序。如在花垣县"苗族人崇尚自由恋爱，但婚姻并不自由，须由父母作主。男方要请媒人三番四次向女方父母求亲，以示对父母的尊重。经过三媒六证，由自由恋爱进入正式婚姻"。苗族人对婚姻的认可，"是经过三媒六证取得家族认可"。④

(3)少数民族地区青年男女恋爱自由，并不意味着这些少数民族的民众

---

① 石启贵. 湘西苗族实地调查报告. 长沙：湖南人民出版社，2008：443-444.
② 鸟居龙藏. 苗族调查报告//李文海主编. 民国时期社会调查丛编·二编·少数民族卷(下). 福州：福建教育出版社，2014：529.
③ 林良斌，吴炳升. 习俗大观·中国湖南通道侗族文化遗产集成：第四辑·下. 北京：中国国际文艺出版社，2008：34，36.
④ 湖南省花垣县文史资料研究委员会. 花垣文史资料：第12辑·神奇的花垣·风情篇. 内部资料，2007：49.

在两性关系上轻浮，而恰恰相反，他们对待两性关系是严肃的。如"苗族不禁止男女自由交往，但禁止淫乱。未婚女子与某一男子相爱，则会对其忠贞不渝""已婚女子禁止偷情"①。对此，杨焕礼对绥宁苗族青年的恋爱、交友、结婚有更为详细的介绍。他说"绥宁苗族青年在异性交往方面大多数村寨是比较开放的，在恋爱方面是有一定的自由择偶权，但真正到了谈婚论嫁时又是很讲规矩的，毕竟结婚既是男女青年自己的终身大事，在父母及村寨人的眼中又是一件非常严肃非常讲究的事"。在以前，"村寨的青年男女之间相互交往，未婚之人与已婚之人是有明显界线与严格规矩的。"家里有未嫁的女儿，如有未娶(指未订婚)的男青年到家里找女儿玩耍，父母会非常高兴和客气，觉得在寨子非常有脸面。但如果是已娶(包括已订婚)的青年男子上门找女儿玩耍，父母则会不客气地对待。又如，绥宁有的苗族村寨，如是未婚的青年男女之间在一起玩耍，他们可以当着长辈的面相互嬉戏，打情骂俏，甚至可以拉拉扯扯，搂搂抱抱。但如果青年男女结了婚，或是订了婚，那他们在交往时，行为必须谨慎。对待已婚女子，不论青年男子是否订婚结婚，"既不能用语言对其进行挑逗，也不能对其动手动脚，必须要保持一定的距离，已婚女人是神圣不可侵犯的"②。

(二)部分少数民族地区的恋爱礼俗

1. 怀化侗族青年的恋爱礼俗

侗族在怀化分布较集中，辖区内的新晃、通道、芷江均是侗族自治县。这些地区的侗族青年男女主要通过互相问答的对唱进行恋爱。传统侗族民间的情歌，其词比较含蓄委婉，且有一整套完整的程序。青年男女要经过"初相会"、请媒、约会、相恋、成双等歌唱环节才开始谈婚论嫁，结为夫妻。

在不同的阶段，男女所唱内容亦不相同。如"初相会"时，男子含蓄地邀

---

① 石绍根，石维海，龙生庭，等. 中国苗族民间制度文化. 长沙：湖南人民出版社，2004：168.

② 杨焕礼. 苗族订婚设卡盘歌. 绥宁民俗公众号"古苗疆那些事儿". Wechat ID：gh_2e716d60d788. 引用时间：2018-11-02.

109

恋爱礼俗

请女子，唱："有缘，有缘，有缘相遇在花园。蜜蜂遇着花，锦鸡遇着伴。姐呀！邀你这边同坐，不知是爱还是嫌？"女子若是有意，则以"出门遇见鹊雀，相会桂花树脚。就像羊儿遇上青青草儿，画眉儿遇上阳雀儿。妹妹遇上哥哥，哥哥人本谦和。来邀妹妹同坐，妹妹怎好推托"①这样的唱词应答。

相识、相交一段时间后，男女双方若觉得情投意合，那男方要请一个儿女双全的人携带一些礼物到女方家，吃"订婚宴"。在这之前，男的以歌征询女方意见。他可能会唱："姐家的梨，皮嫩新鲜好吃，树高万丈，不架云梯难取。弟想品味，望靠旁人帮忙着力。花园结交好同良，望靠山歌和媒人。"这里运用比喻，含蓄表明自己将请媒人上女方家提亲订婚。女的自然也会欣喜应承："哥嘛，有意；妹呢，心里定一。请媒穿针引线，这是应该的。十八的姑娘，二十的哥哥比配相当，情相投来意相合。隔河两岸，架部鹊桥让牛郎织女千年常过。"②

至于平时约会，男女双方更是以歌传情达意，以歌表明自己的心意。如男子可以用下面这样的唱句表达自己对意中人的日夜思念和坚定的爱恋："妹妹请静静地听我唱支歌，哥哥日夜不停想你，我却不好明说。郎想自尽去给妹妹掏心掏窝，如果郎死去能得妹心，我也无怨无悔。"女子听后，也以歌回应情郎的表白："哥哥请侧耳静听妹妹唱支歌，哥哥莫要用花言巧语骗我。妹妹只想我俩相爱能到九十九，哥哥要珍惜性命才能好好陪着我。"③

有的青年男女在恋爱过程中可能会受到其他的阻力，他们也是以歌传达心声，表明自己对爱情的坚守。如流行在新晃县扶罗镇一带的《讲过不离就不离》，是一首女声演唱的侗族情歌："讲过不离就不离！要等那青山脱皮，要等那海枯龙现爪，马头生角，妹才呀离。"④这里女子以"青山脱皮""海枯龙现爪""马头生角"等大自然中不可能发生的事情起誓，表明了自己对爱情的执着守护。这首歌与大家熟悉的汉代乐府民歌《上邪》写的"上邪！我欲与君相知，长命无绝衰。山无棱，江水为竭，冬雷震震，夏雨雪，天地合，乃

①　杨锡光，张家桢. 侗垒. 长沙：岳麓书社，1989：61-68.
②　杨锡光，张家桢. 侗垒. 长沙：岳麓书社，1989：71.
③　杨锡光，张家桢. 侗垒. 长沙：岳麓书社，1989：72.
④　吴再德. 侗族民歌精选. 新晃：政协新晃文史委员会，2016：18.

敢与君绝"①有异曲同工之妙。

恋爱双方经过较长时间的交往后，确定了婚姻关系。这时的情歌内容可能会逐渐涉及婚后的生活。如男子可能会对自己的意中人唱道："莫嫌我家坐茅棚，茅草烂了架子在，不会年年落难中。"女子则会以"不嫌，不嫌，不嫌苦李在路边，蜜糖没有苦李甜"②这样的唱词回应自己的心上人。

侗族青年男女有许多独具民族特色的恋爱方式。如在通道县，就有"站黄昏""坐夜"（又有"火塘传情""聚堂谊""坐仓楼""走寨做客"等方式）"玩山""种公地"等③。诸多方式中，男女双方都离不开"歌"，其中"种公地"极具地方特色。

"种公地"盛行于通道县的西南部地区，是侗族青年男女很有民族特色的一种恋爱方式。"种公地"即集体种公地之意。"种公地"，有团寨与团寨之间、本团寨内房族与房族之间开展两种形式，但不管哪一种形式，活动的主体都是未婚的青年男女，其目的都是为他们恋爱提供便利。活动主要有以下几个过程：

（1）初定"种公地"。当甲房族青年男子看上了乙房族姑娘而有意追求时，他们便事先互相通好气，在除夕夜晚，各自带上三五团糯粑一起赴乙房族姑娘们组织的年夜茶歌会④。在茶歌会上，他们尽可能跟姑娘们唱歌、对话、接触，趁机向她们透露共同结一场"公地"的心意。

打道回府后，小伙子们一起分析总结情况，大家认为如有希望，便会决定采取下一步行动，就在新年正月初二晚上，选派两三个精明小伙子登门造访乙房族，竭力相邀姑娘们。经过一番逗趣，姑娘们会含蓄答应对方的邀请。

（2）摆"合拢宴"。第二天早上，甲房族的小伙子们紧锣密鼓地安排当天事儿。因按照"种公地"习俗，初定"种公地"的这天，要摆"合拢宴"，迎接参加"种公地"的姑娘们来做客。

---

① 郭茂倩. 乐府诗集. 沈阳：万卷出版公司，2009：21.

② 杨锡光，张家祯. 侗垒. 长沙：岳麓书社，1989：73.

③ 林良斌，吴炳升. 习俗大观·中国湖南通道侗族文化遗产集成：第四辑·下. 北京：中国国际文艺出版社，2008：21-32.

④ 侗家姑娘组织的茶歌会，除本房族小伙子外，其他未婚男青年均可参加。

肆

恋爱礼俗

"合拢宴"的菜由小伙子们这边提供，而酒则由姑娘们出。但姑娘们出的酒仍需要小伙子这头派人挨家挨户去收，每家二三斤左右，哪家送交酒就表明该姑娘愿意参加"种公地"了，反之则表示谢绝。

下午，除那些"过来人"留下来帮忙料理各种事务外，其他年轻小伙子必须全部去迎接客人。届时，小伙子们穿上盛装，人员到齐后，便吹着芦笙、放着鞭炮去迎接参加"种公地"的姑娘们。自愿参加"种公地"的姑娘们也个个打扮得漂漂亮亮，等待小伙子们前来迎接。把姑娘们接来后，在一片芦笙、鞭炮声中，大家尽情地哆耶①、跳踩堂舞。到太阳偏西时，小伙子们一哄而上，拉上自己的意中人带到自家屋里去做客认屋。傍晚时，小伙子们又将分散去的客人请到"合拢宴"宴席上来。

"合拢宴"先由祭师念诵《种公地请神》词，祭祀"桥头祖母""四萨花林""门楼土地"各路神灵及列祖列宗等，然后才正式开席。酒过三巡，由青年男女唱赞颂老人、赞颂青年人、赞颂酒、赞颂肉、赞颂鱼之类的赞席歌，大家边唱歌边喝酒。晚宴后，老人散去，青年男女留下对唱双歌、十八歌，谈情说爱，通宵达旦。第二天，小伙子们又吹芦笙、放鞭炮送姑娘们回去，算是正式确定"种公地"。

（3）"种公地"。确定"种公地"后，成员们在离寨子三四里路远的山坡上选一块山作"公地"，种红薯、玉米、豆类等，在谷雨节前后根据所种植物种类的播种季节，成员带上糯米、茶叶及糖果之类办茶歌会，聚集一块商定"种公地"的具体日子。定好日子后，男成员带着自家腌制的酸草鱼、糯米饭，女成员带上种子和工具，大家一道去"种公地"。男男女女边劳动边说笑，歇息的时候，对唱情歌、吹木叶、谈情说爱。晚上全体成员在女成员这边共聚晚餐，姑娘们盛情款待小伙子。晚饭后，大家又对唱双歌、十八歌，谈情说爱，下半夜煮茶吃夜宵。播种后，在以后的农作物管理过程中，成员们断断续续地进行"种公地"活动，直到秋后收了农作物才基本完结。

当"公地"上的农作物成熟时，青年男女又约定同上"公地"劳动，收取劳动果实，也收获半年来共同精心培育的爱情果实。当天晚上，男青年带上鲜

---

① 哆耶：侗族一种群众性的民间舞蹈。侗语中"哆"是唱、跳之意，由于在所唱曲调的头尾有衬词"耶哆呀耶哆耶锣呀"，故名"哆耶"，其舞名"哆耶舞"。跳时男女分开，各自围成圆圈，男子以手搭肩，女子则手牵手，边唱边前进、后退或绕圈。

肉、腌鱼、腌肉等上女方家举行茶歌会，唱歌、坐夜。此后，两相情愿者，正式确定恋爱关系。①

在长期的历史进程中，侗族民间形成了许多独具民族特色的"歌会"，如三月三便可以说都是侗族青年谈情说爱，以歌恋爱的"歌会"。李一西介绍说，在会同县农历三月三日是侗乡男女青年集会的日子，俗称"赶歌场"，又叫"玩山节""赶坳节"。三月三是个喜乐的日子，访亲会友，买卖交易，热闹非凡。青年男女更是艳装赶会，以歌为媒，觅寻伴侣。赶三月三，在地灵、广坪、炮团、蒲稳、漠滨一带颇为盛行。每年集会，各处有固定的地点，蒲稳的八宝山，与靖县交界的大墓、金凤山，都是历来歌场"圣地"。这一天，四面八方的人群拥向歌场，虽有商贾交易，而引人注目的却是赛歌和观歌。赛歌多为青年男女未婚者，通过赛歌，谈情说爱，选择伴侣。赛歌有结伙竞赛、单独对赛等形式。②

2. 江华瑶族青年的恋爱礼俗

对江华县的婚姻习俗，同治九年（1870年）《江华县志》的编撰者认为，其是以指腹为婚的包办式婚姻为主，其文曰："结婚，每于男女在褓裸及成童以前，亦有择配愆期至冠、笄后始定者，大约多在邻近。"③但据今人的研究，江华瑶族青年男女婚前的交往是很自由的，而且也是"以歌为媒"，自由恋爱。如李祥红、任涛等指出该地区的瑶族人在进入少年期后，便跟随族人系统地学习唱歌，长大后在不耽误农事的情况下，尽可能利用一切机会唱歌、交友、恋爱。江华瑶族民间，过山瑶在古代主要实行族内婚，婚姻形式则有嫁娶和招赘两种，但其交友恋爱均较为自由，年轻人多"以歌为媒"。江华瑶族青年男女，从男女初识、初恋、热恋（离别、失恋）到结婚等均离不开唱歌。江华瑶族情歌的内容丰富，可分为初识、询问、赞慕、初恋、相思、

① 陆中午，吴炳升. 侗族文化遗产集成：第三辑·下册·信仰大观. 北京：民族出版社，2006：94-98.

② 李一西. 会同侗族风貌//会同县委员会文史资料研究委员会. 会同文史资料：第2辑. 内部资料，1987：102.

③ 丁世良，赵放. 中国地方志民俗资料汇编：中南卷. 北京：北京图书馆出版社，1991：594.

热恋、送别、婚歌、失恋歌等。① 这其实囊括了青年男女恋爱的各个阶段。如询问歌，是初识的男女双方以歌的形式相互做些简单的了解。通常是男子以歌主动询问，女子则以歌一一回应。摘一段此类对歌如下：

> 男：问过妹，妹是贵乡贵处人？
>
> 　　妹踏弟乡为何意？小弟洗耳听分明。
>
> 女：弟听清，妹是水口高滩人。
>
> 　　妹入弟乡连双对，玩玩耍耍度光阴。
>
> 男：问过妹，萝卜韭菜哪个青？
>
> 　　妹若有双把头点，妹若无双回个音。
>
> 女：韭菜青，萝卜冒曾空了心，
>
> 　　韭菜冒曾见霜雪，小妹还未许过人。②

这里男子通过对歌，对自己中意的女孩子是哪里人、是否已有意中人等基本情况做了了解。"赞慕"，则是双方以歌的方式赞美对方外貌、人品等，并表达爱慕之意。如"山中竹笋排对排，天下后生算哥乖。人又乖来心又好，妹想哥哥翻岭来"等歌句，是女子赞男子乖巧、心肠好。而"初相识，见心开，妹似仙女下凡来。眼像天星眉像月，口像石榴花正开"③等，则是男子以比喻的方式，赞意中人外貌之美的歌句。

江华瑶族青年男女交友"以歌为媒"，在民间形成了"节庆歌堂""婚嫁歌堂""客来歌堂"和"路遇歌堂"等富有民族特色的"歌堂"形式：

（1）"节庆歌堂"：一般在较隆重的节日、庆典时举行，规模宏大，男女老少均可参加。"节庆歌堂"又可分"祭祀歌堂""节日歌堂"。"祭祀歌堂"以唱《盘王大歌》为主；"节日歌堂"以唱情歌为主，兼有古歌、字谜歌、风俗歌等。在举办"节日歌堂"时，有的还会在晚上燃起篝火，继续摆歌堂。届时，青年男女不管认识与否，都在歌堂里相互对歌。即使在"祭祀歌堂"那种庄重

---

① 李祥红，任涛. 江华瑶族. 北京：民族出版社，2016：262.

② 李祥红，任涛. 江华瑶族. 北京：民族出版社，2016：262-263.

③ 李祥红，任涛. 江华瑶族. 北京：民族出版社，2016：263.

的场合，也有年轻人在附近对歌交友。

（2）"婚嫁歌堂"：即新娘出嫁的头天晚上举行的歌堂，设在女方家中，附近村寨的男青年均来对歌。"婚嫁歌堂"带有"哭嫁"的性质，一般不唱情歌，但在"歌堂"结束送出村外时可唱。在"婚嫁歌堂"上，青年男女们同样可"以歌为媒"，通过对歌相互认识、相互了解，用歌曲传递爱的信息。

晚饭后，吃喜酒的亲友和村里人都会参加"婚嫁歌堂"①。歌堂由新娘的舅舅或继兄、姐夫、表兄担任司仪。歌堂开始，司仪宣布扫席，鼓手吹《大开门曲》，鸣放鞭炮。接着，司仪请新娘入席。新娘着婚礼服由最亲近的嫂子扶至席前正中。新娘站定后，用"哭帕""哭"告祖宗，"哭"谢长辈，"哭"谢村上老少爷们。再按亲疏顺序逐个"哭"请陪娘姐②入座。陪娘姐入座的顺序十分讲究，绝对不能弄错③。前来对歌的外村青年男子则并肩站在门外。

入座后，吹鼓手吹《喜临门》《歌堂曲》。曲毕，前来对歌的男子推两名代表喊"呼咿诗"恭贺新娘，并告之前来闹歌堂，同时也劝新娘离开父母要想开些，高兴出嫁。诗有长诗、短诗。如：

> 呼咿！一对蜡烛亮堂堂，红漆桌子摆三张。
>
> 两边坐起陪娘姐，中间坐着媳妇娘。
>
> 我们门前来陪伴，陪起新人坐歌堂。
>
> 恭贺新人，啊啾！

"啊啾"由来对歌的众人一起喊，声音洪亮，表明其来对歌就是要赢的。每首诗毕，门口的男子都会齐喊："上呈之书，好首！"或："恭贺媳妇娘，上呈之书，好首！"这时，新娘要站起来"哭谢"。

诗喊完后，男子们即开始起歌声，先是一对，接着第二对……最后歌海如潮。男青年唱一段，新娘要"哭"唱一段，之后可唱几首后"哭"唱一段。男

---

① 歌堂布置：在堂屋里边一字排放 3 张八仙桌，5 张高背椅，桌子两侧放数张长条凳。神龛两侧挂福禄寿喜 4 张画。八仙桌的中间放衔有猪尾的猪头 1 个，上蒙猪花油 1 块和红双喜字 1 张，猪头两边各点 1 对龙凤烛，摆两盘媳妇娘果子（山上采摘的红色野果），插两枝茶花（在油茶树枝上扎 9 朵彩花）。堂屋靠大门的右边放一张矮桌子，围坐唢呐手、鼓手和锣钹手组成的鼓乐队。

② 陪娘姐：均为与新娘同辈订婚未嫁或是未订婚的女子。

③ 新娘右边第一位为首位，坐祖母外家姑娘；左边第一位为第二位，坐舅舅家姑娘；右边第二位为第三位，坐姑姑家姑娘；左边第二位为第四位，坐姨娘家姑娘。以此类推……

青年的第一首歌有讲究，歌词必是："八字门楼从地起，来到门前起歌声。起了歌声一起唱，一起唱起闹歌堂。"然后，按闹歌堂里要唱的歌，各唱各的，但开始都是"序歌"（绪歌）。

一阵"序歌"后，男青年们开始唱"邀歌"，即邀请"陪娘姐"一起来唱歌。如："敬请娘，敬请仙娘把口开。开口劝妹把歌唱，侏山妹对唱闹歌堂。"唱了十来首"邀歌"后，"陪娘姐"才会接受邀请唱歌。她们先是吟唱，再接着放开歌喉。对唱一阵后，"陪娘姐"邀请男青年进歌堂对歌，但又唱"锁堂歌"把歌堂"锁"上。男青年见状，要用歌把"锁"打开，方能进歌堂。男青年把"陪娘姐""锁"上的歌堂打开后进屋对歌。"坐歌堂"进入高潮。男子两人一对，与一对陪娘姐对唱。从对唱进屋礼节歌，到对唱路堂歌、谜歌、拆字歌、夜宵歌、盘歌等，热闹非凡。

半夜，新娘家请男青年吃夜宵。夜宵毕，男青年要给新娘红钱，称"歌堂钱"。新娘则要给几条自织的绑裹脚的锦带，表示感谢。然后继续对歌直到天亮。男的唱分别歌，女的唱挽留歌。男的边唱边走，女的边唱边送，送到村外数里，相约下次再会。①

（3）"客来歌堂"指男女青年到别的村寨走亲访友时，该寨青年男女设的歌堂。这种歌堂一般以唱情歌为主，是瑶族青年男女寻找伴侣的最佳形式。

（4）"路遇歌堂"是在走村串寨或者赶集路上摆的歌堂。瑶族男女青年相遇即摆歌堂，各自一方，边走边唱。这种歌堂比较简单，以唱情歌为主。

"坐歌堂"，不管是哪种形式，都包括有序歌（邀歌）、请歌、劝歌、赞歌、对歌、排歌、送歌等七道程序。②

3. 湘西苗族青年的恋爱礼俗

总体来说，湖南苗族青年的恋爱是较为自由的，而其交往主要是在节日、喜庆，甚或劳动场合以歌舞形式结识异性，进而相恋。如前面介绍的"跳月"之俗，在湖南苗族民间亦广泛存在。清人魏祝亭在《荆南苗俗记》一书

---

① 李祥红，任涛. 江华瑶族. 北京：民族出版社，2016：174-180.
② 《江华瑶族自治县概况》编写组. 湖南江华瑶族自治县概况. 北京：民族出版社，2008：23-24.

中，记录荆南辰州(今湖南沅陵、泸溪、辰溪、溆浦等地)与黔(今贵州遵义、铜仁以北)毗邻地区的苗族"三月三"的习俗曰：

> 俗以三月三放野，曰"跳月"。未婚者悉盛服往野外，环山箕踞坐，男女各成列，更番歌，截竹为筒，吹以和，音动山谷。女先唱以诱马郎。马郎，苗未婚号也。歌毕，男以次赓和，词极谑，有音节，听之亦飒飒移人。女心许者，会马郎歌中意以赓之。讴未毕，男遂歌且行以就女，相距二尺许，即止。女曰"歹阿里人"，男以其姓氏、里居告。苗称人及己，皆曰"歹阿里"，汉言"何处也"。女起，曳其臂，促膝坐。顷之，歌又作，迭相唱和，极往复循环之妙，大抵异日彼此不相弃之意也。抵暮，男负女去。诘旦，偕妻诣夫家。其聘赀以妍媸为赢缩，凡三等，均有定额，贫者亦必取盈焉。[①]

据其可知，苗族青年男女的恋爱、婚姻是非常自由的。青年们在"跳月"时，以歌舞相识、相互取悦，一旦心意相合，即可议婚。

另在湘西苗族还有"跳鼓脏"的习俗。"跳鼓脏"本是族(村寨)的一种祭祀活动，但苗族民众也利用这一场合谈情说爱。如宣统元年(1909年)《永绥厅志》(今花垣县)卷六"苗俗"条，就非常详细地介绍了这一习俗：

> 又有所谓"跳鼓脏"者，乃合寨之公祀，亦犹民间之清醮。数年间行之，亥、子两月择日举行。每户杀牛一只，蒸米饼一石，届期男女早集，多者千余，少亦数百，赴同寨之家。每户各食饭一箸、牛肉一片，糟酒随饮。于敞处以木柱四根，一丈五尺埋于地，中横木板，用草铺垫，陈设米饼、牛肉，上覆以屋，以祭众神。另盖草棚于旁，列米饼、牛肉以祭祖先。苗巫擎雨伞，衣长衣，手摇铜铃，召请诸神。另一人击竹筒，一木空中，二面蒙生牛皮，一人衣彩服挝之。其余男子各服伶人五色衣或披红毡，以马尾置乌纱冠

---

① 魏祝亭. 荆南苗俗记//吴曾祺. 旧小说己集二(清). 上海：商务印书馆, 1915：199.

首；苗妇亦盛装，男外旋，女内旋，皆举手顿足，其身摇动，舞袖相连，左右倾盼，不徐不疾，亦觉可观。而芦笙之音与歌声相应，悠扬高下，并堪入耳，谓之"跳鼓脏"。鼓脏跳至戌时乃罢。然后择寨旁旷野处，男女各以类聚，彼此唱苗歌，或男唱女和，或女唱男和，往来互答，皆淫亵语。①

"跳鼓脏"的歌舞活动，大致可以分为两个阶段，前面是以歌舞悦神，戌时以后即进入谈情说爱的阶段。所谓"皆淫亵语"，即都是一些传达爱慕之意的歌词。

上述习俗在湖南各地苗族均有传承，而不同地方因山川地理、人文风情的不同或受其他族群文化的影响，而又呈现出一定的地域特色。

泸溪县一些苗寨男女青年恋爱，有一极富特色的前奏，当地民间叫"抹黑"。"抹黑"，苗族语叫"土等"或"打等"，意思是"找男的"。洗溪镇峒头寨苗族青年结婚成亲的前一天傍晚，男方需派人去女方家接亲。这支接亲队伍除"接亲婆"是女的，其余的全是年轻后生。这支队伍通常都会被新娘寨上的姑娘用长板凳拦在女方家大门外。这些姑娘们，一边留心门外的年轻后生，一边用歌盘问。歌词多种多样，或盘问衣食住行，或盘问娶嫁礼仪，但更多的是唱男女情意。针对姑娘们的盘问，接亲的年轻后生要用歌作答。经过一番对答后，姑娘们搬开长板凳让后生们进屋。女方家设宴招待迎亲队伍，正当他们高兴吃喝时，冷不防被嘻嘻哈哈的姑娘们用手蘸着事先准备好的用桐油拌和过的锅烟灰，抹在想抹的后生的脸上，姑娘们的这一举动就叫"抹黑"。抹在谁脸上，就说明姑娘看上了谁。为此，年轻的后生争着来迎亲，都希望自己被姑娘抹上黑。姑娘们也希望迎亲队伍多来些年轻后生，好选上意中人。姑娘虽看中了男方相貌，但还不了解男方的人品，也不知男方是否满意自己，所以，二人要真正建立恋爱关系，还要在传统节日时，通过相互对歌盘问、幽会等多种形式以了解对方。双方真正同意了，才互赠恋爱信物，把关系公开，然后再商定婚嫁。② 对峒头寨及其周围的苗族青年男女们

---

① 丁世良，赵放. 中国地方志民俗资料汇编：中南卷. 北京：北京图书馆出版社，1991：641.
② 刘旭. 湖湘文化概论. 长沙：湖南出版社，2000：350.

来说，"七月八"也是一个特殊的节日。在"七月八"这一天，大多苗族青年男女要以歌会友，以歌结情，结成一段段美满姻缘。当然也有的人以舞会友，以舞结义。以前在"七月八"时，峒头寨村的青年男女们都会去山头上与邻村的青年男女对山歌，但1978年村里成立"辰河高腔业余剧团"后，人们对唱山歌的热情似乎逐年减弱。因在之后，每年的"七月八"村民们已不再唱山歌，而是以唱戏的形式来庆祝了。"七月八"当天，不管村民有多忙，他们都会暂且放下手中的农活儿，在村里搭建一个临时舞台，在戏台上演出几本辰河戏。① 遗憾的是，峒头寨辰河高腔剧团的生存状况极为困窘，演员呈现出老龄化趋势，其平均年龄达59.3岁，且每年只有几场演出。②（见图4-1）

图4-1 三位高龄演员在候场

（李跃忠摄于泸溪县洗溪镇峒头寨高腔剧团演出现场）

在花垣县苗族民间，初相识，苗语称作"几酬几哉"，是苗族青年男女谈情说爱必不可少的一个程序。它没有特定的时间，也没有特定的地点。一年四季，春夏秋冬，清晨黄昏，晴日月夜，乡场上、歌堂中、山野里，时时处处都在为他们创造着相逢相识的机会。而且，他们初逢初识的时候，为了展示自己的才能，往往是以对歌的形式向对方礼貌地试探、询问，而后用火辣

恋爱礼俗

---

① 采访时间：2017年7月26日；采访地点：泸溪县峒头寨村；采访人：舒亚梅。
② 采访时间：2015年7月14日；采访地点：泸溪县峒头寨村陈文翠家；采访人：李跃忠。

辣的情歌互诉爱慕之情。青年们初相识的机会有二月的"挑葱会"①，他们通过歌唱传统民歌《讨葱歌》相识。②《讨葱歌》的内容很丰富，但在这种场合，青年男女们多只唱情歌，如男唱："妹呃，你在河边采苻菜，菜绿葱香诱我来。想与阿妹把葱讨，不知阿妹给不给？"讨葱，其实只是个搭讪的由头。姑娘听后，以歌声回答："哥呃，你讨菜不是光讨菜，讨葱讨菜有古怪。阿哥你讨菜妹讨歌，香葱只送好歌才。"③就这样，男女双方在一来一往的歌唱中，加深了解，建立了情谊。

　　紧邻湘西自治州的靖州县的苗族青年的婚姻均比较自由。苗族青年在择偶时，只看对方人品、二人之间的感情，而不看门第，不追求礼金。男女青年们往往通过"玩山"④"会姑娘"⑤"坐茶棚"⑥"七月十四""七月十五"⑦等民俗活动，以歌为媒，交换信物结下情谊，私定终身。⑧

---

　　① "挑葱会"：苗家青年男女于清明时节"打唔"邀伴，拿着硬木削尖的小挑，来到山坡上，一边挑挖胡葱，一边对歌传情，以挑选自己的意中人。若是歌声有了回音，就接着唱互相赞美的歌，若彼此情投意合，歌声则格外缠绵悠长。

　　② 湖南省花垣县《文史资料》研究委员会. 花垣文史资料：第12辑·神奇的花垣·风情篇. 内部资料，2007：41-43.

　　③ 李显福，梁先学. 湖南苗族风情. 长沙：岳麓书社，2012：186.

　　④ 玩山：即"玩山对歌"，苗族青年男女喜爱的一种活动。"玩山对歌"有三道程序：一是"初相会"：年轻人三五成群地到场坝边对歌。当小伙子对某姑娘有意时，就直接用歌声邀姑娘对歌。在对歌中，如双方有情意，便向对方提出再次相会。二是"交朋友"：男女双方经过几次对歌后，在相互了解的基础上进行"当对"（即配对），开始"交朋友"。"交朋友"后，男女双方为了表达诚意，都会借物定情（当地人叫"借把凭"）。"把凭"一般是男方向女方借。双方"借把凭"时仍以对歌的方式来表达情意。三是"久的伴"：男女双方交换"把凭"后，逐步坠入爱河，成为终身伴侣。

　　⑤ "会姑娘"：湘西苗族青年婚前恋爱较自由，他们利用民间喜庆、民族节日、赶场等机会进行社交活动，苗语称之为"冒帕"，其意为"会姑娘"。

　　⑥ "坐茶棚"：靖州三锹一带的苗寨附近，一般都有一处专供青年男女自由社交的场所，叫"茶棚"。每逢农历戊日，苗家姑娘便佩戴银饰，腰系丝织花带，在寨边等外寨小伙子来茶棚对歌。男女青年经过多次相约到"茶棚"对唱，逐渐建立感情，姑娘、小伙互赠信物，遂私定终身。

　　⑦ "七月十四""七月十五"：每年的农历七月十四日至十六日，靖州与贵州省天柱县、锦屏县四十八寨的苗族、侗族都会在大型歌场举行侃歌活动，届时歌手云集，组成诗歌堂子，青年男女趁此机会相意中人。

　　⑧《靖州苗族侗族自治县概况》编写组. 湖南靖州苗族侗族自治县概况. 北京：民族出版社，2009：15-16.

4. 石门县土家族青年的恋爱礼俗

石门县土家族的青年男女，也是典型的"以歌为媒"，自由恋爱的，而且还有不少原始婚姻形态之遗风。《神奇石门：民俗卷》一书的作者称石门县土家女儿长到十七八岁可"公开找情人，偷偷会情郎"。

公开找情人的方式就是"以歌为媒"。石门土家儿女上山割草砍柴，开荒种地薅草、赶集、迎亲、跳"摆手舞"，或三五成群路上相遇，男女之间总是以歌通情。先是唱带有一点搭讪性质的"盘歌"：

> 哪花开来红似火？哪花开来白如霜？
> 哪花开来红十里？哪花开来满山岗？
>
> 石榴花开红似火，梨树花开白如霜，
> 杏树花开红十里，映山红开花满山岗。

"盘花"唱完，土家汉子若相中了某姑娘，土家姑娘如也看上了她的相思郎，接下来便是唱试探、唱赠心、唱盟誓、唱离别、唱思念等。这样的歌词就很多了，如：

> 半崖一树花，山都映红哒。
> 蜜蜂不来采，空开一树花。
>
> 桐子开花当心红，悄悄交情莫露风；
> 燕子衔泥紧闭口，蚕儿挽丝在肚中。
>
> 白天想郎想到晚，晚上想郎啊，日落酉时，关门戌时，人静亥时，半夜子时，寅卯不天光，辰巳午未申啦，哪时哪刻不想郎。

"偷偷会情郎"的方式，多是女子赠情哥哥一双绣花鞋垫，或是散发花香的卡花手帕、丝线等。情郎多从绣花本领看出姑娘的心灵手巧。如果情郎来家做客，土家女子要亲自泡一杯红糖茶递给情郎，家中父母撞见后，会做一碗放四个圆蛋的红糖茶端来对第一次登门的准女婿表示欢迎。如果父母不在家，一对小情人就会互赠礼物，私定终身，甚至以身相许。待到过年后，他们在正月里亮相：一起跳"摆手舞"，尽情狂欢，然后去求土老司允许，准备结婚。①

---

① 石门县文史委员会. 神奇石门：民俗卷. 北京：大众文艺出版社，2007：76-77.

婚姻礼俗

　　婚姻，是维系人类自身繁衍和社会延续的最基本的制度。婚姻作为民俗现象，其内容主要包括婚姻的形态和婚姻仪礼两方面。说到中国古代的婚姻礼俗，人们会马上想到"父母之命，媒妁之言"，也会立即想到"六礼"（我国古代婚姻的六道程序，即纳采、问名、纳吉、纳征、请期、亲迎），还会马上想到"洞房花烛夜"。但事实上，这些主要是针对汉族传统婚礼而言，而我国少数民族有着与汉族不大相同甚至迥异的婚姻礼俗。

（一）湖南世居少数民族婚姻礼俗举隅

中国传统社会中的婚姻形态很复杂，但其最普遍的是"一夫一妻"。"一夫一妻"的婚姻制度，在我国出现得很早，但它只是针对妇女而言，因男子除了妻，还可以纳妾。同时，中国传统社会的婚姻基础是"父母之命，媒妁之言""门当户对"等；婚后一般是女子从夫，居于男方家中。除"一夫一妻"的婚姻形态外，我国传统社会还存在许多特殊的婚姻形态，如抢婚、童养婚、指腹婚、扁担婚①、入赘婚、转房婚、典妻、表亲婚等。不同的婚姻形态以及特殊的人文风情，也往往使得男女婚姻的结合有不同的形式。本书只介绍一般意义上的婚仪。婚仪因时而异，因地而别，但大致都不离《昏义》规定的"六礼"。湖南境内少数民族居住情况极为复杂，其婚姻礼俗也颇为复杂，难以一一描述，这里仅介绍一些人口相对较多的世居少数民族的婚姻礼俗以见一斑。

1. 怀化侗族婚姻礼俗

侗族在湖南西部怀化地区分布较集中，各地的婚俗也并不完全相同。如靖州苗族侗族自治县的侗族青年除了有"同姓不通婚"的禁忌外，父母一般不干涉子女的爱情、婚姻，他们主要通过"坐夜对歌""上山对歌"的方式进行恋爱。"坐夜对歌"，一般是在冬闲季节的夜晚，本寨或外寨不同姓氏的男青年会三五成群地到未婚女青年家里。每当这时，女方家人会主动回避。由姑娘和后生们围坐火塘边，尽情谈爱对歌，通过对歌物色意中人。"上山对歌"则是指在野外对歌，进而相识相恋。

双方情投意合后，男方就委托三五个朋友带一包糖，上门询问女方父母意见。一般来说，女方父母不会反对。于是，便择吉日订婚。订婚仪式很简单。男方委托一位儿女双全的人，带上一包糖、一瓶酒、一二十斤肉或一条草鱼上门。女方则请本家族人吃"订婚酒"，便算定亲。男方委托的人离开

---

① 扁担婚：我国许多地区都存在的一种婚姻形态，即两个各自都有男孩和女孩的家庭将子女互相交换，各自结为夫妻。

时，姑娘须回赠一匹本人纺的侗布和一只银镯给未婚夫作"信物"。

结婚迎亲，一般选在农历十一月、腊月和正月。婚礼前一天，新郎和三五个陪郎带上几斤糖、一包茶叶、一坛酒、十来斤猪肉和一把给新娘的新伞，天黑时出发赶到女方家，天亮前把新娘接回来。① 迎亲队伍跨进新娘家之前，每人喝一碗"拦门酒"，进门后喝油茶。

女方家半夜办酒饭招待亲友，新娘出门时不"哭嫁"，也不叫兄弟背，只由娘家派四名姑娘和一个儿女双全的妇女伴送。新娘和伴娘来到新郎家时，早已等候的三名妇女先接过新娘手撑的红伞，这时门槛前已放好一个簸箕，内装一把稻穗，新娘要端起簸箕才进屋。当晚公婆为新郎、新娘煮油茶"宵夜"。天蒙蒙亮，新媳妇就要上石碓舂米，接着挑水、煮饭、上菜园。

婚礼期间，新郎新娘不能同房，新娘由两位陪娘守着，日夜不离。三天后，新娘回门，回门当天，娘家才办喜酒。以后再由男方择吉日派二位妇女去接接送送，一般1—3年后，女方才正式定居男方家。②

对靖州的婚姻礼俗，光绪五年（1879年）修《靖州直隶州志》有简要记载："求庚（初议婚，婿家请媒氏至女家，求庚书以红笺），报日过礼（婿家告吉期，佐以缣布、钗钏等，女家以冠履酬之），亲迎（彩舆鼓吹至女家，婿登堂奠雁先归，女母送女往），合卺、坐帐（酒双杯，红丝系焉，饮毕入坐），拜堂（拜天地、祖宗已，舅姑、伯叔立于堂，新妇随婿拜）、回门（既昏弥月，女父母迓女归）。"③

比较后，我们会发现今人研究和古人的记载有一些差异，如"亲迎""回门"仪式二者均有较大差异。这其中可能有这么两个原因：一是地方志中记的是汉族人的婚俗，或者是综合了汉族和境内侗族、苗族等民俗的婚礼；二是地方志中记的是19世纪后期的婚俗，随着时代的变化，婚俗发生了变化，所以古今不一样了。

由于侗族婚俗不允许新郎新娘新婚时期同房，故衍生了婚礼期间一个特殊的人物——"隔娘"。如在通道县，侗族传统婚姻有两种形式：一是由青年

① 按：亲迎习俗，也有的地方略有变异，如靖州新厂乡冲嫩侗寨接亲时，要在女方家住一晚。

② 《靖州苗族侗族自治县概况》编写组. 湖南靖州苗族侗族自治县概况. 北京：民族出版社，2009：22-23.

③ 丁世良，赵放. 中国地方志民俗资料汇编：中南卷. 北京：北京图书馆出版社，1991：615.

婚姻礼俗

男女自由恋爱，自由结婚，这种形式称为"买囡"，此种形式居多，占95%以上。二是由老人包办完婚，这种形式称为"买媒"。此种形式一般只在富裕人家之间，认为门当户对，在孩子年幼时就"吃媒"（由媒婆说媒定亲），成人后结婚。前者，新娘出嫁之时由新郎带上扛嫁篮的人去迎娶；后者由"隔娘"伴嫁，其过门后，三晚办婚酒者，有"三隔"（即三个"隔娘"），五晚办婚酒者，有"五隔"（即五个"隔娘"）。"买媒"中的"隔娘"，就是将新郎隔开，伴新娘睡的妇人。所谓"三晚三隔，五晚五隔"，就是"隔娘"轮流，每天夜晚由一妇人伴新娘子睡。虽然"买囡"形式没有"隔娘"，但由新郎的母亲充当，即新娘子跟婆母睡，仍不与新郎同房。①

而在会同县侗族民间结婚时，有唱送嫁歌、哭嫁歌，有兄弟背新娘出家门的习俗，还有"拦婚""抹黑"等习俗，较靖州的侗族婚俗要更复杂些。下面对会同县侗族的这些婚俗礼仪略做介绍：

（1）送嫁歌、哭嫁歌。姑娘要出嫁了，村寨的姊妹，远道来送嫁的女亲，人人要唱"送嫁歌"。炮团乡主山冲村侗族姑娘吴长秀在出嫁时，村里的同伴姊妹到她家送嫁。她们唱道：

> 今日姊妹同凳坐嘞，明日姊妹隔山坡，
> 马弄的松啊，何时同凳来唱歌？
> 隔了山坡又隔岭嘞，隔了黄河水又深，
> 马弄的松啊，山山水水万里程！

新娘回唱：

> 山高还有盘盘路，水深还有渡船人，
> 马弄的松啊，姊妹相见定有缘。

姊妹们唱"送嫁歌"多抒发她们平日真挚的情谊，离别时难分难舍的情

---

① 陆中午，吴炳升. 侗族文化遗产集成：第三辑·下册·信仰大观. 北京：民族出版社，2006：98.

感；年长者唱的送嫁歌，大多是鼓励新娘开始新的生活，勉励她到夫家勤劳过日，尊长爱幼。大概因为儿女情长，难舍难分；而且封建包办婚姻出现以后，新娘心中有许多忧郁；又受到其他民族的婚嫁形式影响，一些地方逐步形成了哭嫁的习俗。

（2）迎亲。新娘去夫家，过去是由寨上的同辈姑娘陪送步行而至。以后演变为"背亲"，即由新娘的兄弟背出门，有的一直背到夫家。继而又由"背亲"变成夫家迎娶。

（3）"拦婚"。侗家有"拦婚"习俗。夫家前来迎亲，女家要在村寨门口或大门前设置障碍，阻拦夫家迎亲客进寨，要待迎亲客回答女家提出的问话后，才开门迎接。过去用竹篙或木头作拦杠，上系彩绸为标，后来演变为用长条凳子拦路，凳的两端各站一个十来岁的小孩，身披彩绸，有的还在凳后摆一张八仙桌子，也用彩绸铺盖，桌上摆设几盘糖果和几杯茶水，表迎宾礼信。夫家和新娘家都由一名能言善辩的歌手充当执事，执事以歌问答。"拦婚歌"是用喊彩的形式，喊中有唱，唱中有喊，有问有答。列举一段如下：

> 男方：恭喜！恭喜！请开门！过山过岭来迎亲。
> 　　　是鹊仙搭的姻缘桥，是张果老择的良辰；
> 　　　旗锣羽伞门前等，快请七姐配董永。

> 女方：此门，此门，有个根源，要请贵宾说分明，
> 　　　是谁来奠的基？是谁来修的门？

> 男方：此门本是福寿门，修建门庭有根源，
> 　　　是张郎师傅奠的基，是鲁班先师修的门。
> ⋯⋯

唱罢"拦婚歌"，鞭炮声中两个孩童把长凳移走，大门打开，迎亲客施礼进寨。

（4）"抹黑"。新娘婚后回娘家，新郎前去看望丈母娘或是接新娘回家时，新娘村寨的姊妹们、青年小伙子，都准备要给新郎脸上抹黑。一则表示不同

意新娘到夫家定居，既来接人，给他一些难堪；二则考考新郎的聪明才智，是否能躲脱过这场丑态。新娘寨里的兄弟姐妹们为了达到这一目的，常分兵把守各路口出击新郎，或潜伏门后屋角，给新郎以突然袭击。而新郎则是早备对策，力争出奇制胜。事实往往是新郎失利，被抹得满脸漆黑，狼狈不堪。①

2. 城步苗族婚姻礼俗

城步境内除汉族外，尚有苗族、瑶族以及回族等民族，以苗族人口居多。由于苗族长期和汉族共处，因此其婚姻礼俗既有自己的民族特色，又受到汉族婚姻礼俗的影响。旧时苗族的婚姻礼俗有"相亲、提亲、看当、取红庚、定亲、报日子、接亲、拜堂、办讨亲酒、吵房、谢媒、回门"等程序。这些程序大致可以概括为相识、议婚、结婚三个阶段。

（1）相识：包括"相亲""提亲""看当"等。当欲婚男子经媒人介绍对象后，男子为了解女子的品貌、性格等情况，由媒人陪同前往女方家"相亲"。如果相中，就托媒人带"开口礼"去女方家"提亲"。若女方家收下礼品，即表示同意。如果女方同意，就由姐妹或亲友陪同去男方家看一看，一看地方，二看屋宇，叫"看当"。

（2）议婚：即为结婚做各项准备工作，有"取红庚""订亲""报日子"等过程。双方均满意后，请算命先生"合八字"。若"八字"相合，男方则择吉日去女方家"取红庚"②；若"八字"不合，须请算命先生"调理"后再去取。"取红庚"后，由男方去女方家办"定亲酒"。酒宴一切物资由男方送过去，办厨也由男方请人操劳，女方只提供炊具、柴火。女方家恭请家族亲友吃"定亲酒"。男方择定婚期后，带着礼品去女方家"报日子"。女方即备办嫁妆，等候接亲过门。

（3）结婚。结婚前两天，男方给女方送去丰厚聘礼，并请一名"引亲娘"

---

① 李一西. 会同侗族风貌//会同县委员会文史资料研究委员会. 会同文史资料：第 2 辑. 内部资料，1987：106-109.

② 红庚：我国民间认为人出生的年、月、日、时，各有天干、地支相配，每项用两个字代替，四项共八个字，根据这八个字，可推出人的命运。旧俗男女订婚时须先交换"八字"帖(也称庚帖，或"八字")，因女方将生庚写在红纸上，故称"红庚"。

（要求是"双福双全"的中青年妇女或品貌端正的未婚姑娘），两名"鸣腔师"（即唢呐匠）和若干接亲人随同媒人赴女方家迎亲。女方家在姑娘出嫁前一天办"嫁女酒"，女方族亲好友前往祝贺，并打发姑娘嫁妆。晚上，姑娘好友都来"陪嫁"，唱《嫁女歌》《离娘歌》。姑娘难舍难分地"哭嫁"。午夜，请姑娘吃"离娘酒"和"辞行饭"。

出亲要赶早，一般都在凌晨出发。接亲人员放鞭炮，吹唢呐，姑娘辞别长辈亲友，由胞兄弟背出大门，"引亲娘"便引路起程，娘家请若干至亲作为"送亲客"送亲。途中打的火把、提的油灯不能熄灭；姑娘不盖婚纱头巾，一律打青布伞遮住头部；迎亲队伍过团过寨时要放喜炮、鸣唢呐。到男家时，男家鸣炮相迎，并在门前摆香案、杀雄鸡"拦门倒煞"。

在城步苗区婚俗中，最有民族特色的当是蓬洞一带姑娘出嫁时的歌郎对唱《酒歌》，歌中除了叙述苗族先民的迁徙过程和各宗支苗族的定居发展情况外，还详细记述了苗族婚姻的许多风俗和礼仪。《酒歌》用苗语演唱，歌词较长，共三千多句，一般要唱一天一夜。

全套《酒歌》分《拦门歌》《十折歌》《公爷进地歌》《结亲路歌》《三代根基歌》《奉亲歌》《过定歌》《谢主家歌》《龙船歌》等九部分。其中《拦门歌》是在寨门迎接宾客时唱的，《十折歌》是反映苗族风俗习惯的，《公爷进地歌》叙述了苗族的族源和迁徙过程，《结亲路歌》介绍了苗族接亲渊源及范围，《三代根基歌》追忆新婚夫妇的家庭和双方基本情况，《奉亲歌》介绍男女双方的恋爱经过，《过定歌》则是教导新婚夫妇要相亲相爱、勤俭持家，《谢主家歌》是宾主双方互表谢意的，最后是双方歌师决定胜负的《龙船歌》。在演唱《龙船歌》时，歌郎每唱完一段，大家要跟着和起歌尾。而在决定胜负的赛歌中，主家用一只腊鸭代表"龙船"，双方歌郎各扯一端，边唱边扯，谁唱赢了鸭子就归谁，意为赢得"龙船"。唱完《酒歌》，主宾双方相互道别，接亲队伍便领着新娘，唱"辞别歌"回程。

新娘进屋后，男家设专席让新娘和"送亲客"吃"落脚酒"。吃完"落脚酒"后，举行新娘新郎拜堂仪式。成婚当日，主家盛宴款待宾客，称"讨亲酒"，须让"送亲客"坐尊席。席间，新婚夫妇向宾客鞠躬或敬酒道谢。境北地方的"送亲客"一般当天回程，而南部山区的"送亲客"一般要留宿两晚。新婚晚上兴闹洞房，要新婚夫妇抬茶，给新郎新娘设难逗趣。本地青年与外地客人对歌，通宵达旦。

完婚后，男家打发媒人猪头一个，布鞋一双，以感谢媒人操心费神。婚后第三天，新郎携新娘同往拜见岳父母，到女方家住两晚或四晚，叫"三朝回门"。①

3. 江华瑶族婚姻礼俗

对江华瑶族的结婚礼仪，同治九年(1870 年)《江华县志》有一简单记载：

> 旧姻，其问名、纳采诸仪于缥帛外，备具妆奁，大概富家多侈，贫家多俭。届期，二家各为酒食招乡党戚友。婚之日，鼓乐前导迎新妇。至门，男家择内眷中德福兼备者迎新妇入，婿及新妇拜天地、祖宗，行合卺礼。姻宾会宴者以金银、钱、米、糍果相贺不等。次日，新妇奉茶果谒见舅姑及尊长，亦古者枣栗段脩之遗意也。②

据其我们大致可以了解江华瑶族婚礼之程序有"问名""纳采"及"亲迎"，其中亲迎时须要鼓乐相迎，亦有拜天地、拜父母等礼仪。这些礼俗，后代多有传承。

江华瑶族主要是族内支系内婚。一般来说，男女双方通过一段时间"以歌为媒"的交往，有了较深的了解后，便进入议婚阶段。《江华瑶族》一书对江华县瑶族的婚姻礼俗有详细介绍。依其介绍，江华瑶族的婚姻礼俗包括以下几个阶段。

（1）提亲、相亲、合八字。江华瑶族的青年们利用一切可能的机会，通过"坐歌堂"等方式对歌与异性确定恋爱关系。确定关系后，男方父母便会托媒人提亲③。提亲时，媒人将男方的家庭、人品等介绍给女方；如女方同意，则将女方的相关情况带回男方家。双方同意后，男青年在男性亲友陪同下，

---

① 《城步苗族自治县概况》编写组. 湖南城步苗族自治县概况. 北京：民族出版社，2009：26-28.

② 丁世良，赵放. 中国地方志民俗资料汇编：中南卷. 北京：北京图书馆出版社，1991：594.

③ 亦有一些因某种原因无法参加对歌的，则直接请媒人提亲。

随媒人到女方家相亲；女方父母也借机考察未来女婿，而女子也邀要好的姊妹当参谋。如双方中意，则交换信物①。寨山瑶请媒人第一次到女方家，要带一块约二斤的猪肉，女方有意则收下。平地瑶请媒人说媒要拿4个鸡蛋到女方家讲亲，这叫"开口蛋"。女方同意即将蛋收下，称"下缘"。平地瑶和寨山瑶相亲后，男方请媒人将女方生辰八字拿来叫"算命先生"合八字，如命合就可订婚。

（2）定亲。相亲、合八字后，男方备礼金并携带手信（即礼物）到女方家定亲。在江华瑶族中，不同支系的定亲仪式有一定的差异：

寨山瑶定亲时男方带一块猪肉、九个鸡蛋在媒人陪同下到女方家，也有的要另外给钱。经双方看过或说过后，如无意见，女方当天即可吃带来的猪肉，收下五个鸡蛋，剩下四个退回，叫"定亲"，也叫"回报""报好"。

平地瑶定亲时要"三个六"②，取"六六顺"之意，预祝婚事顺意。男方由叔伯兄弟陪同定亲，女方举行隆重的酒宴，邀请叔伯、舅舅等长辈陪客。中饭后，女家姑娘几个人同到男方家做客，住上两三天，增进了解，女方将自己纳做的布鞋、锦带送给男方亲人。其间，村上的小伙举行"客来歌堂"，与陪伴的姑娘们对歌。

（3）过礼。定亲后，男方要给女方缝制4套本族系的服装，打制一套包括小花冠、耳环、肩链、腰链、扣子、手镯、别簪、针筒等的银首饰，在婚前一起送往女方。如议定了彩礼的，也要在婚前过给女方。礼金的多少，由双方商定，但要取双数，寓意好事成双。

定亲后，结婚前，每逢节日，男家都要给准媳妇的父母送节礼，礼物有水煮粑粑、油炸粑粑、猪肉、水果等。其中春节送的礼物除以上物品要加量外，还要10斤米酒、10张芝麻油炸盘龙粿。

（4）定日子。定亲一年左右后，双方觉得嫁娶条件成熟，男方便请人挑选黄道吉日。选定后，男方举行"亲家上门"仪式，即邀请女方父辈前来做客。酒宴隆重热烈，女方客人坐上位。饭由中午一直吃到下午四五时方散，席间劝酒颇有地方特色，劝酒的名目有"一双酒""发财酒""六顺酒""长久

① 女方的信物多是汗巾、头帕或亲手纳的布鞋、绣花锦带等，男方的信物多为旱烟袋、头帕、手帕、手镯等。

② "三个六"：因礼物分别为60斤猪肉、60斤米酒、60个粑粑，故称。

婚姻礼俗

酒""八福酒""亲家酒""儿女酒""来往酒""添孙酒"等。劝酒的想尽办法劝，喝酒的想尽办法推，很是热闹，而双方儿女的结婚日，也在酒趣中敲定。

（5）送日子。嫁娶日择定后，男方将这一黄道吉日用大红纸书写好，请媒人正式将吉日送到女方家，称"送日子"。送日子时，男方要送一定的过茶钱、首饰钱，俗称"日子钱"。女方收下后，便开始准备嫁妆。

在定下日子至亲迎这段时间里，平地瑶女子嫁前一个月叫"坐离娘月"。这一个月，待嫁女只做一些劳动强度轻微的家务，其精力主要放在纳鞋、织锦、挑花、做被，准备嫁妆上。其间，由本家姐妹相陪，被接往外婆、舅姑等主要亲戚家做客，称"接鞋子"，即亲戚要送两双做布鞋鞋面的布料给待嫁女，寓意姑娘虽然出嫁了，但亲情仍在，会常来常往。一般每个亲戚家住两夜。这时，村上的小伙子摆"客来歌堂"，与相陪的姑娘们对歌。

江华瑶族女子出嫁有"哭嫁"习俗，但不同的支系，其"哭嫁"之俗有一定差异。寨山瑶的女子出嫁前要"哭"十天左右。平地瑶出嫁女"哭嫁"的时间要短很多，只有两天左右。即从出嫁前的头两天早上开始"哭嫁"，约半个小时；晚上，面向父母"哭嫁"。第二天早饭后，村上姐妹们前往亲戚家接请姑娘少女们来陪嫁"坐歌堂"。待嫁女则由嫂嫂们相陪，检视嫁妆。中饭后，待嫁女在姐妹们的陪同下，到村上挨家挨户"哭别"；之后，回到自家门口，向前来吃喜酒的亲朋"哭别"。

（6）坐歌堂。在择定的成婚日子里，双方各自备办酒席，宴请自己的亲友。瑶族嫁女要举行"坐歌堂"仪式，即婚嫁歌堂。①

（7）婚礼。早饭后，新娘起程往夫家。新郎家来迎亲的吹鼓手和抬嫁妆的人到后，女方家放鞭炮送新娘。新娘头戴银花冠，佩戴各种首饰，穿大边缎衣、裙子、绣花红鞋，由舅舅或堂兄背出大门。迎亲队伍最前面的是嫁妆②，稍后是吹鼓手迎亲队，中间是新娘花轿③，新娘后面是送亲娘、伴娘、送亲的亲友等，走在最后的是两个担任送亲客职务的人。新娘队伍到了新郎

---

① 关于"婚嫁歌堂"的过程，详见第四章"以歌为媒"。

② 平地瑶女子出嫁时，亲友中有挑钱的，钱担用吊箩充当，12 元钱为一担，一边放 6 元，粘在红纸上，一般有 6~10 担不等。嫁妆多为 5~6 床被子、1 个衣柜、2 个床柜、1 张桌子、8 张椅子、1 个炭盆、1 个碗柜。1949 年后，也有置办缝纫机、手表、自行车、电视机、摩托车的。

③ 按：江华过山瑶新娘出嫁不坐花轿，只由送亲娘和伴娘打伞步行而去。

村边时，一般要停留片刻，等新郎家迎亲的人到村边迎接。

在江华县，不同的瑶族支系，其迎接新娘进洞房的方式有一些差异。

过山瑶新娘及送亲的亲友，被迎至大门边坐下，然后由一个迎亲的中年妇女拿来澡盆、毛巾和温热水给新娘洗脚，换上新的鞋袜，意为洗掉旧的尘埃，从现在起过上新的生活。接着在大门口将一雄鸡斩头，将鸡血滴在大门口并围着新娘绕一圈，称"斩煞"。

平地瑶新娘花轿停下后，吹鼓手先回村。一会儿，一身盛装的"诗娘"①手托圆盘在吹鼓手的引导下接亲。"诗娘"先给守轿门的小孩一个红包，打开轿门；接着将三把米撒向轿顶，向天地祈福；用湿毛巾给新娘洗脸，意为洗去旧时尘埃，从此吃夫家饭，过为人媳妇的生活。之后，轿子继续前行。如此再三，方到新郎家。新娘由"诗娘"挽扶下轿，撑着雨伞引入新郎家。新娘到男家门口时，司仪进行"斩煞"仪式②。仪式结束时，"诗娘"把一把雨伞和一个红包送给送亲客，接过送亲客背来的背包和雨伞，挽住新娘的手臂，把红丝方巾盖在新娘头上，陪新娘进厅屋。③

进入新郎家后，举行拜堂仪式。在司仪的引导下，拜天地、拜父母、夫妻对拜，然后拜舅舅舅妈、姑姑姑爷、哥嫂等。每拜一次，司仪都要唱拜堂诗文。拜毕，夫妻要敬父母、至亲"六合酒"。喝完酒后，新娘站在旁边，新郎拜四方。拜毕将新人送入洞房。

送亲的姑娘和两个"送亲客"留在男方家做客。先请客人在厅屋坐好，给每个客人敬茶、递烟，再给每人倒一盆热水洗脸，尔后喝油茶。接着开始摆酒宴。菜上完后，放鞭炮迎客人入席，媒人和两个"送亲客"坐首席，男方家以同等资格的人陪坐。入座就绪后，司仪先斟四杯酒给媒人以示感谢，媒人喝下。司仪开始向媒人和"送亲客"提出先喝"邀伴酒"，接着喝"六合酒"，

---

① 诗娘：又称"接亲婆"，一般由新郎的舅妈担任。

② 斩煞仪式：司仪一手持刀，一手拿鸡，踢一脚门槛，口念："急时急忙，天地开张。昨日是单，今日成双。鸳鸯一对，凤凰一双。好男生五个，好女生一双。第一男儿朝中宰相，第二男儿湖广督堂，第三男儿翰林学士，第四男儿文武百官，第五男儿年轻小幼，十三省管钱粮，第六女儿千金小姐，第七女儿王母娘娘。王母娘娘生太子，早生太子状元郎。扯匹鸡毛飞上天，养出儿子当状元。鸡毛落地，养出儿子当皇帝。天煞归天，地煞归地，鸡血落地，百无禁忌。"边念边割鸡，念完后把鸡从新娘头上丢过去。

③ 新娘步入新郎家门时有一定讲究，民间相传，要用左脚先跨门槛，意为第一胎会生男孩。

婚姻礼俗

每个"六合"喝六杯①。"送亲客"饭后即回，姑娘们则留下，晚上与闹洞房的男青年们对歌。

次日早上，新郎家要请本家叔伯和近亲吃早餐，称"洗脸酒"。届时新娘要给到席的老辈亲友每人倒一盆洗脸水，亲友要给新娘红包。新娘收了红包后要回敬一条织锦手帕。

以上是平地瑶、过山瑶的亲迎仪式，而寨山瑶则有些不同。寨山瑶中，待嫁女嫁的前夜三更时，要请师公念经，由四个妇女唱着《梧州歌》假送出门，送出门后，新娘悄悄地回来，叫"送仙"，意为除邪。第二天新娘坐轿出嫁，女方派"陪娘母"（中年妇女）和"陪娘妹"（青年妇女）二人送新娘到男方家。到时，男方派"接娘母""接娘妹"二人迎接新娘。"接娘母"舀一盆清水泼在轿门口，表示好兆头，接着将一块两端串上两枚铜钱的红布放在新娘肩上，新娘拿下红布后跟着"接娘母"进屋。进大门时，男方请师公念经"斩煞"才能进房间。晚上年轻人向新娘讨烟吸，但不做花筵闹洞房，也不唱歌。

婚后，新郎新娘要"回门"。寨山瑶在新娘嫁过去的第二天，即派两男两女去迎接新郎新娘回家。平地瑶新娘嫁过去的第三天，新郎新娘由女方妹妹来接回家，新郎家要送猪肉和粑粑等礼物到女方家。中饭后，新郎新娘返回男家。嫁娶礼仪即告结束。②

4. 永顺县土家族婚姻礼俗

古代土家族青年男女的婚姻比较自由，可以自由选择对象，以山歌和木叶交流思想感情。结婚时，不索礼、不坐轿。后受汉族婚姻制度的影响，土家族聚居区自由婚姻习俗慢慢改变。土司时代盛行"接骨种"③"坐床"④婚俗，另还有"斛亲""姐妹替嫁""早嫁"等不良婚俗。"改土归流"后，土家族地区父母包办婚姻的现象也较为频繁了。

---

① 一是辛苦媒人走路喝一个"六合"，二是感谢众亲帮忙喝一个"六合"，三是感谢舅爷光临喝一个"六合"，四是感谢接亲送亲的人辛苦喝一个"六合"，有的一直喝到十二个"六合"。

② 李祥红，任涛. 江华瑶族. 北京：民族出版社，2016：166-183.

③ 接骨种：即人们常说的"表亲婚"（又称"姑表婚""舅表婚""交错从表婚"等）。其俗为姑氏之女必嫁舅家之子，当地俗语"姑娘女，顺手取""舅舅要，隔河叫"即是其意。

④ 坐床：即人们常说的"转房"，指哥哥不幸死去，留下的寡嫂一定要匹配弟弟。

永顺县土家族的婚姻礼俗主要有以下一些仪式：

（1）求婚：男方十四五岁时，请媒人到女方家求亲。媒人自带雨伞一把，示团圆意。媒人从男方家带来礼物，若女方家有意，则收下礼物，然后转弯抹角地告知媒人女儿的生庚八字。媒人探取女方生庚八字的过程，叫"偷八字"。八字"偷"到手后，男方便请算命先生算女方的八字，如果八字好，又请算命先生合男方和女方八字是否相冲相克。若女方的八字好，双方的八字又合，男方即正式请媒人到女方家求亲。如果女方同意，男方再择吉日，在女方家放爆竹，婚事就算正式定下。

（2）认亲：也叫作"取八字"。订婚后，男方父母选吉日良辰，通告对方。届时男方父子带粑粑、团糯、酒肉、衣饰等，在媒人带领下到女家认亲。亲家见面，女婿拜见岳父母及伯叔，未过门的媳妇在媒人的陪同下给未来的公公敬茶、吃糕点、泡团糯。回来时，女方父母填好女儿的生庚八字，并以布鞋、绑带、裤腰带等作为回头礼送给男方，从此两家的姻亲关系正式确定。

（3）拜年：认亲后，每到新年，女婿挑粑粑、团糯、猪腿等到岳父家拜年。但这几天，女友不能在未婚配的丈夫前露面。等到男女双方长大成人（即十七八岁时），男家要求结婚，这一年的拜年叫"拜大年"，礼物比平常多一倍以上，且猪腿要连上猪尾巴。这暗示岳父："女婿今年要求结婚了。"女方父母如同意年内结婚，就把猪腿连尾收下；如不同意，则收下猪腿，割下猪尾巴用红纸包着退回。这种用猪尾巴传递信息的习俗，非常有地域特色。

（4）送日子：女方家如收下猪尾巴，男方即请人推选吉日。土家族结婚一般在下半年，多在重阳之后。定下了具体的时间，再备礼物，到女方家通知佳期。这样以便双方做婚嫁的准备。

（5）娶亲：女方家在婚期前一个月内，请来木匠、裁缝、皮匠等做嫁妆。匠人一进屋，待嫁女的哭嫁就开始了。开头是母女对哭，而后是姊姊、嫂嫂及姐妹们陪哭，一直哭到婚期。"哭嫁"期间，家族亲友轮流请新婚姑娘吃饭，叫"送嫁饭"，以表惜别之情。婚前三天，男方派人挑肉酒、衣服、首饰、粑粑、团糯等物送到女方家，叫"过礼"。男方给新娘只送衣、不送裤，女方父母给女儿做多少条裤，男方家就要送多少件衣相配；女方家给女儿做被盖，只做被面和棉絮，包单由男方家做，叫"礼布"。

婚前两天，男女双方都要开席宴请族内和亲戚老人吃酒，叫"老客酒"，并

开始敬土王、祖先。第二天叫"戴花酒",或称"正酒"。这天男女双方家里请客收礼,新郎披红戴花,向亲友表示感谢。下午男方派人到女方家迎嫁妆,晚上派迎亲队伍到女方家迎新娘。迎亲队伍到女方家门口时,女方用大桌拦门,双方礼官对答,男方礼官赢了,才放迎亲队伍进门。

半夜公鸡一叫,就要发轿了。新娘哭着穿露水衣、露水鞋,胸挎铜镜,由两个女伴扶着,悲悲切切地"辞祖宗""拜父母""辞伯叔""辞兄嫂""辞满堂姐妹",哭得难舍难分。而后站在斗上,手拿两把筷子前后各丢一把,由亲兄弟用背亲布把新娘背进轿内,锁好轿门,迎亲队伍则锣鼓喧天、炮火齐鸣,点起火把起轿。花轿抬走后,送亲的(双数)跟在花轿后面。(见图5-1)

图 5-1 吉首市乾州古城湘西非物质文化遗产园表演土家族"哭嫁"
(摄影李跃忠)

新娘还未到新郎家前,男方请夫妻双全、家庭和睦、儿女多、声望好的妇女开床铺;请"梯玛"念安床词。花轿来到屋前,"梯玛"用一只雄鸡,给新娘退煞。然后由两个中年妇女扶新娘出轿,跨"七星灯",接着与新郎一起拜天地、拜祖宗、夫妻对拜,然后扶新娘入新房。(按:在龙山县土家族,在行拜堂礼之前,还要行"庙见礼",即新郎新娘在男方家庙举行的告祖礼,即通过这一仪式,告知本家的历代祖先,后人娶媳妇了,一则报喜,二则也祈

求祖先保佑。①）入新房时，新郎与新娘抢先坐新铺，传说谁先坐下就谁当家。新郎新娘进新房后，大家开始闹新房。这天新郎新娘要给长辈送茶、送喜鞋，长辈则给他们送见面礼。

（6）回门。婚后三朝，新郎新娘回娘家看亲，叫"回门"。如两家相距不远，当天去，当天回。新人回家时，女方长辈又要回送，叫"送老客"，"送老客"的礼物很多，有钱，有粮食，有布匹，还有送猪儿、牛儿的。这些都是新娘私房，婆家无权过问。②

土家族婚俗中，具有鲜明民族、地域特色的还有不少。如"过礼"之俗，虽然各地都有，但在一些土家族地区却颇为复杂。上文提到永顺县的"过礼"是在婚前三天，男方派人挑肉酒、衣服、首饰、粑粑、团糯等物送到女方家，可惜《永顺县土家族》一书的作者未对其做详细介绍。但在《神奇石门：民俗卷》一书中对其有详细介绍，可参。③

5. 湖南世居少数民族婚姻礼俗的特征

通过对上面一些世居少数民族婚姻礼俗的介绍，我们可以发现湖南世居少数民族的婚姻礼俗呈现下面一些特点：

（1）地域性、民族性特色鲜明。

婚礼的最终目的是"合二姓之好"，是促成青年男女的结合，组建一个新的家庭，因此其礼俗自会有一些相同之处。但不同地区的婚姻礼俗因多方面因素的影响，地域性、民族性特征也会非常明显。像上面介绍的诸多婚姻礼俗就都各有特点。如国内多数地区的媒人在提亲时，不管天晴下雨都要带一把雨伞，而这雨伞的作用除媒人用来遮风挡雨外，还有其他的用意。如石门县土家族媒人说媒，无论天晴落雨，随身总是持一把伞，媒人第一次登女方家门，将伞撑开倒立在门外，女方家若将伞顺立起来，表示不拒绝这门亲事；第二次登门，媒人将伞照旧撑开倒立在门外，女方家若是将伞拿进火堂门边放着，则表明亲事有进展；第三次登门，女方家若将媒人的伞拿进了姑

① 贾绍兴. 喊礼——湘西神秘婚丧礼俗考察记. 北京：学苑出版社，2009：127.
② 湖南省永顺县民族事务委员会. 永顺县土家族. 内部资料，1992：156-159.
③ 这里的抬盒有别于其他地区的，是石门西北乡人用竹篾编织的精美器具，主要是娶亲时男方送礼物时使用，一抬三层或四层。

婚姻礼俗

娘闺房，则表明完全同意了这门亲事。① 又，在宁远县瑶族，媒人的雨伞也是女方用来传递是否同意提亲的媒介，但其做法却有差异。"求婚时，不论晴天雨天，介绍人必须带雨伞一把，到了女方家，将伞放置大门外，切勿带进屋，经过商谈，女方若将伞拿进屋去，则表示同意。否则，不予依允。"②

以上是就不同民族之间的差异来说的。其实就是同一民族，居住在不同地域，受山川景物、人文风情的影响，也会产生一些地域性的差异。如湖南瑶族的婚俗礼仪，就是这样。湖南瑶族分布在永州、郴州、怀化、邵阳等地区的三十余个县市，呈现出大分散、小聚居的格局，因而各地瑶族民众的婚俗呈现一些差异：

回门时间的差异：一般地方的"回门"都是指新婚夫妇在婚后当天，或者三天后一起回新娘家看望新娘的父母。而散居在宁远石家洞、新田门楼下、祁阳晒北滩、常宁塔山、桂阳杨柳和华山等乡瑶族的回门，却不是这么回事。这里的"回门"是指新婚夫妻双双到岳父母家拜年请安的意思，时间上规定是正月初二。③

又亲迎之日，父母是否送亲，亦有差异：女儿大喜之日，郴州宜章瑶族人，姑娘的"父母亲自送行"，而在隆回花瑶"新娘父母不去送，只有亲戚朋友陪"④。

至于隆回花瑶"订婚以丝线布球证明"，就更具地方特色了。订婚时，"媒公进入女方家后将所带的红油纸伞放在堂屋的神龛上，女方取下伞，在伞内骨撑架上拴 12 个用各色花布和丝线扎成的丝线布球，再悄悄放回神龛。丝线布球就是订婚证明"⑤。

又如前面提到永顺县土家族新娘下轿时，要"跨七星灯"，而在石门县土家族新娘既有"跨七星灯"⑥，也有"跨火盆"的习俗。永顺县土家族的"跨七星灯"由梯玛主持。新娘即将进大门时，梯玛在门槛前摆"七星灯"。"七星

① 石门县文史委员会. 神奇石门：民俗卷. 北京：大众文艺出版社，2007：81.
② 湖南省宁远县地方志编纂委员会. 宁远县志. 内部资料，2014：502.
③ 《湖南瑶族》编写组. 湖南瑶族. 北京：民族出版社，2011：295.
④ 《湖南瑶族》编写组. 湖南瑶族. 北京：民族出版社，2011：295.
⑤ 《湖南瑶族》编写组. 湖南瑶族. 北京：民族出版社，2011：295.
⑥ 石门县文史委员会. 神奇石门：民俗卷. 北京：大众文艺出版社，2007：103.

灯"用竹筛装上七块豆腐，并在豆腐上插上点燃的蜡烛，或用小酒杯盛清油点七盏灯做成，然后让新娘从上面跨过，俗称"跨七星灯"。民间相传"七星灯"是祭请天上七姐妹下凡，以护送新娘到婆家。新娘跨过后，梯玛将灯置于新娘床下，预示夫妻白头偕老，儿孙满堂。① "跨火盆"则与之不同。唐明哲介绍说石门县土家族人成婚之时，当花轿抬到男方朝堂门外，新娘下轿准备进新郎家时举行"跨火盆"仪式。这堆火用谷草加上麦穗烧着，燃烧时发出哔啵如鞭炮的响声，男方知客②还要不时在上面添一些油和盐，以使火烧得更旺，响声更大。新娘子只有跨越火堆，经过烟火熏后才能进入男方家。这一仪式的作用。唐先生解释："土家男女原有以歌为媒'野合'习俗。在野合时，新娘可能被邪气缠身，也可能野合时怀有身孕成了'四眼人'。因此，跨火是用火熏烧新娘子身上的野气、邪气。"③

（2）"以歌为媒"。

总体来说，我国少数民族的婚姻制度较汉族更宽松、自由，青年男女的交往有较大的自主性，而其交往、相识相恋，乃至婚娶整套仪式都离不开歌。"以歌为媒"，是对苗族、瑶族、侗族、白族、土家族等少数民族青年男女恋爱、结婚的手段、方式的最好概括。（详见第四章）

（3）民族间的交融受汉族文化影响较大。

一些少数民族迎亲，在新娘子进门时要请巫师做"斩煞"仪式。这一仪式，与宋代婚礼中的"撒谷豆"类似。宋人孟元老在《东京梦华录》一书中介绍河南开封的婚俗时写道："新妇下车子，有阴阳人执斗，内盛谷豆、钱果、草节等咒祝，望门而撒，小儿辈争拾之，谓之'撒谷豆'，俗云厌青羊等杀神也。"④

民族间的婚俗相互交融，少数民族受汉族文化影响较大，在清嘉庆时期就有人注意到了。如嘉庆十六年（1811年）湖南《宁远县志》的编撰者就指出，宁远瑶族、苗族中有些婚礼和汉族婚礼的相同与变异：

---

① 彭继宽. 土家族传统文化小百科. 长沙：岳麓书社，2007：57.

② 知客：婚礼中，专司招待客人的人。

③ 唐明哲. 试探烟花爆竹的原始民俗内涵——以石门县土家族地区烟火民俗为例//中国民间文艺家协会，湖南省民间文艺家协会. 烟花爆竹与节日民俗全国学术研讨会论文集. 内部资料，2018：151.

④ 孟元老. 东京梦华录. 北京：中国商业出版社，1982：31.

婚姻礼俗

婚礼始于同名，男女各具庚帖，宁邑则否，是无问名之礼矣。其他仪数繁缛，如初聘曰"下定"，犹古纳采也；稍长乃复行过聘、订期，曰"催妆"，犹古纳徵也；至期，又增"上头礼"，古所未闻也。①

近年来，很多研究少数民族婚俗的学者也注意到了这一点。如杨昌文曾对贵州省苗族的婚姻礼俗做过研究，他指出苗族"杂居或靠近汉族的地区不自由的情形多一些，大多听父母之命、媒妁之言，聚居区或边远地区，自由的情形多一些，这就出现了在苗族社会中，既有父母包办又有自由结缔的方式"②。其实，不仅贵州是这样，其他地区也是这样；不仅苗族是这样，其他民族也是如此。如湖南石门县土家族的"告祖"仪式，即是移植于汉族婚俗。

据介绍，石门县北部地区特别是壶瓶山区一带盛行新婚"告祖"仪式。"告祖"的目的是告诉祖宗先人某个男青年已经成年，通过跪告让祖宗承认这个刚成年的男子负起传宗接代及家庭责任。新婚前一晚，男家举行"告祖礼"。行礼时，亲友前来祝贺。礼堂内设"祖先位""香案所""拜位所"，主礼者立"祖先位"两端，礼生二至四人，立"香案所"两端，歌童二至四人不等，立"拜位所"两端。仪式开始，主东与新郎净面洁身，赞《盥洗词》，继行"上香礼""参神礼"。"初献礼"时歌《关雎》全章，"亚献礼"时歌《桃夭》全章，"三献礼"时歌《鹊巢》全章。"告祖礼"后"宵夜"，由表、堂兄弟陪新郎，行酒令，歌"关关雎鸠在两旁，在河之洲陪新郎，窈窕淑女容颜好，君子好逑状元郎"。③

这一习俗，受汉族婚俗文化的影响是极为明显的，而且即使到了 21 世纪，该习俗在石门县的一些地区仍保存得较为完好。《神奇石门：民俗卷》一书的作者说："现在，这样的婚嫁礼俗，即使在受儒家思想影响很深的汉族地区，似乎也很少见了，但地处湘西北的石门特别是石门山区，'告祖'被较

① 丁世良，赵放. 中国地方志民俗资料汇编：中南卷. 北京：北京图书馆出版社，1991：582.

② 杨昌文. 苗族——蚩尤的女儿//向零. 夜郎故地上的女性：贵州高原少数民族妇女探秘. 贵阳：贵州民族出版社，1993：204.

③ 石门县文史委员会. 神奇石门：民俗卷. 北京：大众文艺出版社，2007：101-102.

完整地保存了下来。"①

又桑植县土家族"青年男女通过跳摆手舞、唱山歌，互相倾吐爱慕之情，即可订婚。择吉日而娶，父母不加干涉，也不索取聘礼，婚姻十分俭朴"，但"自雍正七年（1729年），'改土归流'后，由于受汉人的影响，婚姻就变得更为复杂了，形成议婚、订婚、行聘、结婚等程序"②。江华县壮族"婚姻仪式较为烦琐，因长期与汉族交往，大多采用'六礼'，但在具体做法上又不尽相同"③。又如上述城步县苗族、江华县瑶族等，其婚姻程序均可见汉族婚仪"六礼"的一些痕迹。

图 5-2　沅陵县七甲坪镇伍家湾金氏（土家族）宗祠（摄影 李跃忠）

这说的是汉族婚仪对世居少数民族的影响，其实少数民族之间亦相互影响。如桑植县白族地区，"迎亲前一日，受土家族婚俗影响，女方家则有'哭嫁'习俗，叫'哭爹娘词儿'，大户人家前三日就哭，小户人家在出嫁的头天晚上开始哭。"④

当然，在比较婚俗时，要注意到有的程序虽然名称相同，但含意却不一定一样的现象。如上面提到苗、瑶等民族迎亲时都有"拦门"习俗，这一名目也见于宋代《东京梦华录》，但其仪式的内容却不一样。少数民族的"拦门"是女方在家门口设桌"拦"着男方的迎亲队伍，要求男方礼官对答，只有"赢"了才放行。而宋代的"拦门"则是"迎客先回至儿家门，从人及儿家人乞觅利市钱物、花红等"⑤，即是送亲的和男方宾客在新娘到新郎家时，向新郎讨要

①　石门县文史委员会. 神奇石门：民俗卷. 北京：大众文艺出版社，2007：101-102.
②　桑植县委员会文史资料研究委员会. 桑植文史：第3辑. 内部资料，1992：171.
③　《江华瑶族自治县概况》编写组. 湖南江华瑶族自治县概况. 北京：民族出版社，2008：39.
④　张丽剑. 散杂居背景下的族群认同——湖南桑植白族研究. 北京：民族出版社，2009：215.
⑤　孟元老. 东京梦华录. 北京：中国商业出版社，1982：31.

婚姻礼俗

"利市"的习俗。二者是完全不一样。

（4）原始遗风较浓，是考察人类原始婚俗的重要文化遗存。

在湖南世居的少数民族婚俗中，有一些比较奇异的元素，如不少民族在"以歌为媒"恋爱时，开始几乎都是群体性的活动，有人以为"这是排除了血缘关系的古老群婚在恋爱形式上的一种部分遗留"①。又比方一些民族有"打火把"迎亲的习俗，如上面介绍的永顺县的土家族、靖州县侗族，另外湘西苗族②、江永县千家峒瑶寨③都有此俗。"火把迎亲"，又叫夜娶，即在晚上迎娶新娘，此俗在其他一些少数民族中间也存在，如云南省红河哈尼族彝族自治州的哈尼族④、云南基诺族⑤、广西靖西壮族的布侎支系和那坡县的布依支系⑥等就都有这一习俗。对少数民族之间存留的这种打火把夜娶媳妇的习俗，人们一般认为是原始社会时期"抢婚"婚姻形式在后代的遗留。"抢婚"，大约是人类新石器时代出现的一种婚姻形态。对"抢婚"制度的形成、发展，《中国风尚史》一书的编撰者论道：

> 最初是由部落首领以及勇猛武士利用部落之间的战争机会，掠夺敌对部落的异性作为自己的夫或妻。后来，抢婚逐渐扩大：不仅在战争中可以"抢"，在和平的时候也可以"抢"；不仅对敌对的氏族可以"抢"，而且对通婚的氏族也可以"抢"。后来，"抢婚"逐渐发展成为部落婚姻的一种固定风尚。⑦

这些少数民族的婚姻礼俗中还有不少，如"偷亲、拦关亲、吃高章、哭嫁、唱《哭嫁歌》、背新娘、躲热脸、酿海、掉向、转脚、敲郎等一系列礼

① 郭长生，邓星煌. 从民族学角度探讨侗族婚姻家庭的发展演变//广西壮族自治区民族研究所. 广西民族问题理论论文集：第二辑. 内部资料，1985：103.

② 石邦明，龙炳文. 湘西苗族婚姻习俗（下）. 吉首大学学报：社会科学版，1986（1）：27-33.

③ 郑实秋. 瑶族的背亲出阁与火把迎亲. 民族论坛，2003（5）：38.

④ 郭思九，凡人，黎方，等. 云南文化艺术词典. 昆明：云南人民出版社，1997：393.

⑤ 云南省民族事务委员会. 基诺族文化大观. 昆明：云南民族出版社，2013. 108.

⑥ 周国文. 桂西壮族民间歌曲透视. 北京：大众文艺出版社，2005：154.

⑦ 陈炎. 中国风尚史. 济南：山东友谊出版社，2015：329.

俗"等，都是"抢婚"时代残余下来的。①

又"不落夫家"是我国侗族、壮族、黎族、哈尼族等少数民族地区都存有的一种古老婚俗。湖南的侗族、苗族青年结婚时，男方派人到女方家迎接新娘，女方与自己的兄弟姐妹、亲戚中的同辈姑娘（伴娘）到男方家中举行婚礼（亦有父母送亲者）。在此期间，新郎不得与新娘同宿。第四天清晨，新娘即与伴娘一起回娘家。此后只在节日、农忙或男方家中有重要喜事时，男方才派人接回妻子，住几天，过夫妻生活。妻子住夫家的时间由三两天、五六天到十几天不等，由此到双方正式同居的这段时间，长短不定，短则一两年，长则三五年。这种婚姻习俗是"原始母系社会的夫从妻居向原始父系社会的妻从夫居过渡时的一种婚俗残余"②，而"这种家庭特点是古代对偶家庭向一夫一妻制家庭转变过程中的反映"③。

（5）文化功能的多样性。

婚俗的功能是多元的，当然其首要的功能是促成青年男女的结合，帮助他们实现人生社会角色的转变。此外，还有保护新娘、求子等功能与目的。这一点，即如著名民俗学家黄石在《婚姻礼节的法术背景》一文中所说的那样：

> 此外其他种种礼式仪注，果而一一寻根究底，我相信无一不带有法术的色彩。归纳言之，这些法术不出两个用意：第一，因为相信新人特别易招危险，故用种种方法，保障他们的安全；第二，结婚的主要目的，在养儿育女，"百子千孙"，故用种种法术，增长新婚男女的生殖能力，好叫他们能够担负"蕃殖尔类"的大使命。④

以上"两个用意"中，大家可能对"保障他们的安全"不甚理解。这里不妨

① 刘明华，龙国辉. 贵州省少数民族传统伦理道德研究. 贵阳：贵州省教育出版社，1991，207.

② 马本立. 湘西文化大辞典. 长沙：岳麓书社，2000：369.

③ 郭长生，邓星煌. 从民族学角度探讨侗族婚姻家庭的发展演变//广西壮族自治区民族研究所. 广西民族问题理论论文集：第二辑. 内部资料，1985：93.

④ 黄石. 黄石民俗学论集. 上海：上海文艺出版社，1999：175.

婚姻礼俗

举石门县新娘进男方家时新娘要"过二关"的习俗来看一看。

第一关是"拦车马"关，又叫"拦亲人煞""回煞"。所谓"拦车马"，即人们认为新娘花轿起行后，她的历代祖先之灵（即女方香火）不放心，都要跟随着新娘到男方家去。因此，花轿到了男方家门前，男方家要迎门设香案，点火灯，迎亲队伍将花轿暂时停住，礼劝女方香火放心回转，并同时警告可能随之而来的凶神恶煞回避。男方家看到"亲"到了，便在稻场外设桌，点燃红烛，并列酒、帛、米，男方家请一有威望的人手拎一只大红冠子雄鸡，跑到屋山头，拦住送亲队伍，杀了雄鸡敬土地，并沿途擦点雄鸡血，驱邪压鬼，同时口中念道："……此鸡不是平凡鸡，身穿五色绿毛衣，别人拿起无用处，弟子拿起治煞气。一治天煞和地煞，二治日月四时煞，各路凶神恶煞，见血回头。"

送亲队伍来到稻场桌边，司仪人便端起桌上的米边撒边念：

> 远来一乘车，车有四角迟，车来车且去，车来且停止。
>
> 男家香火，请升高堂，女家香火，请转回乡。
>
> 撒场撒场，撒到新人头上。
>
> 一撒天长地久，二撒荣华富贵，
>
> 三撒三元及第，四撒长发吉祥。
>
> 远望一轮车，只见罗裙四角遮。
>
> 男来须下马，女来须下车。
>
> 车来车挡住，马来马卸鞍。

回煞时，礼生吟唱此谣，新郎行跪拜大礼，礼毕起立后直入大堂，不可回头望。而新娘还要经过"跨火""穿鞋"等仪式方可进屋交拜。

第二关是"跨七星灯"，或叫"跨火"，而这一仪式的目的"主要是用火的威力，烧掉路途带来的邪气"。

两关一过，男方男女"知客事"马上安排迎客仪仗，圆亲娘娘（引拜的妇女）将新娘引到中堂，拜堂成亲。① 仪式中的杀公鸡淋血、撒米、念咒语、跨

---

① 石门县文史委员会. 神奇石门：民俗卷. 北京：大众文艺出版社，2007：102-103.

火等元素，在我国民间俗信中均是可用来驱邪、赶煞的。

最后我们要指出，随着时代的发展，自二十世纪八十年代以来，不管是汉族还是少数民族地区，不管是偏远的山区还是大中小城市，民间的婚俗都发生了或多或少的变异。如以前嫁妆中的鞋均为女方纳的布鞋，但随着时代的变化，先后被解放鞋、网鞋、球鞋、皮鞋等取代。

（二）哭哭啼啼嫁女儿

"哭嫁"是新娘在出嫁前一段时间里举行的一种哭唱仪式。这一习俗在我国许多地方如云贵川、上海、河南、新疆等地，大部分的民族中都存在。湖南也是如此，其中土家族、白族、瑶族、苗族等少数民族地区更是盛行。"哭嫁"和伴嫁在各地有很多不同的名称：沅陵叫"娘哭女"，武冈叫"娘送女"，津市叫"哭十姊妹"，慈利叫"陪十姊妹"，凤凰叫"陪嫁歌"，新晃叫"出嫁歌"，芷江叫"送嫁歌"，常德、江华、道县叫"坐歌堂"，新田叫"伴嫁歌"，嘉禾、蓝山叫"伴嫁舞""坐歌堂"，郴县、宜章叫"坐花园"等。①

1. "哭嫁"习俗溯源

关于"哭嫁"的起源，有人认为与古代掠夺婚有关，如《易经·屯》所记"屯如遭如，乘马班如；匪寇，婚媾""乘马班如，泣血涟如"②等，一般认为就是远古抢婚习俗的写照；还有人认为这一习俗是古代封建买卖婚姻制度的产物，女子临嫁而哭，表达婚姻不能自主的悲愤。③ 我们以为，第一种可能性更大一些。当然，哭嫁形成的原因，也应还有其他的因素。如有人指出"哭嫁的原因多，或为骨肉分离，难舍难分哭；或因受媒人欺骗，对婚姻不满而哭；或因怀念闺中密友，从此，天各一方，伤心而哭；或因无忧无虑的日子一去不复返，千斤重担从此挑在肩，生产、生活有压力而哭；或拘于传统习俗不哭视为无孝心，无奈而哭……"④

① 中国音乐研究所. 湖南音乐普查报告. 长沙：湖南人民出版社，2011：151.
② 纪昀. 四库全书精华（1）. 长春：吉林大学出版社，2009：76.
③ 俞水生. 汉字中的礼仪之美. 北京：文汇出版社，2015：89.
④ 熊仁先. 张家界民俗采英. 西安：西北工业大学出版社，2016：38.

婚姻礼俗

"哭嫁"习俗究竟在什么时候形成,目前尚无定论。战国时,赵国公主嫁到燕国去做王后,其母赵太后在临别时"持其踵,为之泣""祝曰:'必勿使返'"。① 不少人说这可能就是后来长盛不衰的"哭嫁"风俗之滥觞。

目前所见最早明确记录"哭嫁"的文献是南宋时②的。周去非(1134—1189年)在《岭外代答》一书的卷四"风土门""送老"条中,记录了岭南民间"哭嫁"的习俗:

> 岭南嫁女之夕,新人盛饰庙坐,少女亦盛饰夹辅之,迭相歌和,含情凄婉,各致殷勤,名曰"送老",言将别年少之伴,送之偕老也。其歌也,静江人倚《苏幕遮》为声,钦人倚《人月圆》,皆临机自撰,不肯蹈袭,其间乃有绝佳者。凡送老皆在深夜,乡党男子群往观之,或于稠人中发歌,以调女伴,女伴知其谓谁,亦歌以答之,颇窃中其家之隐匿,往往以此致争,抑或以此心许。③

岭南是南越国的辖地,相当于现在的广东、广西和海南全境,及湖南、江西与两广交界的一些地域。这一带多瑶族、苗族、畲族民众居住。

入清后,关于"哭嫁"之俗的文献记载就明显多起来了。如清代吉道人《味蔗轩随笔·坐堂词》记四川罗江一带的哭嫁习俗云:

> 婚姻之礼,各省风俗不同。然酌礼准情,各省亦大同小异。凡男家娶妇先赋之诗,谓之"催妆";女家亲串颂女之词,谓之"坐堂"。坐堂者,女当喜期将近之先数夕,其诸姑伯姊,置酒为女设饯,各述吉祥之词,以为颂美,女则申己之意以答。女左右更有少女,则随而娴习者也。其词要多鄙俚,然有音韵凄清,风格遒劲,如古歌古谣者。罗江明府蔡,微服巡查乡里,一日行至某处,值有

① 刘向. 战国策. 高诱,注. 北京:商务印书馆,1958:186.
② 有人以为盛唐诗人韦应物(737—792年)《送杨氏女》一诗"用白描的手法描摹了一幅送亲图,父女三人面对即将到来的分别,相泣不能自已,所体现的即是哭嫁这一中国古老的习俗"。(曹小丰. 韦应物《送杨氏女》中的哭嫁婚俗浅析. 名作欣赏,2013(32):59-61.)
③ 周去非. 岭外代答. 上海:上海远东出版社,1996:88.

女子归，诸娣姒咸以谀词颂女，女申意以答。忽风吹句入耳，词曰："凤凰落在桌子上，哪个女儿肯离娘。"一字一转，音韵凄凄，谁谓天籁之鸣，不在愚夫愚妇耶！①

又清代土家族诗人彭秋潭在《竹枝词》中，也描写了其家乡湖北长阳县土家族的哭嫁习俗："十姊妹歌歌太悲，别娘顿足泪沾衣。"②此外，不少地方志的编撰者也对这一习俗做了一些记录。（例详后）

湖南在什么时候形成这一习俗，学术界尚无明确说法。但到了清代，湖南地方志、文人笔记中关于"哭嫁"习俗的记录较多，可见这一时期，"哭嫁"习俗已是相当普遍了。如嘉庆十六年（1811年）《宁远县志》（卷二）记"宁俗：于嫁女前一夕，具酒馔，集妇女歌唱。歌阕，母女及诸故伯姊，环向而哭，循叠相继，达曙乃止"，修撰者并特别指出"此风不知始于何时。而道、宁、永、江、新五州，如出一辙"。③ 其中的"道、宁、永、江、新五州"，即指当时的道州（今道县）、宁远县、永明县（今江永县）、江华县（今江华瑶族自治县）、新田县。这一记载在之后的道光八年（1828年）《永州府志》一书中可得到证明。《永州府志》对其辖区诸县的婚俗都做了详略不一的介绍，其中多处提到"哭嫁"之习俗：

　　（东安县）"唱歌"：延里中处子之粲者二人，其夜新娘盛装，两处子执烛前导，男家具仪，曰"提灯礼"。谓（至）家龛，请福德兼全者祝神，男家具仪，曰"祝神礼"。再导至唱歌处，引新娘上坐，两处子坐于旁，余以次坐，粲者先唱一歌，有仪，曰"开声礼"，余随意歌唱。新娘掩面啼泣，夜分方歇。其歌词不足为外人道也。

　　（道州）嫁之前日，女家既受催妆礼，设歌筵燕女宾。有歌女四人导新嫁娘于中堂，父母亦以客位礼之。至夜，歌声唱和，群女陪于中堂，远近妇女结伴来临，曰"看歌堂"，达旦彻席。

　　（宁远县）婚期先一日送烛（曰"唱歌烛"，所以备女家唱歌之用

① 李明. 四川民俗. 兰州：甘肃人民出版社，2004：261.
② 刘孝瑜. 土家族. 北京：民族出版社，1989：47.
③ 丁世良，赵放. 中国地方志民俗资料汇编：中南卷. 北京：北京图书馆出版社，1991：582.

婚姻礼俗

也)、送钱(曰"唱歌钱",所以给歌堂之女客也。此礼不清则女客哄闹,媒人往往受辱。此俗惟女家贫者有之)、送猪("唱歌猪",亦以钱代)。是夕,女家集女客唱歌(少者上坐,壮者旁坐,老者下坐,听而已。女之兄弟衣冠出揖,女客立受之。此外,或嫂妹一人向女客把盏,然后唱歌者)。

(永明县)永明蒋云宽有《营浦风俗》诗,今附录,其切于闺阁婚嫁者六首云:"绛蜡双行耀绮筵,偕来女队步姗姗,歌堂散后儿童喜,啖饱花糕索粉钱。(嫁女前二夕坐歌堂,邻里女俱许来观。将歌,女颁粉钱于亲属儿童。)……

(江华县)女将嫁前二三日,迎亲族妇女燃烛相伴,于归之前一日则坐厅事中,彻夜歌声不绝,此俗至今不改,然亦无害。

(新田县)(亲迎前一日)扛豚肉,媒人押礼至女家,而女家亲友曾受三牲、五牲者,分厚薄备资赠嫁。于所接之女伴内择一命好者,穿戴时所嫁女之服饰出闺行礼,把盏接轿。其夜半,女伴团坐,仍请此女开先唱歌,众女和,至侵晓。《竹枝词》云:"善歌昔日杜韦娘,富贵争夸众口香。福命欲沾今嫁女,故教先着嫁衣裳。"又云:"今夜云英辞母意,明朝织女会郎情。当筵姊妹娇歌发,半作欢声半怨声。"①

又光绪元年(1875年)《兴宁县志》载今资兴市一带的婚礼,婚礼前一日:"质明,女父母告于祠堂,女出阁行冠笄礼,拜辞祖先。父醮女,设醮席于堂右,召童女四人陪席。酒三行,礼成。女返室,诸母及姑姊妹侄相聚哭。"又民国二十年(1931年)修湖南《嘉禾县图志》亦载:"将嫁旬日,见亲人必哭,妆嫁者至哭,花轿至哭,声嘶,女伴代哭。前夕,女伴相聚守,谓之'伴嫁',或两两成队,各拱一小瓷盆,对歌而跳,谓之'把盏'。将旦,唱鸡鸣歌,乐伶吹喇叭,移轿向,谓之'转轿'。故婿家于女家有歌头礼钱焉。"②

---

① 丁世良,赵放. 中国地方志民俗资料汇编:中南卷. 北京:北京图书馆出版社,1991:561、562、563、565、565、566.

② 丁世良,赵放. 中国地方志民俗资料汇编:中南卷. 北京:北京图书馆出版社,1991:609、635.

以上所引材料均为湘南之郴州、永州地区的。这一带，靠近岭南，是汉族与瑶族、苗族、畲族杂处的地方，其中以瑶族居多。下面我们再来看看其他地方县志载的：

光绪二十八年(1902年)《沅陵县志》："临行皆痛哭，新妇哭至婿家方止，或月内即数哭，统曰'哭嫁'。"

宣统元年(1909年)《永绥厅志》："届期，两家各开筵宴宾。亲迎，用鼓乐花轿。戚党以礼物送女家，曰'添箱'。女家以母嫂或伯叔、姑、姊妹送亲，临行皆哭。"

民国十二年(1931年)《慈利县志》："嫁前十日，女纵声朝夕哭，名曰'哭嫁'。且哭且罗觊别辞，爷娘兄嫂以次相及。嫁前一日，曰'填箱酒'。女宾吃填箱酒，来必陪哭，哭必罗觊其辞，一问一答，至两穷始已。及夕，具酒馔飨女，名曰'陪十姊妹'，惟室女始听陪酒。女入中坐，例不举箸，亦但掩面乌乌哭，众女围坐不陪哭，且反恣饮啖焉。旦日，金奏炮鸣，花轿虽，哭止。亲属背负新妇入轿……"①

以上是笔者检索的湖南部分地方志中的"哭嫁"资料。当然，要特别指出的是，一些没有文献记录的地方也可能有这一习俗，如本章前面介绍的靖州县、城步县都有"哭嫁"习俗，但笔者查阅这两个县之明清时期修撰的几种县志，均无这方面的文字记录。又如笔者家乡湖南省永兴县，清光绪九年(1883年)《永兴县志》也没有这一习俗的记载，但事实上，永兴县是有这一习俗的，只不过没有其他地方的那么浓重、烦琐而已。笔者的两个姐姐均在二十世纪八十年代后期出嫁，母亲在姐姐们出嫁前的十天半月都要哭几场。当然最主要的是出嫁前一晚，哭得更厉害。家乡人相传："不哭不发，越哭越发。""哭嫁"时也要行拜祖仪式。

此外，民间也有不少关于"哭嫁"习俗形成的传说。如桃源、沅陵民间相

婚姻礼俗

---

① 丁世良，赵放. 中国地方志民俗资料汇编：中南卷. 北京：北京图书馆出版社，1991：519、534、668.

传:"很久以前,有一个公主要出嫁了,皇帝和皇后心里都非常的难过,送了她很远。当女儿回头看时三个人都忍不住大哭起来。因此从那时以后,每逢人家嫁女,就都要哭,就叫作'哭嫁'。"①此外,在保靖县土家族、南县②、桑植县的白族地区③等都有相关的民间传说。

2. 土家族"哭嫁"的仪式过程

"哭嫁",作为婚姻礼俗的一项重要仪式,穿插于整个婚姻仪式过程中。其"哭唱"并不是随意的,而有一套仪式。而且即使是"哭"词,也有不少是世代传唱下来的。④ 对哭嫁的仪式过程,不少介绍少数民族婚俗的成果多会提及,如崔笛扬《黔北哭嫁歌》⑤、谷利民主编《桑植白族博览》⑥等,但这些介绍多半是三言两语,描述不详细。笔者以 2000 年时,余咏宇对一场土家族婚礼的描述为基础,对"哭嫁"仪式做一简要介绍。"哭嫁"主要分两天进行,即由新娘出嫁的前一天早上至出嫁当天清早八点前为止。"哭嫁"程序如下:

(1)"包头"。新娘开始哭嫁前,须由新娘的女性长辈为她包头。

(2)"开哭"。即新娘第一次开始哭唱。"开哭"时,由新娘哭唱她难舍亲人之情,"开哭"可视为哭嫁序幕。

(3)新娘和其他亲人一同正式"哭嫁"。其间,新娘与亲人可各自独唱,也可对唱,以"哭歌"表达她们的愁绪及对新娘婚姻前景的看法。

新娘或独自哭唱,或与陪哭者对唱,其间也有多次休息或离房时间,较自由。新娘除哭唱之外,并没有进行其他特定的仪式或活动。陪哭者参与哭嫁方式也相当自由,她们全是女性亲人,时而一同坐听新娘哭,时而离开现

---

① 中国音乐研究所. 湖南音乐普查报告. 长沙:湖南人民出版社,2011:151.

② 《中国民间故事集成·湖南卷》编辑委员会. 中国民间故事集成:湖南卷. 北京:中国 ISBN 中心,2002:461-462.

③ 谷俊德. 桑植白族风情. 北京:民族出版社,2011:18-19.

④ 如在张家界土家族、白族,哭词大都代代相传,母亲在女儿长到十岁左右便教习女儿唱哭嫁歌。(熊仁先. 张家界民俗采英. 西安:西北工业大学出版社,2016:38-39.)

⑤ 崔笛扬. 黔北哭嫁歌//《〈读者·乡土人文版〉十年精华文丛》编委会. 风俗民情:A 卷. 兰州:甘肃人民出版社,2011:253-258.

⑥ 谷利民. 桑植白族博览. 北京:民族出版社,2012:39.

场。陪哭者与新娘对哭，通常的程序是：①坐在新娘旁边①。②开声哭唱。新娘往往待陪哭者唱了一段时间后，便与她对唱。哭唱时，双方都拿着一条毛巾或手帕，新娘以之抹泪，陪哭者则以之掩面。③结束哭唱。哭嫁者一般不会主动停止哭唱，需旁边的人劝止。连声劝止后，陪哭者先停止，新娘多哭唱一阵后在旁人劝止后也停止。④离开现场。陪哭者在停止哭唱后，稍待一会，待情绪平复后，便离开现场，也有一些情绪十分激动，不能停止哭唱，需由旁人拖离现场的。"哭嫁"时，旁观者全是妇女及小孩，当中绝无成年男性。

（4）"姊妹团圆"②。当新郎家派的接亲队伍抵达时，一位女方亲眷通知新娘及其他妇女，妇女们便齐声哭唱，整个程序历时六十分钟左右。其间各哭唱者或大哭，或唱出独立的歌词。"姊妹团圆"后，部分妇女留下来陪新娘独自哭唱，或与姊妹对唱。

（5）"哭上头"。由新娘及数位至亲妇女，在另一间房间举行"上头"仪式。"上头"通常是在新娘出嫁的前一天晚上，按新娘的"生庚八字"选好日子时辰进行。由母亲或已婚长辈，用新郎送来的木梳及红绳为新娘挽髻，梳成土家族流行的"粑粑髻"，并以丝线为新娘修眉毛及纹汗毛。梳髻、修眉和美容的仪式后，便表示新娘是妇人了，从此将告别少女生活。因此，新娘会唱"哭上头"歌，以示她不愿意"上头"，不愿做人家媳妇。替她"上头"的，则会以歌劝姑娘，让她安心举行仪式，开始幸福生活。"上头"完毕，新娘便与家人一同挑选嫁妆。凌晨五时许，新娘便又坐回原位，恢复"哭嫁"。程序仍较随意自由。与亲人对唱时，时间十五分钟至半小时不等。这个时段中男性亲人如父亲、弟弟均有出现。新娘向他们哭唱时，父亲说一些劝慰的话。

（6）"辞别众亲人"。早上六时许，新娘换上新衣服，再走回原位，与各姊妹及母亲"对哭"。此阶段的哭唱意义有二：一是最后告别至亲，二是等候接亲的队伍做各种安排。

早上七时许，门外响起爆竹，新娘出嫁的时辰已到，新娘与亲人停止哭

---

① 按：新娘两旁的位子是专给陪哭者坐的。若有人挑这些位子坐，即表示她要哭嫁了；要是她不先开口哭唱，新娘便主动对她哭唱。

② "姊妹团圆"：众姊妹在一起之意。男方的接亲队伍来到，也就表示新娘即将离开众姊妹，嫁到夫家，所以众姊妹同聚一堂哭诉、惜别。

婚姻礼俗

唱。至此全部"哭嫁"仪式结束。①

3. 桑植县土家族"哭嫁"内容

各地新婚女子"哭嫁"词的内容大同小异的原因：首先，"哭"诉的对象基本一样，一是至亲好友，二是协助婚事的各方面的好心人。其次，哭诉的心理也大同小异，主要是表达对父母亲友的感恩、不舍等。如江华县"寨山瑶的出嫁女嫁前要'哭嫁'约 10 天。平地瑶出嫁女在出嫁前的头两天早上开始'哭嫁'，约半个小时。先'哭'母亲，后'哭'父亲，再'哭'爷爷、奶奶，后'哭'相陪的姐妹。'哭'谢养育之恩，'哭'谢姐妹之情"，"新娘要面向父母哭嫁，其内容是回忆父母养育之恩，难舍分离之情"。② 桑植县白族姑娘"哭嫁"的主要内容是"反映哭嫁女和亲友们的友情和亲情"③。不少研究者在介绍"哭嫁"的内容时，往往将"哭嫁"的对象如"哭父母""哭媒人"等说成是"哭嫁"的内容。

下面拟结合"哭嫁"对象，以桑植县土家族"哭嫁"习俗为例，来具体看看"哭嫁"词的内容：

（1）"哭"父母，感谢父母的养育之恩。这是各地"哭嫁"最基本的内容。女儿此时，想到母亲十月怀胎的艰辛，想起父母十几年来含辛茹苦地把自己养大的养育之恩，但长大的女儿尚没来得及回报，便马上要出嫁了，内心的伤感自然难以抑制。"哭"父母的词很多，如：

> 您十月怀儿苦中苦，你烤更熬夜累中累。
>
> 您把女儿一尺五长养起，您把女儿含在口中养成人。
>
> 您走了几多盘山路，你过了几多冷水河。
>
> 如今好比蜜蜂搬了家，好比燕子衔了泥。
>
> 女儿刚刚长得力，未尽女儿半点心。
>
> 再过一夜花轿到，女儿成了别家人。

---

① 余咏宇. 土家族哭嫁歌之音乐特征与社会涵义. 北京：中央民族大学出版社，2002：30-34.

② 李祥红，任涛. 江华瑶族. 北京：民族出版社，2016：173.

③ 谷利民. 桑植白族博览. 北京：民族出版社，2012：39.

我的亲娘哎，可惜您啊！

蜜蜂搬家费空力，燕子衔泥操空心。①

这是对母亲"哭"的，唱词中有浓浓的感恩，也有深深的愧疚。

我们知道母爱细腻，反复地叮咛，不停地嘱托，在母亲的眼里儿女永远是长不大的孩子；父爱深沉，没有那么多的嘱托，但在子女需要时总会给予强有力的支持。因此，新婚女儿"哭嫁"时"哭"母亲、"哭"父亲，虽同是表达感恩和不舍，但其唱词内容则不相同。如下面这段"哭"父亲的唱词：

天上星月不明，爹爹为我费苦心。

爹爹恩情说不尽，提起话头言难尽。

一怕女儿受饥饿，二怕女儿把病生，

三怕穿戴比人贫，勤耕苦种费尽心。

把你女儿盘成人，花钱费米恩情深。

我今离别爹爹面，内心难过泪淋淋。

为女儿不得孝双亲，难报父母养育恩。②

以上是分别"哭"父母的，也有对父母养育之恩合在一起"哭"的，其含意就较复杂了。如下面这段唱词：

我的苦爹苦娘，我那疼儿的娘亲爷亲。

你的女儿，才见忧愁，才见恓惶。

你们把女儿养大成人，长翅就要高飞，成为别家的儿。

我十六岁没满，十七岁还没进。

怎么做得出家的儿，怎么做得出屋的媳。

我操心的苦爹苦娘，只怪你多捡寒儿，

① 向光清. 桑植民俗礼仪大全：第四卷. 北京：光明日报出版社，2005：44.

② 向光清. 桑植民俗礼仪大全：第四卷. 北京：光明日报出版社，2005：44.

婚姻礼俗

多养寒女，家不宽泰，钱财窄壁。

燕子衔泥，八哥衔食，抚养你的女儿。

不知吃娘多少奶，不知苦爹多少神。

我的苦爹苦娘，你的女儿再等一宿，

就要做人家的贱儿，就要做人家的贱媳。

三天时间一到，锣鼓一响，你的不孝之子，飘进别家之门。

就是门外之客，就是水上的浮萍。

　　这段唱词的含意主要有三个方面：浓浓的感恩、深深的愧疚，以及对新婚后"怎么做得出家的儿，怎么做得出屋的媳"的忧虑。

　　女儿舍不得娘，做母亲的自然也舍不得女儿。"哭嫁"时，娘也会"哭"女儿，劝解女儿。其内容一是表示对女儿出嫁的不舍，二是教育女儿如何为人处世，如何成为一个合格的、被家庭和社会接纳的妻子与媳妇，一个"真正的女人"。法国社会学家西蒙·波伏娃在分析女孩的社会性别形成过程时说："母亲却一心一意地希望女儿能顺应女性世界……如果女孩子受到女人的培养，女人就会努力地把她变成和自己一样的女人，就会表现出交织着傲慢与怨恨的热情。即使母亲的心胸比较宽阔，真心实意地为女儿谋幸福，通常她也会认为让女儿做一个'真正的女人'是明智之举，因为如果这样，就会更容易被社会所接受。"①如下面这个母亲的"哭"段：

我的宝贝女儿哎，你莫伤心来莫悲泪。

不是你爹太狠意，不是你娘太狠心。

周公兴礼千千年，代代子孙都照行。

树儿大了要分丫，女儿大了要离娘。

娘的怀中不是你的久留地，爷的胸前不是你的安身处。

皇帝养女也要招驸马，官家小姐也要嫁人，

世上不是你一个，世上不是你一人……

---

　　①　西蒙·波伏娃. 第二性. 北京：中国书籍出版社，1998：325.

我的女儿我的亲，为娘讲话你要听。

铜盆打水清又清，你十分性情要改九分。

自己的爹娘不要紧，别人的父母要耐心。

要做大河长流水，得让人时要让人。

要做君子怀中跑的马，要做宰相肚里把船撑。

堂上二老多孝敬，枕边的恩爱多殷勤。

千耐烦来万耐烦，千操心来万操心。

走路要看高与低，过河要试水深浅，

讲话要分老和少，做事要顺爷娘心。

对待爷娘要亲热，对待姑嫂要热情，

对待叔侄要守礼，莫做恶言恶语人。

对待丈夫要体贴，冷暖饥寒多关心。

莫学喜鹊喳喳叫，莫学老鸦哇哇鸣。

冷茶冷饭你要吃，冷言冷语你要受。

长辈教导要牢记，闲言是非你莫听。

你大树底下初为人，勤俭收拾要耐心，

成家如同针挑土，挣业如同浪淘金。

你三年媳妇熬成婆，五年的竹子自出笋，

养儿育女成家业，我儿方为人上人。①

　　这段唱词的前半部分是劝解之语，告诉女儿，长大嫁人是人类社会的自然规律；后半部分则是母亲教育女儿嫁为人妻、人媳后，如何处理与公婆、丈夫、妯娌、姑叔、邻里等关系的。当然，随着时代的发展变化，这些内容我们也要一分为二地看待。有的不仅在古代社会、现代社会，即使在将来也是合理可行的，如"堂上二老多孝敬""讲话要分老和少""莫做恶言恶语人"等语；但也有的已不适合现代文明社会，如其贯穿整个唱段的无原则地逆来顺受等，就不符合现代家庭的人际关系，是需要抛弃的。

婚姻礼俗

①　向光清. 桑植民俗礼仪大全：第四卷. 北京：光明日报出版社，2005：45.

（2）"哭"血缘关系近的亲人，诉离别之情。从前面的介绍可以看出，在"哭嫁"流行区，女子在临近出嫁和出嫁之日，要和至亲、族人等"哭"别的，所谓"诸母及姑姊妹侄相聚哭"（《兴宁县志》）、"见亲人必哭"（《嘉禾县图志》）是也。在中国古代，血缘关系近的人，除兄弟姐妹外，还有父系的叔伯姑、母系的舅姨等，这些人都得"哭"别，其中有的还得"对哭"。

父系的，如"哭"伯父、伯母：

> 我的伯伯我的麻麻，你的侄女生得愚蠢长得痴呆，
> 对伯父伯母也没孝敬，思想起来，也对不起你们啊。
> 你的侄女，再等一宿，去到别人家里做起贱儿，
> 再住一晚，去到×氏家里，做起贱媳，做起贱人。

> 我的伯伯麻麻，我去到外家，
> 脚踩生土，头顶人家屋檐，眼见人生，怎能习惯。

> 我的伯伯麻麻，你要三天一走，两天一行，
> 多多照看你的小侄，多招呼你的蠢侄。
> 我×氏家里，祖宗不强，
> 你的蠢侄生得愚蠢，我不是妈的烧香儿，也不是我爹的点灯子。

> 我的伯伯我的麻麻，你要多多照看我的妈妈，
> 多多照看我的苦爹。我的伯伯麻麻啊——①

这段唱词既有对伯父、伯母以前照顾自己的感激，也希望以后他们能去自己的婆家走动，还表示了将家人托付给伯父伯母，希望其多多照顾自己的兄弟、父母的意思。

母系的，如"哭"舅舅、舅娘：

---

① 向光清. 桑植民俗礼仪大全：第四卷. 北京：光明日报出版社，2005：47.

我的舅舅我的舅娘，你平日少走往日少行，

今因苦爹苦娘，婚儿出屋，嫁女出乡。

你邀起客人，到我家庭，给你外甥置起陪嫁。

我的爹妈家中贫寒，给儿置不全嫁妆。

花费舅舅钱米，置起山红水绿，

花费金钱，陪嫁你的外甥，让你的外甥体面做人。

可惜父母寒舍，没有山珍海菜，

吃的园中时菜结婚，喝的井中凉水嫁人。

你要杯杯饮清，你要样样吃全。

你就只要空手落步随手登驾，你又何必来起担子十根。

来起三年的陈谷大米，四五月的细壳白蛋，

摆到爹妈堂屋中间，摆到众人的眼睛面前。

前头摆到门槛跟前，后头摆起神龛脚下，

横看成路，竖看成行，

人人夸奖，个个称心。

多谢舅舅，多谢舅娘，再等一宿，再住一晚，

外甥就是人家的贱儿，别家的贱媳，别家的贱人。

人到生地处处有难，望舅舅舅娘多多行走，

多多提携，多多照看，我那疼儿的舅舅舅娘啊！①

这段唱词主要是表达新娘对舅舅、舅娘的感激之情，感谢他们为自己的婚礼花了很多钱财，费了很大精力，同时也希望他们能去自己婆家常走动，看望自己。

与兄弟姐妹的"哭"别，多采取对"哭"形式。如出嫁女"哭"哥嫂：

———————————

① 向光清. 桑植民俗礼仪大全：第四卷. 北京：光明日报出版社，2005：48.

婚姻礼俗

我的哥哥我的嫂嫂，小妹在家，多把你们费心，

多谢你们的照顾，多谢你们的关心。

今天晚上一过，明天就是婆家人。

我到婆家，环境生疏，望我的哥嫂三天一走五天一行。

多多前来，多多帮衬，照看你无知的小妹，

你们多行多走，多多器重，免得旁人把妹当成贱女。

哥哥嫂嫂来看妹，宽宏大量有志气，

三天现饭不能炒，五天现菜不敢热。

哥哥嫂嫂来一回，妹妹脸上增光辉，

如同大树下歇凉，大树底下歇阴。

你们回转家门，拜上娘亲，爹娘面前，好话多说，好言多论。

妹妹放的人家，族大人多，家好势大，

妹妹在此，日子好过，时候好混。

叫我爹妈，大放宽心，

不要为我，担忧焦心。

我的哥哥，我的嫂嫂，

你要多走，你要多行，

怕的你妹被人欺，把你妹妹不当人。

天上星多数不清，兄妹今朝要分身，

小妹今日要出嫁，不能回屋孝双亲。

堂上父母你孝敬，千斤担子你担承，

父母跟前要和气，子女应报养育恩。

孟宗哭竹生冬笋①，王祥为母卧寒冰②，

---

① 孟宗哭竹生冬笋：古代二十四孝故事之一。孟宗，三国时人，母亲喜欢吃竹笋，严冬到了没有鲜笋，孟宗一人跑到竹林里哀泣，地里长出了嫩笋，孟宗采回供母。

② 王祥为母卧寒冰：古代二十四孝故事之一。王祥，晋朝人，性至孝。母亲在冬天想吃鲜鱼，但江面已冰冻。于是王祥解开衣服卧在冰上，企图融冰捞鱼。冰忽自解，跃出双鲤。

兄弟之间要和气，免得父母受苦心。

天上落雨把路烂，嫂嫂好要要分散，

妹妹同屋来长大，长大要到别人家。

爹娘好比树一根，嫂是桠来妹是花，

只说花在园中长，谁知狂风要吹它。

多承嫂嫂操心大，提针结麻教绣花，

我今离别嫂嫂去，还望嫂嫂孝顺妈。①

唱段虽说是"哭"哥嫂，但主要是对嫂子唱的。唱段既表达了对哥嫂照顾自己的感激之情，也向哥嫂诉说了自己对未来婚姻生活的担心，因此很希望哥嫂能经常去看望自己，同时还希望哥嫂多照顾父母。

"哭"哥嫂通常是对唱。嫂子听后，会回唱：

我的妹妹，我的亲人，你不必忧愁，也不必伤心。

你只管大胆出门，欢欢喜喜去婆家。

你只管大起胆子做人，天也莫怕，地也莫怕，

上有年长的哥嫂，下有年轻的弟妹。

人家不敢把你低看作贱，婆家不敢把你轻待。

谁要欺负我家妹妹，哥兄老弟一齐来临。

闹他一个翻天覆地，叫他们全家不安宁。

不管他是金柱银凳，也有本事推下河坑。

我的好妹妹，请你大放宽心。

梭罗树上十二双，我们同根又同娘，

今朝妹妹要离去，离开绣楼好孤单。

梭罗树上十二对，挑花绣朵我不会，

今朝妹妹要分别，绣对鸳鸯作纪念。

梭罗树来台对台，我姐一定要宽怀，

159

① 向光清. 桑植民俗礼仪大全：第四卷. 北京：光明日报出版社，2005：49.

丢你妹妹婆家坐，二天有事我再来。

正好团圆乐融融，同窝燕子要出笼。

堂前摆好团圆酒，多吃几杯话更浓。①

这个唱段主要是宽慰要出嫁的妹妹，要其安心出嫁，并表明兄弟姐妹们永远是她的坚强后盾。

最后，我们还要指出的是，不同的新娘，其"哭"的对象也是不同的，新娘会根据自家情形灵活选择。

(3)"哭"族中长辈，感谢族中长辈的关爱之情。有人曾对土家族的"哭嫁"对象做过系统统计，列出了一份"哭嫁清单"，包括直系亲属，旁系亲戚，乡里乡亲的祖辈、父辈、同辈、下辈，以及其常用的工具，常接触的工具、动物、植物等②，涉及的对象很多。他说的直系亲属、旁系亲戚，大致包括上面讲的两类，而"哭"乡里乡亲的祖辈、父辈、同辈、下辈等即是以"哭"的形式告别族人，如前面介绍江华县寨山瑶待嫁女在结婚前一天中午后在姐妹们的陪同下，到村上挨家挨户"哭别"。这是"哭嫁"仪式上的拜哭，更多的是出于礼节的应酬。下面桑植县土家族待嫁姑娘的这个唱段，在"哭"中就表达了对婆婆、爷爷的感激之情、离别之意，并祝家族世代兴旺：

我的婆婆，我的爷爷，你的孙儿才见忧愁，才见恓惶。

我的婆婆爷爷，把你的孙女，把您的宝贝，

看得千重万重，照顾得千好万好。

再隔一晚，再住一宿，

您的孙儿，就要离开婆婆爷爷，

去到别人家里做起贱儿，做起贱媳。

侍候人家的爷和娘，孙女成了别家人，再也照看不到我的婆婆

爷爷。

不知婆家准不准，金口银口开不开，

① 向光清. 桑植民俗礼仪大全：第四卷. 北京：光明日报出版社，2005：49.

② 徐晓，齐柏平. 中国土家族民歌调查及其研究. 北京：民族出版社，2009：257-258.

要是婆家不开口，我也不能多回来，

看望我的婆和爷，婆婆爷爷多保重，莫怪孙女没孝顺。

我的婆婆爷爷啊，双膝跪在祖宗堂，

今日小女嫁远方，祝愿世代家门旺，清香红烛亮堂堂。

小女不忘祖宗训，日勤日俭祖宗传，

但愿祖宗保佑我，娘家婆家得安平。①

（4）礼仪式的谢"哭"，即对媒人、"上头姐"、厨师、礼公等为自己婚礼帮忙的人，新娘以"哭"的形式，感谢一番。当然，也有因对婚事的不满，或者因对婚姻家庭生活的恐惧而对一些仪式参与者以"哭"相骂。如大家熟悉的"哭"媒人就属于这类哭嫁歌词。"哭"媒人词一般都是"骂"媒人，但也有"谢"媒人的。如下面这段"哭词"，就对媒人在促成自己婚姻方面的努力，以及置办嫁妆等方面表示"感恩不尽"：

我的麻麻我的婶婶，自从不走，往日不行。

翻过年来，走得勤快，来得经常，三五两天又来一程。

我单手赶狗，双手筛茶，口里答应忙个不停。

你与父母一边商定，我隔壁一听冷气独心。

你劝我的父母，要我出屋，要我嫁人。

你说别人爹娘，买起花色衣襟。

上穿也合领，下穿也合身。

花言巧语，打动父母心。

父母松了口，把我许配人。

今天要出嫁，婶婶也诚心。

出手大方舍金舍银，给我置起几多陪嫁。

抬到山边山也红，抬到河边水也绿。

置起陪嫁，如意顺心，还望婶婶，经常照应。

① 向光清. 桑植民俗礼仪大全：第四卷. 北京：光明日报出版社，2005：46.

　　　　多谢婶婶，厚意深情，你的侄女，感恩不尽。①

　　又如"哭上头姐"也是。"上头"，又称"开容""开脸"，有点类似于今日的化新婚妆，但其含意更丰富。在土家族，该仪式是在姑娘出嫁的前一天或前一天的晚上，请同村未嫁姑娘"伴嫁"并吃"戴花酒"后举行。先由两位姑娘伴新娘到堂屋神龛前行拜祖"戴花"礼，然后请已出嫁但年龄不太大的嫂嫂、婶婶或姐姐等举行仪式，一般是将新娘头发梳成"粑粑"样式，再"开脸"。给新娘举行这一仪式的人，叫"上头姐"。该仪式"意味着女儿时代的结束和女人时代的开始"②，故其非常重要。这一仪式，其实是我国古代女子及笄礼的演变。

　　"哭上头姐"的内容主要是表达对"上头姐"的不满，因新娘不愿结束少女生活，但一旦"上头"，就意味着她的少女时代就要结束了，故此曲的主题是"怨"。如下面这个唱段：

　　　　我的姐姐我的亲人，妹妹把你操了心。
　　　　你无事不到我家走，平素不到我家行。
　　　　你今日必奉我婆家请，你是我婆家的大恩人，
　　　　你不会梳头莫费力，不会开脸莫劳神。
　　　　鱼归海里年年有，你怎肯做那上头人？
　　　　你拿起红绳传鸟语，你拿起梳子梳乌云。
　　　　你把妹脸上胭脂涂半斤，手又重来心又狠，
　　　　涂了一层又一层，好像泥巴糊灶门。
　　　　你把妹的眼眉扯得头发闷，别人的妹妹你不心疼，
　　　　眉毛绞得弯弓月，左右汗毛无一根。
　　　　我做儿做女今日止，再想做女万万不能，
　　　　做儿做女万般苦，总比婆家强十分。
　　　　我姐本是聪明人，偏来我家逞什么能？

---

　　①　向光清. 桑植民俗礼仪大全：第四卷. 北京：光明日报出版社，2005：56.
　　②　徐旸，齐柏平. 中国土家族民歌调查及其研究. 北京：民族出版社，2009：94.

绞什么眉来上什么头，你分明也是个大愚人。

你今日毁掉我女儿身，我无半点好谢忱，

我有心将你骂个够，又恐伤你大姐心。

对着大姐我大声哭，女人天生苦命人。①

　　这个唱段可谓是"怨气"十足："怨"上头姐来得早，早早结束了自己的少女生活，"我做儿做女今日止，再想做女万万不能"；"怨"上头姐的手艺不好，"你把妹脸上胭脂涂半斤……好像泥巴糊灶门"，怨她"手又重来心又狠""你把妹的眼眉扯得头发闷，别人的妹妹你不心疼"，弄得自己很痛苦。

　　"哭上头姐"一般也是对唱，"上头姐"听后，会回"哭"新嫁娘：

我的姐姐我的妹妹，你也不必哭得伤心，

我手拿梳子手也软，牙咬丝线心也寒。

把我的妹三股的辫子往上梳，二弯眉毛往下丢，

跟我妹妹拔了眉，绞了汗毛改了样。

姐姐奉你爹妈情，跟我的妹妹梳盘头，

前面三梳老鹳喝水，后面三梳蛟龙盘心。

左边三梳发福发贵，右边三梳富贵双全。

我的妹妹你莫伤心，你到他府去做贵媳贵人。

他家是个大户人，后仓满前仓进，

吃不完用不尽，有吃有剩乐安宁。

别怪姐姐手儿狠，上传下教一样行。②

　　"上头姐"在回哭之中，有对新娘出嫁心情的理解，也有对新娘"左边三梳发福发贵，右边三梳富贵双全"的祝福，与"他家是个大户人，后仓满前仓进，吃不完用不尽，有吃有剩乐安宁"的安慰。同时，"上头姐"也以过来人的身份，请出嫁新娘理解自己的"手儿狠"。

婚姻礼俗

①　向光清. 桑植民俗礼仪大全：第四卷. 北京：光明日报出版社，2005：44.
②　向光清. 桑植民俗礼仪大全：第四卷. 北京：光明日报出版社，2005：55.

当然，我们也要指出，上述"哭嫁"有的是真情流露，如对父母、兄弟等至亲的感恩、愧疚，对即将要离开的亲友的惜别等，但也有的可能已衍化成一项仪式了，其词虽有爱有恨，有苦有悲，但其"情"就不一定是真的了，如"哭媒人""哭上头姐"时对媒人、上头姐的"怨""骂"等并不一定是真的怨、骂。

综上所论，我们以为"哭嫁"的对象很丰富，但就"哭嫁"主角新娘来说，其内容主要是这几个方面：感谢至亲的养育之恩，抒发与亲友的惜别之情；表达对未来婆家生活的陌生与担忧；不愿早结婚，由此对促成婚姻的媒人、"上头姐"等人的"怨"。当然，这是就一般情形来说的，对于一些的特殊个案，就不在本书讨论之列了。

4."哭嫁"的文化功能

"哭嫁"并不全是伤心的哭泣或者号啕，也并不全是真正的痛哭流涕，而有着深层的文化内涵，它从多方面揭示了女子出嫁前后的内心状态。对"哭嫁"习俗的文化功能，人们在介绍这一婚俗时，会从不同的角度对其或详或略地说几句。对"哭嫁"的功能我们拟从两个层面来分析。

第一，"哭嫁"的文化功能。

从待嫁女的角度来分析"哭嫁"之俗，其主要的功能是情绪的宣泄。

（1）宣泄对家族亲友的感恩与依恋。土家族俗谚道："会哭不会唱，姑娘无人望。"出嫁姑娘哭嫁时愈是哀伤，愈能表现出对家族亲友的依恋之情。首先，从前面的介绍来看，"哭嫁"范围几乎涉及父系、母系中直系亲属的每一个人，也涉及家族（村）中的长辈以及与姑娘一起成长的好姐妹，甚至包括一些日常接触的动植物、器具等。其次，从上面列举的不少"哭嫁"词内容来看，"哭嫁歌"也确实表现了出嫁姑娘对亲友，尤其是父母、兄弟姊妹等的感恩和依恋不舍之情。

（2）宣泄对婚礼前后身份变化的焦虑，对婚后成家立业、独创门户的担忧。新娘在出嫁前多少参与了家里财产的创造，但在出嫁时只能取得少量作为嫁妆。同时，按民间习俗，新娘出嫁不得带走娘家的财气，故新娘辞家出嫁时要由兄弟背出大门，脚不能接触地面，以免带走了娘家的财气；土家族姑娘出嫁时要穿"露水衣""露水帕""露水鞋"，以防将不洁之物带到婆家。姑娘在家做女孩时，什么事都依赖父母，但现在即将出嫁，以后什么都要依靠自己了，对于未来的一切未知，对成家立业、独创门户有一些恐惧。而在生产力不发达的古代，人们生活大多数很艰难，姑娘目睹了父母养家糊口的不易，亲自经历了生活的诸般苦楚，面对即将开始的新生活，新娘子难免会充满担忧。上面举的"哭"父母、"哭"哥嫂就都有这层含意。又如下面这个唱段：

> 我的爹吔！我的娘呀！
> 我在娘家享清福，坐在闺房不出屋。
> 太阳出来三丈高，睡在床上伸懒腰。
> 天黑点起莲花灯，绣花拿起绣花针。
> 我到婆家长苦工，天晴落雨坐不住。
> 外面路都看不清，露水湿衣到半身。
> 走路脚踩烂泥坑，做活手拿锄八斤。
> 十里山坡路难走，五里茅岗难过人。
> 我是越想越害怕，我是越想越伤心。①

这种情绪除了体现在新娘的单独"哭"人，和人物之间的对"哭"外，也体现在出嫁女子"哭"仪式或器物时。如永顺县土家族女子田心桃唱的《哭梳头》词：

> 昔日伯母慈母心，把我头发扎成辫，高高兴兴过日子。
> 今日伯母好狠心，把我头发三把梳；
> 扯了眉毛改了样，扯了汗毛改了相；
> 从今变成下贱女，日日夜夜受人欺，这个日子怎么过。②

---

① 陈延亮，彭南均. 土家族婚俗与礼仪歌. 北京：民族出版社，2005：200-201.
② 谭徽在，胡祥华. 土家女儿田心桃. 北京：民族出版社，2009：174.

婚姻礼俗

其中的唱句"从今变成下贱女，日日夜夜受人欺，这个日子怎么过"，表达了出嫁女子对未来日子的无尽忧虑。而且在土家族"哭嫁歌"的不少唱词中，新娘子都称自己一旦离开娘家即为"下贱女"，反映出女子对做媳妇的恐惧心理。

（3）抒发对家乡景色的眷恋和对姑娘时代的怀恋。如"从今天以后，我离开了我经常唱歌的地方了；从今天起，我再也看不到我经常挑水的那口水井了；从今天以后，我再也看不到我经常睡觉的床了；从今天起，我再也看不到娘家所有的一切了"①。结婚对进入成年的人来说既是一种"进入"，也是一种"分离"。"进入"意味着一个人身份、角色的转变，一种全新生活的开始；"分离"则是对父母的离别、对以往生活的告别，所以留念、眷恋昔日生活情境乃人之常情。

（4）宣泄其他不满情绪。少数民族的恋爱、婚姻较之汉族地区，虽然较自由一些，但男女双方、女子和亲友总难免会有一些矛盾，使女子对婚姻或婚礼有程度不等的不满，因此新娘子有时也会借这个机会宣泄自己的情绪。慈利县碗田村土家族于女士说："往常是哭完长辈哭同辈，还有哭媒人的，程序很多。我还记得较清楚的，那时候这里流行哭嫁，婚嫁的女的几乎是以泪洗面，除了离家要伤心外，还有就是那时候婚姻都是家里操办的，请媒人来说媒，新娘就会在'哭嘎'②的时候发泄情绪，闹闹脾气。"③

宣泄不满情绪较多体现在举行某项仪式时的"哭"段里，如上面举的"哭上头姐""哭梳头"等，还有像大家最熟悉的"哭媒人"。在那种"父母之命，媒妁之言"的包办式婚姻中，媒人扮演着重要角色；即使是自由恋爱的婚姻，媒人也是造成新娘与娘家亲人早早分离的人。因此，几乎所有地方的"哭嫁"歌里，媒人都是一个尴尬的角色，一般都是被新娘子谩骂的对象，有时甚至被骂得狗血喷头，体无完肤，如下面桑植县的这段"哭媒人"：

我的麻麻我的婶婶，你的侄女气愤难平。

你好吃媒饭，趴到你娘的茅厕缸转。

---

① 盛义. 中国婚俗文化. 上海：上海文艺出版社，1994：151.
② "哭嘎"：慈利县碗田村土家族人对"哭嫁"的称呼。
③ 采访时间：2018 年 2 月 17；采访地点：慈利县碗田村 4 组于 MX 家；采访人：杨雅萍.

你好吃媒酒，趴到你娘的尿桶走。

为乐人家的谢成，我家的门槛你踢断，

板凳坐穿，碗口啃缺，筷子啃尖，狗子咬瘦。

板栗开花球对球，背时媒人想猪头。

豌豆开花个对个，背时媒人想猪脚。

你灶里烧的煤（媒）炭水，锅里煮的媒脑壳。

我把筷子翻几番，锅里煮的媒人肝。

我把筷子撮几撮，锅里煮的媒人脚。

对门山上种白瓜，背时媒人心黑哒。

对门山上栽韭菜，背时媒人绝九代。①

哭词运用排比、比喻等修辞方式，对媒人进行了一番恶毒的"咒骂"。面对新娘子的"咒骂"，媒人不能生气，要赔笑脸，进行有度的回应。如下面这个唱段：

我的侄女，我的姑娘，你一顿好骂，叫人恓惶。

天上无云不下雨，地上无媒不成双。

我管三年不做媒，田坎脚里蹲野人，

门槛脚里生寮蛋，芭茅家里孤寡人。

等你长到二十几岁，看到人家成双成对，

前头有人喊妈，后头有人喊爷。

别那时你心也慌意也乱，要踩烂我的铁门坎，

天天求我给你找伙伴，早把郎君搬进门。

如今你到人家去，做起贵媳，做起贵人，

我辛辛苦苦跑断双腿，得的就是这号谢忱。②

这里媒人一面大讲媒妁在促成婚姻方面的重要性，告诉新娘子自己为她

① 向光清. 桑植民俗礼仪大全：第四卷. 北京：光明日报出版社，2005：56.
② 向光清. 桑植民俗礼仪大全：第四卷. 北京：光明日报出版社，2005：57.

婚姻礼俗

的婚事"辛辛苦苦跑断双腿",新娘应当感谢自己;一面对新娘子"咒骂"也委婉表示了不满。当然,"骂媒人"除一些特例外,这一程式其实是有较强仪式意义的。也就是说,新娘"骂"媒人并不一定实指促成自己婚姻的媒人。对这一仪式的文化内涵,向柏松论道:"骂媒歌积淀了千百年来妇女对封建婚姻制度和以男权为中心的社会的谴责和反抗,是血泪和怒火相交织的抗议之歌。""骂媒是哭嫁女自婚仪以来日益淤积的抑郁悲痛情绪的总爆发,百无禁忌的责骂可以说是女子悲痛情绪发展到热点时的产物。所以骂者尽管骂,被骂者则若无其事,仿佛被骂的是他人,一副事不关己的神态。正因为如此,新娘对媒人极为刻毒的咒骂,竟为社会所容,沿袭成俗。"①

第二,"哭嫁"的社会功能。

"哭嫁"具有多重的社会功能:

(1)教育功能。"哭嫁歌"有着丰富的教育内容和教育目的,对女性产生了很多积极影响。其完整地传承了婚嫁礼仪,有利于婚俗文化的教育。"哭嫁歌"中体现了强烈的孝亲思想、尊老以及感恩观念:"不孝父母是讨人的嫌,世上把他的骂名传。""孝敬父母是人喜的欢啊,美名要传是万万的年啊。"②这对参与者无疑都是一场感染力很强的情境式教育。

"哭嫁歌"的教育功能在父母与女儿的"对哭"中体现得更为明显,如前面举的那段土家族母亲的"哭嫁"唱段中,母亲说到"为娘讲话你要听",而其话就是大量的为人处世等方面的道理。又如城步县苗族哭嫁中的"娘教女"唱段,也是面对面地对女儿直接进行教育。其"哭"词曰:

> 在屋做女贵如金,嫁到婆家改性情,
> 一来要顺公婆意,二来要顺丈夫心。
> 三餐茶饭勤打点,衣衫浆洗要洁净。
> 家娘骂你莫回嘴,丈夫打你莫冷心。
> 兄弟姐妹要和气,和睦相好一条心。③

---

① 向柏松.哭嫁习俗的成年礼意义.中南民族学院学报:哲学社会科学版,1991(5):82.

② 金述富,彭荣德.土家仪式歌漫谈.北京:中国民间文艺出版社,1989:200-201.

③ 湖南省文联《湖南歌谣集成》修订委员会.湖南歌谣集成(一).长沙:湖南文艺出版社,2009:278-279.

这些哭嫁之词"有利于帮助女性提高自我认知能力，让其更快地适应现有的社会秩序和社会观念"，但客观上来说，"这些哭嫁歌是父权社会家长制发展的产物，其中有很多教育内容是不符合人性发展的观点的，其教育功能自然会产生很多负面的影响，尤其不利于女性人格的健康发展"①。像本书中援引的两个唱段都透露出要求女子对丈夫、公婆等夫家人绝对服从的观点，就不利于女性身心的健康发展。因此，笔者以为对"哭嫁歌"这种风俗，尤其是对其内容需要辩证地看待。

（2）女性成年礼意义。一些学者认为土家族的"哭嫁歌"具有女子成年礼的意义。如向柏松认为："哭嫁为出嫁女预演了她婚后生活的行程，使她在'死亡'与'复活'的过程中，接受了道道痛苦的考验和长者的训诫，从而完成了由无牵无挂的少女变为能忍辱负重的妇女的过渡，从此便具备了成年妇女的素质。哭嫁习俗具有十分明显的成年礼意义。"②

对"哭嫁"的文化功能，学者们还有其他的论述，如有人以为土家族哭嫁歌"维持了土家族家庭的亲缘联系"③"文化传承功能"④等。限于篇幅，就不再一一阐述了。

"哭嫁"习俗，在湖南历史上曾非常兴盛，但正如前面在讨论"以歌为媒"现象在二十世纪八十年代以来的变化一样，随着时代的发展变化，"哭嫁"之俗无论是在边远的少数民族地区，还是交通发达的汉族地区，都有日渐消失之趋势。汉族聚居地区，如笔者家乡湘南永兴县豪山村一带，二十世纪八十年代两位姐姐出嫁时，我母亲、两位姐姐就"哭"过，当然其形式、内容远没有上面提到的少数民族地区那么复杂，但到二十一世纪，我的侄女们出嫁时，这一习俗已完全没有了踪影；少数民族人口较多地区，如湖南省张家界市永定区双岗村，据村中土家族姑娘吴珊（1997年—）说，他们村"汉化"得

---

① 蒋勇，赵伦娜. 无量山区彝族哭嫁歌传唱的教育功能及反思//白兴发. 火的盛宴：景东彝族自治县成立 30 周年彝学研究论文. 昆明：云南大学出版社，2015：242.

② 向柏松. 哭嫁习俗的成年礼意义. 中南民族学院学报：哲学社会科学版，1991（5）：82.

③ 黎帅，郭玲珍. 女性主位、成年礼与文化认同——对土家族哭嫁歌的文化人类学解释. 三峡大学学报：人文社会科学版，2014（1）：62.

④ 姚丹. 文化人类学视域下土家族哭嫁习俗的功能探析——以恩施土家族苗族自治州为例. 凯里学院学报，2010（1）：71.

非常厉害，也已经没有"哭嫁"的习俗了。①

（三）婚礼酒宴礼仪

中国人的婚丧嫁娶、生儿育女、庆寿、荣升、发财等都少不了举办规模不等的宴席。在不同的宴席中，因招待的对象不同，而有不同的礼俗。

1. 麻阳苗族自治县婚礼酒宴礼仪

在我国民间有"无酒不成宴"之说，因此婚礼上围绕"酒"的喝法也形成了不少礼俗。麻阳民间婚娶时女方做客兴两对，一对是姑娘的长辈伯叔，俗称"老客"；一对是其兄嫂或弟媳，俗称"王客"，婚娶酒宴以"王客"为尊。酒宴都需安排席位，且颇有讲究（如图5-3）。婚礼酒宴全由"朝台先生"②主持施礼。

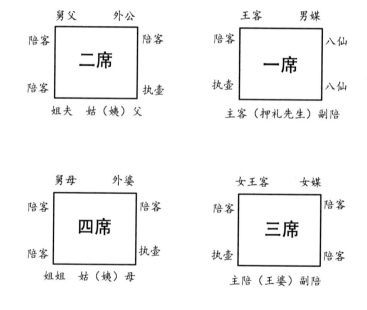

图5-3　婚礼酒宴席位安排图示

---

① 采访时间：2018年3月12日；采访地点：湖南科技大学立言楼；采访人：李跃忠。
② 朝台先生：一些地方对婚礼仪式主持者的称呼。

敬酒仪式由朝台主持，而其敬酒顺序也是约定俗成的：媒人、王客、外公、舅父、姑(姨)父、姐夫、其他亲戚朋友、八仙师傅(只敬不饮)、老客与亲家交讷，俗称"七亲八迎九交讷"。席间朝台的劝酒词和宾客们的回应之语，虽通俗却也带几分文雅，颇为有趣。整个酒宴仪式大致分如下几个阶段：

　　(1)开场白。诸项工作准备就绪，吉时一到，朝台先生向众亲普席作揖，发话："尊客与'红叶'均已入位，请八仙师傅响动云板，吹动笙歌，鸣炮奏乐。"唢响两曲毕。朝台说："承蒙二位八仙师傅，吹得望之俨然，我今有一言奉禀：'今天是寒舍愚侄(弟)××新婚喜庆日，承蒙各府诸亲驾临厚礼，深表感谢。炮火一响，三元就到。今舍下聊备薄酒，请各位尝纳尝纳。"宾客听后，答："今天是尊庭府前××鸳鸯好合完娶佳期，真是福禄良缘，定得三元子孙，有元老者寿元全家福元。"朝台继续说："今承×府门中，不择其意，送亲贵步来至我寒门，不奈住室偏窄，坐凳歪斜，恕不怂兮，桌子有高有低，板凳有长有短，筷子有粗有细，杯盏不一，真是敬客不恭。又蒙月老穿针引线，凿木搭桥，今日方能花好月圆。还蒙众亲缸抬美酒，银奉贺对。今日奉主家差造前来陪诸亲欢饮喜酒，恐怕言语冒渎，酒路不到，尊客不恭，望诸亲海涵宽恕。"

　　(2)酒宴礼仪。开场白后，先是"架筷奠酒"敬祖宗。朝台发话："请壶师普席行酒。"壶师斟酒。朝台说："今日鸳鸯成对，鸾凤和鸣，男女交杯已有归宿，众亲众戚欢笑而至，人人都有先辈，个个都有祖宗，请诸位架筷奠酒，孝敬祖宗先辈。"接着朝台说："此是喜酒，普席同饮双杯。"

　　敬祖宗后，酒宴正式开始。朝台按约定俗成的顺序主持敬酒仪式：

　　①敬媒人。朝台说："在朝廷君为尊，在学堂师为尊，新造华堂敬鲁班，洞房花烛敬媒仙。今日××花好月圆，全凭媒仙撮合，想当初一来一往，娘家说得千般有理，婆家讲得万般顺情，洛阳已渡鹊桥，完成两姓之交，真是无比功高。请壶师出壶，给红叶红娘敬上一个四双八杯。"

　　媒仙推辞："朝台席尊，依不得你美言奉承，当日承蒙主家没有嫌弃在下，才差遣愚为作合，没有××堂上开恩，你我大家今日都不能共堂饮酒。今日后亲破费备办嫁妆，礼所当尊，我今已上席，何当升敬?"

　　朝台说："红叶说话果然有礼，虽然是后亲当尊，怎奈是天上无霄不下雨，地下无媒不成亲，娶妻非媒不成。想当初，茅路都踩成了大道，高山都踏变平地。今日娶亲，一路跋涉，受尽风寒，实在是花前月下忙碌奔波，主家应永不忘你重恩，莫说四双八杯，照礼敬上千杯不足。何况千里的路程一里是一里，无量的宝塔一层是一层，只要红叶引红，位位请升，请壶师出壶敬酒(敬双杯)。"

媒仙双手抱拳，向满堂鞠躬，说："承蒙朝台再三奉敬，说得我心甘情愿。我不读诗书，不得好言回答，俗言不入贵人之耳，再要推辞，耽误了后亲。我就领一大一小，齐眉到老。诸位众亲，我就得罪了。"话毕饮酒。朝台发话："大家举杯奉陪，让酒不让菜，请大家宽用菜。"用菜后①，朝台问："第一杯敬酒过清吉了吗？"众答："过清了。"朝台又说："敬媒酒已过清吉。今日好事成双，请壶师出壶，再敬上一个双杯，合成四季。"

②敬王客。朝台转向王客说："今日有劳后亲大驾，当日承蒙贵府开恩，两家才成为一家，今秦晋之义已结，了却两家一桩心愿。今日又承蒙亲台敬费，备办嫁妆，沿途两岸，红花满路，尽展亲台之威，我代主家深表感谢，不嫌水酒不恭，敬诚浅稀，伏乞鉴格薄酌，略表敬意，望亲台领上四双八杯。请壶师出壶敬酒。"

王客听后发话："我身为后亲，定有前亲，有道是'水有源头树有根，万山发脉由昆仑'，既然前辈亲戚已高居首位，晚辈怎当升敬？请朝台给前辈亲戚敬酒，这才是理所当然。"

朝台对答："尊客言之有礼，依不得你桃李茂盛，勤学多才，多才之士居八斗，博学之士赛五车，道古晓今，为愚欠读圣贤，也略知礼义。虽有前亲在座，他们以往敬也敬过，饮也饮过。今日你位列三台，官居一品，礼当升敬，请后亲不要推辞，壶师出壶敬酒。"

后亲答道："朝台席尊，承蒙你贵言夸奖，实是惭愧，我今享朝廷之禄，受公侯之福，面有愧色。当日凤凰对鸡鸭，富户对寒门，枯木无叶，赤身无衣，竹叶状元倍增是实。今日高门已攀，那我就愧领双杯，诸位众亲得罪了。"站起，双手抱拳，深鞠一躬，捧杯饮之。朝台发话："今日满门喜庆。好事一桩，请壶师出壶再敬个双杯，合成一个四季。"

---

① 按：后面每次敬酒后，朝台先生都要请众亲用菜。

③敬外公、舅父。朝台转向外公、舅父说："后亲已说"水有源头树有根，万山发脉由昆仑"，没有外公舅父后园金竹马鞭所发，满堂众亲也不能饮上这杯喜酒，何况外公(舅父)缸抬美酒，银奉贺对，吹吹打打，热热闹闹进了华堂，真是把外公(舅父)盘剥重了，今日你外孙(外甥)喜结良缘，在此佳期理应敬上个四双八杯，请壶师出壶敬酒。"

外公(舅父)谦答："承蒙朝台金玉良言，我这年迈老夫，实在比不上当初，今日饮这喜酒，薄礼愧对我外孙(外甥)，怎好意思让你们敬酒？依我所说，自古英雄出少年，有能力的还是年轻人，姑爷姑母、姐夫姐姐，慷慨解囊，不惜重金相送，今日华堂生辉少不了他们之力，请朝台为他们敬酒。"

朝台对答："三山五岳昆仑为大，你今坐上首，又是前辈至亲，自古以来，敬老尊贤，老者敬也！幼者痛也！请前辈勿要推辞。壶师，给前辈敬酒。"外公(舅父)双手抱拳，满堂鞠躬："恭敬不如从命。我就愧领了。"

④敬姑(姨)父、姐夫。(略)

⑤敬其他亲戚朋友。因众亲友不好排座位，朝台只发话："给亲戚朋友普席敬酒。"

⑥敬八仙师傅。朝台说："承蒙二位八仙，离却仙洞，受了半天腾云驾雾之苦，今日驾归凡间，未有所敬，略将鲁水为尊，望八仙师傅领上个四双八杯。"八仙回答："朝台话语有理，承蒙你言语奉敬，今日之中，月老后亲当尊，理应当敬。我二人在山上修炼，违背了山规，得罪了师傅，被师傅赶我俩下山。我们只有乡乡渡银河，处处渡银波，因自罪如山岳，何敢享受凡民之禄？实不敢当。"朝台发话："二位仙师言之有理，自从离洞在凡，想必是仙机不可泄露，然后而饮(只敬不饮)，那就请八仙师傅摇动云板，吹响笙歌，渡过银河，鸣炮！"吹两曲毕，再鸣炮。

鸣炮后，席间休息，壶师献烟。烟毕，敬第九杯酒，即敬老客。

⑦敬老客。也俗称"久长久圆"酒。这时，亲家会面，相互交讷。首先由朝台发话："请新亲家入席，亲家会面交讷。"亲家入席。朝台说："请壶师出壶，给后亲长辈敬上个四双八杯。"敬双杯后，朝台发话："壶师普席斟酒，亲家会面畅谈，各管各席，请诸亲戚开怀畅饮。"

(3)散席。解除约束之后，各席畅所欲言。酒宴到了一定时候，厨房要出鸡、鱼两菜，俗称"鸡飞鱼跃"，表示快要散席了。满堂散席以王客席为尊，其他各席即使吃好了，也要架筷子相等，不能提前离席。王客一下席，八仙吹动笙歌，鸣炮告散，其他客人等王客下席后，按大小顺序退下。①

2. 石门县土家族宴席之"菜品""敬烟"礼俗

石门西北山区民间婚宴、寿宴等都有一定规矩，在菜品、数量、上菜的顺序等方面都有讲究。他们认为来了客人桌上要摆 12 碗、16 碗、20 碗三种，只弄出一碗两碗菜根本不成席面，桌上放三碗菜则是三牲敬神，不是待客，四碗不丰盛，五碗是请亡人吃饭，六碗是让死囚、临死人吃生前最后一餐，称"赏禄"，七碗八碗则是把客人当成强盗抢犯，据说如若席面上摆七碗八碗菜时，脾气大的客人可以掀桌子，主人也不能见怪，九碗以上就行了。菜品上，只要席面上有炉灶炖钵主菜，其他任意配上几个菜肴都合乎规矩。县内所街乡刘家拐村盛芷娥传唱的《摆席歌》即记录了这一规矩：

> 一碗二碗说不出口，三碗是敬神，
> 四碗拿不出手，五碗是叫亡人，
> 六碗是赏禄，七强八盗九江湖。
> 有了炉子和炖钵，多少碗儿都算数。

设宴时先上"压桌"（主菜），次上粉丝两大碗，粉丝中间杂有油炸豆腐，大碗冒尖，开胃爽口。桌子上讲究四肉②四鱼③。最后上油炸豆腐炒米丸，特别是婚宴必须在豆腐炒米丸上来后才可动筷子开餐。

在石门县给客人敬烟亦有规矩。每逢婚、丧乃至赶场、看戏，石门人均出钱请"烟袋客"（以此营生的人）来招待。规矩是烟袋客自带丝烟半斤，不够用时由雇主购买。丝烟用布兜包装好，挂于胸前。烟具是烟袋客装制的"铜水烟袋"，比家用烟袋大三分之二，可弯曲可伸缩，宾客坐定后，烟袋客便将烟管伸到宾客嘴边，请吸烟。宾客如抱拳、摆手或摇头，表示不会吸或不

---

① 张继禄. 民间婚娶酒宴礼仪//麻阳苗族自治县文史委员会. 麻阳文史：第 5 辑·麻阳民俗风情. 内部资料，1999：86-92.

② 肉有坨子肉、片子肉两种，加上鸡肉羊肉两钵，组成四肉。

③ 墨鱼、银鱼、油炸鲫鱼、汤鱼组成四鱼。

吸，烟管便伸往他人；宾客若微笑，点头示意接受，烟袋客便把丝烟填满烟斗。

宾客须懂得吸烟"三口半"习俗。即先做一次深呼吸，然后嘴衔烟管，烟袋客才给点火，宾客深吸后用鼻孔喷出烟雾，这算第一口；接着嘴不离管，吸少许，上唇张开，将烟雾吐出，这算半口。一口半后，烟袋客便清空烟灰、换烟、燃火，让宾客再连续深吸两口，烟雾仍须从鼻孔喷出。只有这样，才称得上是"行家""里手"，才受人敬羡，否则叫"呆驼""傻瓜"，被人鄙视。

富户嫁女，必置一"铜水烟袋"做嫁妆，越精致越好。结婚时，摆在新房当眼处，既为装饰，又备待客。客人来访，新娘装烟，表示恭敬。否则，视为寒酸。①

① 石门县文史委员会. 神奇石门：民俗卷. 北京：大众文艺出版社，2007：141-142.

寿庆礼俗

　　我国民间一般将五十岁以前庆贺生命渡过难关、健康成长的习俗，称"庆生"，像"三朝""满月""百日""周岁"等就都属于这一习俗。此外，在每年出生之日举行的庆贺活动，即民间俗称的"过生日"亦属庆生习俗。但人在"知天命"、耳顺、古稀、耄耋、期颐这些五十岁后整十年过的生日，则可称"庆寿"了，也可举行浓重的庆贺仪式。有些少数民族在年轻时不愿庆生，他们认为子女出生日是母亲的"母苦日"，不能大加庆祝。因此本章只介绍湖南世居少数民族的寿庆礼俗。

（一）延年祈寿习俗

追求长寿长生应是人类共有的诉求之一。我国民间围绕祈寿，形成了丰富多彩的习俗。民众既认为冥冥之中有掌管人类寿命的神仙，如大司命、南极仙翁、西王母、彭祖、东华帝君等，也相信仙界有种类繁多的可以延年益寿的灵丹妙药，如西王母的蟠桃、西王母瑶池的九叶灵芝、麻姑的寿酒等。民间既有芸芸众生庆贺人生渡过"劫难""关口"的庆生礼俗，也有方家术士炼仙丹以求羽化飞升、拜神祈求延年益寿的习俗。在湖南世居少数民族民间形成了许多有趣的祈求延年益寿的习俗。

1. 土家族"朝斗"习俗

"朝斗"，即朝拜南斗星以求延年益寿习俗。《三国演义》第 103 回有诸葛孔明在五丈原设坛"祈禳北斗"为自己祈寿的情节。小说是这样写的：孔明曰："吾素谙祈禳之法，但未知天意若何。汝可引甲士四十九人，各执皂旗，穿皂衣，环绕帐外，我自于帐中祈禳北斗。若七日内主灯不灭，吾寿可增一纪；如灯灭，吾必死矣。"[①]后来因为魏延匆忙来报军情，误碰翻了主灯，导致延寿失败，孔明终亡。从这里可以看出，在元末明初[②]民间即已盛行"祈禳北斗"以延寿的习俗。

湘西土家族人相信"北斗注死，南斗注生"，认为南斗星系是专门负责人间生命的神，故而朝拜，以求给自己增添寿命。[③] 湘西土家族、苗族民众崇奉南斗星、北斗星[④]，在许多宗教祭祀的科仪活动中，都要请（供）南斗星、北斗星。如湘西土家族《梯玛神歌》中的"梯玛"可以和"南斗六星""北斗七星"称兄道弟[⑤]；湘西苗族"椎牛祭"时，其法器令牌的左、右两侧就分别刻

---

① 罗贯中. 三国演义（下册）. 北京：中华书局，1995：1167.

② 按：罗贯中生卒年虽然不详，但人们一般认为其生活在元末明初，小说《三国演义》的成书年代也有不同说法，但一般认为是罗贯中入明后才写定。

③ 周明阜，胡晨，胡炳章. 湘西风土志. 北京：中央民族大学出版社，2012：199.

④ 《星经》云："南斗六星，主天子寿命，亦主宰相爵禄之位。"在民间流行"南斗注生，北斗注死"之说。北斗即北斗七星。故后面"北斗六星""南斗七星"之说，当误。

⑤ 湖南省文化厅. 湖南省非物质文化遗产名录（一）. 长沙：湖南人民出版社，2009：7.

有"北斗六星""南斗七星"字样①；沅陵傩愿法事中，主祭神是傩公傩母，其次还有五猖神、二郎神，以及北斗七星、南斗七星、功曹等，而且在《接驾词》中亦有"南斗七星桥上过，北斗七星上桥来"②的唱词。

图 6-1　正在作法的土家族土老司(李跃忠摄于沅陵县七甲坪镇伍家湾)

对民间"朝斗"习俗，民国十年(1921 年)《合川县志》有简单记载。从记载来看，"朝斗"是在生日时，由僧道主持的一项仪式，其内核是"礼忏"，即诵经。其文曰："生日，多延僧道于家，或假寺观设南斗、北斗星牌，然以灯烛，诵经礼忏而罗拜之，以冀延生，谓之'朝斗'。"③

很显然，这是受我国本土宗教——道教影响的结果。道教是以"道"为最高信仰而得名的，信士相信人经过一定修炼可以长生不死，得道成仙，④ 并在长期的历史发展中，创造了很多延寿科仪。如晚唐五代杜光庭(850—933年)编著的《道门科范大全集》中，收录的汉代以来的"朝斗"科仪计有《南北二斗同坛延生醮仪》《南北二斗同醮仪》《南北二斗同醮宝灯仪》《北斗延生清醮仪》《北斗延生捍厄仪》《北斗延生仪》《北斗延生忏灯仪》《北斗延生醮说戒仪》《北斗延生道场仪》等，其中多属延生科仪。这些科仪适合富贵人家在生

①　张子伟，张子元. 湘西苗族椎牛祭. 长沙：湖南师范大学出版社，2012：108.
②　刘冰清，金承乾. 辰州傩歌. 北京：中国文史出版社，2006：221.
③　丁世良，赵放. 中国地方志民俗资料汇编：西南卷. 北京：北京图书馆出版社，1991：216.
④　卿希泰. 中国道教史：第一卷. 成都：四川人民出版社，1996：1-2.

寿庆礼俗

日庆贺中使用，以满足世人延寿之心愿。

这些科仪多数有烦琐的程式，如《北斗延生道场仪》凡三卷，要求"静夜行道"，面向北斗，法事升坛及各礼师存念，之后宣"卫灵咒"，鸣法鼓二十四通；再请称法位，宣奏词章，唱读忏悔词章，许愿；之后复炉礼毕，如此反复。摘卷六十二中的一段忏词如下，以见该科仪的目的：

> 臣某等谨同诚上启北辰帝座、斗中七星、五福、十神、二十八宿，周天列耀、一切尊灵。臣闻有命在天，孰不资于洪造。……启道筵，再伸献礼。香烛交腾于瑞雾，星灯烂接于神光。法音琅琅，仙仪翼翼。天人相交之际，福禄来下之时。灵契斯通，至诚所感。愿延命限，展寿域……①

广大信士在锣鼓磬钟、嗡嗡祷词中，随着道士的舞蹈而叩拜，将自己的诉愿传达给北辰帝座、斗中七星、五福、十神、二十八宿等"周天列耀、一切尊灵"，以求得他们的恩准，实现"延命限，展寿域"的目的。

道家科仪中，除了上述"朝斗"以延寿的科仪外，还有一些其他的用于祈寿的斋醮科仪，如《灵宝领教济度金书》的《延寿仪》以及"祈寿延年符""祈寿表"；《上清灵宝济度大成金书》中的《祈寿三朝仪》《延生九朝仪》《延生三朝仪》《寿星灯科》《祈寿设醮科》等，就都属这类科仪。

"朝斗"祈寿习俗，亦被创编进一些地方戏曲剧目中，如在湖南多地盛行的一个喜庆剧目《赵颜求寿》（又名《百寿图》），便是在该习俗文化背景下演绎而成的故事。该剧中南斗星君、北斗星君奉玉帝旨意巡查人间善恶，在林内摆棋盘下棋解闷。年方十九的赵颜，因前世作恶多端，阳寿将尽，他在管辂的指点下，携龙凤酒偷偷让二星饮了，而后向二星求寿。二星念赵颜今世孝顺，乃给其添寿至百岁，并赐其椿萱并茂、富贵永享、金玉满堂。摘浏阳市宋伟军传抄的《百寿图》中部分相关唱念之词如下：

---

① 杜光庭. 道门科范大全集//道藏：第31册. 北京：文物出版社；上海：上海书店；天津：天津古籍出版社，1988：903.

（生、净同上）

生：（唱）观天地，和日月，乾坤浩荡。

净：（唱）天连水，水连天，渺渺茫茫。

生：（白）吾乃南斗星君是也。

净：（白）吾乃北斗星君是也。

生：（白）星君请了。

净：（白）请了。

生：（白）你我奉玉帝旨意巡查人间善恶，来此是南赡部洲，不免将历代帝王细表一回。

…………

生：（白）星君，赵颜来到此地，不知何人泄露天机。

净：（白）平原县有一管辂，生就一双慧眼，能知未来之事，定是此人。

生：（白）赵颜既来此间，星君何不将他阳寿查看一番。

净：（白）待吾查来。查得山西平原郡，陆林村，赵范之子，名曰赵颜，前生作恶多端，今生只活十九岁，夭寿而亡。赵颜，你今年多大年纪？

…………

生：（白）星君，你看赵颜哭得可怜，还要将他阳寿添上才是。

净：（白）恐上苍闻知，你我吃罪不起。

生：（白）上苍也有好生之德，添得的。

净：（白）添得。这便宜酒你要少吃。

生：（白）你也要少饮。（同笑）

净：（白）赵颜，你十九岁该亡，如今将"一"字改为"九"字，你寿诸九十九而终。

小生：（白）何不多添一岁，凑成一百岁！

…………①

---

① 采录时间：2018 年 7 月 20 日；采录人：李跃忠、曹冠英。

寿庆礼俗

2. 土家族、苗族"打十保护"以延生

"打十保护",又称"保福",其原初的本意在于延寿,后逐渐演变为一种治病的巫术仪式。在民间看来,某人医治无效,乃是阎王爷要勾其命,于是大家联名担保,希望阎王爷看众保人的面子,暂缓一段时间。这其实也是一种延寿习俗。①

这一习俗在湘西、怀化土家族、苗族民众居住地颇为盛行。这可从明清时期的一些文献记载看出来。如明清时成书的《五溪蛮图志》载今怀化(怀化,古称"五溪")"亦有'打十保护'者。或为久病不愈,则托邻近亲友,代邀十人,出为请祷而保护之之谓也"②。又清代民国时修撰的一些地方志亦对其做了简要记载:

> 道光元年(1821 年)《辰溪县志》:"又,邻里有病,互为敛钱延巫,列名祈祷,曰'保福'。"
>
> 道光四年(1824 年)《凤凰厅志》:"疾病延医服药之外,惟祈祷是务。父母病,则延老者十人,用牲牢代为请命于神,谓之'打十保护'。"
>
> 同治八年(1869 年)《续修永定县志》:"凡男妇遇休咎,谒庙叩祝,谓之'烧香'。病者命巫代祷,谓之'求福'。"
>
> 同治八年(1869 年)《慈利县志》:"凡男妇辈遇有休咎,诣庙叩神,谓之'焚香'。或有病剧者,命巫人代讶(祈),谓之'求福'。"③

"打十保护"又称"求福",而在我国民间俗信中,长寿乃据"福"之首。如《韩非子》载:"全寿、富贵之谓福。"④又《尚书》中列民间最为期盼的"五

---

① 周明阜,胡晨,胡炳章. 湘西风土志. 北京:中央民族大学出版社,2012:199-200.

② 沈瓒,编撰,李涌,重编,陈心传,补编. 五溪蛮图志. 伍新福,校. 长沙:岳麓书社,2012:90.

③ 丁世良,赵放. 中国地方志民俗资料汇编:中南卷. 北京:北京图书馆出版社,1991:608、634、668、627.

④ 韩非. 韩非子//赵敏俐. 国学备览:第 7 卷. 北京:首都师范大学出版社,2006:233.

福"是："一曰寿，二曰富，三曰康宁，四曰修好德，五曰考终命。"①均是将"寿"（即长寿）列为"福"之首。

对"打十保护"的具体做法，《湘西风土志》一书的编撰者介绍说：病者之家备猪一头或羊一只，若家贫也得备猪头一个，香纸、酒肉、米若干，再选十位年轻力壮的男子担任"保驾大王"。巫师在锣鼓声中做法事，先请阴兵神将，再请"当坊土地""管寨娘子""保寨郎君""管龙土地""管虎仙人""古老先人"等，然后率领诸路神将阴兵前往三羊洞，与三羊洞主谈判。此时，巫师要模仿三羊洞主的腔调，与十位"保驾大王"对答一番："第一位保驾大王，你保不保得？"答："我保得！"如此问答十遍。每问答一次，巫师要用竹玫验证回答的话是否虚伪。若玫吉，则可；不吉，则再卜玫，直至吉为止。问答完后，巫师身穿妇女的服装，手握一木杵，杵上绑一柄雨伞，将病者之魂藏于伞下，在十位青年男子的护卫下，绕堂屋三周，以示将病者之魂赎得，病者即能够恢复健康，延长生命了。②

怀化沅陵县苗族巫师主持的"打十保护"法事，则与湘西土家族的法事有一些差异。其法事过程为：巫师作法时，戴五福冠，穿背绣蟠龙的红色对襟天师袍；右手持水牛角，左手执巫刀。作法的地点在事主家堂屋。另要五个人扮作"五猖"，装扮分别为：一人戴破斗笠拿火枪、一人拿弓和箭、一人拿虎叉和铁尺、一人倒披蓑衣手拿齐眉棍、一人身背鱼篓手拿捕虾米的竹筒。巫师作法时吹牛角，摇动巫刀，旋转，"五猖"也随着巫师旋转。法事完后，事主请巫师和扮五猖的人吃饭喝酒，主菜是狗肉，另还要做豆腐吃。吃饭时，事主要问法师和扮五猖的人："吃饱了没有？"他们必须回答说："吃饱了，喝足了。"这些人要吃饱喝足才吉利，否则法事等于没做。饭后，巫师作法出门，扮五猖的人跟着巫师出去。到屋门外时，扮五猖的要把做法事时拿的、戴的、背的东西都放在事主屋门口，然后拿起"神福"（指敬神用的猪肉、一碗饭、一只雄鸡），跟着巫师去溪边。到溪边后，巫师作法、燃香、烧纸钱、斩鸡、把饭和水泼掉，这叫"撒水饭"。把撒水饭用的碗覆盖在烧香纸的

① 张馨，校注. 尚书. 北京：中国文史出版社，2003：174.
② 周明阜，胡晨，胡炳章. 湘西风土志. 北京：中央民族大学出版社，2012：200.

地上。巫师把鸡和"神福"拿走，扮五猖的人各自回家。仪式完毕。①

从上面的介绍来看，"打十保福"是一种在特殊情况下，即仪式举行者患病的情况下，邀请巫师举行的一种除魔祛病的仪式，因此是一种较为特别的延寿仪式。

3. 苗族"冲寿傩"以祈寿

湘西苗族盛行"还傩愿"之俗，其名目繁多，举凡家人害病、家畜家禽发瘟、五谷歉收、无子嗣等，均向傩神许愿，而后在秋、冬季择吉日请巫师"还傩愿"。"傩祭的目的在于为愿主求嗣，或避灾去邪，求吉纳福。凡属求子之愿，谓之'喜傩'；祈寿之愿，谓之'寿傩'；巴代度法之愿，谓之'恩傩'。"②湘西山区"求子、求寿、祈求六畜兴旺，也常许'傩愿'，请巫师来做法事，保佑全家清泰平安，即所谓'祈福'，禳灾祈福。'还傩愿'时，大多要演唱傩戏《姜女下池》"③。

苗族还傩愿有一套复杂的程式，据民国时期石启贵的采录，计有"安司命""发锣鼓""安土地""铺坛"……"孟姜女戏书"等31节④。在花垣县苗族民间，民众所许之愿有"太平愿""求子愿"和"消灾愿"三种情形。虽然缘由不一样，但程式大同小异，只是侧重点不同而已。其傩仪可繁可简，有一天一夜、三天三夜的，也有五天五夜的。如作为"寿傩"专场的话，笔者以为，最能体现这一仪式的，应是晚场的"和尚"一场。这是一场为东家做道场以解除疫鬼、消灾延寿的戏，分三个场次。其中第三场"解疫"的许多唱念之词，体现了祈寿的目的。摘其部分唱词如下：

> 白：上来迎请南无中天星主消灾炽盛王佛，娑罗树光王佛，消
> 灾延寿王佛。证盟功德，香花迎请，北斗七星，南斗六星，周天二
> 十八宿星君，金木水火土星，十二太昊星君。星辰洞鉴，辉照

① 怀化大辞典编辑委员会. 怀化大辞典. 北京：改革出版社，1995：645.

② 石启贵. 民国时期湘西苗族调查实录：还傩愿卷. 北京：民族出版社，2009. 3.

③ 贾国辉，等. 湖南"孟姜女"调查报告//王荫槐. 嘉山孟姜女传说研究：下卷. 长沙：湖南师范大学出版社，2012：114.

④ 石启贵. 民国时期湘西苗族调查实录：还傩愿卷. 北京：民族出版社，2009.

法坛。

　　唱：傩天不夜号长春，耿耿银河浩渺横。

　　月耀中天星斗亮，光垂大地海江明。

　　娑罗树大遮阴广，泰斗光宏普照明。

　　且喜今宵蒙福处，沾思(恩)解厄是东君。

　　南无云来集菩萨摩诃莎。

　　白：……奉请天官解疫，地官解疫，水官解疫，火官解疫，东

家禳解一切疫。

　　唱：移星转斗到东方，木德星君降吉祥。

　　户主从今禳解后，消灾免难寿延长。

　　移星转斗到南方，火德星君降吉祥，

　　户主从今禳解后，消灾免难寿延长。

　　移星转斗到西方，金德星君降吉祥。

　　户主从今禳解后，消灾免难寿延长。

　　移星转斗到北方，水德星君降吉祥。

　　户主从今禳解后，消灾免难寿延长。

　　移星转斗到中央，土德星君降吉祥。

　　户主从今禳解后，消灾免难寿延长……①

　　和尚请来"消灾延寿王佛"以及其他诸多神仙，为主家"消灾免难寿延长"，其祈寿延寿的目的非常明确，不过该仪式和前面"打十保护"一样，也是一种在特殊情况下举行的祈求延寿的仪式。

4. 其他求寿、延寿习俗

　　除了上述通过举行较为隆重的仪式以延年益寿的习俗外，湖南世居少数民族民众还有其他一些求寿、延寿习俗。

　　(1)求神延寿。中国民间有许多司掌人类寿命的神，既有专职的，如寿

　　① 湖南省花垣县文史资料研究委员会. 花垣文史资料：第12辑·神奇的花垣·风情篇. 内部资料，2007：261-262.

星、麻姑、西王母等，也有因其法力强大，而被民间奉为司寿之神的，如观音菩萨、地母娘娘等。对这些神，人们都顶礼膜拜，虔诚供奉，以祈其能给自己延年益寿。

我国民间非常崇奉观音菩萨。清代著名文学家蒲松龄在《关帝庙碑记》曾言："故佛道中惟观自在（按，即观世音），仙道中惟纯阳子（按，即吕洞宾），神道中惟伏魔帝（按，即关帝），此三圣愿力宏大，欲普度三千世界，拔尽一切苦恼，以是故祥云宝马，常杂处人间，与人最近。"①观音本称"观世音""观自在""观世自在""光世音"等，梵语是"阿婆卢吉低舍婆罗（Avalokitê śvara）"，意为观照世间众生痛苦中称念观音名号的悲苦之声。在唐代，因避李世民之名讳，略去"世"而只称观音，并沿用至今。观音的"法力"是无边的，尤其是在救难、解厄等方面，佛经《妙法莲华经·观世音菩萨普门品》云，只要称念观音名号，菩萨即会应声而现，使人得到"解脱"，自然也包括向其求寿。如衡山县民众，因南海观音菩萨"能普度众生，救苦救难，农民多向他祈福、求寿，免除疾病，保佑人口平安"②。从湘西、湘西北、湘南等地兴建的为数不少的观音庙来看，这些地区的少数民族民众也应该是一样的。

花垣县苗族有一座地母娘娘庙，供地母娘娘，民间求子、保胎、祈福、解灾，多祭之。也有念《地母经》祈福求寿、保平安的。③ 地母娘娘，民间亦称地母元君、后土娘娘、后土、后土神、女天帝及后土皇帝等。《地母经》乃《黄帝地母经》的简称，通常附载于《黄历通书》的首页。《黄帝地母经》根据太岁干支依六十甲子的顺序排列，预测该年农作物的好坏，及地方上可能发生之事。引篇首"甲子年"的内容如下：

①太岁姓金名赤，另一说姓金名辨。

②诗曰：太岁甲子年，水潦损田畴。蚕姑虽即喜，耕夫不免

---

① 蒲松龄. 关帝庙碑记//盛伟编. 蒲松龄全集：第2册. 上海：学林出版社，1998：14.

② 湖南省立衡山乡村师范学校. 衡山县师古乡社会概况调查//李文海. 民国时期社会调查丛编·二编·乡村社会卷. 福州：福建教育出版社，2014：907.

③ 湖南省花垣县文史资料研究委员会. 花垣文史资料：第12辑·神奇的花垣·风情篇. 内部资料，2007：188.

愁。桑拓无人采，高低禾稻收。春夏多淹浸，秋冬少滴流。吴楚桑
麻好，齐燕禾麦稠。陆种无成实，鼠雀共啾啾。

③《地母经》曰：少种空心草，多种老婆颜。白鹤土中渴，黄龙
水底眠。虽然桑叶茂，绸绢不成钱。①

地母信仰，实源于中国古代对土地的崇拜，是土地化生万物之观念的
衍变。

（2）以"架花桥"巫事祈去病求寿。宜章莽山瑶乡民众若久病不愈，即请
法师行"架花桥"之术：用一根新树置换桥上最中间的旧树，在桥上杀鸡祭
祀，用糍粑酒肉供奉桥公桥母去病求寿。据说此俗现仍保留。② 而江永县一
带的瑶族民间曾有"为老人求健康增寿要架'黄河大桥'"③的习俗，可惜提到
这一习俗的研究者，没有对其做具体介绍。

（3）演戏求寿。在湖南多数地区有演戏求寿的习俗。据《湖南戏曲志简
编》介绍，湘俗愿戏有求福、求寿或禳病消灾等。民众先具疏至神前叩许，
择吉日请戏班演戏酬神，叫"家愿戏"。"资足者请大戏班至庙台或搭草台演
唱。力薄者请花鼓小戏班，乃至傀儡、灯影戏班，或半巫半俳之傩堂戏，随
时至家，法事之余就地演唱；也可趁庙台演戏，私人出资加演一至数出，作
为家愿戏。"④演戏有的是请人戏班，有的是请傩戏班。

（4）做善事求寿。我国民众受佛教因果报应思想的影响，认为多行善事
会得善报，亦可延年益寿，因而民间衍生了修桥、修路或修建庵寺等以求寿
的习俗。如永顺县有一座蟠桃庵，便是明代永顺县土司彭世麟（？—1507 年）
"为母求寿"而修建。此庵位于城外东部一公里处，惜现已毁，但在遗址处尚
存石朝门一座。民国《永顺县志》对此记载说："蟠桃庵在颗砂，彭世麟建，
即世麟为母求寿，因于颗砂行署之东建佛阁一栋，名曰'蟠桃庵'。庵供大士
一尊并阁堂圣像，均系铜铸。"⑤

① 易新. 解读老黄历. 广州：广州出版社，1998：67.
② 《湖南瑶族》编写组. 湖南瑶族. 北京：民族出版社，2011：383.
③ 胡铁强，陈敬胜. 族群记忆与文化认同：瑶族史诗《盘王大歌》的文化学解读. 湘潭：湘潭大
学出版社，2012：57.
④ 湖南省文化厅. 湖南戏曲志简编. 长沙：湖南文艺出版社，2013：373.
⑤ 永顺县老司城遗址管理处. 老司城遗址周边遗存调查报告. 长沙：岳麓书社，2013：29.

寿庆礼俗

(5)贿赂阴司官员求寿。如侗族的"奏钱洞"。新晃侗族学者秋鸿介绍说，侗族人如患病危重，医治神疗无效时，最后多会请道士"奏钱洞"。"奏钱洞"就是用冥币、纸钱"买命"，通过道士的关系，向阴间行贿。侗族人认为阴曹的统治者受了贿赂，便会放宽死限，延长病者生命。"奏钱洞"的作法是：用竹子织成锥形笼，像钟一样吊在门口，上面挂着许多纸钱，以及无数的符咒，装成一座钱山模样，这便是"钱洞"。"钱洞"的数量，视家庭的经济情况而定，一个二个不等，越多越好。据说一洞可以延寿十年。"钱洞"装好后，由道士敲锣打鼓做法事，最后将"钱洞"用火焚化，才算完毕。① 这当然是一种迷信活动，于患者而言，其作用不过是一定程度的心理安慰而已。

（二）庆寿礼俗

各地庆寿习俗不尽相同，比方举办寿庆的年龄，不仅不同民族间不一定一样，即使同一民族也有地域间的差异，庆寿用的贺礼也各有特点，以吃、穿用品为主，但也有地方要求子女为长辈置办"千年大事"用品的。

1. 大湘西地区土家族的庆寿礼俗

湖南省的土家族主要居住在大湘西的保靖、永顺、桑植、永定、古丈、凤凰、慈利、龙山、泸溪等县区。土家族的寿庆习俗，清代民国时的一些文献对其有记载。如民国二十年（1931 年）《慈利县志》载当地土家族、汉族："又有做寿习惯。人自五十以往，每十年但衣食给者，无问男女，照例举生日觞，献寿物。若屏幅、若对联、若幛子，皆顶买文言饰之，文不必求工也，备物而已，宾客登堂，不必其能读悬壁之文也。又但饮酒而已，是为荤荤大者。以上，县俗通称曰'红会头'。"土家族民众在庆寿时，还喜好请傩戏班演傩戏。如同治八年（1869 年）《慈利县志》载："至广集巫众，酬神了愿，谓之'还傩愿'。"民国《慈利县志》对此则有更详细的记载："又有一惯习陋俗，曰'还傩愿'，无论红会、白会，群嗜演之。其法，异木雕半像，累累若

---

① 秋鸿. 侗族宗教迷信习俗//贵州省民族研究所. 民族研究参考资料：第 22 集. 内部资料，1985：135.

阵，斩之级环陈案上。巫者仗剑禹步，击鼓跳歌。礼神毕，则又杂陈百戏，袍笏登场，诨白乱弹，啁哳杂作，厥状若鬼，而堂上堂下观者乃至入神如木鸡。"①这里的"红会"即是指寿庆。

周明阜等在《湘西风土志》中对湘西土家族的寿庆习俗做了较为详细的介绍：土家人一般年满六十岁以上，才能举行寿庆，接受儿孙和亲友的祝寿。也有的人家会在年满 35 岁或进 36 岁时举行生日聚会。按照民间"女做满，男做虚"的说法，女子年满 36 岁，男子满 35 岁时会特别举办一场生日聚会。在土家族看来，36 岁是人生的一大关口，而且很凶险。俗语说："人到三十六，不打官司就卖屋。"因而人们在这一年要加倍小心，以期平安渡过。在 36 岁生日这天，无论男女，都要做一条红布裤衩，至少也要一条红腰带，捆在内衣里，据说这样就可以帮助人顺利渡过这一关。亲朋好友闻知，还会放鞭炮，送生日礼物以示庆祝。满了六十岁后，每十年做一次寿（男做九，女做十），谓之过"大生日"。富有之家，办寿品，备宴席，设乐队，张灯结彩，悬挂寿星、寿幛、寿联，请戏班子演戏，为之祝寿，并通知亲友来喝寿酒。届时贺客盈门，鸣炮送礼，随后举行寿庆仪典，乐官奏乐，寿星穿寿庆新衣高坐太师椅，接受晚辈叩拜，演戏的戏班子先要为寿星"打加官""亮加官"。宴席上必吃长寿面。但若父母健在，做孩子的无论六十岁、七十岁，都不能大张旗鼓地做寿，据说若犯了规矩会"折阳寿"。土家族人还有根据寿诞日的天气来预测做寿者的命运和年寿的习俗，认为做寿时不宜阴天，更不宜下雨，最好是晴天。②

土家族盛行还寿愿傩的习俗，而且现在仍然存在。如 2006 年 5 月 8 日，桑植县洪家关乡龚家坪组小河口村土家族人官祖兴 70 岁时，邀请冯民柱傩坛做了一次还寿愿傩。还寿愿傩首先要布置神坛，主要有三个方面的准备：

① 丁世良，赵放. 中国地方志民俗资料汇编：中南卷. 北京：北京图书馆出版社，1991：669、671.

② 周明阜，胡晨，胡炳章. 湘西风土志. 北京：中央民族大学出版社，2012：198-199.

（1）设坛：包括设正坛①、下坛②、后坛③、外坛④四部分。

（2）制作吊挂：吊挂的目的是制造声势氛围，内容写在不同颜色的纸上，因这是一场还寿愿傩，故须以"神"字开头，由左到右必须按照"神威赫赫遍十""神恩浩浩降祯""神容威威镇家""神意默默厘华"……"寿比南山""神灵濿濿保安""神慈重重来拥""福如东海""神念悠悠福寿"等依次挂上。

（3）书写"文状"及牌位。"文状"放在由各色彩纸制作的信封里，上书神祇姓名。"文状"装进信封，与一张纸钱、一根香、一张印有功曹神像的纸码一起放在用纸折成的"香船"中。星辰牌上书事主的姓名、生辰八字等，写在正中间，并盖上"道经师宝太上老君敕"印，从上到下分别画太极号、威风号，小耀光号、大耀光号，将"星辰""高照""禄马""扶持"八字组合成一个堆字。

神坛布置好后，傩仪式活动正式开始，从第一天的上午十点左右开始，一直到第二天清晨五六点才结束。整个仪式一般有 24 朝。这一场只做了启师开坛、申发功曹、迎圣造桥、下马问卦、穿衣上锁、穿茶供饭、开洞和会、呈牲献帛、三星拜寿、打路先锋、白旗仙娘、跑探军情、开山神将、蟊子拜年、姜女下池、土地封仓、脱白穿青、送神等十八朝。⑤

寿愿傩中也有专门的傩歌演唱。张文华等在《走进辰州》一书中介绍了辰州土家族的寿歌，主要是傩坛师傅举行傩仪时演唱。当地人年满六十岁方可称寿。六十岁为下寿，八十为中寿，百岁为上寿。在人六十花甲满时，儿女们要为老人做寿，请歌师来家为其唱歌祝寿。先迎接歌师到堂屋中围桌而坐，然后请寿星上坐桌前，儿女们给老人拜寿。

---

① 正坛：堂屋放一张方桌，称神桌，围绕神桌搭起神坛，顺着坛桌用竹子架起坛架和坛顶。正中悬挂一个"寿"字，红底黄框黑字，下饰铜钱花，两边挂"福如东海"横批，坛架前挂有布神帐。神桌上供傩公（东山圣公）、傩母（南山圣母）另供茶、酒盅、茶盘、斋盘、供果、一杯净水即法水、三副大中小不同的竹卦。

② 下坛：神桌下叫下坛，供"张五郎"神像、"下坛统兵元帅欧阳大帝"牌位；还在一木盒的谷子上供戏脸壳、茶酒杯子、斋果、牛士蛋、谷子、蜡烛、香烛等。神桌前的地上铺张起"隔邪"作用的席子，称为法坛。这是傩事活动的净地，老司进入席子，就表示进了坛。

③ 后坛：神桌右后面叫后坛。桌上的米碗上供"天师府张大真人"牌位，中间供耍戏儿郎，左边供四个值日官（年月日时）功曹，右边供星辰牌。

④ 外坛：神坛前另摆一张桌子（称虚空案）：上放三茶两酒，或一茶一酒；放文书即"八请"（请八位神的请帖），及大量的蜡烛、纸钱、香。

⑤ 陈正慧，张芳德. 桑植县土家族地区还傩愿调查. 民族论坛，2007（10）：22-24.

图 6-2　沅陵县土家族傩戏《搬开山》(摄影 李跃忠)

在开唱时先由一人高声诵颂，扬歌结束后鸣鞭炮。然后一人领唱，众人随声呼和：

领：优(伏)以，恭贺寿翁庆佳辰。

众：贺寿星，好日。

领：优(伏)以，天增岁月人增寿。

众：愿老者增福寿，愿少者注(驻)长生。

一场寿愿傩，一般举办三至五昼夜。在寿愿傩的唱词中，有称赞老人几十年含辛茹苦操持家务、乐善好施广结人缘的，有告诫子孙后辈如何孝敬老人的，当然，更少不了对寿星的祝福。① 这些祝词颂语在沅陵傩歌《打监领科》唱词中表现得比较充分。

《打监领科》的唱词主要是祈求傩公傩母护佑家中亲友。如祈求对家中长辈的保护，有《保祖公》《保祖母》《保父亲》《保母亲》，摘录如下：

《保祖公》：

先从祖公求庇佑，他是家堂一老翁。

① 张文华，邓东洲，金承乾. 走进辰州傩. 北京：中国文史出版社，2010：21-22.

寿庆礼俗

千间大厦梁为主，万丈高楼他起工。

白头祈保转青秀，齿落生长化仙童。

南极老人星照耀，永无灾害寿如松。

《保祖母》：

祖母高堂求庇佑，满门全靠掌家风。

或是老身误了眼，明珠着眼化童瞳。

若还两耳难闻话，神保百年耳不聋。

永享仙姑王母寿，中天金乌照除凶。

《保父亲》：

又为家父求庇佑，有灾有患归除空。

岁岁增寿添福禄，年年寿酒庆亲密。

三光常照身康健，寿如彭祖老英雄。

《保母亲》：

堂上母亲求庇佑，保无灾难永无凶。

堂中教训儿和女，一家大小尽遵从。

犹如南海观音母，高坐普陀第一重。

茶饭晨昏常供奉，家传忠孝古仁风。①

对"寿愿傩"的文化功能，刘冰清从多个角度进行了分析。首先，从寿星子女的角度来说，给长辈还寿愿："一是感谢老人，使老人开心长寿；二是借助神灵的力量保佑老一代、中年一代乃至全家身体健康，诸事顺心，家境宽裕幸福；三是与亲邻同庆寿诞，感谢亲邻的关照与扶持。"其次，从亲友邻

① 刘冰清.傩文化的家庭伦理内涵——沅陵傩文化的个案研究.沧桑，2005(5)：27-29.

居的角度来说，他们"也借助这一机会，相聚一堂，载歌载舞，与老人同喜同庆寿诞"。最后，从这一习俗所产生的社会效应来说，有助于稳固民间尊老敬老之风。他说："家家都有老人，老人都有整十大寿。温饱之家都给老人还寿愿傩，大家相聚一堂，热热闹闹，喜气洋洋，这就形成一种敬老之风。其中不只是儿孙晚辈对长辈的孝敬之风，更体现亲友邻居，一方居民对长者的敬重之风。"①

2. 湘南瑶族的庆寿礼俗

湘南瑶族主要居住在永州地区的江永、江华、宁远，以及郴州的桂阳、资兴等县市。瑶族人重视生日。清道光八年(1829年)《永州府志》载："永俗重生日，虽贫家少稚，比邻皆贺，稍饱暖者必为酒食之会。"民国时期，欧阳锌也对湘南瑶族民众的庆生习俗做了简要记载："徭人对生日，相当重视，凡40岁以上之人逢生日时，其亲朋必具备礼物及鞭炮前往祝寿；逢生日者的家人则备酒席以款待之，在此种酒席中场面铺张极大，穷者虽借债亦乐为之。"②这一点和二十世纪后半期一些地方志的记载基本吻合。

宁远县瑶民的寿庆，以年满五十岁为大生日，六十岁称"花甲年"，亲戚朋友为之祝贺，一般送几尺红布，放一封喜炮，聚会一餐。寿诞之日，若父母健在，即使满七十或八十岁，也不能摆酒庆寿，而且要由寿者本人杀鸡煮给父母吃，以示对父母的尊敬和对养育之恩的报答。③

而其邻县江华县的瑶族之庆寿习俗较之略有变化。在江华县，一般年满六十岁始祝寿，称"满甲子"，为长寿。境内多数男性，满六十岁当天办寿酒，女性满五十九岁当天办，少数地方男女满五十九岁当天办生日。尔后，每增十岁办一次大生日。亲友不请自来，所带贺礼一般是镜屏、鸡、蛋、猪肉、粑粑、衣料、面条等。女婿除备常规贺寿礼品外，还要为岳父(母)备寿衣、寿被、寿鞋、寿帽，儿辈则要为父或母准备寿屋(棺材)；晚辈都要行叩首礼，儿媳要奉上一碗鸡蛋面(即"长寿面")。富有者请戏班子唱戏。父母健

① 刘冰清. 傩文化的家庭伦理内涵——沅陵傩文化的个案研究. 沧桑, 2005(5)：27-29.
② 欧阳锌. 湘南瑶山考察报告//程焕文，吴滔. 民国时期社会调查丛编·三编·岭南大学与中山大学卷(下). 福州：福建教育出版社，2014：588.
③ 湖南省宁远县地方志编纂委员会. 宁远县志. 内部资料，2014：503.

在，儿女六十岁以前一般不办生日，但女性三十一岁例外，届时娘家备礼来祝贺，意在重申其女的出生年月。二十世纪五十年代后，祝寿之风大减，八十年代有所复苏，逢大生日聚餐庆寿，有的年轻人亦办寿。①

而在嘉禾县汉族、瑶族杂居地区，有女婿为岳父母"做一"的习俗。民国二十年(1931年)《嘉禾县图志》载："凡婿为岳父母庆寿曰'做一'，以届六十一，或七十一，八十一，皆逢一，乃寿也。"②

3. 怀化地区侗族的庆寿礼俗

通道侗族过去在六十周岁以前，除办一次周岁酒以外，没有庆寿的习俗。只有到了六十周岁以上，逢整岁时办酒祝寿，侗语称其为"添粮"。给老人办寿酒，一般都是家庭至亲，而且办酒时不发邀请。寿酒席上，老人身穿寿服，坐在神龛位的上首席位，其他人依班辈老幼入座。先把最好的菜肴敬给寿星，老人动筷后，其他人才开始进餐。其中最隆重的庆寿是六十大寿，称为"花甲大寿"。虽然称六十大寿，但男性却是在进六十满五十九岁时做酒，女性则是在满六十岁时举办酒宴。③

通道侗族举办寿庆时有在寿堂唱寿庆歌的习俗。如陈映景《通道民歌》一书中搜录的庆典歌之《九十大寿》中就是这样一首寿庆歌。歌为男女对唱，开始是唱一些自谦的客套话，表达贺喜庆寿的来意。引部分唱段如下：

> 男：今日出门好心情，贱脚踏进贵乡村。
>
> 不为萝卜不扯菜，不为庆寿不出门。
>
> 只因贵府办寿酒，双脚来到龙凤亭。
>
> 唱歌愚人不会唱，才疏学浅肚无文。
>
> 只为老人九十寿，欢聚一堂好开心。
>
> 承蒙主家看得起，也来凑个热闹人。
>
> 女：今日来到画皮村，人杰地灵闹层层。

① 吴多禄. 江永县志. 北京：方志出版社，1995：726.

② 丁世良，赵放. 中国地方志民俗资料汇编：中南卷. 北京：北京图书馆出版社，1991：537.

③ 林良斌，吴炳升. 习俗大观·中国湖南通道侗族文化遗产集成：第四辑·下. 北京：中国国际文艺出版社，2008：46.

五龙抢宝在贵地，鸾凤和鸣气象新。

山清水秀出高寿，坐在宝地出能人。

文武百官贵地有，五湖四海都扬名。

赞你贵地赞不尽，略略几句表几声。

来到寿堂把歌唱，祝福老人百年春。

男：今日出门寿府来，主家仁义好得凯。

进屋就把烟来散，坐起就把茶来筛。

只有我们不知礼，两个肩膀抬口来。

不得好歌来祝寿，心里惭愧上歌台。

女：今日来到溪口乡，画皮是个好地方。

贵地乡亲好和气，笑容满面带风光。

团寨邻居来祝寿，个个出力来帮忙。

祝愿老人身体好，祝福寿星百年长。

接着唱"十进寿堂"为寿星祝寿，又唱十段"为人"教人为人处世。"十进寿堂"几乎都是祝赞语，除对寿星祝福外，也祝福寿星的家庭、家人等，引"一进寿堂"如下：

男：一进寿堂唱一声，一唱惊动主人家。

只因主家办寿酒，高亲贵亲登高门。

高门寿星高堂坐，四代同堂庆良辰。

先敬寿星一杯酒，祝你老人百年春。

女：一进寿堂唱一声，二龙抢宝在龙庭。

只因主家办寿酒，八方亲朋登高门。

个个举杯来祝贺，祝福寿星坐百龄。

福如东海长流水，寿比南山松柏青。①

十段"为人"的内容涉及人伦、社会交往原则等，范围极广，其中不少歌

① 陈映景. 通道民歌. 内部资料，2007：218-220.

寿庆礼俗

词均是常见的格言、俗语、警句，教导人们在家庭和社会中如何立身行事。引其"三唱为人""四唱为人"如下：

  男：三唱为人在红尘，嫁女娶媳到来临。

    当家才知盐米贵，养儿方知父母恩。

    路遥才知马力气，日久方能见人心。

  女：四唱为人在红尘，教训子媳待客宾。

    在家不会迎宾客，出路方知少主人。

    为人在世莫古板，这点道理君应明。[①]

  中国的筵席一般都少不了敬酒，在寿酒宴席上敬酒时，还要唱"寿酒歌"。寿酒歌的内容围绕祝寿展开，歌词内容亦不外乎"福禄寿财""兴旺发达"等口彩语。"寿酒歌"具有一定的仪式性，也有一定的娱乐性。如陈映景搜集整理的《十杯寿酒》歌词，便很明显地包含这两部分内容：前面十段为仪式歌，即以酒依次敬献天、地、祖宗、主人及前来贺寿的亲朋好友、乡邻等，后半部分则带有一定的娱乐性。

  我们先看前面的仪式性歌词：

    一杯寿酒敬苍天，天上住起有神仙。

    神仙下凡来祝寿，祝福寿星坐百年。

    神仙爱和人做伴，寿星神仙有因缘。

    二杯寿酒敬土地，万物生长要土泥。

    田中无泥难耕种，为儿无母受孤凄。

    为儿理应孝敬母，常买水果给娘吃。

    三杯寿酒敬祖宗，灯火常明在家中。

---

  ① 陈映景. 通道民歌. 内部资料，2007：242.

搭帮①祖宗来保佑，日子越过越火红。
人也旺来财也旺，人财两旺永兴隆。

四杯酒来敬主人，主家有位好寿星。
为母庆寿办寿酒，招待四方的来宾。
宾朋举杯来祝寿，祝福寿星百年春。

五杯酒来敬娘亲，娘亲舅大本是真。
天上只有雷公大，人间只算舅爷亲。
孝顺娘亲理所在，尊重舅舅一路行。

六杯寿酒敬爷亲，爷亲叔大本是真。
叔爷本是亲兄弟，同宗同族共母生。
叔伯说话都要听，有事商量要同行。

七杯酒来敬姑娘，姑娘姑爷好心肠。
不辞辛苦来祝寿，又用钱来又送粮。
姑娘姑爷实在好，团寨远近把名扬。

八杯寿酒敬姨亲，姨娘姊妹嫡嫡亲。
姨娘姊妹都会想，寿喜费力操了心。
姨娘姨父仁义重，陪情不赶记情恩。

九杯酒来敬地方，红白喜事都拢场。
团寨邻居喊得应，齐心协力来帮忙。
相互帮助做得好，这种精神应发扬。

十杯寿酒敬众亲，感谢众亲来关心。

---

① 搭帮：方言，感谢意。

寿庆礼俗

　　各位众亲来关爱，明帮暗助是你们。

　　祝愿众亲大家好，财源滚滚进家门。

　　这段《十杯寿酒》是为女性（母亲）庆寿时演唱的。酒敬完，歌手以一段自谦式的歌词结束，并过渡到唱娱乐性的酒词："十杯寿酒唱完了，不知对真不对真。对真放在寿门府，不对丢在九霄云。才疏学浅唱不好，另唱几段别的文。"

　　娱乐性的寿酒词比较多，其实还离不开祝寿，引开头一节如下，以见一斑：

　　今日约伴来寿门，感谢寿门老寿星。

　　祝贺寿星加福寿，加福加寿添重孙。

　　四代同堂福气好，家业发达万事兴。

　　…………①

　　通道县临口、下乡一带的侗族，有不论男女均做 36 周岁生日的习俗，而于其他年龄时段的生日则不太重视。男做三十六，母舅妻舅及房族来"添粮"，送大米若干升；女做三十六，则由娘家舅请道士为其祈祷保佑，主家设宴款待。② 按传统礼俗，这是一项特殊的过生日习俗，算不上庆寿。关于做 36 周岁生日的习俗，各地有不同的解释：有的说是受汉族十二生肖之"本命年"习俗影响，有的说是源于民间做寿"做九不做十"的习俗（四九三十六，三十六为"暗九"），也有的说是因三国时期周瑜 36 岁英年早逝，被民间认为36 岁是人生的一劫，所以要举行仪式助其渡过灾难。

　　芷江侗族寿庆有三忌："上有老人不做寿，不满甲子不做寿，六十岁不做寿。"富户老人寿日，由女婿或外孙送"寿匾"，并办抬盒数台，内盛寿桃、寿面及肉食、糖果等物，到岳父或外公家庆寿。开始，吹响"八仙"，先拜天地、祖先，然后老人坐中堂，晚辈依次叩首，祝福老人；然后老小畅饮寿

---

① 陈映景. 通道民歌. 内部资料，2007：244-245.

② 通道侗族自治县民族宗教事务局. 通道侗族自治县民族志. 北京：民族出版社，2004：255.

酒。寿庆一般1—3天，有的还请戏班唱《郭子仪》。贫困人家老人寿庆较简单，一般由晚辈办些酒菜敬奉。如果老人儿女众多，由兄弟轮流办宴。①

新晃侗族也有给长辈做寿庆的习俗。一般进入六十岁才做寿酒，但上有长者在堂，即使满六十、七十岁亦不能庆寿。七十、八十寿庆较为隆重，经济宽裕人家设宴一二十桌不等。贫者也要称几斤肉，全家庆贺一番。旧俗在寿庆时，举家要向老人拜寿祝福，挂寿匾。②据说新晃侗族老人做寿诞还有一种"百家菜养百寿人"的习俗。在老人花甲寿诞之日，亲戚朋友和寨中乡亲无须邀请就会自备寿礼，如一只鸡、一只鸭、一挂猪肉和一两壶糯米酒来贺寿。寿家儿孙会盛情款待，并将客人带来的酒菜一同摆上桌席，这叫"百家菜养百寿人"。宴罢，主家把剩余的菜肴、寿酒收集一起，视其多寡打包，装入客人提来的篮子里作为回敬，请客人带回去阖家共尝，分享老寿星的福气。③

4. 苗族聚居地区的寿庆礼俗

城步苗族民众寿辰普遍称"生日"，但将满二十、三十、四十、五十岁生日称"大生"或"整生"，而满六十、七十、八十、九十岁，则为"大寿"，百岁就是"高寿"。至于未成年小孩，其过生日则称"长尾巴"。大寿尤其是高寿兴祝寿，办寿酒。寿日，亲戚朋友放爆竹前往祝贺，内亲内戚送谷子、大米、米酒、衣料、鞋帽、寿匾、寿联和"过堂红"等贺礼，女婿常送肥猪，一般亲朋送大米、红包，称"做人情"。寿堂点香燃烛，寿匾、寿联、寿幛和"过堂红"则悬挂堂中。吉时，请大寿者端坐堂中，子女和至亲晚辈来到跟前下拜叩首，而后亲朋挚友向寿者作揖祝福，谓之"拜寿"。主家设宴款待亲友。

在城步，寿宴时桌子的摆放、席位的安置都有一套礼俗：设一席的，摆堂屋正中，称"一品席"，按神位定向，上边为尊，下边为陪；安两席的，并排摆置，称"鸾凤席"，左席为尊；安三席的，摆品字形，称"三星席"，上席

① 芷江侗族自治县县志编纂委员会. 芷江县志. 北京：生活·读书·新知三联书店，1993：680.
② 新晃侗族自治县县志编纂委员会. 新晃县志. 北京：生活·读书·新知三联书店，1993：782.
③ 赵玉燕，吴曙光. 湖南民俗文化. 长沙：湖南师范大学出版社，2010：191.

为尊；安四席的，摆田字形，称"四角席"，左首席为尊；安五席的，上边两席，下边两席，正中一席，称"梅花席"，居中席为尊；安六席的，左边三席，右边三席，称"六位席"，左中席为尊；安七席的，上头单一席，下边对称摆六席，称"七星席"，单首席为尊；安八席的，左右两边各四席，称"八仙席"，左首席为尊；安九席的，左四席，右四席，行间居中一席，称"九子席"，居中席为尊；安十席的，左五席，右五席，称"十全十美席"，席左中席为尊。办寿宴，须请寿者和最高长辈坐尊席尊位。若乱坐尊席尊位，则被视为不懂规矩和无礼。①

麻阳苗族民众称为老年人祝寿叫"做生日"，即在老年人生日那天，设寿筵，喝寿酒。后辈借祝寿名义向老年人敬酒或敬奉财物，称给老年人"添寿"。麻阳民间给老人做生日要具备三个条件：一是老年人要满六十花甲；二是老年人的双亲都不在世；三是老年人要见第三代孙子或孙女。三个条件，缺一不可。如果条件不具备，而要做生日，则不能动客，不能放鞭炮，只能悄悄地办一点好吃的表示一下。又，老年人第一年做生日，通知其儿孙郎女。以后做生日，就不会再通知了。② 在麻阳县，民间也有一些祝寿禁忌，如："不能给男性做满六十岁的生日，否则，意欲置人于死地。""新婚、祝寿、三朝等喜庆忌穿白色衣服。"③

花垣县苗族老人每逢诞辰之时，儿子要为老人办寿礼，全家团聚一起，摆宴为老人祝寿，俗称"过生"。祝寿举行拜寿仪式，寿星接受晚辈的叩头跪拜，席间必吃"长寿面"，意祝老人长寿百岁。富豪人家为老人祝寿，寿礼丰厚，亲友送寿幛、寿匾，有的还请戏班子唱戏。④

绥宁县苗族民众则有起歌堂唱山歌庆寿的习俗，如 2018 年正月初五，长铺子苗族侗族乡大碑村（原党坪苗族乡境内）一家庆寿，便有二三十位歌手齐聚一堂："庆寿的主人已在自己村寨邀请了十二位歌手作为主方，他的亲

① 城步苗族自治县志编纂委员会. 城步苗族自治县志. 长沙：湖南出版社，1996：585、587.

② 谭宗林. 生日习俗//麻阳苗族自治县文史委员会. 麻阳文史：第 5 辑·麻阳民俗风情. 内部资料，1999：69.

③ 湖南省麻阳苗族自治县地方志编纂委员会. 麻阳县志（1978—2005）. 郑州：中州古籍出版社，2008：674-675.

④ 湖南省花垣县地方志编纂委员会. 花垣县志. 北京：生活·读书·新知三联书店，1993：591.

戚邀请其他寨子的十二位歌手作为客方，还有一些自愿前往参加的歌手。"对这场山歌祝寿活动，杨焕礼介绍道：

> 早饭后，山歌祝寿开始了。歌手们分成两排，按主宾位置在歌棚里坐好，客方歌手坐靠正屋一边，主方歌手坐在屋外的一边。主人还请了民间文艺演出队，他再三声明，今天是以唱山歌为主，民间文艺演出队的演出，只是为了在歌手唱歌累了休息的间隙活跃气氛。山歌开唱时，第一阶段由主客双方选择各自的歌伴，男女搭配，每对歌手唱两轮，内容为比较固定的祝寿歌词，唱的都是对寿星的赞美之词。山歌进入第二阶段，称为自由对唱，由主客双方的歌手一唱一和，男歌手唱时必须由女歌手来和，女歌手唱时必须由男歌手来和，歌手唱歌时歌词不固定，歌手要见子打子。因此，这个阶段的对歌最为精彩，歌词的内容有赞美主家的家庭成员勤劳持家、孝顺老人、家庭和睦、邻里和睦、遵纪守法等美德的，也有赞美屋场风水、寨子风光、主家待客之道等等。[①]

长铺子苗族侗族乡大碑村人唐必朝(男，1966 年—)参与了正月初五的祝寿歌会。据其整理的部分歌词，可见山歌祝寿的唱词有较为固定的内容。

5. 桑植县白族庆寿礼俗

在桑植白族民间，寿庆是逢六十、七十做，俗称"过大生"。每逢长辈寿辰，儿孙、亲属、友人及邻里相好者，都相聚给老人家祝寿，以示庆贺。白族做寿的礼制兴"男做上，女做满"。所谓"做上"就是做"九"不做"十"，如男的七十岁寿庆要在六十九岁生日做，如此类推；而女的则恰恰相反，要做"满"，只有满了六十岁、七十岁、八十岁才做大生日。白族民众有"男不做三十，女不做四十"之说，当是因"三"与"散"，"四"与"死"谐音之故，为的

① 杨焕礼. 探访苗家山寨山歌祝寿. 绥宁民俗公众号"古苗疆那些事儿". Wechat ID：gh_2e716d60d788. 引用时间：2018-05-15.

是避凶趋吉。此外，给老人做寿，忌讳提鸡做寿礼。① 又桑植"白族老人过寿辰，历来有请出嫁女儿牵羊做寿添阳(羊)寿的习惯"②。

新修《桑植县志》对该县境内寿庆礼俗的介绍更为详细一些。在桑植除小孩周岁(亦称"挖周")庆祝外，其他人过生日均不声张，父母健在的成年人更不能提"过生日"，因民间传说在大人面前过生会"短寿"。人满六十岁时，一般都要过大生日，设宴庆贺。祝寿奉行拜寿仪式。寿星接受晚辈叩拜。寿礼一般较简单，富裕人家较为丰厚。有宰羊祝寿、送寿幛、寿匾等，以送寿匾为隆重。寿诞日，送匾人敲锣击鼓将金匾送至寿星家。寿星夫妇高坐中堂，子孙们依次进行礼拜。礼生以匾上四字为头，编成若干赞词，逐句轮番赞唱。赞毕升匾。③

(三) 寿庆演戏

湖南民间的寿庆礼俗丰富多彩，而其中最易引起乡民关注的还是寿星家邀请戏班唱戏。请戏班唱戏，对寿星家来说，是一次"长脸"的机会，毕竟请戏班唱戏，花费不低，寿星家没有一定的财力是请不起的；此外，前来看戏的观众多也显示了主家在当地的声望及人脉。寿星家请戏班唱戏，对附近的乡民来说，则是一次热闹的聚会，一场难得的娱乐。

寿庆中以歌舞佐觞，热闹场面的习俗古已有之，当戏剧出现后，亦成了其中不可或缺的一项。唐人段成式曾记载了其弟生日演"杂戏"的情形："予大和末，因弟生日观杂戏，有市人小说，呼扁鹊作褊鹊……"④当然，这里说的"杂戏"还不能完全等同于后世的戏剧，因其还包含着"市人小说"(即说话艺术)，但里面有当时流行的"参军戏"等滑稽戏的演出则是有可能的。又《太平广记》引五代《玉堂闲话》载唐营丘豪民陈癫子家室殷富，每值生辰都要"召

① 谷历生. 白族民间的寿庆有哪些讲究//谷利民. 桑植白族博览. 北京：民族出版社，2012：126.

② 谷俊德. 桑植白族风情. 北京：民族出版社，2011：273.

③ 桑植县地方志编纂委员会. 桑植志. 北京：海天出版社，2000：524.

④ 段成式. 西阳杂俎：续集四. 北京：中华书局，1985：211.

僧道，启斋筵，伶伦百戏毕备"①。文称"伶伦百戏毕备"，则"参军戏"等戏剧表演显然是包含在内的了。我国戏剧在宋代获得长足发展，帝王寿诞有烦琐的庆贺仪式，其间有"杂剧"的演出。② 民间亦然，如淳熙七年（1180年），永嘉籍太学生诸葛贲叔祖母生辰，便邀请了戏班演戏："二十五日揭榜，后三日，其叔祖母戴氏生辰，相招庆会，门首内用优伶杂剧。"③此"优伶杂剧"即戏文。

此俗在后世愈演愈烈，许多地方都形成了这样的习俗。湖南世居少数民族寿庆也邀请戏班演戏。

1. 邀请傩戏班演出

如上面举的同治八年（1869年）《慈利县志》、民国《慈利县志》载的"寿傩"即是。傩原本是一种驱邪禳灾的仪式，但随着历史的发展，衍生了傩歌、傩舞、傩戏等艺术门类。如乾隆十年（1745年）《永顺县志》卷四"风土志·习俗"载："永俗酬神，必延辰郡师巫唱演傩戏。设傩王男女二神像于上，师巫讽咒礼神，讨筶以卜吉凶。至晚演傩戏，敲锣击鼓，人各纸面。有女装者曰'孟姜女'，男扮者曰'范七郎'，没（殁）于王事。妻姜女哭之，其声凄惨，乡民听之，至有垂泪者。相习为常，不知所自。"④这里说的是永顺县土家族、苗族"还傩愿"时演出孟姜女故事的情形。又乾隆二十七年（1762年）《永绥直隶厅志》卷一"风俗·祈祷"亦载有类似的习俗："届三五年，延巫设坛，宰牲牢祀之，或三四日不等，名曰'还傩愿'，唱《孟姜女》戏文。"⑤

随着时间的推移，傩戏在湘西一带更为兴盛，且其戏剧化程度也更高。如桑植县傩文化在清朝时达到高峰，逐步形成低（阳）傩、高（阴）傩和三元盘古傩几大门系，流行于白族聚居区和土家族聚居区。如其低傩有一套完整的仪式，包含"启师开坛"等24场。而其傩戏剧目有"二十四戏"和"五十花朝

① 李昉，等编. 太平广记. 北京：团结出版社，1994：1196.
② 李跃忠. 略论宋代的请戏习俗. 西北工业大学学报，2008（4）：10-13.
③ 洪迈. 夷坚志. 北京：中华书局，1981：1538.
④ 故宫博物院. 故宫珍本丛刊第136册湖南府州县志：第188册·永顺县志. 海口：海南出版社，2001.
⑤ 乾隆二十七年《永绥直隶厅志》，据湖南日报社资料复印组1984年复印本。

戏"之说。"二十四戏"分前十二戏和后十二戏，前十二戏主要为"神戏"，是做法事时供奉神的；后十二戏是人戏，分为"正八出"与"外八出"。"正八出"是："发公曹"（开场戏，请神）、"迎神安位""白族拱台""扎寨""开山""出土地""祭祈""勾愿送神"；"外八出"有"三拷""四团圆"等连台戏。"三拷"即《拷打姜女》《拷打龙女》《拷打小桃》，"四团圆"指天、地、水、阳四大团圆戏，即"天团圆"（鲍家庄故事）、"地团圆"（梁祝故事）、"水团圆"（柳毅传书故事）、"阳团圆"（孟姜女故事）。五十花朝戏有《庙房会》《郎带封官》《令哥烤酒》《上山》等。[1]

2. 邀请人戏班演出

光绪三年（1876年）《善化县志》载今长沙县一带："散寿摆面，动费多金，甚至演戏侑觞，以为宾荣。"[2]所谓"散寿"，即平常的小生日，区别于整十的大生日。在"散寿"时尚且如此隆重，到了大生日，其喜庆规模之大，场面之热闹更是可想而知了，自然也少不了邀班演戏了。少数民族地区寿庆演戏的，如居住在沅水中游的苗族支系瓦乡人，每逢红白喜事时，喜欢请唱"坐堂戏"[3]。"坐堂戏"，又名"围鼓堂""打围鼓"，乃辰河高腔戏的一种表演形式。清嘉庆、道光以来开始盛行。清道光元年（1821年）《辰溪县志》卷十六"风俗"载："城乡善曲者，遇邻里喜庆，邀至其家唱高腔戏，不装扮，谓之'打围鼓'，亦曰'唱坐坛'。士人亦间与焉。"与辰河高腔的高台班（即人戏班）、矮台班（木偶戏班）比较，坐堂戏设备精简，组合随意，故瓦乡人更喜欢。

在土家族、苗族、侗族人口居住集中的湘西、怀化一带，在明代便有了戏剧活动，清代以后更为活跃。如道光二年（1822年），就任凤凰厅知事的杜启昆在诗歌《冬》中描写了当时辰河高腔木偶戏的演出情形："农事毕，役车休，东村西村朋酒酬，社鼓蓬蓬戏傀儡，妇子欢劳话优游。"[道光四年（1824年）《凤凰厅志·艺文》]此外，在龙山县、永顺县、靖州、芷江等地都有辰河

---

① 湖南省文化厅. 湖南省非物质文化遗产名录（二）. 长沙：湖南人民出版社，2009：765.

② 丁世良，赵放. 中国地方志民俗资料汇编：中南卷. 北京：北京图书馆出版社，1991：479.

③ 侯自佳. 瓦乡人红白喜事的坐堂戏//刘黎光. 湘西民俗文化. 北京：中央民族学院出版社，1993：73.

戏的演出，或"高台"或"矮台"或"围鼓"，而且也常应邀参加寿庆演出。如前面提到的芷江县侗族自治县境内"寿庆一般 1—3 天，有的还请戏班唱《郭子仪》"。《郭子仪》演绎郭子仪因平定安史之乱有功，被封汾阳王，在他寿诞时，七子八婿、文武百官都来给他拜寿的故事。此剧又名《郭子仪上寿》《打金枝》《满床笏》等，是民间喜庆场合上演较多的吉祥戏剧目之一，而且常作为开场的仪式剧。引剧中拜寿之热闹"场景"的演出文本如下：

郭子仪：夫人免了，请坐，今来我们双寿之期，必有众客前来拜寿。福寿！（有）将拜毡摆开。（唱）【南路平板】一拜天来二拜地，

老旦：三拜四拜福寿齐。

郭子仪：谢夫人生下了几个子，

老旦：但愿王爷寿比天。

（报：文武百官前来拜寿）

郭子仪：传话下去，拜寿免了，后面登席，少老爷回府前来面谢。（照传）

（内报：少老爷回府）

郭子仪：君不迎臣，父不接子，敞开。（动大乐）

众儿子：参见爹娘。

郭子仪：今年拜寿不比往年，你夫妻要成双队拜来。（夫妻都成双队拜寿，唯有郭暧独自一人拜寿，拜寿已毕，后面摆酒）（唱）【北路】老夫今日寿诞期，文武百官到酒席。①

清代民国时期，世居在这一带的少数民族民众也组建了大量的业余或半职业戏剧班社，直至 20 世纪 80 年代，泸溪县的盘瓠崖、猫子溪、达勒寨、桌子潭、峒头寨等苗族村寨，永顺县的里明、茶园、科必、保坪、龙头、小寨、大龙、劳子庄、桐坪、大桥、杨家院子、和平等土家族村寨，新晃县的凉伞、贡溪、米贝、波洲等侗族村寨，沅陵县的血水潭、七家村、浪溪、清水坪、团草坪、丑溪口，舒溪口、马家坡、明中、扶持、竹园等苗族支系瓦

① 朱国强. 望城皮影戏(四). 北京：团结出版社，2018：281-283.

乡人村寨，都还有戏班的演出。① 2015 年 7 月，笔者曾前往泸溪县峒头寨辰河高腔剧团调研，该团虽建制基本齐全，能坚持演出，但戏班演员老龄化非常严重，每年只有几场的演出机会，生存现状颇为困窘。麻阳县大桥江乡苗寨豪侠坪村，清代以来一直有一个演汉戏（即高腔）的剧团，最初叫"七贤堂"，后改名"文辉堂"，1950 年后改成业余剧团，在 20 世纪的 60 到 80 年代，演出都很活跃。可惜自九十年代以来，该剧团便停止了活动。② 1936 年出生的龙树功是剧团中最活跃的一员，曾任团长。龙先生在接受笔者采访时，虽已八十多岁，但还在坚持整理剧本。

辰河高腔围鼓，一般是先唱一两出与主家红白喜事有关的戏。男寿多唱《傅相上寿》，女寿多唱《王母上寿》等。唱过这些戏以后，再任意选唱各自的拿手戏，任何一次围鼓堂的活动都以演唱《黄金印》中"大团圆"的最后一支【小牌子】"忙移步，过草堂，阖家大小乐安康。斗大黄金印，天高白玉堂，不读万卷书，怎得见君王"作结。③

在汉族、瑶族民众杂处的湘南，也有"祝寿演戏"的习俗。如在江永县寿庆时，"富有者，请戏班子唱戏"④。彭新高在《建国前祁剧的演出

图 6-3　麻阳县大桥江乡豪侠坪村苗族老人龙树功（摄影 李骏逸）

活动》一文中，对祁剧之寿戏演出习俗介绍得更详细。他说若寿主有财有势，每逢寿期定请戏班去演戏。祝寿的当天早上，寿主要求戏班在厅堂中扮演

① 李怀荪. 五溪鼓乐声//《戏曲研究》编辑部. 戏曲研究：第 26 辑. 北京：文化艺术出版社，1988：205-223.

② 访谈对象：龙树功（男，1936—）；采访地点：麻阳县大桥江乡苗寨豪侠坪村龙树功家；采访时间：2018 年 8 月 30 日；采访人：李跃忠.

③ 湖南省戏曲研究所编. 湖南地方剧种志丛书（2）. 长沙：湖南文艺出版社，1989：202.

④ 吴多禄. 江永县志. 北京：方志出版社，1995：726.

《八仙庆寿》，又称"走八仙"。八个仙家穿袍服，在音乐伴奏中，双双向寿主跪拜，而后寿主的子孙才一对一对的跪拜。台上演出时，每天要先演一曲寿戏，如《王母上寿》《老君上寿》《九锡上寿》《赵延求寿》《汉灵帝上寿》《郭子仪上寿》等，再演别的拿手剧目。[①] 此俗现在仍是如此，如 2014 年 10 月，潘魏魏随"永祁梅溪剧团"在永州考察时间，便遇到两场寿戏演出，一场是 10 月 2 日至 4 日，祁阳县羊角塘复兴村陈竹青老人八十寿诞演戏，共演出五场，剧目分别是《李旦登基》《秦香莲》《珍珠塔》《三天香》《九锡宫上寿》；一场是 10 月 15 日至 17 日，祁阳梅溪镇华塘村唐祚东老人七十大寿演戏，共演出五场，剧目分别为《洪武登基》《大闹镇江》《草桥关》《李世民游凤凰山》《双拜寿》。[②] 2016 年 5 月 5 日上午，笔者和中山大学康保成教授等在祁阳县考察祁剧时，也碰到祁阳县剧团在该县肖家村镇豪富村为一位七旬寿翁寿庆演出，那天演出的剧目为《双拜寿》。戏演完后，戏班艺人还主导了隆重的拜寿仪式。

图 6-4　祁阳县肖家村镇豪富村李家组寿庆演剧：《双拜寿》剧照（摄影 李跃忠）

总而言之，"寿庆以喜庆为主，祝寿是其核心内容，因此该场合演出的目的与功能当然是围绕祝寿展开，或为祝寿场面增添热闹气氛，或以之招待

① 彭新高. 建国前祁剧的演出活动//祁阳文史资料：第 5 辑. 内部资料，1988：160-161.
② 潘魏魏. 祁剧寿戏研究. 湘潭：湖南科技大学硕士学位论文，2015：21.

亲友，当然，最主要的是为寿星祝福、祈福。为寿星祝福、祈福的方式很多，如道教设斋醮做法事，佛教拜忏念经做佛事等，在俗民看来均有此功能。寿庆演戏当然也以其特殊的仪式或剧目演出以达到这一目的与功能。"①

---

① 李跃忠. 寿庆与中国戏曲的演出. 东疆学刊，2011，28（1）：18-22.

丧葬礼俗

丧礼、葬礼乃人生礼仪中的最后一项。一般认为中国民众的丧葬礼仪源于佛教的灵魂不灭和儒家的孝道观念。儒家提倡以忠治国，以孝持家，大力倡导孝道，把生养、死葬等量齐观，更有甚者视死葬胜于生养，因而形成了厚葬的习俗。雍正年间"改土归流"后，湖南少数民族丧葬礼仪受儒礼影响颇大，礼俗亦显繁缛。丧葬礼俗，除了丧礼、葬礼外，还应包括"七七"之内的一些礼俗。而"七七"之后的一些仪式，则可视为祭祀礼俗了。

（一）湖南世居少数民族丧葬礼俗举隅

丧葬仪礼，是我国古代"五礼"中的"凶礼"。《周礼·春官·大宗伯》载："以凶礼哀邦国之忧，以丧礼哀死亡，以荒礼哀凶札，以吊礼哀祸灾……"①《礼记》"丧大记""祭统""奔丧""问丧""丧服四制"等篇，《仪礼》"丧服""士丧礼"等篇都对古代贵族、士之丧葬礼仪有详细记载，但其太过烦琐。宋代以后，民间丧仪一般是都参照朱熹所制定《朱子家礼》的"丧礼"。

对丧葬礼俗，明清时期编修的地方志一般都有或详或略的记录。从这些记录来看，无论汉族区还是汉族和少数民族杂处区，或者民族地区，其丧葬礼俗有很多相同之处，如祭奠之礼一般都遵行《朱子家礼》，家境较好的多延请僧道做法事超度，葬后都还有一些祭祀活动。清代凤凰厅（今凤凰县）丧葬礼俗便是如此。凤凰县是一个多民族聚居区，主要有苗族、土家族。对凤凰县的丧葬礼俗，道光四年（1824 年）《凤凰厅志》"风俗·丧礼"载：

> 自大小殓及祥禫，哭泣辟（擗）踊，遵古制行《朱子家礼》。士绅多有之，然不能尽行也。俗初丧，举家绕白布于首，浼道士取河水浴尸，做佛事，男妇俱改服麻衣。既殓后，设灵置于堂，朝暮焚香供饭。择期殡葬，讣闻亲友。葬前三日，宰牲致祭，延绅士唱礼，曰"家奠"。次日，诸戚友挈牲牢、酒醴为文祭之，曰"吊纸"。是夜，乡人皆来坐夜，鸣金击鼓，唱高腔及丧堂歌，曰"坐丧"。出葬日，亲友俱送，犹有古执绋之意。用铭旌以葬，立碑墓前。三日后，丧主备席，邀亲友至墓，祭毕而饮，谓之"覆山"。又，亲殁后，计七日延道士烧包封，曰"报七"，如是者至四十九日止。供灵堂前，三年内每食致奠焉。②

从这段文字可以看出，该地的丧礼有如下特点：遵古制行《朱子家礼》、

---

① 崔高维，校点. 周礼. 沈阳：辽宁教育出版社，1997：34.
② 丁世良，赵放. 中国地方志民俗资料汇编：中南卷. 北京：北京图书馆出版社，1991：632.

做佛事超度、唱高腔及丧堂歌、葬后还有一系列祭祀活动。

各地丧葬礼俗虽然大同小异，但在具体实施过程中，还是有较多差异的。如其超度法事有的是请僧，有的是请道，各地科仪会有差异；又如殉葬品，在桑植白族有埋泥鳅之俗，但此俗不见于其他地方。由于湖南境内少数民族居住情况复杂，丧葬礼俗也不完全一致，难以一一描述，这里仅介绍一些人口相对较多的世居少数民族聚居地的丧葬礼俗以见一斑。

1. 瑶族丧葬礼俗

"瑶族丧葬方式日渐复杂，岩葬、火葬、土葬均有记载，葬仪亦不尽相同。受汉族道教的影响，其祭祀仪式除原有的自然崇拜中的祖先崇拜、鬼魂崇拜等信仰外，还出现了道教信仰。"[1]在各种丧葬方式中，土葬最盛行。嘉庆二十五年(1820年)《邵阳县志》"瑶俗"条载"丧葬无衣衾、棺椁之殓(近亦有用之者)，无缞麻经带之服，无拜扫祭奠之礼"[2]。又同治十二年(1873年)《溆浦县志》载当地瑶族丧葬礼俗："自古无庆吊，人死仍以棺殓，不用鼓乐，不穿凶服，祭以酒肉。肉不用盐，徭巫谓之'招亡'。焚楮既葬，坟树忌剪伐，不祭扫。国朝以来，间有行之者。祭不登墓，必远距里许，或隔溪、山以祭，畏鬼故也。"[3]从这两条材料来看，这两个地方的丧葬礼俗较为古朴，受汉族影响不大。

"虽然瑶族不同地区、不同支系的丧葬礼仪的内容和具体程序不尽相同，但大致上都包括停尸、报丧、入殓、奠祭、出殡、下葬和守孝等环节。"[4]瑶族在湖南分布地域较广，主要集中于湘南之永州一带，故本书以被誉为"神州瑶都"的江华瑶族自治县为主来考察瑶族的丧葬礼俗。

对江华地区的丧葬习俗，先看地方史志的记载。清同治九年(1870年)《江华县志》"丧礼"载：

---

① 奉恒高. 瑶族通史：上卷. 北京：民族出版社，2007：440.

② 湖南省少数民族古籍办公室. 湖南地方志少数民族史料(下册). 长沙：岳麓书社，1992：449.

③ 丁世良，赵放. 中国地方志民俗资料汇编：中南卷. 北京：北京图书馆出版社，1991：612.

④ 《湖南瑶族》编写组. 湖南瑶族. 北京：民族出版社，2011：297.

　　江华丧礼，三日成服，设奠治丧。士之明礼者皆遵《家礼》；寻
常民家率做佛事，谓可以资冥福，邻里派资具祭，酣饮高歌，夜打
丧鼓，名曰"闹夜"，近来亦有斥其非者。亲友具冥镪、祭馔、豕
羊、绸轴之类往奠，亦有以币代将者，犹占赙赠之义也。丧礼之废
久矣。他皆无责也，独信堪舆家一事殊乖孝道，有停至十余年不
葬者。①

　　从文献可以看出，江华县在清代的丧葬礼俗基本依照朱熹的《家礼》之礼
仪，另外还有做佛事超度、"闹丧"、停枢以及注重风水等习俗。1994 年修的
《江华瑶族自治县志》对其也有简要记载：

　　瑶族都实行土葬，老人垂危时，便为之梳头、淋浴、穿寿衣，
亲属守候"送终"。死后移置厅堂（男左女右），全家举哀，子女前往
亲友报哀，择吉安葬。停枢一般三天，请师公做"道场"。家贫者则
一碗水为之"开路"。死者若是师公，则要请同等水平的师公念咒，
将尸体用红布捆在坐凳或楼梯上，法事完后才入棺。出殡时，师公
只引送到门口，由孝男或孝女，手持火把或菜刀引路上山。高山瑶
不讲究什么风水宝地，只要在离住房不远的山脚，选上一地，即行
安葬。葬后择日请师公引渡亡灵上神龛，每日三餐都给死者供饭，
一般为 49 天，有的供奉一年。②

　　从两段文字来看，在二十世纪末期，江华县瑶族的丧葬礼俗变化并不
大。唯新修县志中指出高山瑶不讲"风水"，和同治年间的"独信堪舆家"之
说，有一定差异。我们以为后者的记录应更全面些，而这也说明，即使同地
域、同民族的民众，在更小的范围内，其民俗事象也可能存在差异。但二者
的记载都很简略，下面我们依李祥红、任涛的《江华瑶族》对其再做一详细
介绍。

---

　　① 丁世良，赵放. 中国地方志民俗资料汇编：中南卷. 北京：北京图书馆出版社，1991：594.
　　② 湖南省江华瑶族自治县县志编纂委员会. 江华瑶族自治县志. 北京：中国城市出版社，
1994：566.

江华瑶族人死后要烧"倒头香"，有的地方则用土铳朝天鸣三响，或放鞭炮，向村人报丧。人断气后，子女要为亡者剃头（梳头）、沐浴、穿寿衣，头上扎条死者生前喜爱的头巾，穿上早已备好的软底鞋或绣花鞋，按男左女右停放在堂屋平板床上。有的地方人将死时，便将其床铺移到堂屋，让其死在堂屋，全家举哀。子女或堂侄到亲友处报丧。如是妇人去世，必定先要向其娘家亲属报丧，待其亲自看过后，方能装殓，否则对方会怀疑他的亲人死得不明不白。人死后，要给死者"含口钱"①。亲友接到信息后，陆续来吊孝。首先是女儿女婿回来奔丧，在路上就要戴白头巾、扎白帕子，回到家后即披麻戴孝。接着是舅家、姑表亲家等。奔丧吊孝要拿纸钱香烛、鞭炮，一般是一对蜡烛、一把香、两刀纸钱、一挂鞭炮，有的还带数斤猪肉、数斤米。岭西瑶族还要做油炸粑粑或竹叶粑粑，用竹篮、挎箩装载，至亲还要拿一壶酒。堂兄弟、侄儿侄女们负责丧事后勤和迎来送往事务。丧葬期间还有很多禁忌②。

人死后，首先装殓，装殓前"请水"（买水）。由师公带着死者的亲属到河边去"请水"，去时带香纸化烧，师公念经作法，并把数枚钱丢进水里，意即出钱买水。回来后即用此水为死者沐浴（用毛巾擦身），再念经入棺。棺材放在堂屋里，男左女右，师公先念经"净棺"，然后由孝男孝女将死者抬入棺内。要在死者的两手上各放少许饭食，便于死者过"洛阳桥""奈何桥"时将食物撒给桥上的狗吃，而得以顺利过桥。在死者的头下、两肩、两腰、两脚各放一瓦片，使其在阴间有房住，并记住自己家的模样，好回家来。

装殓后，由师公给死者"开光"。俗信以为只有经过"开光"，死者的阴灵才能眼看得见、耳听得见、手能动、脚能行。"开光"完毕，即合棺盖。棺盖合上后，要钉棺材钉③。接着，在棺前摆3杯酒及一些食物，孝男孝女跪下点燃香烛，化烧纸钱，并哭泣"劝食"，劝死者"吃"东西，以后每餐要"劝

---

① "含口钱"：即将一个硬币或一点银器放入死者口中。据说这样就可使死者的阴灵不饥饿。

② 丧葬期间禁忌：停枢处不让猫接近或经过；丧期孝子斋戒不吃酒，不吃肉，吃饭不能坐凳，不能穿鞋袜。

③ 棺材钉：铁匠打制的一种特殊钉子，五寸长，扁形，头带钉帽。打钉时，要在上面穿几层布，一边两个。

丧葬礼俗

食"，供奉过后生人方能吃饭。孝男孝女要分食第一次"劝食"摆供的食物。①

晚饭后，正式做道场。道场一般一天一晚，或一天两晚，有钱人做二天四晚，或更长时间。若死者是早上死的，道场则从下午开始；若是晚上死的，道场则从次日中午开始。人死报丧后，便派人去请师公。同时，请吹鼓手，奏瑶族民间哀乐曲。做道场时，在堂屋挂上中堂坛、上清等挂像，书写数条祭幡，吊贴在堂屋的楼枕下。师公穿上道士服，手拿法剑、铜铃，用瑶语念经②，给死者超度。

师公作法念经，一步一步为死者超度，引导死者过"洛阳桥""奈何桥"。孝男孝女在师公念经时要跪在地上作揖、滚爬、转圈。为女性死者超度要念"破血湖经"，要喝"血湖酒"。即在盆里倒上一斤多酒，放一点鸡血，一边念经，孝男孝女一边喝"血湖酒"，喝完为止。直到天亮作法念经才结束。

瑶族信风水，坟地要请风水先生勘察。坟地一般在死者活着的时候就勘察定好，并用罗盘摆好朝向，定好分针。瑶民讲究"天时、地利、人和"，要拿生辰八字来合墓地地利，讲究"左青龙，右白虎"。若是人死后才选择墓地，还要根据其死期来选择。③ 人死后才挖墓穴。挖第一锄泥时，孝子要跪在地上用衣角盛起锄泥小心包好，等落葬盖土后，才将第一锄泥放在坟顶上。

出殡要选黄道吉日。根据死者的生辰八字和死期来选择，如近期无吉日，少则停放十天半个月，久则一年半载。如不愿停放太久，则选择一个稍微有点利的日子实行"蒙葬"，即出殡不鸣炮、不吹奏鼓乐。寨山瑶人死后出葬如遇特殊情况，停放时间超过一个月的，先抬出野外挖穴，垫上木板，将棺材放上，叫"忌土"停放，待择日后正式下葬。出殡一般在凌晨天刚亮时。师公作法后，抬丧人员用手将棺木抬到屋外，放置在两张长凳上再绑扎丧

---

① 按：这一习俗在新宁县瑶族有些变异：丧父盖棺时，由伯、叔站在棺前，给跪在下面的孝眷喂酒食，并对孝眷说些"万代荣昌""兰桂腾芳"等吉利话，然后盖棺。丧母，仪式则由舅父主持。（新宁县县志编纂委员会. 新宁县志. 长沙：湖南出版社，1995：669.）

② 按：道教在宋代传入瑶区，瑶族的原始宗教吸收了道教的一些内容，形成了瑶族独特的巫道结合的宗教。做道场必用瑶语念经。

③ 但不同瑶族支系对风水的迷信程度不一：过山瑶选择墓地较平地瑶、寨山瑶简单，他们请风水先生勘察墓地基本上都在村寨附近的山上，便于扫墓。平地瑶和寨山瑶则不一样，只要有"宝地"，再远也不怕；若不是自己的山场，则花钱也要买来。

杠，在鞭炮和鼓乐声中起抬。挑"土地担"者先走，点一把火或提一盏灯在前面照路，意思是阳人的白天是阴人的黑夜，点了灯他才看得见路。过桥时要烧纸钱，叫作"买桥路"，并不时在路边烧香和纸钱。路上休息时，孝男孝女跪拜抬丧者。寨山瑶从出殡地至墓地，不管路途远近，一般在路上要休息7次或9次。居住在岭东的瑶族，如葬在高山陡坡处，则用两根粗麻绳或竹篾缆绳捆住棺材，将其拉到墓穴。到墓地后，送葬的孝女即回，孝男与抬丧者一道把死者埋好才回。

下葬时要在墓穴里烧一把火，以暖地气，让死者在温暖的穴内安息，并刺伤一只公鸡，将血洒落坑内，让其在穴坑里奔跑，然后拿出来，才将棺材放进去。棺材要放在中心位置，对准墓前的中心线，不能偏离。民间相传如偏离了会造成对某一儿子的不利。边垒土边砌墓门。坟墓垒成椭圆形、长条形或三角形，前高后低，底宽上窄，前头后尾。墓门用三块砖垒成，两边的砖竖放，上面一块横放。然后在墓门左右和上面砌些石块，后面再用土垒成堆。

葬后，要在家中的神龛上设灵位。孝男孝女守孝49天，其间要穿孝服，不能坐高凳，出门时不能抬头①，也不能"行亲"（即到别家玩耍）。孝满这天，由师公作法事，在神龛上供奉。②

2. 苗族丧葬礼俗

苗族在湖南分布极为广泛，其中在湘西的凤凰、保靖、花垣，怀化的麻阳、靖州和邵阳的城步、绥县等县市多是聚族而居，其他地区则多数是与其他民族杂居。对苗族的丧葬礼俗，唐人张鷟《朝野佥载》有记载："五溪蛮父母死，于村外阁其尸，三年而葬，打鼓路歌，亲属宴饮舞戏，一月余日。尽产为棺，于临江高山半肋凿龛以葬之，自山上悬索下枢，弥高者以为至孝，即终身不复祀祭。"③可知唐代五溪蛮实行的是悬棺葬，而且有闹丧之俗。

明清以后，一些地方志对湖南苗族丧葬礼俗做了较为详细的描述：

---

① 因母亲怀孕辛苦，怀孕期间母亲见人不好意思而低头，而今孝男孝女低头，以示孝敬。
② 李祥红，任涛. 江华瑶族. 北京：民族出版社，2016：194-197.
③ 张鷟. 朝野佥载. 袁宪，校注. 西安：三秦出版社，2004：72.

丧葬礼俗

乾隆四年(1739 年)《乾州志》卷四"红苗风土志":"苗人临丧亦哭泣,但无衣衾棺椁之殓,无缞麻经带之服。人死以笈卜之,随其所卜之地掘窟三四尺,镶以木板,置尸其中,以土封之。三日后割牲覆墓,邀戚食饮。次年二月,以牲楮祭奠,子陈设在左,女陈设在右,各以其类。如是者三年从此不复过问。无岁时伏腊拜扫祭奠之礼……初丧,亲友各以土物吊其家,主人则椎牛设饮,谓之'送哭'。"

光绪三年(1877 年)《乾州厅志》卷七"苗防·丧葬":"(苗人)初丧,举家绕白布于首,浼道士取河水浴尸,奏佛事,里党无论亲疏皆来坐夜。锣鼓喧闹,歌呼达旦,名曰'闹丧'。"

光绪四年(1878 年)《龙山县志》卷十一"风俗":"苗人死庋木板于床,舁尸其上。男女环哭,族戚以杂粮往吊,皆助哭极哀……垒石筑土成坟,惟当首不垒石,恐压之也。"

乾隆五十八年(1793 年)《永顺县志·风土志》:"(苗俗)死则环尸哭泣,且歌终日即葬,无丧服。"

从这几条记录来看,明清时期,湖南苗族丧葬礼俗大异于汉族丧仪,这与二十世纪八十年代一些学者的调查有一定差异。本书将主要以花垣县苗族为例来介绍苗族丧葬礼俗。

花垣县,清代称永绥厅,对其丧葬礼俗,宣统元年(1909 年)《永绥厅志》做了简介:

丧礼自大小殓及祥禫,哭泣璐(擗)踊,遵古制行。俗初丧,举家绕白布于首,僧道为取河水浴尸,里党无论亲疏皆来吊唁。丧家设酒肴以待宾,供佛饭僧,稍俭者村俗翻议其薄于亲。及葬,前三日开堂设奠,亲故致奠赙,姻娅陈牲牢酒醴,用祭文,张索轴。先日行家祭礼,次日皆来送殡,犹古执绋之意。而丧家鼓吹歌讴,高会召客,如吉事。既殡,立碑墓前,亲有善行,不知立志铭以为表扬。葬后三日,复备席邀亲友至墓前,祭毕而饮,谓之"覆山"。服阕,延僧道荐道场,谓之"除灵",此俗之弊陋也。近日士君子多遵

礼，立木主以祀。又，凡遇有丧之家，虽素不相识，邀约多人在于
丧次击鼓唱歌，达旦不歇，曰"唱孝歌"，丧家仅以肴馔酬之。乡里
愚民大抵如此，此亦田横资从歌《薤露》之遗风也。

而后又特别介绍苗族丧礼说：

　　大小殓，哭泣擗踊，悉用汉人礼制。惟初丧时用五色张扎旗
伞，剪白纸作标钱悬挂于死者棺首，子婿牵牛羊，请巫呼礼，哭祭
于死者灵前，名之曰"献牲"。里党无论亲疏，或负米一囊，或包谷
一袋，皆来赙。子婿则必各具牛只，纸扎旗伞一套，用鼓乐助奠于
灵前，名曰"上祭"。毕，杀牲，用火烧其皮毛剖剥，留丧家肉一
肘，其余概行割煮，率同助祭者食之，不遗片肉回家，此丧礼之异
于汉俗也。官绅富家亦有延僧道行文公《家礼》者，余则仍照旧行。①

　　从文献来看，苗族的丧葬礼仪既有其民族特色，也有不少和汉族相同之
处。花垣县苗族的丧葬礼仪较之其他民族，显得更为繁复，有四五十项科仪
（含做道场的超度仪式）。下面据洪光荣对花垣县苗族丧葬礼仪的介绍择要
如下：
　　（1）换铺、接气、烧"落气钱"、放"启程炮"。
　　人病危时，要迅速在第一间屋打铺，将病人抬出来，头朝家先方向（苗
称"夯告"）安卧，此谓"换铺"②。病人弥留之际，凡在家的亲人都要拢边，
跪在病者身旁，询问和聆听死别的遗嘱，看着病人抽完最后三口气，是谓
"接气"。亲人停止呼吸时，要在其铺位附近烧"落气钱"，放"启程炮"。这
是送给死者的风餐路费和"三涂"③路上的通关花销，以及为上路的死者送行。
同时，也有给左邻右舍、族人和寨人报丧之目的。

---

① 丁世良，赵放. 中国地方志民俗资料汇编：中南卷. 北京：北京图书馆出版社，1991：635、
637.
② "换铺"的用意：让病人离开暗房病榻的污染之地；换一新的环境，也许有救的希望；做好
无救的准备，让其离开昏暗的病房（巫师称"牢房"），有利于命终后去到光明逍遥的阴间；方便家属
子女看望并给危重病人接气。
③ 三涂：又作"三途"。即火涂、刀涂、血涂，同三恶道之地狱、饿鬼、畜生。

丧葬礼俗

（2）调头、洗身、着装、卧椁床。

烧"落气钱"和放"启程炮"后，要快速地将亡者躯体做180度的调转，苗称"吉长重"。① 调头后，准备洗身。洗身要找人拿一煨罐或脸盆到水井去取水，并掐三片菖蒲叶（苗称"香五"）一并交与孝眷。由亲属中一人动手洗身。洗身时，将菖蒲和洗巾浸于盆中，先取菖蒲往尸身擦三下，再用洗巾从尸身的腹部逆抹洗三下过胸部，又顺抹洗三下至腹部。边洗边说："我备的是净水香草，为你沐浴洗身，好让你赶得上人、跟得上伴。"正面洗完后再侧洗背面。

洗净后，由洗身人给死者穿衣。衣裤件数要成单，套理整齐，并在衣裤的暗处（即衣袋内侧、裤腰）用香火头烧通小眼②。先穿裤子，裤腰带以青或蓝纱线系好，纱线数量与死者的足岁数相等；再穿衣服；最后穿鞋袜，戴头帕或帽子，头帕要倒缠，从右向左盘转。

穿衣的同时，要安排人员把柳床扎好。柳床扎妥后，用白布包单裹好尸体（也有的不裹尸），由四五个人抬起放于柳床上，③ 以纸钱盖脸。双臂垂直贴身，左手拿手巾，右手拿米包。床前插香点灯设供品。

（3）报丧、看丧、入殓。

死者卧柳床的第二天，丧家安排亲属报丧，报丧的主要对象是后辈和直系姻亲。报丧时，报丧人不能进屋，只能站在屋前或屋后大声告知。对主要姻亲报丧一定要人到口报，不能采取其他方式转达。姻亲们获悉丧讯后，先由主妇带领房族女辈、外戚前来"看丧"。丧家主妇取出孝帕分直亲、旁亲逐人分发，披于肩上。

入殓、出丧的日期时辰，请风水先生根据死者与孝家八字推敲择定。未入殓前，先用皮纸在棺材内壁周边压一半留一半地斜角垂铺，以大米平铺内底，按死者寿年，于大米上成排按上碗底印。时辰一到，搬尸身放入棺内，

---

① "调头"含义：一是意为结束生的规律，顺其死的法则；二是调过后，脚靠家先位旁，表示在未禧相入座前，亡人还只能是在旁等候入座的非正式家先。

② 烧眼原因：生者给死者的物品，要通过火化才能到手，但着装不能烧毁，故以烧一个眼来表示；二是示意死者将所有祸殃背走，将所有福分都透漏下来，留给后代子孙。

③ 死者入殓前卧柳床原因：一是因柳树生命力强，苗族认为将尸体置于柳床上，可以借助其生气灵气暂时维持尸身和容貌本色。二是民间俗信将尸身置于柳床上，邪魔外道不敢轻易来丧堂作祟，有利于死者平安赴黄泉。

将亡者扶正，整衣、整帕后，对角盖上若干成单寿布，再盖龙凤寿被，最后将朱砂数粒含于死者口内。最后由道师封丧。

（4）请水、开光、开路、请佛。

请水封丧是度亡法事的开始。请水要准备香、纸、茶和一个陶罐，由香蜡师端于茶盘内领先，去水井请水。道士领孝子拿引魂幡旗一道前去。到井边后，道士向水井龙神礼拜，道明孝子前来请取龙水，望龙神开恩，并运真香奉请五方五色行雨龙王和天府上圣、地府王官、水井龙神、水国真宰、龙母龙子，降临井前。以香、茶献敬，请水回坛。接着以罐舀水回转。道士用白纸封口捆紧交与孝子放在楼上隐蔽处。

召亡开光。这是孝家最关心的法事，也是考验道士佛法灵验与否的一场科仪。召亡法事设灯烛香案于门前，并用白布铺桥到灵堂，孝男孝女面朝外跪于阶沿左右两侧。法事由掌坛师着佛装登坛主办。先迎请西方极乐世界接引亡者导师阿弥陀佛、幽冥教主、本尊地藏王菩萨和三涂路上引魂引路王菩萨；次请丧家堂上历代祖先，再请亡者的三魂七魄，分次念诵召亡咒语，依仗三宝佛力加持召引亡灵降赴阶前，扑向手握幡旗的孝子。这时，幡旗会上下摇动，示意亡者魂魄显兆来临。法师助手迅速点燃几张纸钱躬身于坛桌下，以火烟熏其桌背，另一助手拿漏斗型纸筒跟熏位游动，藏于桌背的蜘蛛突然吊线下垂，纸筒接入立即封口交给法师，作为召来亡灵的化身。召得亡灵后，接着开光。法师迎请释迦牟尼佛如来、阿弥陀佛如来、观音菩萨如来、普奄祖师如来光降法坛，加持弟子三声召请亡者来临，痛念亡魂自冥之后，耳目障碍、咽喉闭塞，鼻舌失灵。今有开光神咒一道，为恢复亡魂视觉、听觉、嗅觉、味觉，念开光神咒。先是唱："南无观世音菩萨，甘露瓶中柳枝插，亡魂眼耳鼻喉舌，遍洒恢复应不差。"接着念："上来神咒念诵已毕，鼻舌灵敏，耳目聪明，三献酒茶，开光结束。"

铺桥开路。这是接引亡灵上桥并为其开通升天冥路的法事。在灵枢前设香灯、钱财、茶酒，以白布为桥，铺牵于阶前与灵堂之间。法师带孝子礼拜四方后，念道："上来三声召请新故显考（妣）某某起步来临，怜黄泉之凄凉，痛三涂之艰辛，铺金桥以迎驾，设酒茶以洗尘。叹人生之如梦，泣死别之手分。"接下来唱："不是阴中野鬼飘，金童护金桥。慈悲佛圣垂加护，驾赴灵筵献酒肴。"法师边唱边将灵牌从桥上移至灵堂桌上安位。接着进行开路法事。先请阿弥陀佛如来、观音菩萨如来、释迦牟尼佛如来、普奄祖师如来，接着召请亡者驾赴灵筵，孝男恭对灵前，献香、献茶、献酒，最后为亡人开通升天冥路。

铺坛请佛。恭请各类佛、菩萨，是度亡法事中最浓重的仪式之一，约需两个小时。度亡佛事很多，程式复杂，计有"念经交经""礼忏告歇""朝山拜庙""燃蜡赈济""赈济(即放焰口)""铺桥送经""化财送佛""请佛安方""坐案审查""解结冤孽""目连巡狱(又名'挑花篮')""破狱""散花""送神(或称'返灵山')""化财送水"等。

（5）开吊、客祭和家祭。

停柩的最后一天，开席招待前来吊唁的宾客或举行祭礼仪式，称"开吊"。开吊日的上午，孝家要布置灵堂，苗族称"孝帷"。下午三点后，孝男坐于灵堂前等候前来上祭的姻亲，胞兄弟媳或堂兄弟媳以及款婚孝女坐于灵堂后面的棺材头边，等候女客。

孝子设供，通过祭礼仪式奠祭亲人称"家祭"，一般在开吊日的早晨进行，又称"朝奠"。女婿、外甥、内侄祭奠叫"客祭"。客祭在晚饭后进行，又称"暮奠"。家祭与客祭的设供、场面、程序大同小异，异在祭文内容、供品种类、程序简繁等。

家祭的司仪程序为：上香礼①、初献礼②、亚献礼、三献礼③、通献礼。通献礼由引赞生引孝眷赴跪拜所，歌哀词。引赞生引孝眷赴读诗所，献阴席、金童玉女、金山银山等，歌金童玉女词。通献演乐。引赞生引孝眷赴跪拜所行大礼，向后转，化财望燎。大赞立于东阶念结束词，奏大乐，鸣炮。引赞生引孝眷举哀入帷。四礼生复立于灵位前相互作揖，化财谢师，祭礼

① 上香礼仪式：大赞说明祭礼意义、起源、等级和本祭所处的时间，明示当事人员各司其职，警示在场人众应遵守场规，指挥引赞和乐坊配合行动等。鸣炮，奏大乐出场，左右引赞生引主祭和陪孝眷，歌"出帷词"从东西阶而下至跪拜所，行三拜九叩大礼，歌"大礼词"。双队并列，赴漱洗所，整衣冠、束带、扬尘、纳履、净巾抹面。歌"漱洗词"，上东阶至灵位前行上香礼。由主祭者一上、亚上，三上香，歌"香词"。
② 初献礼仪式：引赞生引孝眷下西阶至跪拜所，歌"哀词"，赴"读诗所"宣读祭文或悲唱苗语祭歌，上东阶赴灵位前行初献礼，大赞和陪赞主持将供食供品一一献完，歌"初献词"。初献演乐。引赞生引孝眷下西阶至读诗所，歌《南陔》首章。
③ 亚献礼、三献礼仪式基本相同，准歌的《南陔》辞章分别为第二、三章。引赞生引孝眷赴跪拜所、歌哀词。上东阶赴灵位前行亚献礼，献供同上，歌"亚献词"，亚献演乐。引赞生引孝眷下西阶至读诗所，歌《南陔》的二或三章。

完毕。

（6）抬丧、点火把。

苗族抬丧的人众，是在发丧前的拂晓以锣声招集，其人数不限。大家自愿到后，帮忙准备出丧事宜。发丧的时刻一到，地理先生或道士先生手倒拿一炷香，站在棺材头部后面，念："此棺不是非凡棺，鲁班造下灵山棺，轻如疏箱似灯草，快步如飞保安全；此火不是非凡火，太上老君赐我三昧火，上不烧天，下不烧地，不烧儿魂女魂，不烧原身本命，烧去挑脚弄手邪魔外道牛鬼蛇神。三灾八难烧出去，孝家从此得太平。八大金刚抬出去！"随声将香炷摔向棺材前方。众人簇拥将棺材抬出大门。事先安排的人迅速搬来磨盘压在"龙孔"上或堂屋中间，点一盏桐油灯放在磨盘上，以镇住、留住地下之"龙"。丧家主妇迅速打扫堂内杂物焚烧，以示所有的不祥之物到此了结，化为灰烬。

"点火把"。临出丧时，孝子拿两张孝帕挂于后辈①肩上，并跪地手捧火把，请后辈领先开路。后辈接过火把，立于棺材前位，面向棺材行三鞠躬礼，转身向左、右、前方分别行鞠躬礼，接着从右至左，从左至右，又从右至左不封口地，绕棺三周，边绕边讲亡者生前德行和成家立业之苦，死后孝子之孝，亡者成龙来朝、成麟来佑之类的圆词。绕毕，先以秘诀藏身，左跨一步火把向左一晃，右跨一步火把向右一晃，接着抬眼望天俯首看地，跨步开路，边走边念："此火不是非凡火，太上老君奉我三昧火，上不烧天，下不烧地，不烧儿魂女魂，不烧原身本命，不烧送丧孝子，不烧抬丧郎君。前头烧三尺，后面烧三丈，烧去当道妖魔，烧去拦路鬼怪，开通灵山大路，照明亡人前行。"到坟地之后，从右至左绕坟场一周，然后将火把朝坟场的中上方摔去。

（7）斗鬼弄、拔中昂、钩竹。

这是苗族在出丧前后请苗法师做的三道趋吉避凶的法事。

（8）防煞、画八卦、鸡啄米。

出丧后，风水先生随同撒"买路钱"者走在抬丧的前头，中途选一适当处"藏身"。到灵山后，设供请、安"龙神"和"土地"。抬丧到达灵山时，孝子

---

① 父丧，以父舅家为后辈；母丧，以孝子舅家为后辈。

忙把孝帕横铺于草坪上，放下棺材歇息。地理先生将带来的所有纸钱堆集焚化于坟场内，称"热坟"。

热坟后，风水先生左手拿公鸡走入坟场防五方煞，念："此鸡不是非凡鸡，王母娘娘抱雄鸡。头戴开尖红冠帽，身穿凤彩五色衣。别人得来无所用，弟子得来耽煞鸡。无论天煞地煞年煞月煞日煞时煞，天煞归天、地煞归地，鸡血落地，凶神恶煞远离。"口咬鸡冠出血，扯鸡毛沾上，将血毛次第沾按于东南西北方位。最后到中方，接着念："弟子防煞到中央，龙神土地听端详。孝家选中牛眼地，五龙相会护明堂，上请莫移下莫功，钟灵毓秀百世昌。"

防煞后，画八卦。风水先生先在坟场中部以大米、小米画太极图案，按照坟场坐向，以小米画四正卦，以大米画四维卦，卦的上方以小米写"牛眠吉穴"，下方以大米写"亡人旺"，左方以大米写"子孙独秀"，右方写"富贵双全"。然后口念秘诀，步出卦位，酹五方白酒，塞五方朱砂。之后，放鸡啄米。

（9）开龙口、扫魂。

放鸡啄米后，接着"开龙口"。风水先生走向坟场后上方，背靠"玄武"面向"朱雀"念："日吉时良，天地开张，吾今到此，时刻正当。我是江南地理先生，腾龙乘风到此间。白鹤仙人来看地，九天玄女下罗盘。亡人登山来下葬，打口龙口进棺材。"顿时火炮炸鸣，锣钹喧天，抬丧众人将棺材搬进坟场。

风水先生拿引魂幡站在棺材侧面"扫魂"，念："天灵灵地灵灵，祖师差我来扫坟。此幡不是非凡幡，祖师赐我扫魂幡。扫天天开，扫地地裂。扫人人生百福，扫鬼鬼尽消灭。一扫东方甲乙木，木命生人生魂出，亡者死魂一并入棺木；二扫南方丙丁火，火命生人生魂出，亡者死魂一并入棺木；三扫西方庚辛金，金命生人生魂出，亡者死魂一并入棺木；四扫北方壬癸水，水命生人生魂出，亡者死魂一并入棺木；五扫中央戊己土，土命生人生魂出，亡者死魂一并入棺木。"

（10）撒富贵米、挖三锄。

棺材落井后，开始撒"富贵米"，先生高咏："此穴牛眠是真龙，前面高山拥笔峰。前朱雀，照眼明，文笔书案育文人；后玄武，龙脉长，家发人发百世昌；左青龙，从云飞，子孙代代穿紫衣；右白虎，从惠风，朱门闺秀尽芙蓉；中央穴，是龙口，福禄寿禧样样有。弟子要撒米粮玉，一来发富二发贵。孝男孝女要富要贵？（答：富贵都要。）要富赐你富，要贵赐你贵。一撒东，子孙代代坐朝中；二撒南，子孙代代出状元；（孝男孝女边接边吃）三撒西，子孙代代有马骑；四撒北，子孙代代多美德；五撒中，合家老少乐融融。吃得快发得快，吃得慢发百万。青山萧萧，绿水滔滔，山水长在，亡人不见，三声哀啼，孝男孝女解散。"

抬丧的人将挖锄交与当家孝子，请其先挖三锄。当家孝子（单腿）跪于棺材上，顺前挖一锄，并哭喊着"阿嗲（妈）杠梦豆削豆且！"（即热土之意）如此反复三锄。抬丧人众以岩砌围，以土壅盖。

葬后当天晚餐后，孝子备齐清油灯具上坟点灯，连点三晚。此外，葬仪结束后还有"转脚""土昂""禧相"等仪式。①

据石如金 1981—1983 年在花垣县、石首市、凤凰县以及贵州一些苗族地区的调查，苗族在"呼亡人""钩门""祭祖"时，要请法师做法事，吟诵《招魂词》。他介绍说《招魂词》分三部分，第一部分叫"呼亡人"，即"当老人去世后，请法师来呼唤亡人，并给亡人沐浴、换装、上停尸台、入棺到祭祀"。第二部分叫"钩门"，即"将装亡人的棺椁搬出门外准备上山安葬"。第三部分是"祭祖"，即"将亡人的魂魄送到祖先神灵们共同聚居的仙地"。② 这些礼俗在洪光荣的介绍中并没有体现，这当是时代变化所致，诚如石先生指出的那样："这篇《招魂词》的第一和第二部分，在一些地方只有动作没有语词了，只保留了第三部分。"

3. 白族丧葬礼俗

白族散居于怀化市的鼎城区、沅陵县，常德市的澧县，以及张家界市的慈利县、武陵源区、永定区、桑植县。其中在桑植县聚居人口最多。故我们以其为例来了解湖南白族的丧葬礼仪。

① 洪光荣. 死亡丧葬//湖南省花垣县文史资料研究委员会. 花垣文史资料：第 12 辑·神奇的花垣·风情篇. 内部资料，2007：344-377.

② 石如金，搜集翻译. 湘西苗族传统丧葬文化《招魂词》. 北京：民族出版社，2007：1.

丧葬礼俗

桑植白族在坟地选择、仪式繁简方面受以下因素影响：①死者年龄。死者年龄不同，其丧礼也不一样。凡六十岁以上的老人，丧事就比较讲究，高寿的老人去世后丧礼最隆重。青壮年丧礼简单，只打"经忏"就葬了。未满12岁的孩童死亡，只临时合一个木匣装殓，请道士开个路便落葬了事。②死亡场所。如死在自己家中，死后可入祖坟，举行隆重的丧礼；如死在外面，则丧事从简。③死因。如寿终正寝，无疾而终，则丧礼隆重；如是病死，则丧事从简，若是疑难杂症而死，甚至难入祖坟；如是凶死，不仅不能归祖坟，其葬礼亦往往草草了事，尸体在外火化或就地掩埋，不得进入堂屋，以免惊扰祖先。非正常死亡的，往往于死者去世之地搭一简陋草棚，举行祭吊。④家庭及家族规模。三代同堂或数代同堂的家庭以及家族兴旺、人丁众多的家族，其丧礼也就较隆重。①

对桑植县民间的丧仪，同治十一年（1872年）修《桑植县志》有简单记载："临丧，亲戚奠赙，裂布帛答之。发引日，所经处亦设路祭。惟编民信鬼，师巫纷若，而略于慎终之礼，少哀戚之意。若葬地山向、年月，亦问之形家，但不至过信阴阳，久淹亲枢。"②这些礼俗在现在仍得以传承。2000年修《桑植县志》的编纂者指出，桑植各民族丧葬礼俗由于地域不同亦有差别，但大体一致，并对其具体程序做了较为详细的介绍。根据其介绍，可以看出桑植白族的丧葬仪礼分为四个阶段：

（1）守气送终。

下榻：病人快断气时，儿子跪在地上烧"落气钱"。女儿用白布醮水洗死者心窝、手足中心，叫"抹五心"。穿上寿衣寿鞋，裤带根据死者寿数而定，有多少岁裤带就用多少根棉纱做成。脚头点一盏清油灯，身上覆盖红色寿被，左手拿桃树枝，右手拿一团饭，或手巾、扇子。

入殓：棺底垫一层火灰，死者有多少岁就在灰上用茶杯印多少个圆圈，然后铺上垫单，将尸身放其上。四周用生前旧衣填塞，盖上寿被，取下盖面纸，让死者亲属瞻仰遗容，然后闭棺。

伴灵：又叫"伴亡"。凡亲族乡邻，均前来吊丧，至夜不去。道士做道

① 张丽剑. 散杂居背景下的族群认同：湖南桑植白族研究. 北京：民族出版社，2009：218.

② 丁世良，赵放. 中国地方志民俗资料汇编：中南卷. 北京：北京图书馆出版社，1991：624.

场,于柩旁击鼓,又叫"做好事",配合舞蹈,合唱丧歌,内容可唱亡人生平,也可是神话传说,曲调多变,伴以鼓、锣、钹等打击乐,气氛悲怆而热烈。

(2)丧礼。丧礼有"超度"和"祭奠"两部分:

一是请道士超度。视死者家庭经济情况,有做三、五、七天"落气好事"的,有做两日"大解灯"(又称"十进贡")的,也有只做一晚"打经忏"的。除"打经忏"外,其程序有如下科目:

开路:给死者写灵牌、引路幡,念"开路"词。

荐止:每用餐前,摆祭品于灵前,孝子跪祭。

解五方灯:给东、南、西、北、中五方神位进贡,求得死者安宁。

解传灯:祭十展呈阎王。

散花解结:孝男女跟随道士绕棺,唱三十六解词,解去死者罪孽,并撒纸花,愿亡者早降佛地或早超人生。

破狱、洗池:男性"破狱"①,女性洗"血湖池",若是凶死冤死,还要破"枉死城"。

封殓辞灵:又称"闭殓"。密封棺材,准备出柩。

扫屋安神:出柩后,打扫灵堂,取下遮盖神龛簸箕,扯去"当大事"条幅,由道士"安神"。

大丧日:又称"禳客日"。由阴阳先生选择吉日,一般在埋葬前一天举行。届时亲友前来祭奠。正亲多送"猪羊祭",即一头猪、一只羊、一棚祭帐;次为三牲祭,即一棚祭帐、一块肉、两罐酒、几把火纸;一般多送钱、粮等。祭奠者要在灵柩前烧香作揖,晚辈还得跪拜。孝子一旁陪跪,表示还

---

① "破狱":即破地狱。当地传说人生在世,难免有些罪孽,死后被打入地狱,受苦赎罪。为了解除痛苦,及早投胎转世,孝子请三元老师焚化纸钱,向阴冥各司求情,借佛祖或祖师之命,打破地狱,救赎死者之罪厄。"破狱"时,先在一块平地上用石灰画一座四四方方的城,设东、南、西、北、中五道城门,每道门供奉一尊菩萨。另在四角和正中各设一座地狱,东曰风雷,南曰北医,西曰金锭,北曰黑暗,中曰无间,并在无间中心挖一小坑,内放一个鸡蛋,上覆青瓦。三元老师拿着引路幡,孝子抱着灵牌,在每个门前念经情事,焚纸、呈牒文,按东、南、西、北、中方的顺序逐门"查访",找到亡人被关的牢狱,再从相反方向,依序返回到外坛,向佛祖或祖师请求降杖破狱。接着,三元老师手执锡杖,挨道门做功课,行至中心时,一边念"双手拨开生死路,翻身跳出鬼门关",一边用锡杖狠击瓦片,将鸡蛋打烂,立刻引孝子走出东门,表示死者已出狱。(张丽剑.散杂居背景下的族群认同:湖南桑植白族研究.北京:民族出版社,2009:217-218.)

丧葬礼俗

礼。祭奠者若是女子，还要在棺旁哭拜，由死者亲属中的女性陪哭，俗称"哭丧"。是日，大摆宴席，款待亲朋。

二是行家奠礼，又称"文公典礼"。即至少请 8 个文人（俗称"礼生"），一班围鼓响手(唢呐)在灵堂举行一通宵的"三献礼"仪式，以牌位代替菩萨，以《正气歌》驱邪祛鬼。用各种板调唱赞，对死者撰有行述（即小传），藏于神主牌内，孝子披麻戴孝，执"哭丧棒"，随礼生行"参神礼""参灵礼""上香礼""献祭礼""祝卖礼""安位礼"等。行礼时，礼生根据不同内容，由锣鼓唢呐伴奏，唱各种不同词调，词意情深，曲调悲戚。行家奠礼当天为"禳客日"，同样接受亲朋祭奠，并酒肉款待。

（3）葬礼。葬礼包括两部分：

送葬："禳客日"的次日清早，丧家附近的青壮年男子自愿前来帮忙出柩上山。一般在棺上绑一雄鸡，以隔邪气，家势好的，扎有棺罩。时辰一到，灵柩起动，锣鼓齐鸣，鞭炮震天，全家举哀，亲友随后送葬。一人在前，沿途撒"买路钱"，孝长子抱着灵牌引幡，走在棺前。沿路碰到难行险要处，孝男女下跪，哀求抬棺者谨慎。到葬地后，送葬人可自回，但要揭去头上孝巾，不能回头张望。

安葬：安葬坟地，由阴阳先生按死者生年死日及其子孙八字，择其山向，一般多在山脉的起落处，后有大山，前望山尖，层层相连，越远越好。墓井事先已派人挖好，灵柩一到，就在井内烧纸钱、芝麻秆"热井"。接着阴阳先生在井内画八卦太极图、洒朱砂，以接地气。下葬时，锣鼓鞭炮齐鸣，落棺于井，孝长子跪在棺上先盖三锄土，众人接手抢埋，棺墓四周边洒雄黄边掩土，以防虫蚁。堆坟头时，将地契埋于底。白族还用一陶罐装五谷、茶叶和五条活泥鳅随葬。堆坟毕，阴阳先生"安山"，撒"阴禄米"，孝子们跪坟前施接，并以钱酬谢。安葬结束，在回家路上，孝子要边走边喊死者回家。

（4）葬后祭祀。

送火把：又叫"送节把""送烟包"。从埋葬当日起，亲人要用稻草按死者年龄扎成火把若干节，点燃后放在坟上，连续三晚。若燃完，意为死者一切满意。[①]

---

① 桑植县地方志编纂委员会. 桑植县志. 北京：海天出版社，2000：522-523.

"送亮"：送亮是桑植白族祭祀习俗，指在一些特殊日子如春节、清明、忌日、生日等，到祖先的坟墓前焚纸、点烛、摆供品祭祀。新近亡人入葬后三天内，也要进行"送亮"。[①]

4. 土家族丧葬礼俗

土家族在"改土归流"前多行火葬，辅以洞穴葬。"改土归流"后，逐渐行土葬。长者善终时，要请土老司唱"溜床词"安慰家属，唱"告别词"诉说生儿育女的艰辛。灵堂设于堂屋中，停枢三至七日，由土老司念经唱歌，敲锣打鼓，通宵达旦。到时挖坑砌石堆土安葬。[②]

关于土家族丧葬时唱丧歌的情形，《走进辰州傩》在介绍沅陵县七甲坪镇一带土家族后裔生活情形时有较详细的记录。书中描述说，年过花甲之人寿终之后，子女马上给亡人沐浴、更衣，联系土老司，迎接歌师来为老人唱夜歌。在死亡的当天晚上"开路"，即为亡人离开阳界另辟道路之义。活动在晚上进行，并唱夜歌，通宵达旦。歌师来到孝家后，每人手执冥香一炷，绕棺一周至灵前上香化纸钱，叩首，礼毕，扶孝子起立致哀。然后坐在设有香案的歌席上，由倡首人起鼓扬歌，唱丧歌，孝子定期作揖叩头。其中"扬歌"的内容多为：

> 逝也，呜呼！××竟溘然长逝，驾鹤西行，
>
> 今登其堂，不闻其声；
>
> 入其雅室，不见其人。
>
> 此情此景，黯然神伤。
>
> 怆然心痛，令我泪淋。
>
> 回忆×公，为人一生。
>
> 俭一理家，勤以持身。
>
> 忠厚处世，和平待人。
>
> 吉人天相，永享遐龄。

① 张丽剑. 散杂居背景下的族群认同：湖南桑植白族研究. 北京：民族出版社，2009：221.
② 《湖南少数民族》编写组. 湖南少数民族. 内部资料，1985：19.

谁料一疾，竟染其身。

膏肓为患，竟赴幽冥。

辰山苍苍，辰水茫茫。

×公之德，山高水长。

×等今晚，以歌臻致哀，追悼亡灵。

魂其有知，来格来歆。

所唱的内容以叙死者生平、功绩，表亲人之哀痛为主。①

石门县土家族现在办丧仪时仍有此俗。据《神奇石门：民俗卷》记载，打鼓闹丧是石门县西北土家族聚居地区丧葬仪式之一，可分打丧鼓和跳丧舞两种。打鼓闹丧主要在"改土归流"前流行，"改土归流"后多用道师做斋形式。打丧鼓，即唱丧歌、唱夜歌子。打丧鼓一般为四人演唱，歌师领唱击鼓，其他三人合唱；内容分歌头、开场、请神、扎寨、盘歌、哀悼亡灵、历史故事、劝人节哀等。天亮前祭亡一场为高潮，歌师(或土老司)唱腔高亢激越，丧家将中门打开，众人让开一条通向大门的通道，焚烧纸钱。有时一道冷风吹进，纸灰乱飞，土老司便借此说神道鬼，预测村寨中丧亡情况。

打丧鼓开歌头有固定歌词格式：歌师在祭幛前一入击鼓而歌，领唱两句，合唱者重唱一句或另唱三句。引一段唱词如下：

鼓打发，鼓打发，鼓打三六一十八。

八五一十三，歌郎进门赞孝官：孝官，孝官，富贵双全。

男女老少，福禄无边。高朋好友，亲戚六眷。

恩深似海，情重如山。歌郎到此，超亡登仙。

请问孝官：今日贵府仙去的是你们生身的父母，还是养庙的爹娘？是何日得病？何日身亡？

（孝官回答）

既是生身的父母，又是养身的爹娘。

---

① 张文华，邓东洲，金承乾. 走进辰州傩. 北京：中国文史出版社，2010：83-84.

初一得病，初二倒床，初三初四①，不沾茶汤。

阎罗天子，勾簿判官，半夜子时，一命身亡。

孝家男女齐商量，为表一片孝顺心肠。

热热闹闹报答生身的父母，光光彩彩发送养身的爹娘。

专程接来扬州的歌鼓，请来柳州的歌郎。

甲：歌郎！歌郎！经过何处？到过何方？

　　看到一些什么景致？遇到一些什么情况？

乙：经过须弥山上，路过云南、湖广。

　　到过水陆码头，经过城镇街坊。

　　遇山翻山越岭，遇水行船过江。

　　遇到一位八十岁的公公，只见他肩挑一担，手提一笼。

甲：肩挑一担是什么？手提一笼是何物？

乙：肩挑一担是阳雀，手提一笼是画眉。

甲：那阳雀怎样叫？那画眉怎样喊？

……

　　打丧鼓的目的有两点，一是宣扬孝亲，崇善惩恶，叹慰亡者，安慰孝家。叹慰亡者现今虽然魂魄归天，但一生忠孝，一生辛勤，生儿育女，死而无憾。同时告诫后人，为人只能亲善避恶，不可干亏心事，否则死后前往阴间路上亡魂过不了奈何桥。二是陪亡人，打丧鼓又唱又跳，将丧事当"白喜事"办得热热闹闹。打鼓闹丧，反映了石门土家人特有的达观的生死意识。②

　　对土家族的丧葬习俗，明代以来的一些地方志有详略不一的载录。如光绪四年(1878年)《龙山县志》载其"丧礼"曰：

　　　初丧，撤帷帐，男女皆散发，披麻缕，跪床前哭泣，焚寓钱送之，或焚纸轿、纸人马，盖痛死者虑其徒行也。既浣尸含殓，乃下榻陈于地，请僧道讽经，曰"开路"。男女不时哭泣，族戚过唁，并

---

① 这些日子可按孝家实际日期临时编唱。

② 石门县文史委员会. 神奇石门：民俗卷. 北京：大众文艺出版社，2007：122-123.

丧葬礼俗

助哭，环死者坐守之，达旦不寐。大殓，陈堂上，设灵供木主，僧道又为讽经，曰"绕棺"，并数歌者列歌棺前，均达旦乃止。成服，凡诸宗亲外，有婿及甥，皆为制白衣衣之，诸使役并首白帕。贫者三日葬，富者数十日、数月不等。命形家择吉穴，费巨值不惜，葬前二三日，开堂设奠，至亲往奠，以羊豕、肴馔暨挽幛联，余祇香烛，丧家酬以帛衣，各有差。又饭僧道供佛，或三日、五日，至葬乃止，曰"做道场"，迄大小祥及禫亦如

图7-1　正一派超荐道坛法事
"奈何桥"（摄影 曹冠英）

之。出柩，族戚皆送，视窆毕而返。葬后立碑表墓道，又有先作志铭掩圹内者。服阕，火其灵，奉木主堂龛上，有宗祠则荆于入宗祠。邑士族多不信僧道，有丧事遵朱子《家礼》行之。①

今人罗士松对永顺县土家族的丧葬习俗做了详尽介绍。从其文字来看，其仪式有四道大程序，近二十项小程式：

（1）"守气送终"：包括"守气""下榻""入木""停柩"。

（2）"举办丧事"：含"设置灵堂""开路""解灯""散花解结""做道场""大葬日""烧包送亡"等七道程式。

（3）"送葬往穴"：包括"出殡""扎杠""送葬""孝帕垫棺"。

（4）"下葬入土"：有"热井""挖三锄""施衣禄米""挑水清场""送火把"等习俗。②

① 丁世良，赵放. 中国地方志民俗资料汇编：中南卷. 北京：北京图书馆出版社，1991：645.
② 罗士松. 永顺县土家族丧葬习俗. 长沙：岳麓书社，2015.

这些程式和其他民族、地区的大同小异。笔者这里依罗先生的文字，择其较有地域特色的"解灯"做一简介。"解灯"法事的目的是为亡人去阴司时增加声誉、资本，以使其在阴间得到善待。"解灯"分"十王灯"和"血湖灯"。"十王灯"，男女亡者均请道士仙班举行此仪式。在十殿阎罗面前焚香化钱，诵经祷告。从一殿阎王秦广开始，到十殿阎王轮转为止，一殿一处地虔诚祷告，请求宽恕赦免。"十王灯"又分"小十王"和"大十王"。前者一天可成，功课简洁；而后者功课繁杂，时间长的需要 4 天方可完成。女性亡人，在行"十王灯"后，还得举行解"血湖灯"仪式。

石门县土家族有在死者亡故"五七"时，举行"放烟火架"以超度亡灵的斋醮习俗。这一习俗颇具地域特色。据介绍，当地死者亡故后 35 天（即"五七"），孝男孝女要请土老司做法事，烧纸烧灵屋等。亡者亲戚也纷纷赶回家迎"五七"，给亡人摆道场做斋饭。此后这位亡故的老人便进入了土家祖先之列，永受后代拜敬。

烟火架是画匠（俗称"花儿匠"）纸糊篾扎的。画匠将竹子破成细篾，先做上一个大圆桶，桶高有的 1.5 米，有的 2 米，甚至 3 米，桶内圆直径最少 1 米，有的 1 米多。桶内分层，7 层、8 层，有的做 10 多层。每一层有不同的布局，一层有一层的故事情节：做一个铁蹲，两个纸孩子打铁；做几个戏子唱戏；或做两个人拉锯；或做几个人收禾或做小工艺；等等。社会上有的百业艺人都可以做出，装在每一层上。每一层的底部装有土药，连接有鞭引绳。一个烟火架需要画匠做 20 多天或一个月才能完成。主家除了购买材料外，还要为画匠提供餐食，支付工钱，故花费不菲，一般人家或中等人家很难承受。

大户人家做大斋一做就是 7 天或 8 天，到最后一天晚上才会"放烟火架"。"放烟火架"须有很宽的场子，一般要占一亩多地，中间由花儿匠用竹子围成四方形场子，四方开有很多门，供道士、花儿匠、孝子出入。"放烟火架"完全由花儿匠操作：每一层安装有滑轮，花儿匠用绳子上下拉动，每一层内的纸人纸景就像真景物一样神气活现，纸人或道具表演完后，就会点上土药引子，只听"嘘"的一声冲上天去，五颜六色，就这样一层一层地垮下来。每放一层约 10 分钟，表演直到整个烟火桶放完为止。斋事的最后一天，为死去的人烧灵屋，就会将烟火架一同烧掉，表示亡者到了阴间什么也不缺。

图7-2 沅陵县七甲坪镇土家族土老司
（摄影 邝芳婷）

在盛大斋事活动中，有的家庭除了"放烟火架"，还放洋灯。洋灯也是花儿匠用纸糊篾扎的，每一个洋灯有提水桶大小，有的人家做七八个，甚至十多个。灯下一层有支架，用桐油点着灯，挂一丈多高，也是花儿匠用拉绳操作，洋灯点燃后受热，加上底层土药点引喷射，就升上了空中，飘得越高越好，表示死者已升天，到了极乐世界。当然，如果洋灯飘的方向是不适宜死者葬的方向，则表示死者在阴间不吉利。①

5. 侗族丧葬礼俗

侗族在湖南主要分布在新晃侗族自治县、通道侗族自治县、芷江侗族自治县、会同县、靖州苗族侗族自治县等地。1985年出版的《湖南少数民族》一书曾对湖南侗族的丧葬礼俗做了极为简略的介绍，称其"丧葬礼俗较为烦琐，带有很浓厚的封建色彩"，而且说道"清代，某些侗族地区有停棺之俗。在村寨边建有一栋停棺屋，作为停柩之用，寨内凡同辈分的人全都去世之后，才一起安葬"。②

本书拟以新晃县侗族的丧仪为例来了解侗族的丧葬礼仪。新晃侗族自治县，清代称晃州厅，境内以侗族人口为多，约占总人口的五分之四。对新晃民间的丧葬礼仪，道光五年(1825年)《晃州厅志》有简要记载：

> 缙绅礼法家有依《家礼》行事者。其他率邀僧道殡殓，且有诵经
> 者，谓之"开路道场"。每七日一祭，亦延僧遵作礼，谓之"应七"

---

① 石门县文史委员会. 神奇石门：民俗卷. 北京：大众文艺出版社，2007：129-130.
② 《湖南少数民族》编写组. 湖南少数民族. 内部资料，1985：38.

（以死日支干数之，至七日必一冲克，故先期诵礼经忏度），至四十九日而止。或有廷僧道做道场功德者，亦有百日、期年及禫祭时行之者。其做佛事于出殡之前，则谓之"上山道场"。殡枢在堂，朝夕上食，至葬后罢。将葬，告期于亲友，树幡旐于门，鼓吹连日，谓之"开吊"。人之来吊者，香楮烛成礼而去，亲故则制辞成轴，书以绫锦，牲牢奠赙，酬答相因。①

从以上文字来看，清时侗族民众的丧葬有部分是"依《家礼》行事"，但更多的是邀请和尚、道士做道场，举办丧葬礼仪。秋鸿在《新晃侗族生活习俗琐谈》一文中，对新晃县侗族的丧葬礼俗有更为详细的介绍。从其文字来看，新晃县侗族的丧葬礼仪确实有不少特殊之处，如"送终""分粮"等程式的具体做法，就鲜见于他处。下面依秋鸿一文，对新晃侗族的丧葬礼仪介绍如下：

老年人病重时，须把病人抬到"火铺"上。快落气时，把病人抬到堂屋正中，扶坐椅子上，让其两脚踏在盛满稻谷的方斗上，儿媳孙辈等环跪面前，等待断气，叫"送终"。同时在面前置一缸或盆罐焚烧冥钱，叫"落气钱"。落气后，即替其剃头、穿殓葬衣服，置于门板上，用一张白纸盖面，并由一位老年人替死者"洗澡"。"洗澡"是用三脚撑架翻天在露天下烧水，再用洗巾在死者身上做洗澡状，来回轻抹三次。

死者洗澡后，便安放在棺内，头部用七张瓦片作枕头，口内放些银器。穿的殉葬衣服规定是单数，三、五、七件均可，每件须在衣角用香烧洞，男烧左角，女烧右角，烧了洞，到阴间才能受用。腰上捆青白色麻线，按死的年龄，一岁一根。双手各持一刀纸钱。放在身侧，棺内下垫数层白布，上盖绸冥被。

盖棺后，置于堂屋大门的中央凳上，棺下点一盏桐油灯，用烂竹篮罩着。堂屋神龛上，斜贴一张四方白纸，表示"阴阳隔断"。死者的子媳等亲人，日夜守在棺材周围，叫"守灵"。寨里的亲友，晚上也来陪丧。如遇雷雨天，得把钉耙、锄头等铁器架在棺材上，以防"雷火烧尸"。

① 丁世良，赵放. 中国地方志民俗资料汇编：中南卷. 北京：北京图书馆出版社，1991：616-617.

棺停在屋中，面前用黄纸写上灵位①。灵前香火不断，并用黏米舂粑七八个，摆在柩前，叫"柩前粑"。老人死了，孝子还要与死者"分粮"，其做法是煮一鼎罐米饭，捏成几十个小饭团，放在筛子内，拌上糠壳稻谷。孝子跪在柩前，两臂交叉，一反一复作阴阳手，阳手拿饭团放入自己衣内，属"阳人粮"，阴手拿饭团放入土罐内，属"阴人粮"，轮流捡取，衣内较土罐内多放些。剩下的，仍放在筛里，起丧时，孝子从棺材上撒出，人们捡去，据说放在地里，地里五谷丰登，喂鸡鸭，鸡鸭繁盛。"阴粮"则由孝子密封罐内，待下葬时，埋在坟穴左边。原来烧的"落气钱"的纸灰，用布包好放在坟穴右边，表示阴间的"左仓右库"。

停柩期间，死者的至亲如女婿等，若家庭富裕，还要替死者"采灯"。"采灯"耗费巨大。不但要买很多冥钱、备上十几斤清油来点灯，还要请道士设坛做法事、破冥狱、破血盆等。"做道场"是侗家对死去亲人报恩的一种表示。做道场时，全堂老少均要斋戒沐浴，虔诚顶礼。道场一般为期5—7天。其间，夫妻不能同宿，到过"月婆子"家里的人，不许入经堂。道场开始，即在正堂里挂全堂佛像，设立法坛，摆上斋粑、豆腐、糖果、茶食，主祭道士秉烛焚香，念经礼综。六七位道士在旁敲锣打鼓。做道场前，孝家要准备很多火纸，封成"扛""篓"等冥封，待法事结束后，把这些冥封烧掉，叫"化财"。法事圆满，就算是报答父母的恩德了。

安葬的头天晚上，要举行祭奠。祭奠有客祭和家奠两种，表示对死者的哀悼。家奠仪式隆重的，凡属晚辈，都要披麻戴孝，行三省三献、三跪九叩礼，鸣炮、奏哀乐。

次日起丧、出柩。柩上罩一床红被单，并拴一只公鸡在上面。孝子一人手持引魂幡在前引柩，其余人戴孝随行，力士抬丧，百客送丧，将灵柩抬上坟山安葬。在红丧路过的地方，先由一人走在前面，把纸钱一路丢散，叫"买路钱"，好让红丧顺利通行。侗族坟山是按姓安葬的，不许杂姓乱葬。抬丧的人只需把丧抬到坟山上，放入穴内就算完成。

这时地理先生站在坟头，手持"引魂幡"，开始招魂，念："天昏昏，地昏昏，白鹤仙人差我来招魂，招到孝男孝女孝子孝孙生魂出，亡者死魂入墓

---

① 灵位正中写亡者姓名，两旁写亡者生死年月日时。

中；招到五谷财宝生魂出，亡者死魂入墓中；招到亲戚百客抬丧送丧人等生魂出，亡者死魂入墓中。"招魂后，由戚友将坟穴填好，方返回家里。

三天后，孝子到坟地祭扫，将坟垒好，叫"复山"。"复山"后，当晚由亲人喊魂回屋，让死者的魂魄同历代祖宗一起接受祀奉。过了"三七"，孝家便将孝衣孝帕洗好，从此阴安阳乐，丧事才算完毕。①

通道侗族的丧葬礼仪和新晃相比较虽是大同，但还是有差异。如在通道，"死者舅家、女婿崽都要各请一队唢呐。一场丧事，唢呐多的达二三十队。"②丧事完毕后，还有"辞行"之俗，即孝子女邀约伯叔兄弟，挑着鱼(以腌草鱼为至尊)、肉、酒、禾把去"辞行"。父亲逝世，则到已出嫁的长女家"辞行"；母亲逝世，到舅父家"辞行"。由长子拿一把雨伞(不打开)，提一盏灯笼，呼唤逝者亡魂以示同去，回来时也一样。辞行，有些地方称"求灵"，舅家赠以禾把等财礼并封赠吉祥话语。③

可见不同县域间的丧葬礼俗有一些差异，其实即使同一县域内的侗族民众，其丧葬礼仪也有一些差异，如在通道"播阳等西部乡镇还有如下特点：岳父母逝世，女婿要抬活猪吊孝，女婿多的，可一人送一头，亦可几人共一头。其他亲人吊孝，用一把禾秆草，两头捆好，中间夹一个蛋或一条龟，以及酒肉之类"④，而芙蓉地区的侗族"母亲逝世，遗物全归女儿，外家则请一人讲吉利话封赠孝家"⑤。

(二) 湖南世居少数民族丧葬礼俗特征

湖南世居少数民族，虽然在历史上有过火葬、悬棺葬等习俗，但清代以来基本采用土葬，在丧礼观念、丧葬仪式等方面也受汉族文化影响较大。综

① 秋鸿. 新晃侗族生活习俗琐谈//贵州省民族研究所. 民族研究参考资料：第22集. 内部资料，1985：118-119.

② 林良斌，吴炳升. 习俗大观·中国湖南通道侗族文化遗产集成：第四辑·下. 北京：中国国际文艺出版社，2008：53-60.

③ 通道侗族自治县民族宗教事务局. 通道侗族自治县民族志. 北京：民族出版社，2004：283.

④ 通道侗族自治县民族宗教事务局. 通道侗族自治县民族志. 北京：民族出版社，2004：283.

⑤ 林良斌，吴炳升. 习俗大观·中国湖南通道侗族文化遗产集成：第四辑·下. 北京：中国国际文艺出版社，2008：58.

观上述地方的丧葬礼俗，笔者以为其有如下特征：

1. 崇尚厚葬

中国民间向来把生养、死葬等量齐观，因此形成了厚葬、守孝三年等习俗。这些习俗最先只在贵族间盛行，后来慢慢影响民间。如在汉代，厚葬成风，以至刘秀（公元前 5—公元 57 年）不得不下《薄葬诏》，以期移风易俗。《薄葬诏》描述当时的厚葬习俗曰："世以厚葬为德，薄终为鄙，至于富者奢僭，贫者殚财，法令不能禁，礼仪不能止。"[①]但此俗并没有得到有效遏制。刘秀下诏五十余年后，王符（约85—163 年）在《潜夫论》中再次批判当时的厚葬习俗说："今京师贵戚，郡县豪家，生不极养，死乃崇丧。或制金缕玉匣，襦梓梗槽，多埋珍宝偶人车马，造起大冢，广种松柏，庐舍祠堂，务崇华侈。"[②]

湖南各地的厚葬习俗。在明清地方志和一些文人笔记中多有记录。如清嘉庆二十二年（1817 年）《长沙县志》载"丧礼"厚葬之风曰："酒食、衣帛、舆马之费，多则数千金，少亦不下数百金"，以致"力不及者"竟要"称贷变产以行之"，"不如是，则群以为俭其亲矣"。[③] 对民间的厚葬习俗，不少地方官员都视其为陋俗，并倡导移风易俗。如前引光绪元年（1875 年）《兴宁县志》的编修就斥当地民间在灵堂前演剧的行为，是"一等非礼之礼"，又乾隆十二年（1747 年）《善化县志》亦称乡间演戏伴灵的行为是"恶习"，但"每奉禁而莫之止"。

厚葬的表现形式是多样的，如营造豪华墓室、置办大量陪葬明器、大事操办丧事等。在大事操办丧事时，形成了一套烦琐的礼仪。如同治八年（1869 年）、民国二十年（1931 年）修《慈利县志》均对该县的丧礼做了简要记载："惟读书明理者，间仿朱子《家礼》行之，其余三日成服，设奠中堂，颇尽哭踊之节，家稍裕者或作佛事焉。葬事最重堪舆家言，有停柩数年耳，或葬而数迁者尤为迷惑。""中家以上，亲丧必厚棺殓，谨讣告，必延黄冠道家

① 徐天麟. 东汉会要. 上海：上海古籍出版社，1978：444.
② 汪继培. 新编诸子集成：第一辑·潜夫论校正. 北京：中华书局，1985：137.
③ 丁世良，赵放. 中国地方志民俗资料汇编：中南卷. 北京：北京图书馆出版社，1991：473.

者流做道场，诵经忏悔。其散斋，必由三日，乃至七日、九日不等。逮斋散，必举纸糊诸偶像及百千万冥镪一火爇之。"①这些简要文字记录的其实是一套烦琐的礼仪。像上一节所举的几个世居少数民族丧葬礼俗，均可用"繁缛"二字形容。

进入 20 世纪 80 年代以来，民间仍是厚葬成风，如笔者家乡是一个并不富裕的地方，但一场丧礼下来，一般要花三四万元；而在邵东县，家境一般的花费都是十万出头，家境好的动辄上百万元。② 这些丧葬礼俗有其合理的一面，如稳妥地处理尸体，防止病菌扩散；表达对亲人的哀思，宣泄因亲人去世给后代带来的悲哀情绪等，但也必须承认其中有些礼俗太过烦琐，弊大于利，有必要对其有选择性地移易。

面对厚葬之风，我们以为确实需要移风易俗，需要科学地引导广大民众更重视对父母生前的赡养，而逐渐淡化人们之厚葬观念，同时也要革除一些不合时宜的丧葬礼俗。这一点，有些地方政府已经在着手进行了。如 2018 年，郴州市文明办、郴州市民政局等单位就向广大市民发出号召："倡导丧事俭办，简化治丧仪式，缩短治丧时间，不在公共场所搭设灵堂、播放哀乐。""倡导文明简朴的丧葬礼俗和厚养薄葬的新观念，采取'献一束花、植一棵树、敬一杯酒、开一个家庭追思会'等方式祭奠逝者，用环保、生态、洁净的葬礼方式，表达对逝者的追思，争做丧事简办的传播者。"③我们以为，这一倡导是正确的。但在移风易俗的过程中，要拒绝简单粗暴，比方有的地方政府，连丧仪时吹喇叭、奏哀乐都被视为奢侈之举而遭禁止，其做法则有失妥当了。

当然，也要指出现在民间虽然厚葬之风盛行，但传统丧葬仪式却又走样变形，并且在一些地区出现一些不伦不类，甚或有违祖训，不中不西，没有仪式作用也无文化内涵的现象，如丧葬仪式时邀请民间歌舞团表演现代歌舞、小品甚或跳艳舞，邀请西洋鼓乐队送葬，这种现象确实需要加以正确

① 丁世良，赵放. 中国地方志民俗资料汇编：中南卷. 北京：北京图书馆出版社，1991：666、669.

② 根据 2016 年 6 月 2 日、3 日，在采访邵东县文化馆花鼓戏剧团时，综合整理部分艺人的访谈内容而成。

③ 根据郴州市文明办、郴州市民政局等单位 2018 年 5 月 18 日制定的《郴州市"推动移风易俗树立文明乡风"倡议书》整理。

引导。

2. 丧事喜办

我国民间素有白事喜办的传统。白事喜办的重要体现之一，便是在丧礼
过程中伴有歌、舞，如"唱孝歌""跳丧舞"，甚至邀请戏班搭台演戏。"跳丧
舞"主要是在土家族流行，相关研究亦较多。我们这里简单介绍一下湖南少
数民族的"唱孝歌"和丧葬演戏。

（1）"唱孝歌"。

"唱孝歌"，也有的地方称"夜歌""闹夜""丧堂歌""挽歌"等，是老人过
世后，道士进场前，即尚未做法事前唱的歌曲。此俗可谓遍布湖南各地。汉
族地区如乾隆二十一年(1756 年)《湘潭县志》载："乡俗相沿，遇戚里丧，群
相邀集，声金击鼓，设饮欢歌，谓之'闹丧'。"乾隆二十八年(1763 年)《清泉
县志》(今衡阳市所属东郊及衡南县)："编氓之家，于是夕令一人挝鼓而歌，
其词大率为哀慰幽灵之语，侵晓乃罢，谓之'唱夜歌'。"又同治十二年(1873
年)《浏阳县志》："有将载，邻里夜聚，击鼓坐歌达旦，谓之'唱夜歌'。"湖
南世居少数民族"唱夜歌"闹丧之俗如前引乾隆三十年(1765 年)《辰州府志》、
光绪四年(1878 年)《乾州厅志》①、道光四年(1824 年)《凤凰厅志》、同治九
年(1870)《江华县志》等文献均有相关记载。

在绥宁县苗族亦有闹丧"唱夜歌"之俗，其中若是女性去世，则多唱《十
月怀胎》歌：

> 正月怀胎在娘身，无头无尾又无形。
>
> 男梦日头女梦月，思量日月得同行。
>
> 二月怀胎在娘身，桃李花开正逢春。
>
> 好比水上浮萍草，未知生根不生根。
>
> 三月怀胎三月三，三餐茶饭吃两餐。
>
> 时常流下清口水，整天日夜心里翻。
>
> 四月怀胎懒作声，胀着肚子种阳春。

---

① 详见本章之"苗族丧葬礼俗"一节所引方志材料。

腰也酸来背也痛，工夫不做又不行。

五月怀胎在娘身，怀在肚里变成人。

胎儿不知娘痛苦，七拱八翘动不停。

六月怀胎火热天，做事行走汗满脸。

堂前扫地身难动，一身无力软绵绵。

七月怀胎立了秋，肚皮大来衣裤流。

三尺裤头还嫌小，脚难弯来腰难勾。

八月怀胎重如山，行路难转心里烦。

一脚一步难移动，一不小心打捞窜①。

九月怀胎更为难，身怀大肚神难安。

站也难来坐也艰，睡在床上身难翻。

十月怀胎就要生，儿在肚里打翻身。

左手一把抓娘肺，右手一把抓娘心。

……②

（2）丧葬演戏。

丧葬演戏，是我国传统戏曲的一项重要生存方式。我国很早就有在丧葬活动中伴以音乐、歌舞、傀儡表演的习俗。梁刘昭注《后汉书·五行志》引东汉应邵《风俗通》"时京师宾婚嘉会，皆作魁櫑，酒酣之后，续以挽歌。魁櫑，丧家之乐也"③，可为证。此俗在明清时期愈演愈烈。由于丧仪中演戏太过频繁，一些人借丧戏演出大摆排场，铺张浪费，崇尚奢靡，因而引得朝廷和一些地方官对此严厉声讨。如清《钦定吏部处分则例》卷二十九《礼仪制》载："民间丧葬之事，诵经礼忏，仍听自便外，其有违制，加以丝竹管弦，演唱佛戏之处，地方官不严行禁止，照失察夜戏例议处。"④

湖南民间亦有此俗。如乾隆十二年（1747年）《善化县志》载："丧有即就

---

① 捞窜：当地土话，即"踉跄"意。

② 沈召军．男女逗趣情歌：十月怀胎．绥宁民俗公众号"古苗疆那些事儿"．Wechat ID：gh_2e716d60d788．引用时间：2018-06-29．

③ 范晔撰．后汉书·简体字本．李贤，等，注．北京：中华书局，2000：2227．

④ 王利器．元明清三代禁毁小说戏曲史料（增订本）．上海：上海古籍出版社，1981：19．

丧葬礼俗

茔者，有停柩卜地历久始葬者……乡俗雅好佛事，做道场，或三日、七日至半月方止。又夜聚丧家，于更尽时，一人鸣锣挝鼓'唱孝歌'，号为"闹丧"。其远乡间有演戏伴灵者，每奉禁而莫之止，恶习难遽变也……"①又乾隆二十八年（1763年）《清泉县志》"丧礼"条载今衡南县一带："编氓之家，于是夕令一人挝鼓而歌，其词大率为哀慰幽冥之语，侵晓乃罢，谓之'唱夜歌'。集群演戏，累丧家供馈，哗于庭堂，谓之'孝剧'。"又同治十二年（1873年）《新化县志》"丧礼"条载："旧俗竞尚浮屠。城市中则有闹丧、作孝戏慰唁孝子，亲朋丛集，杂遝歌唱。乡村贫朴，其风较少。"光绪元年（1875年）《兴宁县志》"丧礼"条载今资兴市一带："更有一等非礼之礼，堂前建台演剧，则名之曰'唱孝戏'。今此风久泯。"②此俗在有些地区现在仍然存在。如湘潭市九华区郊区，经常能听到民间丧仪时唱花鼓戏的调子；又2016年6月2日至4日，笔者在邵东县调研花鼓戏时，便偶遇两场丧仪邀请花鼓戏班社演戏的情况（见图7-3）。

湖南民族地区亦有此俗。如上引道光四年（1824年）《凤凰厅志》载，当地丧仪时"唱高腔及丧堂歌"。又如居住在沅水中游的苗族支系瓦乡人，每逢红白喜事时，喜欢请人唱"坐堂戏"。坐堂戏的唱词分两大类："红喜事，主要是贺喜之类的内容；白喜事，主要是吊念之类的内容。但也有的避开上述两类，专唱辰河戏中的某一固定名剧戏本。其目的是为闹热，显示主人有钱财，儿女孝敬老人。"③唱"坐堂戏"时，"白喜事唱尽孝尽忠的曲目，如《琵琶记》（也称《赵五娘行孝》）《松林识途》"④。2012年7月，笔者在辰溪县拜访了辰河高腔围鼓艺人谢申五（男，1962年出生），在他家见到了不少剧本，其中有一些用于丧葬仪式的开场剧：《白事接引》《金童接善》《城隍接善》《祭台》等。

这些剧目剧情很简单，但其仪式功能都很明显。如用于丧仪的《白事接引》之文本为：

① 乾隆《长沙府志》"附《善化县志》"，据湖南日报社资料复印组1984年复印本。

② 丁世良，赵放. 中国地方志民俗资料汇编：中南卷. 北京：北京图书馆出版社，1991：547、661、520.

③ 侯自佳. 瓦乡人红白喜事的坐堂戏//刘黎光. 湘西民俗文化. 北京：中央民族学院出版社，1993：73.

④ 明跃玲. 边界的对话：漂泊在苗汉之间的瓦乡文化. 哈尔滨：黑龙江人民出版社，2007：62.

图7-3 邵东县白马铺村丧戏演出(摄影 陈维民)

（白）金童玉女对对，珠幡宝盖飘飘。

吾奉御旨下九宵〔霄〕，迎接善人上天堂。

吾乃金童玉女是也，今奉御旨特来迎接善人上天。来此已是善门，你我进入。善人请了！（白。吹介）接善已毕，回复御旨。

该文本仅有数句宾白，但其演出的目的交代得很明白，即金童玉女奉御旨下凡来超度"善人"，即亡者上天。

《祭台》则是结合丧礼之祭祀活动进行，其仪式性特征更为明显：

（吹笛堂）

末：（上。白①）主祭者进位，跪，初上香，亚上香，三上香，匍匐，乐止。主祭者训诉哀场。

生：（唱《铁板桥》）金炉内焚宝香，玉盏里真琼浆。

---

① 原本作"末白上"。

末：（白）请爷理国政。

生：（白）打下去。

（唱）无心理国政吓，我有意祭娘娘。

（白）罢了，娘娘！

（唱）想微臣身居右相，实只望保娘娘地久天长，又谁知祸起消〔萧〕墙。（吹笛堂）

末：（白）献爵，进位，跪，顿首，初献爵，亚献爵，三献爵，匍匐，乐止。主祭者训诉哀场。

生：（唱）啊！二杯酒礼祭娘娘，略表微臣苦衷肠。

恨只恨梅二奸党，苦只苦苏后娘娘。

丑哭：娘呀！

生：（白）哎呀，儿！（《二流》）罢了，儿！听为父在家之时，何等言语叮咛于你，此去到了祭台之下，千万不要啼哭，切莫悲伤……①

　　抄本完全按照中国戏曲的一般格式抄写，选段有生、末、丑出场，文本有唱有念有科介，但其和一般的戏曲剧本又有明显的差异，即在演出中插入拜献亡者的祭奠礼仪，先是行献香礼：主祭者进位，跪，初上香，亚上香，三上香，匍匐，乐止。继又行献爵礼：献爵，进位，跪，顿首，初献爵，亚献爵，三献爵，匍匐，乐止。

　　永顺县土家族在丧事期间"闹丧堂"，既有邀请戏班"坐坛戏"之俗，也有在丧仪结束后邀请汉戏演戏酬谢道士之礼。据罗土松介绍，永顺县土家族"闹丧堂"有三种形式，其中"坐坛戏"便是邀请戏班"唱围鼓"。"坐坛戏"的班子比较固定，必须生旦净丑样样齐全，但其表演，不描眉，不换衣，不动行头，不走台步，就在灵前围桌而坐，有唢呐、围鼓相配合。"坐坛戏"以境内盛行的汉戏②、阳戏为主，多半是有本头的出处戏，如《平贵回窑》《四郎探母》《穆桂英挂帅》《辕门斩子》等。罗先生还说，在永顺县的石堤、羊峰、

---

　　①　据谢申五抄本整理。采访时间：2012 年 7 月 15 日；采访地点：泸溪县影剧院附近谢师傅家。

　　②　汉戏，当指汉族人的戏剧，永顺县流行的汉戏声腔剧种有傩戏、阳戏、灯戏、辰河戏等，其中辰河戏为大戏，这里当指辰河戏。

砂坝、万坪、灵溪等乡镇，现在还有不少这样的戏班子。又，当地土家族习俗，在丧仪结束后，有的家庭会重谢道士。其表示感谢的方式多种多样，其中第七种便是请戏班为先生演戏："点戏酬师。有的孝家很细心，知道先生爱看戏，是个大戏迷。就特意为先生点三本大戏，也就是汉戏。戏班由孝家请，工钱归孝家出，戏剧内容由孝家出。"先生"一般会点一些有利于孝家的剧目《四郎探母》《长坂坡救主》《佘太君挂帅》《岳飞》等忠孝俱全的戏"。①

总之，丧仪时演戏，在我国民间是一项较为普遍的习俗。丧仪中演出有其特殊之处：一方面是有特用于这种场合的"例戏"，以引荐亡灵升天，另一方面是演出的"正本"戏中多带有祭灵、吊孝的情节。丧仪中的演出有多方面的民俗文化功能：借其超度亡灵升入天堂；除煞驱邪，以使丧家"清吉"；以其"热闹"丧场，招待前来吊唁的宾客；丧家借其昭示对亡者的孝，显示身份，赢得"面子"等。②

3. 受汉族丧葬文化的影响明显

从上面的介绍来看，湖南多数世居少数民族的丧葬礼俗和汉族大同小异。其原因，一是丧葬礼俗的终极目的都是一样的，因此其仪式过程难免趋同，二是接受了汉族丧葬礼仪的影响。关于湖南世居少数民族的丧葬礼俗深受汉族文化影响，前人多有论述。如上引宣统元年（1909 年）《永绥厅志》说境内苗族的丧葬礼俗："大小殓，哭泣擗踊，悉用汉人礼制。""官绅富家亦有延僧道行文公《家礼》者。"又民国时期，石宏规在《湘西苗族考察纪要》一文中也指出：

> 丧葬之礼，古无衣衾棺椁之殓，缞麻经带之服，人死以筊卜之，随其所卜之地，掘窟二四尺，镶以木板，置尸其中，以土封之。后三日，割牲覆墓，邀亲戚食饮。初丧之日，家人哭泣，亲友各以土物吊之，主人则椎牛设饮，谓之送哭。今则多采汉制，几无

① 罗士松. 永顺县土家族丧葬习俗. 长沙：岳麓书社，2015：14、117.
② 李跃忠. 论丧仪中的戏曲演出特点及其民俗文化功能. 青岛大学师范学院学报，2009(4).

区别。①

湖南世居少数民族的丧葬礼俗受汉族影响，主要体现在以下三个方面：

首先，是在丧礼行祭奠礼时多遵《朱子家礼》。这一点，在前面引的不少地方志中均有明确记载。如道光四年《凤凰厅志》载"遵古制行朱子《家礼》"；道光五年《晃州厅志》记"缙绅礼法家有依《家礼》行事者"；同治八年《慈利县志》说"惟读书明理者，间仿朱子《家礼》行之"；清同治九年《江华县志》言"士之明礼者皆遵《家礼》"；光绪四年《龙山县志》曰"邑士族多不信僧道，有丧事遵朱子《家礼》行之"等。

这些文献所说的《朱子家礼》《家礼》均指宋代理学家朱熹所制的"丧礼"。朱熹所制丧礼较为繁复，引"初终""沐浴""袭""奠""为位""饭含"等如下，以便大家比较：

初终：疾病迁居正寝（凡疾病迁居正寝，内外安静，以俟气绝。男子不绝于妇人之手，夫人不绝于男子之手）。既绝乃哭复（侍者一人，以死者之上服尝经衣者，左执领，右执腰，升屋中霤，北面，招以衣，三呼曰：某人复。毕，卷衣降覆尸上。男女哭擗无数。上服谓有官则公服，无官则襕衫、皂衫、深衣，妇人大袖背子。呼某人者，从生时之号）②。立丧主。主妇。护丧。司书司货。乃易服不食。治棺。讣告于亲戚僚友。

沐浴、袭、奠、为位、饭含：执事者设帏及床，迁尸掘坎。陈袭衣。沐浴饭含之具。乃沐浴。袭。徙尸床置堂中间。乃设奠。主人以下为位而哭。乃饭含。侍者卒袭，覆以衾。③

其次，体现在行超度仪式时受道教科仪影响深。如各地专为女性亡者举

① 石宏规. 湘西苗族考察纪要//李文海. 民国时期社会调查丛编·二编·少数民族卷（下）. 福州：福建教育出版社，2014：421.

② 按：原文每一仪式后面，均有具体作法的说明。以下不再一一摘录。

③ 朱熹. 朱子《家礼》原文//郑春. 朱子《家礼》与人文关怀. 福州：福建教育出版社，2010：161-162.

行"×血湖"禳解仪式，其实就是宋代道教"破狱灯仪"中的专门超度女性亡灵的"破血湖灯仪"。关于"血湖"，不少道教科仪中均有描述，如北宋时《元始天尊济度血湖真经》(卷中)说：

> 中有一狱，在北阴大海之底，名曰"血湖"。硖石大小，铁围无间。溟泠地狱又分四子狱曰：血池、血盆、血山、血海。四狱相通，有神主之，号曰"血湖大神"。在于无极水底，水流其上，臭气冲天。凡世间产死血尸女人，皆是宿世母子仇雠冤家缠害，乃至今生一一还报。寂寂于冥夜之中，号号于黑暗之下，浑身血污，臭秽触天。金椎铁杖乱考无数，饥餐猛火，渴饮血池；万死万生不舍昼夜，常居黑暗，不睹光明。①

又南宋宁全真授，王契真集《上清灵宝大法》卷五十八"血湖灯图"也对"血湖"做了描述：

> 大铁围山之南，有硖石狱，其形皆黑，旁有火焰，下有血湖。在东南一大石间大小尖开一缝，罪人出入，自有百药毒汁灌身心，狱号"血湖"。产死妇人，亿劫沉堕，苦不可胜，秽恶之甚。狱中有百万鬼卒，昼夜考掠，及翻体大神，掷尸大神，食心啖脑鬼王之类也。②

其中《太一救苦天尊说拔度血湖宝忏》对其描述最为详细，不仅交代了所在位置、大小，也详细描述了所拘鬼类、入狱的各种情形，以及狱中苦难等：

> 在大铁围山之南，别有大狱，其狱名曰"无间之狱"。狱之有

丧葬礼俗

---

① 佚名. 元始天尊济度血湖真经(卷中)//道藏：第2册. 北京：文物出版社；上海：上海书店；天津：天津古籍出版社，1988：38.
② 宁全真授，王契真集. 上清灵宝大法//正统道藏：第52册. 上海：上海商务印书馆，1923：612.

狱，号曰"硖石之狱"。狱之东北，地号"血湖"。长一万二千里，周回八万四千里，下有一门，名曰"伏波"，乃血湖大神主之。其狱有五，一曰"血脓之狱"，二曰"血冷之狱"，三曰"血汗之狱"，四曰"血资之狱"，五曰"血湖之狱"。独此一狱，又列为五，有硖石无间之号，大小铁围之山，皆分拘带血之魂、腥秽无边之众，以至食胎黄球之鬼兴讼三官，青姑黑齿之神拘魂九地。天狼天狗竞施吞啖之威，六甲六丁莫赐护持之力。动经亿劫，无有出期。乃是世间产死之魂、血伤之魂，坠堕斯狱。缘此等罪报，盖生前多有狼毒、损物伤人、不孝不忠、不仁不义，耽淫五浊，灵识沈迷，沦滞三涂，形神散乱。汝等罪魂，以夙生冤对，受报兹身，厄难血尸，命绝产死。或怀六甲，命属三元，堕子落胎，因而闷绝。或母存子丧，或母丧子存，或母子俱丧，男女未分而俱死。或胚胎方成而遽死；或染患而将临产月；或怀娠而失坠高低；或药饵误毒而中伤；或痫疽痢疾而身殒；或崩漏至死；或淋沥而亡；或怀胞胎而竟不分娩；或生男女而月内倾亡；或因血病至死；或被刀刃所伤，未尽天年；乃为夭丧。或身殁干戈之下，魂飞矢石之场；或抱恶病而告终；或犯王法而受戮。形躯混浊，神气昏蒙，一切血死之众遍体腥膻，形骸臭秽。千生万劫，无有出期。况幽阴至苦，业报最深。硖石之狱不可闻见，铁围万雨，剑刃千重。巨顶颠危，中开一穴。山漫黑雾，阴霾自然。恶毒之汁，交流沈浸罪人，煎煮身心，骨肉溃烂，苦楚难禁。动经亿劫，不睹光明，天恩符命，未尝能到。阴官拷掠，昼夜无停，啖髓食心，翻尸掷体。诸狱之苦，最重血湖。一入此局，何时解脱。①

此外，《灵宝玉鉴》②也有描述，不复赘引。针对此灾难，道教中有不少禳解血湖地狱的符咒、法术。如吟诵《太一救苦天尊说拔度血湖宝忏》时，救

---

① 佚名. 太一救苦天尊说拔度血湖宝忏//道藏：第9册. 北京：文物出版社；上海：上海书店；天津：天津古籍出版社，1988：892—893.
② 佚名. 灵宝玉鉴//道藏：第10册. 北京：文物出版社；上海：上海书店；天津：天津古籍出版社，1988：144.

苦天尊会"径到硤石血湖。普放光明，照烛幽间，铁城摧毁，血湖枯乾"，并将亡人"超度长夜魂，往生极乐国"。

当然，民间在具体演绎这一科仪时，其形态有各种变异，但其主体仪式过程、科仪精神是来自于道教的"血湖灯仪"，则是不容置疑的。

其实中国的丧葬仪式，无论汉族还是少数民族，儒释道三教的文化均在其间有程度不等的体现。大体说来，祭奠以儒家之礼为主，超度以佛道之科仪为重（明清以来，湖南地区以道教或其他原始宗教为主）。但宗伯（礼生）在行儒礼的过程中，也少不了要借用道教的咒语、符箓。如湘西土家族、苗族儒生主持丧礼时，便需要行符咒。如其"防身"的符咒为：

> 青眼观青天，师父在身边。青眼观皇天，师父在旁边。奉请何神？奉请某某门主。一收一里黑师，二收二里黑师，三收三里黑师，四收四里黑师，五收五里黑师；一收红衣老司，二收黑衣道士，三收光头和尚，四收赤脚医生，五收摇瓶打卦、讨米叫花，收在弟子眼前，也不让他三朝，也不放他一七。弟子功果圆满，各归原位。吾奉太上老君，急急如律令！

宗师边念咒语边画紫薇符。礼生用此符咒防止其他人在自己主持丧仪时做手脚，保护自己一班人马的安全。此外，还有"隔鬼""避秽"等符箓、咒语。[1]

4. 仪式多样与变异

从前文的介绍可以看出，湖南世居少数民族的丧葬礼俗虽有较大的趋同性，但也确实是丰富多样，如其主持超度仪式的，有汉族的道士、苗族的巴代、瑶族的师公、土家族的土司、白族的三元老师等。这些仪式主持者，虽然都是可沟通神人的神职人员，但其宗教源流、信仰的神灵体系、超度仪式过程等都并不完全一样，因此，这也导致了湖南世居少数民族丧葬礼俗中的一些仪式，虽然名称一样或大致一样，但在具体的内容上则可能有着极为明

① 贾绍兴. 喊礼——湘西神秘婚丧礼俗考察记. 北京：学苑出版社，2009：10-13.

显的差异。如在很多民族、很多地方的丧仪中，若亡者是女性，孝子孝女一般都要为母亲举行一项叫"×血湖"（即上文说的道教之"血湖灯科"）的禳解仪式，但这一仪式在各地的具体情形却是不一样的。

此仪式在永顺县土家族叫"解血湖灯"，是孝家子女为十月怀胎、血盆产育的母亲安排的，在行"十王灯"后举行。"血湖灯"的场地选择附近的稻田，挖一个卧室大小的水池，中间堆一座小岛，上种一株松树，树上挂灯和一两件亡人生前穿过的衣物；池内灌上3至5寸深的用桃树皮熬成的"血水"，并放鲤鱼一条，鱼尾用麻线系一条纸扎的小船，船里点灯。道士手执引幡，口诵经文，内容以《十月怀胎》《二十四孝》为主。这场法事全在池水内进行，前后约两个小时。池内有道士一人、孝子数人。不管三伏酷暑还是三九严冬，诸人都是赤脚在池中往返，随船灯转动。功课完后，破池放水，解开鱼尾上的船灯，将鲤鱼放生，让船灯随河水长流而去。[1]

桑植县白族则称"洗血湖池"。白族民众认为妇女在世生儿育女，污浊天地神灵，因此死后要将血污吸干，方能释罪。其仪式过程为：三元老师在一平地上挖一条深宽各五寸的小渠，以瓦片堵住四角，再以高粱壳加上红土煮水，使水成血红色（即"血水"），倒入渠内。渠内按方位东称"血湖"，南称"血海"，西称"血河"，北称"血池"，中称"血盆"。一孝子头顶一血湖灯，手拿着香，跪在池旁。其余孝男孝女，各手执一草把，随三元老师在血池四周念经拜忏。此时，三元老师祭诵的主要是《十月怀胎》《养育辞》《二十四孝子》等内容。最后进入血池。孝子们跪着用草把水往前赶，每到一方，抽取前面的瓦，按血湖、海血、血河、血池、血盆的顺序，最后全部赶出池外，池内无滴水，表示血水已由孝子洗净，母亲已无罪了。[2]

而江华县瑶族的这一仪式显得简单一些，主要是念"破血湖经"，喝"血湖酒"。即在盆里倒上一斤多酒，放一点鸡血，孝男孝女一边念经，一边喝血湖酒，喝完为止。直到天亮作法念经才结束。[3]

从上面介绍的三个民族的"血湖灯"仪式来看，其差异确实很大，最简单

---

① 罗士松. 永顺县土家族丧葬习俗. 长沙：岳麓书社，2015：9-10.

② 张丽剑. 散杂居背景下的族群认同：湖南桑植白族研究. 北京：民族出版社，2009：218-219.

③ 李祥红，任涛. 江华瑶族. 北京：民族出版社，2016：195.

的是瑶族，最接近道教科仪的是白族，而最具仪式模拟性的则是土家族。又仪式时血湖中"血"，有的以桃树皮煮水充之，有的以红高粱壳煮水充之，也有的杀鸡取鸡血，可谓各显神通，充分体现了民俗的变异性特征。

5. 文化功能的多元性

"丧葬仪礼，是人生最后一项'通过仪礼'，也是最后一项'脱离仪式'。如果说诞生仪礼是接纳一个人进入社会的话，丧葬仪式则表示一个人最终脱离社会，它标志着人生旅途的终结。"其主要的民俗文化功能是"表现生者对死者的哀悼，怀念死者生前的功德，超度亡灵，使死者的灵魂得以安息，通过信仰和禁忌仪式，免除生者对死者的惧怕心理和寄托生者对于死者的美好愿望。"[1]

除了上述功能外，笔者以为民众通过这套烦琐的仪式，还有希冀祛煞驱邪，祈求过世亲人保佑后代人丁兴旺、子嗣发达、世代荣昌的功能。湘西苗族在"暖井"后，还有以鸡定方位、撒米、扫魂等一系列仪式。其中撒米时念的咒语，除驱邪赶煞外，便有非常明显的为亡人后代祈福之目的。"巴代"（巫师）念的驱邪赶煞之语如："弟子要来，放起天煞、地煞、年煞、月煞、日煞、时煞十二，飞连大煞。天煞归天，地煞归地，鸡血落地，化作百无禁忌。"祈求护佑后代之祈福语较多：

> 米撒上，百子千孙多兴旺；
>
> 米撒下，百子千孙多大发。
>
> 米撒东，孝家升到诸侯宫；
>
> 米撒南，八将还方进盘杯；
>
> 米撒西，孝家攀挂上云梯；
>
> 米撒北，富贵荣华从此得；
>
> 米撒中，五方龙神尽归宫。
>
> 借问孝男孝女、孝子孝孙，要富是要贵？
>
> （孝家答：富也要，贵也要。）

① 陶立璠. 民俗学概论. 北京：中央民族学院出版社，1987：240、247.

丧葬礼俗

富也要来贵也要，富贵荣华真可妙。

赐你富富如石崇，赐你贵贵如黄公。

一赐你一举成名……

全家大小团圆会，日富日贵日康宁。①

　　又，永顺县土家族在"起柩"后，要安排人"挑水清场"。罗土松介绍说送葬之日，一路人送葬，一些人留在家里清理场院。管事者叫人煮好一锅桃木水，一盆放在堂屋，一盆交与留在家里的道士。道士带上一个管坛人，进入孝家的内房，进入亡人先前住过的房间，由内到外，包括堂屋和火床，壁上洒桃水，门上贴桃符，施念咒语，干干净净地清扫尘埃，认认真真地除去晦气。左脚跺地，令牌震柱。随着道士的进程，孝家也把那些废旧或不要了的衣物、席垫等统统扫到门前晒坪，连同堂屋里扫出的残烛、剩香等一起焚烧。很显然，道士的这一系列行为是要为孝家祛除邪祟，从而营造一个祥瑞的新环境。而下葬时举行的"撒衣禄米"仪式，则体现出丧葬仪式之祈福纳吉的功能。这同样体现在道士在举行仪式时念的咒语上："祝孝家富，金满箱谷满仓，鸡鸭鹅群盈圈圹。愿孝家贵，早生贵子，状元榜眼探花郎，县衙府台官不做，要去朝中伴君王。"②

　　① 石启贵. 民国时期湘西苗族调查实录：习俗卷. 北京：民族出版社，2009：292-294.
　　② 罗土松. 永顺县土家族丧葬习俗. 长沙：岳麓书社，2015：30-31.

祖先祭祀礼俗

　　祭祀是人们以特殊的器物如牺牲、果品等和特殊仪式向鬼神表示敬重，或祈求其保佑自己、亲人的一种活动。就国家层面来说，能进入朝廷祭祀大典的人，需要对国家、社会有着很大的功绩，即只有"法施于民则祀之，以死勤事则祀之，以劳定国则祀之，能御大灾则祀之，能捍大患则祀之"①。但在民间，人们对祭祀的对象则没有那么多讲究，祭祀的对象也更多，其功能除了纪念外，更多的是为祈福纳吉或祛邪禳灾。湖南世居少数民族祭祀的对象极多，其礼俗也各不一样。本章主要介绍"祖先祭祀"礼俗。

---

① 戴一圣. 礼记通释(上). 贾太宏，译注. 北京：西苑出版社，2016：543.

（一）祖先祭祀场合

"先民对自身的繁衍非常关注，由此产生炽热的生殖崇拜。而且生殖崇拜与祖先崇拜是紧密联系在一起的。生殖崇拜根源于祖先崇拜，祖先崇拜包括对女性和男性的崇拜。女性被先民认为是繁殖人种的决定因素，因此人们把女性作为创世神、始祖神加以顶礼膜拜。后来，随着男性在社会生产中的地位日益重要，便转向了男性崇拜。"①中国最迟在夏商时期，便确立了祖先崇拜基本等同于男性崇拜的这一现象。"祖先崇拜或敬祖，是指一种基于死去的祖先的灵魂仍然存在，仍然会影响到现世，并且对子孙的生存状态有影响的信仰。"②祖先崇拜广泛存在于我国各民族，自儒家定祭礼后，其礼俗更为繁复。如《仪礼》第十五篇"特牲馈食礼"、第十六篇"少牢馈食礼"、第十七篇"有司彻"便是一般贵族和大夫一级的贵族定期在家庙中祭祀祖先的礼节。当然，民间的祖先祭祀礼俗，则视场合而有不同，有繁有简。中国民众在数千年的历史发展过程中，形成了形式繁多的祖先祭祀仪式。

1. 祭祀时间

明清以来修撰的地方志对各地的祭祀礼俗均有详略不等的记录，其中记载较多的是祭祀祖先的时间，而于具体的仪式过程则少记录。

从这些记载来看，湖南世居少数民族祭祖日子颇多。如瑶族聚居区的江永县、江华县，据道光八年（1828年）《永州府志》③的记载，江永县在清明节、中元节、六月六日均要祭祀祖先，江华县祭祀祖先的场合有"清明合族公祭"、祖先的"忌日、诞辰"，以及七月十五日的中元节。而土家族居住较多的慈利县，其需要祭祀祖先的时间更多，清同治八年（1869年）《慈利县志》载当地的祖宗祭礼有"岁时、庆忌皆祭于寝，清明祭墓，七月祭于寝，冬至合族祭子祠，初登科及选官则遍祭之"。又宣统元年（1909年）《永绥厅志》

---

① 肖尚军. 中国传统文化概要. 武汉：武汉出版社，2007：67-68.
② 吴德盛. 仡佬族文化研究丛书：仡佬族地名研究. 北京：中国言实出版社，2015：264.
③ 丁世良，赵放. 中国地方志民俗资料汇编：中南卷. 北京：北京图书馆出版社，1991：573.

记今花垣县苗族之祭礼，除丧仪时须"行三献礼"外，"正月上旬、清明、七夕、社日、除夕，必用随时菜物，亲诣墓祭，宗族男女序昭穆哭拜。"①由此可见，花垣县苗族民间要祭祀祖先的日子也是非常多的。

以上是古代地方志中关于世居少数民族祖先祭祀礼俗的记载，下面再举今人的介绍来看一看。据《麻阳县志(1978—2005)》记载，麻阳苗民视本家祖先亡灵具有超自然灵力而加以崇拜。在麻阳农村，对祖先的祭祀活动有严格的规定：祖先逝世日为"忌日"，每年忌日要在上午进行祭祀。此外，认为每年的清明、夏至、七月半、冬至是鬼过的节，做子孙的必须拜殓，请祖上过节。请祖先吃饭，可提前数日举行，但不可推后超过三天②。一般人家的堂屋里设立供奉祖先的神龛，嵌在中堂正壁上。神龛正中供奉天地及祖宗师长的神位，两旁供开荒业主、古老先人、神农皇帝、五谷尊神、四官大帝等神位。神龛上还放一个磬，早晚供奉祖先，装香后击磬，朝三下暮四下。神龛常年四季装香、打磬，从不间断。③。

由上可知，在祖先祭祀时间方面，少数民族古今差异并不大，民族地区和汉族地区也基本一样。如笔者家乡湖南永兴县是一个汉族人口占百分之九十几的地区，家乡民众也经常祭祀祖先。据清光绪九年(1883年)《永兴县志》"祭礼"条记载，在永兴县民间，祭祀祖先的场合有"祭墓，岁二举。清明四乡皆然，立冬间有行者"，又"上元、四月八、端阳、中元、中秋、重阳等节各献以时食"，此外，还有农历六月的"尝新节"，其祭祀也颇隆重。④ 这些习俗，即使在二十世纪九十年代笔者生活在乡下时，也仍基本未变。笔者父母在世时，二老不管天晴下雨，也不管身体是否舒服，每逢农历初一、十五的清早，一定要去村中堂屋祖宗神龛处上一炷香；另外家里新出的蔬菜、瓜果或者过节做节日食品时，也一定要先拿一份放在桌子上，叫一声"屋里的老人家(即指去世的先祖，有时也直接喊某某爷爷奶奶、伯伯叔叔)，都来尝尝"。

① 丁世良，赵放. 中国地方志民俗资料汇编：中南卷. 北京：北京图书馆出版社，1991：666、637.

② 民间俗传如果过三天祖上尚没有吃饭，就会叹冷气。这一口气是"穷气"，家就会被叹穷。

③ 湖南省麻阳苗族自治县地方志编纂委员会. 麻阳县志(1978—2005). 郑州：中州古籍出版社，2008：671.

④ 丁世良，赵放. 中国地方志民俗资料汇编：中南卷. 北京：北京图书馆出版社，1991：517.

祖先祭祀礼俗

2. 祭祀地点

中国古代贵族祭祀祖先的地点，一般是在宗庙内进行。"宗庙是包括天子在内的各级大宗供奉祖先神位的场所。宗庙祭祀制度是为了达到维护宗族团结而发展起来的一种制度，核心是强调尊祖敬宗，家族本位。"①中国古代的宗庙作为祭祀祖先的场所，一般认为其产生于西周时期。② 那时的贵族在立国建邦、营建宫室时，最先要考虑的是修建宗庙。《礼记·曲礼下》载："君子将营宫室，宗庙为先，厩库次之，居室为后。"③当然也要指出，宗庙不仅仅是祭祀祖先的地方，国家、宗族内的重要典礼都要在这里举行，重大决定也要在这里宣布。④ 这一点只要翻检《礼记》《仪礼》便可明了，比方前面介绍的男子成年礼"冠礼"，"士昏礼"中的纳采、问名、纳吉、纳徵、请期等都是在宗庙中举行的。此外，君主或家主有重大决策或行动也都要在宗庙里进行。

宗庙的修建，是有严格等级规定的，不得僭越。《礼记·王制》中对当时不同阶层修建的宗庙之规模做了这样的规定："天子七庙，三昭三穆，与大祖之庙而七；诸侯五庙，二昭二穆，与大祖之庙而五；大夫三庙，一昭一穆，与大祖之庙而三；士一庙，庶人祭于寝。"⑤意即天子可以设七庙，其中左边三个昭庙，供祭文王、高祖、祖；右边三个穆庙，供祭武王、曾祖、父，再加上正中的太祖庙；诸侯则只能设五庙，即高祖、祖二昭庙，曾祖、父二穆庙，加上太祖庙；大夫设三庙，为一昭一穆，加太祖庙；士只设一庙；平民百姓家庭则无庙，祭祀祖宗就只能在家中举行了。

宗庙是依附于宗法制度的。中国的宗法制度在周代确立后，一直变化不大，直至唐代，由于"安史之乱"、藩镇割据等的有力冲击，才使旧有家族、宗法制度遭到严重毁坏，以致晚唐五代时出现了"取士不问家世，婚姻不问

① 王丹，孙淑萍. 中国传统文化概要. 苏州：苏州大学出版社，2010：11.
② 黄有汉. 中国古代宗庙制度探源. 河南大学学报：社科版，1998(04)：15-18.
③ 戴一圣. 礼记通释(上). 贾太宏，译注. 北京：西苑出版社，2016：36.
④ 杨宽. 西周史(上). 上海：上海人民出版社，2016：459.
⑤ 戴一圣. 礼记通释(上). 贾太宏，译注. 北京：西苑出版社，2016：163.

阀阅"①的现象。针对宗法社会秩序的混乱，宋代形成了"宗族共同体"的宗法制度，其以"父母在，诸子不别籍异财"的直系家庭为主体，以自耕农的形式聚族而居。一般来说，家族都修建有祠堂，修撰有族谱，也有全族共有的义田等。其中"祠堂的建立，原是为祭祀、崇拜宗祖，感恩报本"②。如道光八年（1828年）《永州府志》载"永明祭礼"："聚族比闾必有公祠，祠前有厅，务宏厂（敞），为同姓祭毕公燕之所。更有墓田以供祭祀，又有学田以给孤寒。"③祠堂在湘西之土家族、苗族、白族，湘南之瑶族等均大量存在。图 8-1、图 8-2 分别为通道侗族自治县平坦乡皇都侗寨欧氏（侗族）祠堂、凤凰县杨家（土家族）祠堂。

图 8-1　通道县皇都侗寨欧氏祠堂

（摄影 李骏逸）

图 8-2　凤凰县杨家祠堂（摄影 李跃忠）

255

① 郑樵. 通志：卷二十五·氏族略序. 北京：中华书局，1987：439.
② 林耀华. 义序的宗族研究. 北京：生活·读书·新知三联书店，2000：28.
③ 丁世良，赵放. 中国地方志民俗资料汇编：中南卷. 北京：北京图书馆出版社，1991：573.

对祖先的祭祀，可分为家族的集体性祭祀和家庭的单独性祭祀。其中如家族始祖的生辰、忌日祭祀，清明节、中元节的祭祀均属集体性的活动；而婚丧祭祀或其他喜庆祭祖，则是家庭的单独性祭祀。家族祭祀有多种形式，其中最隆重的是全族在宗庙举行的庙祭。古代庙祭的种类很多，有时祭、大祭两类。时祭，即四时之祭，春夏秋冬分别为"祠""礿""尝""蒸"之祭；大祭有"禘""祫"。不同祭祀的仪节、祭品、祭器，都有细琐的规定，不同等级的家族要求也不一样。① 最简单的祭祀仪式即是日常供奉。

历史上的祖先祭祀礼俗过于烦琐，民间一直在对其进行改革，以致一些传统的仪式渐渐消失。这种情形在清代便已发生，如道光八年（1828 年）《永州府志》载今江永县的"祭礼"时说，族中"择其贤且长者，笕（管）家政、司祭法，最为并井，其仪节征之不至，不得而详也"。"其仪节征之不至，不得而详"，意即相关的祖先祭祀之礼俗，民间已经不知道了，故编撰者无法对其做详细介绍。

（二）清明节、中元节等节日祭祖

我国民间祭祀祖先最隆重的时候，是在一些纪念日和节日，纪念日如祖先诞辰、忌日，节日如清明、中元节、春节等。本书拟重点介绍清明节和中元节的祭祀礼俗。

1. 清明节

中国传统的清明节大约始于周代，一个既是节令又是节日的日子。清明节的发展过程中，融合了寒食节②、上巳节③的习俗。魏晋后，祭祖多与节日相关联。"至唐，复有清明设祭，朔望、时节之祀，进食、荐衣之式"④，如

---

① 徐扬杰. 中国家族制度史. 武汉：武汉大学出版社，2012：92.

② 寒食节：在冬至后 105 日，清明节前一两天，古人从这一天起，三天内不生火做饭，所以叫寒食节，亦称"禁烟节""冷节"。相传春秋时晋文公重耳烧死有功之臣介子推后，非常后悔，便规定每年此时不得生火，只能吃冷食，寒食节由此而得名。但学术界有人以为寒食节起源于古代的钻木、求新火之制。

③ 上巳节，俗称三月三，是古代举行"祓除畔浴"的一个重要节日。

④ 脱脱，等. 宋史·礼志（二六）. 北京：中华书局，2000：1942.

大家熟悉的唐人杜牧《清明》之"路上行人欲断魂"，即是描写扫墓祭奠后返回之人的神态。在这一时期，祭祀祖先相关的节日有清明节、寒食节、中元节、立春、立夏、冬至、除夕等。①

宋代清明节扫墓祭祖最普遍。宋人高翥《清明》诗的首联、颔联描写了当时民间清明扫墓祭祖的情形："南北山头多墓田，清明祭扫各纷然。纸灰飞作白蝴蝶，泪血染成红杜鹃。"②宋代文人笔记周密（1232—约1298年）《武林旧事》、孟元老《东京梦华录》等，也对宋时京都皇室以及百姓的清明扫墓习俗进行了较详细的介绍。如《东京梦华录》载：

> 寒食第三节，即清明日矣。凡新坟皆用此日拜扫，都城人出郊。禁中前半月，发宫人车马朝陵。宗室南班近亲，亦分遣诣诸陵坟享祀。从人皆紫衫、白绢三角子青行缠，皆系官给。节日，亦禁中出车马，诣奉先寺道者院，祀诸宫人坟。③

明清时，与死者死亡的时间相关联的祭祖有"七七"追荐④、"百日"、"周年"、"三周年"等习俗。此外，清明、中元节、冬至也要祭奠亡亲。清明扫墓、祭奠祖先之俗亦广泛存在于湖南世居少数民族间。

清明节是江华瑶族民众祭祀祖先最为隆重的节日之一。当地人也称清明节扫墓为"清明卦扫"，这是一种家族的联合行动。道光八年（1828年）《永州府志》对永明（今江永县）、道州（今道县）、江华等地的清明节习俗有一简略记载：

> 永明祭礼：祭礼，如清明祠祭、墓祭、中元祭，大略同道州。
> 道州祭礼：春祭最重。每岁清明日，合族子姓咸在，洁寝庙，具牲币。质明而祭，以族长为之主祭。毕，合食，以次序坐，陈祖

---

① 庄华峰. 中国社会生活史（第2版）. 北京：中国科学技术大学出版社，2014：243.
② 高翥. 清明//王启兴，毛治中，熊礼汇，评注. 千家诗新注. 武汉：湖北人民出版社，2007：99.
③ 孟元老. 东京梦华录. 郑州：中州古籍出版社，2010：121.
④ 七七追荐：从亡人辞世之日算起，每逢七日要备筵祭奠一次，从一七到七七止。

训，明劝惩，其礼綦严。或各家私祭，谓之"小清明"。既乃往奠于墓，谓之"挂祭"。

江华祭礼：凡族姓之繁衍者建有祠堂，清明合族公祭祖宗，无祠者祭于寝。又以酒肴祭墓，以楮钱挂墓木，而还为馂余之饮。①

今人李祥红、任涛等对江华瑶族清明节扫墓、祭祀礼俗做了较为详细的介绍，他们说从清明这一天开始的几天里，族中凡是能找得到的祖坟都要挂扫，每家每户备上香烛、纸钱、鞭炮，煮好饭菜，带上米酒到坟上挂扫。扫墓时，先将墓前、墓上的杂草清除干净，再添上三至五担新泥土，插上"摇钱树"②，摆上供品，点燃香烛，再化纸。化纸时按辈分，叫上被挂扫者的名字、辈分，告诉其子孙后代来挂扫了，请其保佑子孙平安，六畜兴旺。然后放鞭炮、作揖。如是中午，则在墓前或旁边吃午饭，下午再到别的祖坟挂扫，临走时还要叫被挂扫先祖回家过清明节。当地清明节还有一种祭祖仪式，凡太祖或曾祖以下所有后人都要参加，规模较大。祭祖有两种情形，一是出葬时是蒙葬，几年或十几年以后视家庭经济情况而进行祭祖活动；一是认为家族不太走运，要祭祖以祈转运。祭祖要请三至五个师公做法事，要在坟前杀猪，摆上鸡鸭、猪肉、粑粑等，师公在锣鼓声中念半天经，参加祭祖的后代跪拜叩首。这种祭祖仪式花费较大，在祭祖时吃一餐，回来后还要聚一次。③

会同县侗族民间在清明节、七月半、除夕等时，均有隆重祭祀祖先的习俗。清光绪二年（1876年）《会同县志》载其祭礼曰："清明展墓，覆土诛茅，报本追源，孝思油然也。"清明上坟扫墓，当地称"挂亲"。旧时"挂亲"，有"家亲""客亲"之分。挂家亲，即正宗子孙为祖先挂亲。家亲又分"众亲""私亲"。挂众亲，由宗祠主持，即一宗族子孙聚集一起，上坟为先祖挂亲。届时，族人举彩旗、司号鼓前往祖坟祭扫，子孙行叩拜礼。然后众人到祠堂聚餐。若吃后还有剩余，则各自分带回家，有时每人还分领一块生猪肉，给家

---

① 丁世良，赵放. 中国地方志民俗资料汇编：中南卷. 北京：北京图书馆出版社，1991：572.

② 湘南民间本称女贞子树为"摇钱树"，但扫墓用的摇钱树，乃是用竹子做成，砍一节有枝杈的竹子，每隔一段夹一张纸钱，共9张。

③ 李祥红，任涛. 江华瑶族. 北京：民族出版社，2016：239.

中未参加上坟祭祖的老人、小孩享用。女婿为岳父母，外孙、外甥为外祖父母、舅父等扫墓，称"客亲"。挂"客亲"，只是头三年，而且须在挂"家亲"之后。扫墓时，"家亲""客亲"坟上的吊帛也有区别，"家亲"只用红、白二色，"客亲"则可加黄、绿颜色。另外，侗族挂亲不是清明这一天去，而是按"二月清明莫在前，三月清明莫在后"的规矩扫墓。①

和汉族一样，土家族清明节主要是上坟，祭拜去世亲人，但也呈现自己独有的特点。湘西土家人在"改土归流"后接受汉族的祖先崇拜思想，也采纳了汉族祖先祭祀的一些礼俗。《湘西风土志》的撰者介绍说，在"改土归流"之前，土家人家中是没有家先神位的。但在"改土归流"后，土家人开始在家中设立祖先神位，供奉自己的祖先。逢春节、清明节、四月八、六月六、七月半都要隆重地祭祀。② 如光绪四年(1878 年)《龙山县志》载该地"祭礼"说，乡人很少修建宗祠，而"多供木主家龛上"。对祖先的祭祀除岁节外，"凡有喜庆事皆祭，若祖父母、父母，其近者，则并生、忌日祭之。初丧，供饭寝室，逾期乃已。"此外，县志还记载了清明祭墓、七月半祭祖，以及"土人以四月十八日为大节。作粢宰豕，脱为大肉，糁糯米蒸之，享先祖毕，环坐啖之，兼食客"的祭祖习俗。据此可见，土家族民众对祖先是颇为敬仰的，其祭祀场合非常多，而且有些很有地方特色。该县志也对龙山县土家族民众的清明节习俗做了较为详细的介绍："(清明节)前二三日往垒土、扫墓道，标纸钱树枝上，曰'挂白'。初葬，则于社日祭之。族戚男女并往，摘野蒿杂肉饤煮稻米为饭，曰'社饭'，祭后分饷族戚邻舍。"③这一记载和今人林继富等关于湘西、鄂北一带土家族的清明节习俗调查基本是一致的。林先生说，土家人给已去世三年的亲人扫墓，除拔去坟上及周围杂草，填堆坟土外，还要在坟上"挂青"。"青"是用白色清明纸做成的长条，"挂青"时将青条捆在木棍或竹竿上。土家人认为这样就能得到祖先的庇佑。用酒肉在坟前祭拜，在祭拜完后，全家人围坐在坟前与亲人共饮。④ 在土家族习俗中，三年之内的

祖先祭祀礼俗

---

① 湖南省会同县县志编纂委员会. 会同县志. 北京：生活·读书·新知三联书店，1994：913.

② 周明阜，胡晨，胡炳章. 湘西风土志. 北京：中央民族大学出版社，2012：360.

③ 丁世良，赵放. 中国地方志民俗资料汇编：中南卷. 北京：北京图书馆出版社，1991：646、648.

④ 如清同治八年(1869)《保靖志稿辑要》载清明："前三四日行祭扫礼，长幼皆赴坟墓。祭毕，以祭余就坟墓前共食焉。"

新坟清明是不祭拜的，只能在社日时由女儿去祭拜，叫"挂社"。①《龙山县志》称的"挂白"，即"挂青"，二者只是称呼不同而已。

龙山、保靖、永顺等地的土家族，有把腊猪头留在清明节这天吃的习俗。民间有"清明节酒醉，猪脑壳有味"的说法，这是很有民族特色的。《龙山县土家族几个情况的调查报告》载："清明节，土家人民上坟挂青（用清明纸剪成条系竹竿上插在坟头）不敬酒肉。群众用'清明挂一张，子孙发一千'的话来鼓励自己纪念祖先。这天家家户户过节吃猪头肉。"②

花垣县苗族，称扫墓叫"挂乘"，一般在清明节的前后三天进行，而不是正清明节那天。当地民众俗传，正清明那天祭祖，钱粮会被野鬼抢去。清明节扫墓时，剪除坟墓周围荆草，燃化纸钱，供上祭品。清明节之际，苗家有不少忌讳：忌在清明节当天上坟，习惯在节前三日或节后七天（前三后七）之间上坟扫墓；不满三年的新坟，忌在非清明节前后加土修砌，只许在清明节前后三天内修砌；忌在非清明节时动祖坟；忌在清明节前（含清明节当天）上厕所时第一次听到阳雀叫，俗谚"屙尿碰着阳雀叫，不死也要脱层皮"（苗语叫作"召噶几贵乎"），若不幸碰到了，就要去村里七户不同姓的人家乞讨，然后去村头岔路口架锅煮百家饭跟过往行人共吃，以禳解。③

桑植县白族亦颇重视清明扫墓，同治十一年（1872年）《桑植县志》载："清明，祀宗祠，并至墓祭扫。"④民间有赶"三月清明会"的习俗。三月清明会会期有六七天，俗称"前三天，后三天"。赶会时阖族参加，由族长、头人率领举行仪式，向祖先祝祷，然后各支房分别去"挂青"。会期还进行商品贸易。有的宗祠还要举行大型聚会，如谷姓宗祠清明这天，凡参加者要吃一餐饭，敬大、二、三神，烧纸化钱后就去"挂青"。⑤

20世纪90年代以来，随着人们物质生活的日渐丰富，不论是汉族民间还是少数民族民间，不论是沿海经济发达地区还是经济落后的边远山寨，均

① 林继富，覃金福. 民族 村落 家庭：西水流域土家年研究. 北京：民族出版社，2014：52.
② 湖南省湘西土家族访问团. 湖南龙山县土家族有关情况的调查报告//阳盛海. 湘西土家族的历史文化资料. 长沙：湖南人民出版社，2009：83.
③ 田彬. 忌日忌事//湖南省花垣县《文史资料》研究委员会. 花垣文史资料：第12辑·神奇的花垣·风情篇. 内部资料，2007：130、217.
④ 丁世良，赵放. 中国地方志民俗资料汇编：中南卷. 北京：北京图书馆出版社，1991：624.
⑤ 张丽剑. 散杂居背景下的族群认同：湖南桑植白族研究. 北京：民族出版社，2009：229.

有一些为祖先修建豪华墓室的现象，甚至有将原本分散安葬的先祖坟墓迁葬一处，建房立碑供奉的现象，如图8-3、图8-4便是沅陵县七甲坪镇一金氏人家（土家族）为其已故亲人（祖父母、父母）建的"逍遥宫"、永兴县豪山村大塘组一村民（汉族）为祖先修的坟堂。这显然是我国民间祖先崇拜的一种体现，但我们以为这一现象不宜提倡，一是修建墓室造成了很大的土地资源浪费，二是造成了较大的物资浪费，第三就从传统的丧葬礼俗、堪舆习俗等来看，随意迁移祖茔或在祖茔处添加建筑均是不合适的。

图8-3 沅陵县七甲坪镇一金氏人家为已故亲人建的"逍遥宫"（摄影 李跃忠）

图8-4 永兴县豪山村大塘组一村民为祖先修的坟堂（摄影 赖善通）

2. 中元节

中元节，指农历七月十五日，或称"七月半""盂兰盆节""月半节""鬼节"等，是我国民间传统的祭奠祖先的节日。其起源年代难以追溯，或曰源于道教，或曰源于佛教，或曰来自中国上古秋祭习俗。① 中元节祭祀祖先，多数地区、民族是作为一种家庭性的祭祀活动，以家户为单位自主祭祀。

在宋代，中元节的民俗祭祀活动有了新的发展。南宋人周密在《武林旧事》一书中介绍道："七月十五，道家谓之'中元节'，各有斋醮等会。僧寺则于此日作盂兰盆斋，而人家亦以此日祠先，例用新米、新酱、冥衣、时果、彩段、面棋（以面粉制作的棋子状食品）。而茹素者几十八九，屠门为之罢市焉。"② 也就是说，这一天聚集了三重祭祀活动，儒（"祠先"）、释（"盂兰盆斋"）、道（"斋醮"）三家各显其能，其仪式亦各有不同。事实上，中元节的活动经常是提前几日就开始了。孟元老《东京梦华录》卷之八对北宋时期河南开封（时称汴梁、汴京）的中元节民俗有详细介绍：

> 七月十五，中元节。先数日，市井卖冥器靴鞋、懊头、帽子、金犀假带、五彩衣服，以纸糊架子盘游出卖。潘楼并州东西瓦子，亦如七夕。耍闹处亦卖果实、种生、花果之类，及印卖《尊胜目连经》。又以竹竿斫成三脚，高三五尺，上织灯窝之状，谓之盂兰盆，挂搭衣服、冥钱在上焚之。构肆乐人，自过七夕，便般《目连经救母》杂剧，直至十五日止，观者增倍。中元前一日，即卖楝叶，享祀时铺衬桌面。又卖麻谷窠儿，亦是系在桌子脚上，乃告祖先秋成之意。又卖鸡冠花，谓之"洗手花"。十五日供养祖先素食，才明即卖穄米饭，巡门叫卖，亦告成意也。又卖转明菜、花油饼、馂䭔、沙䭔之类。城外有新坟者，即往拜扫。禁中亦出车马诣道者院谒坟。本院官给祠部十道，设大会，焚钱山，祭军阵亡殁，设孤魂

---

① 完颜绍元. 中国风俗之谜. 上海：上海辞书出版社，2004：72-74.
② 周密. 武林旧事. 杭州：浙江古籍出版社，2011：57-58.

道场。①

从上面引的文字来看，宋代的中元节祭祀祖先之礼俗颇为繁复，其中有些传承到了今天，比如中元节演戏之俗，在湖南各地仍较普遍。

七月半祭祀祖先，在湖南各世居少数民族都存在。这一点在明清时期修撰的一些地方志中均有详略不一的记录。如前引的光绪四年(1878年)《龙山县志》载该地"祭礼"时说，"中元日，封纸钱见为包，焚而祭之。有宗祠者，冬至日为大祭，宰羊豕，盛馔醴，大小宗男女皆集"。又如康熙三十三年(1694年)《永州府志》载七月习俗："荐祖考，自十一日始，家家设供，亲戚馈遗，邻里邀饮，至十四日乃止，惟老妪嫠妇，哭声不绝。"道光八年(1828年)《永州府志》载江华祭礼："七月十五日中元鬼节，士民咸荐祖先，自十一日起，十五日止。"②均可见民众对这一节日的重视，前后凡四天，除了社供外，亲邻还可借机相互联络。

江华瑶族在中元节时，以家户为单位自主祭祀，祭的祖先可上溯到曾祖父、太祖父辈等。道光八年(1828年)《永州府志》载江华祭礼曰："凡族姓之繁衍者建有祠堂，清明合族公祭祖宗，无祠者祭于寝。又以酒肴祭墓，以楮钱挂墓木，而还为馂余之饮。其先忌日、诞辰、果核、鸡黍之奠，各荐于寝。七月十五曰中元鬼节，士民咸荐祖先，自十一日起，至十五日止。"但在平地瑶地区，中元节祭祖的习俗与《永州府志》所载，有一定的差异。平地瑶民众是从农历七月十三日开始过节，晚饭时在神龛上摆上鸡鸭、粽粑、烧香化纸，迎请祖先回来过节，十四日是正节，晚餐、祭品更丰盛，十五日吃完中饭放鞭炮，把回来过节的祖先送走赶桃园峒歌会去。③

湘西、湘北地区侗族民间也很重视中元节。清光绪二年(1876年)《会同县志》载："七月'中元'，自十一日始，各家具酒馔祀先祖，至十四、十五夜，设席饯送门外，焚楮财，望空礼拜。"但百余年后，其俗发生了些许变异。1994年修《会同县志》介绍说，会同侗族民间称农历七月半为"祖宗节"，

———

① 孟元老. 东京梦华录. 郑州：中州古籍出版社，2010：154.

② 丁世良，赵放. 中国地方志民俗资料汇编：中南卷. 北京：北京图书馆出版社，1991：558、573.

③ 李祥红，任涛. 江华瑶族. 北京：民族出版社，2016：238-239.

祖先祭祀礼俗

也叫"亡人节"。其时早谷进仓，瓜果满园，人们恭请亡故的祖先回家过节。从七月十二日开始，历时三天。一日三餐，如同家里来了客人，摆桌设宴盛情款待。席间必有一道鱼肴供奉先祖，且劝菜敬酒，饭后要端茶送水。十四日晚，放鞭炮送祖先至荒郊，烧纸钱，送其平安归去。① 通道侗族民间的中元节祭祖之礼俗和会同侗族相比，也有些差异。通道侗族称七月十五为"鬼节"，主要是烧纸钱祭祀祖先。将纸钱用印制的包封装好，分别写上历代祖先姓名，下款写寄烧纸钱的晚辈子孙的名字。备妥后，晚上带到户外溪河边焚烧。另制作纸船，里面点灯，放进河中，使先人魂魄能随纸船顺流而到"雁鹅村"这一人生极乐世界去。此外还要送"魔山"（即野鬼）。送"魔山"，是用稻草扎成人形，身披纸钱，用木棍支撑，每家扎三五个不等，但必须是单数，趁黄昏时插到郊外路旁，点火焚化，并洒些用水泡的冷饭送鬼。民间相传"七月半，鬼乱窜"，因此侗家人认为对这些孤魂野鬼，也应该给一点施舍，他们才不会到处作怪。②

七月半，湘西土家族人亦称其为"鬼节"，需请在外的"亡人"回家，与子孙们一起"吃新"，并烧很多香烛、纸钱送祖灵享用。湘西土家族七月半的祭祀虽受到汉族的影响，但其礼俗和汉族略有差异。土家族的七月半不是过七月十五，而是过七月十四日。③ 如同治八年(1869年)《保靖志稿辑要》卷四载七月："十三、十四日，祀祖烧香楮，各家市脯畅饮，俗说'过七月半'。"光绪四年(1878年)《龙山县志》卷十六载："'中元'前三日，具酒馔祭先祖。将祭，男妇序拜迎于门，如生归者，十四日焚楮钱，仍拜送之。"④又20世纪50年代《湖南龙山县土家族有关情况的调查报告》一文也称"七月十四那天，家家户户备办酒肉祭祀祖先，并烧钱纸包，烧完之后，就地设板凳一张，连续点灯三夜"⑤。

湖南苗族受汉族影响，也有七月半祭祖之俗。如清道光四年(1824年)

① 湖南省会同县县志编纂委员会. 会同县志. 北京：生活·读书·新知三联书店，1994：872.

② 湖南省通道侗族自治县县志编纂委员会. 通道县志. 北京：民族出版社，1999：845.

③ 游俊，李汉林. 湖南少数民族史. 北京：民族出版社，2001：285.

④ 丁世良，赵放. 中国地方志民俗资料汇编：中南卷. 北京：北京图书馆出版社，1991：643、647.

⑤ 湖南省湘西土家族访问团. 湖南龙山县土家族有关情况的调查报告//阳盛海. 湘西土家族的历史文化资料. 长沙：湖南人民出版社，2009：83.

《凤凰厅志》载今凤凰县七月"中元"之俗曰："丧服未满之家，于初一日子时即戒兴，具酒馔于灵前哭奠，名曰'接亡'。至十一日起，各家俱祀祖先，每日焚香奠茶，供酒醴，设肴馔。十五日设席，化纸钱以祭，曰'送亡'。"从这段文字介绍来看，和汉族相差无几，但事实上有些苗族地区中元习俗和汉族比较起来，还是有一些差异。如花垣县苗族民间相传，苗历七月十五（与汉族阴历同）这一天，亡人要去赶"梦南大会"。故在七月十三日至十五这三天，民间流行给亡人和不满三年的新死鬼"烧包"、做道场，超度亡灵去极乐世间的习俗。届时，苗族人要举行上刀梯、踩铧口等活动，以帮助亡人升界。由于苗汉杂居，部分苗族人也有仿效汉人烧香烧纸祭奉先人，为亡人"烧包"的习俗。"烧包"，一般在太阳落山前进行，让亡灵趁早赶路而不误赶会时机。"烧包"之前，先将纸钱分发包好，写上亡人姓名和敬祭者名字，烧包地选在朝东北方向的三岔路口。纸钱摆放好后画成圈插上香，一路点燃，依次点、泼酒饭和供品，口中念念有词或默念亡者的名字。民间相传"过月半，鬼乱窜"，意思是说这天晚上，鬼会到人间来领受钱财或抢钱。因此，当晚人们不随意出门，唯恐出门碰着鬼。[1]

桑植县白族称"七月半"为"月半节"，认为这是逝去祖先们的喜期，民间对其颇为重视。清同治十一年（1872）《桑植县志》载："中元，焚楮于家。""'中元'，先晚焚香，侯（候）祖考；是日具牲醴，化衣钱，家人聚饮。"[2]谷忠诚的《桑植白族简史》对其介绍更为详细。他说，当地民众相传从七月初一起到十五，阴司给亡灵放假，各亡灵都会不约而同地从阴曹地府返回到阳世，回到家中过"月半节"领受子孙的供奉。因此不论富贵贫贱，在月半期间，人们都要想方设法备办香米纸烛，三牲酒醴，虔诚地祭奠祖先。节日期间，每日三餐要致祭，但最主要的祭奠活动是"烧包"。对于新近亡人，他们只有七天假期，要提前去阴司"签到"，所以须在农历的七月七日前"烧包"，以免回到阴司没有钱花。对于早故亡人，一般在七月十四日前"烧包"，因七

① 石森. 岁结团欢//湖南省花垣县文史资料研究委员会. 花垣文史资料：第12辑·神奇的花垣·风情篇. 内部资料，2007：142.

② 丁世良，赵放. 中国地方志民俗资料汇编：中南卷. 北京：北京图书馆出版社，1991：624、625.

祖先祭祀礼俗

月十五日是"盂兰节",亡灵都要转回阴间赶会过节、报到。① "烧包"一般在傍晚进行,于室外场地上置一火盆,家长带领子嗣依序跪伏于地,由家长焚香化帛、倒水饭,燃放鞭炮,一边"烧包"一边诵念先祖名号,烧到最后一封时就说"列祖列宗,个个有钱,人人有纸,各领其份"。"七月半"期间,迎接祖先神回家,与之相关的禁忌也较多:烧包期间禁止村民之间走动、互访,因这段时间祖先赶会,出门不吉;不能将桌椅板凳放置室外,不能在岩塔里摆床乘凉,不得扼杀任何进屋生灵,因它们是祖先的附身;不能吃豇豆、辣椒、茄子等,以免被祖先误认为是他们的肠子、指头和心脏;不能粉刷房屋,怕蒙住先祖眼睛;每餐祭饭后,饭菜要回锅,如吃了祖先的剩饭,记忆力会减弱。②

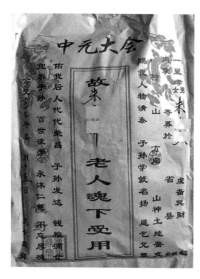

图8-5 民间中元节"烧包"时的封皮(摄影 朱泽国)

"烧包"时的"包"各地有一些差异,如在湖南永兴县一带,一般是将冥衣、冥币等打捆包装好,贴上封笺(图8-5)做成一个包,再焚化。桑植县白族的"包",是类似纸钱、冥钞之类专门烧祭给先祖的一种祭品,即冥间的货币。先将一叠长约10厘米、宽约5厘米的"包",用纸张包好,或以信封状的纸封好,俗称"包封"。"包"有素面的,也有染绘各种图案的。正面首书先祖名讳,如"祖考××领受""祖妣××领受",次写"孝男×××敬上",尾款"焚于门外火中",背面大书"封"字,最后封好。相较于桑植县白族的"包",永兴民间的"包"内容复杂不少。"烧包"多以家庭单独进行,但也可委托附近寺庙集体焚烧。

① 谷忠诚. 桑植白族简史(未刊稿)//张丽剑. 散杂居背景下的族群认同:湖南桑植白族研究. 北京:民族出版社,2009:225.

② 张丽剑. 散杂居背景下的族群认同:湖南桑植白族研究. 北京:民族出版社,2009:225-226、228.

（三）其他场合的祭祀

如前言，我国民间敬奉祖先的场合极多。一般的家庭都立祖先牌位供奉于堂屋。这主要是用于日常祭祀祖先。此外，在除夕、春节、冬至、尝新节等节日，祖先诞辰、忌日，以及宗族的一些重大喜庆日子里都要举行隆重的祭祖活动。

1. 湖南瑶族其他场合的祭祀祖先礼俗

湘南瑶族祭祀祖先的场合除上面提及的清明节、中元节外，还有一些特殊的，如江永县之"六月六日祀家庙，曰'半年节'，则永明之所独也"。江华县"其先忌日、诞辰，果核、鸡黍之奠，各荐于寝"等。[均见道光八年（1828年）《永州府志》]

在江华瑶族地区，每家每户的堂屋里都立有神龛，上摆香炉，神龛正中写着"天地国亲师"，两边写"招财童子""进宝郎君"。另神龛两旁一般贴有"祖德流芳远，宗功世泽长"或"金炉不断千年火，玉盏常明万岁灯"这样的对联。此外，这里的瑶民在神龛上还供有三至七个神像。当地民众相传，他们的祖先死后修道，获得玉帝敕封，被封为某王、某仙或某将，然后托梦给子孙，子孙于是照梦中形象雕成神像，叫"现像"，男多骑马、麒麟，女多坐马。神龛中"天地国亲师"中的亲，即是祖先。这是神灵所在之地，不能在上面乱敲钉子，或挂衣物。①

资兴市团结乡二龙山瑶族人家也供有神龛，但其供奉稍异于江华瑶族。其神龛正中供奉"本音堂上龙飞殿内历代先祖昭穆考（妣）一脉宗亲之神位"，两侧分供"招财童子""进宝郎君"。此外，神位外书写"凡有禾列""普今供养"；上左右角依次写"奉""敬"，下左右角依次写"簠""簋"。神龛最外面又有对联一副"敬神多赐平安福，佑我广招四方财"，横批"祖德流芳"。

祖先祭祀礼俗

① 李祥红，任涛. 江华瑶族. 北京：民族出版社，2016：238.

2. 桑植县白族其他场合的祭祀祖先礼俗

桑植县白族人家几乎家家设有神龛，以便平常祭祀祖先。如大建旁村是一个白族人村寨，几乎每个家庭都设有祖先堂。祖先堂一般设在正房堂屋或堂屋上面的楼上，墙上立一龛位，上面写着"本音某氏门中历代宗祖亲先后内外老少之灵位"或"本音某氏门中历代内外老幼宗祖之香位"，将历代祖宗都设在一个牌位。祖先牌位前放置供品盘、香炉、灯台和花瓶等。[①] 家庭立祖先神龛，主要用于日常供奉，如初一、十五，逢年过节时上三炷香、烧一点冥币。有的村庄因没有公共性的大厅，家里举办婚丧嫁娶等事时，这种立在家中的神龛也就起到了祠堂祖先神位的作用。

桑植白族民众在立家先神龛书写家先神位(即家神)时，有不少讲究。家神就是贴在堂屋正中上方的神位牌。过去都是用红纸写的。一般是新居落成、娶新媳妇或过大年时写一次。正中写"天地国亲师位"，字要写繁体，字体要大；左右两边写"东厨九天司命""某氏历代祖先"，字体小些。当然，家神两边还配有对联。写家神正中那一列字时，很有讲究。要求"天不压人"就是天字上面一短横与下面的"大"字留一点距离，意思是天人和谐；"地不开坼"，就是地字的"土"旁要与"也"字连在一起，意思是不要出现山崩地裂等自然灾害；"国不开口"，就是国字外面的大"口"要全包围，不能留缺口，意思是国家要完整统一；"亲不瞑目"就是写繁体字的"亲"字右边那个"见"字时，左上边要留点缺口，意思是先人要关注后代子孙，不要视而不见；"师不戴帽"，就是写"师"字时要把左边那一撇省去，意思是老师是有真才实学的人，不需要什么桂冠粉饰；"位不离人"意思是说，人人要各安其位，不得越权僭位。这些规矩虽说给写家神的人设了许多门槛，但也体现了白族人爱国、尊师、亲亲、本分，与大自然和谐相处的优良传统和祈求平安的善良愿望。[②]

桑植白族民众除日常祭祀祖先外，清明、中元、冬至等节气也有祭祖的礼俗。同治十一年(1872 年)《桑植县志》载当地"祭礼"除清明、中元节外，

---

① 张敏，王海娜，池敏. 大建旁村. 北京：光明日报出版社，2014：133.

② 谷利民. 白族人写家神有哪些规矩//谷利民. 桑植白族博览. 北京：民族出版社，2012：111.

"冬至日，亦祀祠祭墓"。桑植县白族民众各姓氏都建有祠堂，属于全族所有的称"总祠"，属于某支房所有的称"支祠"。各祠都有一定数量的田租、债息，专门用于祭祖和奖励，故每年都有几次大的祭祀活动。这些活动除春节的游神最盛大外，就要数冬至祭祖了。

冬至祭祖活动规模大，仪式庄重，费时也较长。一般分两个阶段进行：一是在冬至前一两天，各支房开始祭祀活动，由支房族长主持，杀猪宰羊，承办酒席。祭祖之日，大开祠堂门，族亲不分远近、贫富、大小，都身穿盛装，前来参加祭祀，礼毕，共进晚餐。届时由族长当众公布祠堂财产和收支，表彰奖励遵纲守纪的典型和卓有成就的族员，教育处治触犯族规、伤风败俗的不肖子孙，同时共议族内有关事宜。二是冬至节后数日，在总祠内举行合族的大祭祖，时间三五天不等，由各支房选派代表参加，待各支房代表到齐后，就举行祭祖仪式。由总族长和会首带领一班礼生列前，族众后随，聚集于祠堂神台前，面对本主和列祖列宗神主牌，躬身肃立；主持人烧香焚纸，奉献供果，燃灯点烛，鸣炮奏乐后，引导大家行三叩九拜礼。礼生致赞词后，宣读祭祖文牒，气氛庄严肃穆。最后按历代祖宗名讳，焚烧包封，供祖先作钱财之用。冬至除隆重的祭祖外，主要是商议族内大事，如财产的收支、承办者交接手续等。①

白族民间每年春节期间，都要到祖先的坟墓前焚纸点烛摆供品，祭奠一番，叫"送亮"。"送亮"的时间，一般是在农历春节的六日内，即除夕、新年初一、初二、初三、初九、十五进行。当夜幕降临时，家长即吩咐家庭成员洗净手脸，然后去坟前焚香、烧纸，敬献供品，叩头作揖，点灯照亮，放鞭鸣炮，虔诚祭奠。女儿、女婿或外甥也必备香烛纸帛及鞭炮，有的甚至还带花圈来到祖先坟前，隆重祭奠。此外，新近亡人入葬后三天内，也要进行"送亮"，在清明、忌日与生日期，也须"送亮"祭奠，至亲还要在大年初一给新逝的死者"拜新年"。②

3. 湖南侗族其他场合的祭祀祖先礼俗

会同县侗族民间颇重视祖先的平常祭奠，清光绪二年（1876年）《会同县

祖先祭祀礼俗

---

① 张丽剑. 散杂居背景下的族群认同：湖南桑植白族研究. 北京：民族出版社，2009：223.
② 张丽剑. 散杂居背景下的族群认同：湖南桑植白族研究. 北京：民族出版社，2009：221.

志》载："祭，则四时荐馨。又建宗祠，朝夕瓣香，春秋享祀。"会同侗族相传，人死后灵魂变成鬼，变成鬼的祖先生活在鬼的世界里，但他又与人间的子孙后代有来往，时刻保佑着自家后代。当地俗语"人们走路，祖先跟后"，说的就是祖先随时保佑着后人。若人遇险情，会喊"公甫保佑瑶（即祖先保护我）"。人们平常吃饭时，也要请祖先先吃，即用筷子蘸一点酒，用手撒一点饭菜敬奉祖先。①

会同侗族祭祖习俗较有民族特色的是农历六月初六的"尝新节"。尝新节这天，除了备办鸡、鱼、肉、酒外，一定要到稻田里扯几根禾苞或禾穗，以三根插在神龛上，让祖宗先尝新。其余捣烂挤出米浆，于祭祀祖先后全家按辈分大小依次尝新，家中老人封赠五谷丰登、人畜兴旺等美言。② 在当地还有一个关于侗族民众为什么在农历六月初六过"尝新节"的传说。相传过去侗族以种糯稻为主，生产周期长，产量也低，民众为度饥荒只好以野菜充饥。有一年，一位姓杨的款首带领民众种了玉米，在六月六日就丰收了。于是，他邀请全寨人都到他家来品尝新收获的玉米。从此，民众都学会了种植夏粮，解决了夏荒的问题。为纪念这位款首，人们便定六月六日为尝新节。③

会同侗族群众还以姓氏还"祖神愿"的方式敬奉祖先。如杨姓还飞山太公愿，吴姓还吴公八郎愿，龙姓还洪坛太公愿等。这些姓氏的还愿祭祖，敬奉的塑像都是傩头爷爷和傩头娘娘。他们说爷爷是姜良，娘娘是姜妹。他俩兄妹成亲造人，开天辟地，才有世界。过去，各氏族每隔三五年要还一次祖神愿，祈求祖宗保佑本族康泰平安。④

靖州侗族民众家中堂屋也置有神龛，常年供奉，有的也建有宗祠，置有祠堂田。⑤

---

① 林良斌，吴炳升. 习俗大观·中国湖南通道侗族文化遗产集成：第四辑·下. 北京：中国国际文艺出版社，2008：132.

② 湖南省会同县志编纂委员会. 会同县志. 北京：生活·读书·新知三联书店，1994：872、913.

③ 林良斌，吴炳升. 习俗大观·中国湖南通道侗族文化遗产集成：第四辑·下. 北京：中国国际文艺出版社，2008：152.

④ 李一西. 会同侗族风貌//会同县委员会文史资料研究委员会. 会同文史资料：第2辑. 内部资料，1987：96.

⑤ 《靖州苗族侗族自治县概况》编写组. 湖南靖州苗族侗族自治县概况. 北京：民族出版社，2009：25.

新晃侗族民间除了平时的祭祀外，宗族或宗嗣分支多有祠堂，有祠堂田，大家义务轮流耕种祠堂公田，收入作祭祀之用。祭祖仪式一年或三年举行一次。族长先赞颂祖先的懿德功绩，再虔诚地祈求庇佑后代昌盛。祭祀结束时，参与者共享供品。① 对新晃侗族民间的日常祭祖，秋鸿有较为详细的介绍。他说侗族人家的堂屋里，都设立一个祀奉祖先及各神的神龛。龛长约1.5米，宽约0.7米，下有两个撑架，钉在中堂正壁上，神龛正中供奉天地及祖宗师长的神位，两旁供开荒业主、古老先人、神农皇帝、五谷尊神、三官大帝、四官大神等神位。龛上还置一碗口大的磬，早晚祀奉祖先，拈香后必须击磬，朝三下，暮四下。俗话说"拈香不打磬，老人不得听"，在过去，常年四季，拈香打磬，天天不间断。龛下供奉长生土地，左供招财童子，右供进宝郎君。长生土地，保全家安泰，永远长生，招财进宝主全家经济收入兴盛等事。神龛上，除了供祖先和神以外，还酿有一个"海"。"酿海"就是用一个土瓦罐，内装满水，把全家人口的姓名及生辰八字写在黄纸上，请一位师公来作法念咒，之后即烧在罐里，并选七粒红色大米及一把茶叶，放进瓦罐中，然后用纸数层谨封其口，用麻线捆紧，这样"海"便酿成了。土罐一般放在神龛上，或悬在龛前。据说酿了"海"，一家人和房屋整个都酿进"海"里，邪神妖魔看不见，找不着，就可平安无事了。②

通道侗族民众普遍敬奉祖先，除立有宗祠，在重要节日或祖先诞辰等时集体祭祀外，家庭也重视其他时期的祭祀，一般是过节祭祀一日，逢年祭祀三日，其中过年时一日早中晚要三次敬奉。早晨以茶类为主要祭品，中午有肉、糍粑、酒、水果等，晚上与中午基本相同。日常用餐，饭菜上齐之后要稍等，待祖先享受之后方能食用。一般的侗族人家都安设祖先位置。侗族地区一般均将火塘正方定为祖先之位。凡逢年过节、婚丧喜庆祭敬之时，立桌于此，摆放供品，焚香烧纸，虔诚敬奉。近代随着社会物质条件的提高以及汉族文化的影响，农村中相当部分农家设神龛，上置香炉、油灯，逢年过节、初一、十五，烧香化纸，点亮油灯，谓之"香火不断，祖灯长明"。凡立神龛者，神龛上方均用大红纸标明神位。如正中为"历代君亲师位"之句，两

① 《新晃侗族自治县概况》编写组. 湖南新晃侗族自治县概况. 北京：民族出版社，2008：27.
② 秋鸿. 新晃侗族生活习俗琐谈//贵州省民族研究所. 民族研究参考资料：第22集. 内部资料，1985：130.

侧为"某氏历代宗祖，当境应敬神祇"之句等。①

4. 湖南土家族其他场合的祭祀祖先礼俗

土家族人主要祭祀两种祖先。一种为远古祖先，如八部大神及向王天
子。在一般土家人聚居的地方都有八部大神和向王天子庙，供族人祭拜。另
一种则为家族先人，土家族人家中设有祖先灵位，每逢过年过节，或家有喜
庆，均需焚香燃烛，拜谢祖先，及祈求先人庇佑。② 湘西土家族人认为，家
先是善神，他们的职责就是保护自己的子孙，因此当家境不顺时，人们便会
祈求家先保佑。平时做了好吃的也不能先吃，要在堂屋神龛下摆上饭菜和
酒，饭碗和酒杯上要摆一双筷子，然后呼唤已经去世的祖先先吃，等他们吃
过以后土家人才能入座吃饭。③ 龙山县土家族平常除在堂屋里供立祖神位、
朔望奉祭外，甚至每顿饭前都要诚心诚意地把筷子插在饭碗里先敬奉祖先，
喝酒的要先用筷子往地上滴三滴酒，让祖先先喝，俗语叫"酒肉穿肠过，祖
先心中留"。④ 从这些介绍可以看出土家族民众祭祀祖先的行为可以说是常态
化的。

为了便于日常祭祀，土家族民间家中一般都供有神龛。对湘西土家族民
间供奉的神龛，林继富、覃金福对其有一较为详细的介绍：

> 土家族堂屋设有神龛，神龛上摆有香炉，神龛上面贴有家先。
> 在宣恩、来凤、龙山、永顺等县的家先是贴写有毛笔字的红纸，上
> 面一般横写"祖德流芳"四个字，中间竖写"天地国亲师位"或"天地
> 君亲师位"，两侧用小字竖写"九天司命太乙府君"和"某某堂上历代
> 祖先"等字样，家先两侧还贴有一副对联"金炉不断千年火，玉盏常
> 明万岁灯"或"宝鼎呈祥香结彩，银台报喜烛生花"等，神龛下面贴

---

① 陆中午，吴炳升. 侗族文化遗产集成：第三辑·下册·信仰大观. 北京：民族出版社，2006：
61.

② 李虹. 非遗视野下的湖南地方传统音乐文化研究. 长沙：湖南师范大学出版社，2014：101.

③ 林继富，覃金福. 民族 村落 家庭：酉水流域土家年研究. 北京：民族出版社，2014：207.

④ 刘能朴，王本亮. 八部大王祭//湘西文史资料：第32辑. 内部资料，1994：343.

有"安神大吉，万事如意"等小字。①

图 8-6 为笔者在沅陵县七甲坪镇伍家湾"辰傩人家"采访时，见其供奉的祖先神龛。神龛正中写"天地国亲师位"六字，左右两侧用小字竖写"钦""敬""东厨九天司命""历代祖先神位"等，最边上有一副"宝鼎呈祥香结彩，银台报喜烛生花"的对联。这和林先生等介绍的大致相同。

图 8-6　沅陵县七甲坪镇伍家湾"辰傩人家"供奉的家先神龛（摄影 李跃忠）

土家族人在一年的节日中都要供奉祖先。比方过年时，土家人在祭完土司王神及始祖、远祖后，将常年供奉在神龛上的家祖牌位及香炉、蜡台都取下，置于神龛下的桌子上，两边摆上猪头、糍粑、团馓、鱼、酒等各种祭品，家中长者率全家人焚香燃烛烧纸钱，磕头礼拜，直到正月十五日，方将家神位再供于神龛。② 对湘西等地土家族逢年过节敬家祖神的习俗，《民族村落 家庭：酉水流域土家年研究》也有一些介绍。据调查，过年这一天吃过早饭后，土家人就开始祭祀，一般先敬其他神，再敬堂屋的家祖神。也有的

①　林继富，覃金福. 民族 村落 家庭：酉水流域土家年研究. 北京：民族出版社，2014：206-207.

②　周明阜，胡晨，胡炳章. 湘西风土志. 北京：中央民族大学出版社，2012：360.

祖先祭祀礼俗

地方是先敬堂屋神龛的家祖神,然后再去敬其他神。敬家祖神的供品为猪头加猪尾、酒、茶、粑粑、团馓等,香炉中要插三炷香,两边点一对大蜡烛,烧一叠纸钱,然后作三个揖,燃放炮火。敬家祖神放的炮火一般要比敬其他神的炮火响数多,以显示家祖神地位的显赫。①

　　土家族民间极为重视祖先祭祀,在许多重要的家庭庆典活动中都有"告家先"的仪式。如在男婚女嫁的良辰吉日里,要祭祀家先。男方家称为"告祖",女方家称为"敬家先",其意是求得祖灵的保佑。男方结婚请客吃饭的前一天,室内室外张贴大红对联,剪贴窗花,堂屋神龛下面摆放一张方桌,设一香案,供置鸡、猪肉、鱼、酒、糖食、果品等。祭祀仪式中,外公外婆、舅父母、姨父母、姑父母都要给新郎披红戴花。祭祀仪式由引礼生、司礼生、赞礼生、歌童等人协助进行。其内容有献钱、献禽、献牲、献酒等。"敬家先"与新郎家同一天举行,程序不尽相同,但祭祀内容基本一样。生育告祖一般是小孩满月后举行祭祀仪式,即夫妇怀抱小孩向双方祖先行跪拜之礼并供献酒肉,燃烧香烛纸钱禀告家祖。②

　　土家族一些传统祭祀仪式中也包含着不少乞求祖先神庇佑的内容,如保靖县土家族《梯玛神歌·敬家先》,梯玛代后代虔诚地乞求祖先庇护:

　　　　××祖先祖婆们,和您讨句好话,现在人已痛得臭腥了,现在已经沤烂,(他)痛得老火③,(你)到前面要送他好。还要讨一句好话给你的子孙们:做工年成要好,做了要五谷丰登,金库要装得满起来;养儿,儿要好;养孙,孙要多;养牛,牛要好。

　　人们为了获得保佑,还常常赞美祖先神,如对男祖先说:"头戴万龙帽子,身穿长衣大褂,脚穿丝袜一对,巴鞋一双。朝中有人,暗中有势。生在阳间,是个能人;死了,阴间是个灵神。见官名官,见府名府。"赞扬女祖先说:"头戴金簪,耳戴银花,金簪银簪满头簪,金花银花满头花,身穿绞罗

---

　　① 林继富,覃金福. 民族 村落 家庭:西水流域土家年研究. 北京:民族出版社,2014:207.
　　② 周明阜,胡晨,胡炳章. 湘西风土志. 北京:中央民族大学出版社,2012:360.
　　③ 老火:很厉害的意思。

花缎，脚穿鹊鸟花鞋。贤惠娘娘，知事婆婆，养男十二男，养女十二女。"①梯玛之所以要这样赞美祖先，其用意当然是为讨得祖先欢心，求得庇佑。

又如在湘西、怀化土家族的傩事活动中，也有"告家先"的仪式，这亦可视为特殊场合的祖先祭祀。凡请土老司做法事的事主，在请老师公做傩事活动之前，要焚香烧纸，报告本家历代先祖，祈求先祖神灵出席傩事活动，接待和陪伴傩事活动中所请诸神，使傩事活动顺利进行。也有的是在正式开坛前，由老师公到事主堂屋神龛下，替事主报请家先，请本家历代祖先神灵赴会。老师公虔诚地焚香烧纸后，一边脚踏罡步，一边口里念如下请家先的咒语：

> 美酒敬你啊，开荒拓土的祖宗菩萨。
> 你头戴纱帽身披银挂，奉请您下马到屋里坐一下。
> 我们给您磕头跪下，请您吸烟喝酒，给您把菜夹。
> 为给您子孙消灾解难，请您陪伴各路神仙菩萨。

敬奉的历代家先，包括已故父辈、祖辈、曾祖辈、高祖辈的祖先，及本家中最有威望、最有成就的杰出人物。沅陵土家族傩仪中有敬奉满堂先祖的傩歌，称颂他们"在生是能人，死后是能神"。请家先的目的除了陪伴傩事奉请的诸神，协调各神祇间的关系，协助搞好傩事活动之外，主要是奉请本家先祖佑护子孙后代，帮子孙后代消灾祛难。②

而会同县高椅一带的家傩活动，多有"杠家先"的仪式。相较于上面介绍的"请家先""告家先"仪式，"杠家先"仪式是以戏剧的形式呈现。作为仪式场合里的剧目，和成熟的娱乐性戏剧相比，其表演颇有特色。台上的两个人物，一个是由巫师扮饰的"家先"，属代言体表演；另一个鼓师，则仍是巫师，体现出了其可沟通神人之异能。二者通过念白、问答完成这一表演。其

---

① 龙泽瑞，龙利农. 牛角里吹出的古歌——梯玛神歌. 北京：中国文联出版社，2003：158-161、350.

② 刘冰清. 傩文化的家庭伦理内涵——沅陵傩文化的个案研究. 沧桑，2005(5)：27-29.

过程不长，摘其文本如下：

家先：(上。念)香结平安二字，灯开福寿双花。

吾乃×氏门中家先。在生时，顶立门户；归天后，阴中扶持。今有儿孙为祈福消灾，修建锣角道场，文书相请，前去赴愿堂，赶良因。话便如此，往家中傩坛走走。(家先圆场，至傩堂，坐中)

鼓师：(唱)深山画眉叫哀哀，哪位神仙到此来？

家先：(唱)吾神不是别一个，门中先祖阴中相助暗里扶持到愿堂。

鼓师：(唱)既是门中先祖到，亲身亲自到愿堂。下有儿孙参三拜——

(场面吹打【迎风】。主东作揖，焚化纸钱)

鼓师：(接唱)火到与你化钱张。

家先：(唱)唱起来，发(化)起来，三发人丁四发财。

瘟痘时气唱出去，横财累累唱进来。

唱你发，你就发，后园黄土变朱砂。

唱你兴，你就兴，后园黄土变成金。

吾神不是别一个，门中先祖到愿堂。

家先堂前把话论，留与儿孙记在心。

人生在世要修因，当初如何得出身。

若向佛前修福德，不如堂前敬双亲。

恩深义重难酬报，难表儿孙一片心。

公婆坟前献杯酒，莫教岁月冷清清。

自从别了儿孙后，伤心悲泪到如今。

董永卖身葬父母，丁兰刻木事娘亲。

乌鸦反哺知情义，报答爹娘养育恩。

王祥卧冰双鱼现，郭巨埋儿天赐金。

孟宗哭竹竹生笋，黄香扇枕自冬温。

昔日目连行大孝，身挑担子西天去，

经在前头背了母，母在前头背了经。

不如将来横挑起，山中树木两边分。

世上有人如此孝，阴曹地府亦知闻。

孝顺还生孝顺子，忤逆还生忤逆儿。

不信但看檐前水，点点落地不差移。

未曾出门娘吩时，吩咐儿孙早早归。

父母忧愁人欺子，早晨望到日沉西。

儿子归来父母喜，不问爹娘先问妻。

真言好语向妻说，父母问时全不知。

燕子衔泥空费力，羽毛长成各分飞。

如今儿孙成人了，生离死别不相逢。

好把父母恩来报，相请师人①请父归。

"王"字点头多为"主"，"日"边作"月"作"明"神。

流泪眼现流泪眼，断肠人送断肠人。

请到厅前来赴会，聊将财马就坛焚。

其司利用生天界，留心匡保舍财人。

上坛领了香花酒，下坛领了化阳钱。

家先坛前相嘱咐，唯愿儿孙代代兴。

门中先祖显灵圣，扫邪归正镇门庭。(家先下)②

　　仪式的目的主要是在傩仪时请家先来家"扫邪归正镇门庭"。"家先"来后，接受子孙后代的祭拜，并对其进行祝赞和教导。

　　湘西一带土家族人也有在年三十给祖先"送亮"的习俗，于此亦可见土家族民众对祖先供奉确实极为虔诚。林继富、覃金福等说大年三十这一天，土家人要去给亲人上坟，龙山、永顺、保靖这一带叫"送亮"。过年吃完团年饭以后，同一家族的人便相邀好一起去亲人的祖坟祭拜，届时带上刀头肉、酒、粑粑、豆腐、供果和香、纸、蜡烛、鞭炮等物，为每一座祖坟"送亮"，让去世的祖人也在火亮中过一个热闹年，以此表达对他们的崇敬。③

祖先祭祀礼俗

277

---

①　师人：即巫师。

②　李怀荪.中国傩戏剧本集成(湘西傩戏杠菩萨).上海：上海大学出版社，2017：45-46.

③　林继富，覃金福.民族 村落 家庭：酉水流域土家年研究.北京：民族出版社，2014：211.

5. 湖南苗族其他场合的祭祀祖先礼俗

湖南各地苗族亦都敬奉自己的祖先，一般都在家设有神龛，以便日常供奉。这些神龛的设置也颇有地域特征。如凤凰县星光酒店主家王氏在大厅设的家先神龛、麻阳县大桥江乡豪侠坪村苗族村民龙树功家的神龛等就各有一些特殊的地方。王氏神龛顶格有"乾坤壶堂"四字，正中有一符篆，符下立"天地君亲师位"，神龛左边书"招财童子进宝郎君""求财有感四官大神"，右边写"九天司命太乙府君""王氏堂上历代宗亲"；神龛最外面有一副对联"意命不忘天地德，寸心难报祖宗恩"。而龙树功家的神龛正中供奉"天地国亲师位"，左边书"左昭""武陵堂上历代祖考"，右边写"右穆""外氏门中一派亲姻"；神龛最外围有"金炉不断千年火，玉盏常明万岁灯"的对联，横批为"佑启后人"。

苗族民众的祖先信仰习俗特色鲜明。如花垣县苗族将祖先神叫作"鬼相"。鬼相有善恶之分，善鬼叫作"鬼相"，恶鬼叫作"鬼相翘"或"鬼达枷"。家中正常死亡亲属的亡灵通称"相"。如"相汉相娘""相奶相玛""相秋相兰"分别指爷爷奶奶、父亲母亲、亲戚先辈的亡灵。三代以上或年少的"相"，则没有特定的称呼，泛叫"相"。鬼相安在房子左边或右边中柱之下的神龛里，叫"夯果"。春节、清明、初一、十五或死者忌日时祭之。少数也在七月十五（鬼节）时在野外烧包设祭。祭奠祖先时，一般要念诵如下祭辞：

存——相汉相娘，相奶相玛，相秋相兰，相果相壤，几炯龙呼，几朗龙哝。喂到呼没到呼，喂到哝没到哝。呼列岗素，哝咧岗车。各刀各香，各钱各尕，没岗单投，戈索单得。几哨几研，尼粘炯汝。保佑戈代，保佑各该，尼前种汝，消单种倒。篓嫩搞嫩，篓炯搞炯。叟介郎溜，叟摆郎长。求财到财，求位到位。阿标聊兄，四季平安，发财兴旺。夯哟——嗬嗬海！①

念完后，行三叩首礼。② 苗族还有特殊的祭祀家先的习俗。在这些场合的祭祀，有一套较严肃、烦琐的仪式。

洪光荣《祭家先》一文介绍说，花垣县民间，在住房中堂后壁建壁龛以祭家先，是区分汉姓与苗姓的明显标志。祭家先有三种不同类型的祭法，即安家先、平安祭(也称小祭)、消灾祭(也称大祭)。

(1)安家先。花垣县民间在建成新房或乔迁新居后，要安家先。安家先前须做好四项准备：一是选择年头或年尾的午未日进行，二是请木匠或者自己动手做好钉就家龛，三是置办供品及相关用品③，四是请年满花甲以上的有德望又善写毛笔字的老先生书写家龛。老先生要恭敬站着先写家龛中行大字，写到"位"字时要坐下来写；右边下降一个字，小一号写"某氏堂上历代祖先"，另起一列写"是吾宗亲普同供养"；左边写"九天司命太乙府君"，另起一列写"求财有感四官大神"或"招财童子进宝郎君"。龛联一般写"金炉不断千年火，玉盏常明万岁灯""宝鼎呈祥香结彩，银台报喜烛生花"或"俎豆承传先祖业，依冠聿启后裔兴"等。也有按氏族名人典故、光荣历史来写的。如左姓龛联常写"人通八索书香远，赋就三都纸价高"，田姓龛联写"汗马功劳麟阁古，紫荆花发雁门堂"等。其横批写"祖德流芳"或"佑启后人"。家龛座板前沿从右至左写"年无忌月无忌日无忌时无忌百无禁忌大吉大利"。家龛下方的中间直条写"五福临堂"或"安神大吉"；右边直条写"堆金北斗"或"六畜兴旺"；左边直条写"积玉南山"或"五谷丰登"。这些事项准备后，就请法师于吉日来"安家先"。"安家先"的主要程序为：①法师将桃树枝折成短节浸

祖先祭祀礼俗

279

---

① 这段念诵语翻译成现代汉语为：嗬——爷爷奶奶之灵，父亲母亲之灵，亲戚六眷亡灵，老少亡灵。一个跟着一个来喝，大家一起来吃。我得喝你们得喝，我得吃你们得吃。喝要送醉，吃要送饱。香纸钱财，拿送到手，取送到身。快快活活，安安静静。保佑儿子，保佑孙子，平安健康，有吃有穿。捉蛇到蛇，捉虎得虎。养鸡也大，养猪也肥。求财得财，求位得位。一屋大小，四季平安，发财兴旺。夯哟——嗬嗬嗨！

② 田彬. 敬奉祖先//湖南省花垣县《文史资料》研究委员会. 花垣文史资料：第12辑·神奇的花垣·风情篇. 内部资料，2007：196-197.

③ 安家先时必用的物品有：香炉一个、蜡烛一对、油灯一盏、香一把、纸钱一沓、豆腐一块、猪肉五斤、公鸡母鸡各一只、毛笔一支、墨汁一瓶、大红纸两张、糯米粑二十五个、桃树枝数小桠以及酒茶等。

于净水碗中，用桃枝水扬洒家龛内空的上下左右以洁净其座位。②粘贴家先的正位、横批、对联、横沿条和龛下的直条。③摆设香炉、蜡台、灯盏、果品和九天司命位前的豆腐。④神龛下的前方摆方桌一张，后边中位设供米一升，上插红包一个；紧接依次横排糯米粑五叠，每叠五个；半熟猪肉两盘，右盘敬家先，左盘敬祖师，酒茶两排置于前沿，于是上香、点灯、燃烛。⑤法师坐于桌前，右手摇动师刀、响铃、铜环，左手拿竹珓发兵、发马、发车、发轿，先请祖师后请家先(按照主人事先写好的家先名称去请)，连请三次，以竹珓为凭。接着抛珓下马、下车、下轿。迎请上座，先以茶、酒、肉盘、纸钱分别敬献祖师、家先，后以公鸡敬祖师，母鸡敬家先，先交生后交熟。同时还要分别去敬土地、龙神和屋檐童子、把门将军。⑥为家先设粮仓米库、茶坊酒店、琉璃瓦屋，请家先登上家龛安居。⑦为主户祷告求福，法师站在坐椅上，面向家龛祈祷家门清泰、人口平安、五谷丰登、六畜兴旺等。每求一项就反手向后抛珓一次，若得顺珓，户主立即下跪磕头谢恩，否则再祷，直至得珓罢休。⑧法师化财再次嘱咐家先，早来管父管母，夜来管子管孙，原谅事关紧急而男人失身，女人露体之过。再次化财奉送兵马回营，祖师归殿。

"安家先"后的第二天起，主人要连续三早烧香，三晚点灯。忌在堂屋中间横晾衣裤、被褥和床单，一是表示对家先的尊敬，二是为保证家先进出之路的畅通。

(2)平安祭。"安家先"之后的两三年或四五年，若生计顺畅，家业兴旺，感谢家先护佑而进行的祭祀叫"平安祭"。其设供与程序与安家先大同小异。不同的地方是"平安祭"不一定要五斤肉，有两三斤即可；不要公母鸡交生交熟，不要桃枝水洒净家龛，不要连续三早烧香三晚点灯。

(3)消灾祭。当地苗家若家有病人治疗无效，则认为是家先东走西走不做主所致，必须请法师招集家先回归家龛。消灾祭与安家先的程序大致相同。不同之处有以下四点：①户主在大祭之前，必须将衣被、炊具洗净，且家中妇人不是月经期。②要用竹篾和彩纸扎龛宫一个，先请家先到龛宫休息，再请家先回家龛安居。这样，家先既有行宫散步又有宝座安居，就不会再走散了。③要敬中猪一头、公鸡一只，先交生后交熟。公鸡敬祖师、兵马；猪的前后四腿各切两斤，腰方肉两斤，共十斤煮半熟，分盛两盘，一盘四斤敬祖师，一盘六斤敬家先；猪的肝、肚、肺也煮半熟敬家先。④户主房族要全部到齐，表示对大祭的重视。

这种场合祭祀祷告词的内容主要是询问病人何时痊愈，有无其他鬼神作祟或要服何方医生的药等。①

第三种类型的祭家先，本质上属祈福禳灾的驱逐仪式，其程式更为烦琐。民国年间，石启贵在《民国时期湘西苗族调查实录》中对其有详细记录。据整理该书的麻树兰、石建中等在出版中的"按语"介绍，这类形式的祭家先，苗语叫"送邑夯果"。苗民生病，吃药不愈，就要许愿"祭家先"。或在病时举行，或在病愈之后还愿。事前主人须至母舅家报信，请舅家六男一女共七人来作陪神。如舅家人数不足七人，可由舅转请他人补足。但所请之人，不得与主人同姓。日期也有所禁忌：如家中生小孩，须满月后方可做；生猫，亦须隔一月；生牛、马、猪、狗、羊要过十二天之后；孵鸡、鸭、鹅，要三天之后；家有丧事或族人别家有丧事，须隔十二天。舅家若正处于禁忌期内，外甥家来报信时，可回绝之。如主人因求病速愈，不能延搁，亦可由主人另请，例不得请同姓之客。

祭家先的仪式，共分"请神""除怪""交牲""送神"四个环节。自早至晚，需一整日。地点在屋内火坑旁边。巴代坐在火坑后面矮凳上，面向门外，前摆竹筒与蜡碗。火坑前摆一方桌，桌上置方花纸十块，分作两列；后列每方纸上放一碗酒，再后插纸剪人四个，两旁桌角各插纸旗一面。另鸡两只，用细绳穿鼻，系于桌脚。猪一大一小两只，用绳捆脚，用木桩钉在堂屋门边。在巴代位置的右旁，地上摆一簸垫，垫上摆一饭桶，桶与盖分开，稍前摆一鼎罐，罐内垫一花纸，纸上放一碗酒。在簸垫之前火坑右边，摆一簸箕，簸箕上用簸条扎一半圆顶，外用纸糊后，再覆以布。内插纸人三个，中放花纸四张，后两纸之上各摆酒一碗。

在祭家先时有些颇为神秘的禁忌。如在"交牲"将猪打死后，舅辈抬回猪腿，俗谓"忌肉"，苗语称"安候"。舅舅拿"忌肉"出门时，与祭主同姓人者均得回避。肉拿回到舅家，只限吃一顿，余肉连骨均要深埋，祭规甚严，无

① 洪光荣. 祭家先//湖南省花垣县文史资料研究委员会. 花垣文史资料：第12辑·神奇的花垣·风情篇. 内部资料，2007：227-229.

祖先祭祀礼俗

281

人冒犯。又祭家先的祭规，自始至终庄严肃穆，除舅辈及规定的亲友参加外，不准异族人参与观看，代代相传，至今未变。①

"请神""除怪""交牲""送神"四节均有念辞，兹录其篇幅较短的"除怪"辞如下：

> 我做成堆蜡香，摆在神堂，烧燃蜡烟，掩藏祭司。
>
> 主人遇着鬼怪，家人碰到怪异。
>
> 一十二株弯树，弯树忽然挺直。
>
> 一十二根直竹，直竹忽而弯曲。
>
> 吃鱼咽不到肚，吃肉吞不进肠。
>
> 吃笋不得肉笋，吸烟不出烟子。
>
> 游泳遇见水鬼，坐船如走旱地。
>
> 大蚂蚁成群进屋筑窝，小蚂蚁结队进家筑巢。
>
> 河里蚌壳互叫，田里螺蛳互喊。
>
> 鬼不知巴代来到，鬼未觉祭司来临。
>
> （巴代作腔韵二三声）
>
> 神辞巴代我说不完，神辞巴代我讲不尽。②

这段辞是巴代边敲竹柝，边念诵，向家先说明主家遇到了许多稀奇古怪的事情：古树、古竹作怪，忽弯忽直；家人吃鱼、肉、笋、吸烟时出现怪现象；洗澡、坐船遇到了水怪；蚂蚁、蚌壳、田螺作怪等，因而请求祖神驱除。

（四）祖先神祭祀

在不同地区，不同民族都有始祖神，大家熟知的如汉族的黄帝、女娲，瑶族、苗族的盘瓠，拉祜族的"厄莎"，苗族的蚩尤，土家族的"八部大王"，

---

① 麻树兰，石建中."祭家先"之按语//石启贵. 民国时期湘西苗族调查实录·祭祀神辞汉译卷. 北京：民族出版社，2009：422.

② 石启贵. 民国时期湘西苗族调查实录·祭祀神辞汉译卷. 北京：民族出版社，2009：428.

以及侗族的萨、地神等。

1. 江华瑶族的还盘王愿

盘王，或称盘瓠、盘古大王等。在南方，如湖南、贵州、云南、广西、江西、福建及浙江等地的瑶、畲、苗等少数民族及部分汉族中，流传盘王信仰。"这些少数民族世代相传，盘王是他们的祖先，是他们的救世祖、守护神。"①关于盘王的传说，最早见诸文字记载的是东汉应劭的《风俗通义》一书。

图8-7　资兴市县城附近茶坪村盘王庙供的盘王夫妇神像（李跃忠 摄影）

瑶族先民将祖先盘王当成神来崇拜，他们谨记"盘王始祖随身带，木本水源不可忘"的遗训，每到一地，都要立庙供奉，随时祭拜（如图8-7为盘王夫妇神像）。瑶族素有还盘王愿的习俗，对这一习俗的来源，瑶族民间有两个不同的传说。一说瑶族先祖盘王有一次上山狩猎时追赶羚羊，与羚羊同时摔于悬崖，死在梓树上。盘王子孙好不容易找到盘王尸首，并将盘王之死怪罪于羚羊和梓树。于是，将梓树砍下，削成两头大、中间小的长鼓，两头蒙上羊皮敲打，以示招盘王之魂和报仇雪恨。后来每次祭祀活动都要打长鼓边

① 沈丽华，邵一飞. 广东神源初探. 北京：大众文艺出版社，2007：203-204.

舞边歌。另一种说法是，瑶族古时候住在千家洞。这里土地肥沃，人们共耕共种，同收同享，没有贫富之差，过着富足的生活。官府发现后，派官差进入千家洞征粮赋。瑶民好客，对官差好酒好菜相待，每家轮流吃1天，轮完要3年，官差乐不思蜀，久留不回。官府以为出了事，又派人进去，瑶民仍以好客的老办法待之。一连派了3个，不仅粮赋没有征到，反而不见人出来。官府以为官差被瑶民杀了，于是派兵围剿千家洞。瑶民被逼逃离千家洞。他们把牛角锯成12节，每姓带一节，以便作为重回千家洞的相认凭证。他们路上遇到大海，便扎成木排漂洋过海。途中遇上大风大浪，7天7夜靠不了岸，随时有生命危险。正在这时神仙托梦给瑶民：向盘王许愿，即可渡过。瑶民立刻许愿，求盘王保佑子孙安全渡海。只要过了海，就祭祀盘王。果然盘王显灵。一上岸，他们立刻还愿。以后世代相传，衍成习俗。

"还盘王愿"是瑶族祖先崇拜的典型表现，也称"朝踏""搜堂""调盘王"。瑶族民众认为只有还盘王愿，才能求得盘王保佑五谷丰登、人丁发达、六畜兴旺，否则万般无利，一事无成。因此，但凡瑶族家中、村中有人畜不安或天灾人祸之事，或者约定俗成的其他情况，都要还盘王愿。

还盘王愿的仪式有小愿、中愿、大愿三种。"小愿"即家愿，一家一户进行，一般一年一次，一次一天，可在家许愿还愿，也可在庙里许愿还愿，摆些供品，杀只公鸡，烧些香烛、纸钱就可。也有的家愿延请师公做法事。"中愿"为数户一起进行，一次两三天，请二三个师公做法事，由四男四女扮盘王的儿女，三对未婚男女青年扮盘王的子孙。要唱盘王歌、流落歌和爱情歌。"大愿"一般三五年或十二年或二十四年还一次，一次三天四夜或七天七夜，请师公六至八人，全村寨的人或几个村寨的整个家族参加。瑶族民众认为，每个成年男子，一生中最少要还一次盘王愿。

还愿要请师公，还愿者要用粽粑叶包一撮食盐，送至师公家中神龛上，请其来主持法事。主持法事的师公称主坛师，再由他推荐三四人共同举行。此外还有厨司、司饭和歌娘等人。主持还愿的师公，须携带法杖、铜铃、铜钹、铜剑、铁剑、牛角、木简、竹简、竹兜卦、长腰鼓、铜锣和经书等法器。

还盘王愿仪式较复杂。在还愿的场所内设祭坛，祭坛上挂神像。神像中央为盘王，左右为真武、功曹、田公地母。同时，挂上瑶人旗，即五色旗，由红、蓝、绿、黄、黑五色组成①。还愿开始，先鸣"地雷公"12响，再放鞭炮，人们跟着族老端出供品②。供品放好后接着点燃烛火、上香化纸，然后低头默念始祖盘王。接着由师公做法事。

法事从请神、拜神开始，到乐神送神结束，整个仪式神秘肃穆。请神拜神后，伴随着鼓乐，众人齐唱："子孙打起黄泥鼓，鼓声呼呼震山岗。鼓声不停歌不停，世代传唱盘瓠王。最先出世是盘王，盘王出世在福江，盘王就在福江庙，殿中大印十三双。……"在还愿活动中，师公用瑶语念"盘王经"③和唱《盘王大歌》，④ 两者穿插进行。

乐神是整个还愿过程中最活跃的部分。乐神主要是以歌伴舞，谓之"跳神"。师公念完一段经后，身着盛装的男女青年手持长鼓，在师公或歌娘率领下边舞边唱。歌舞完毕，要举行盛大的祭祀，所有师公都要念经，跪拜天神、地神和盘王，说明还愿原因。请求盘王保佑子孙富贵平安，人丁兴旺，五谷丰登，六畜成群。

还盘王愿是一项非常隆重的祭祀仪式。届时要停止一切生产劳动，主事的村寨或家庭要杀猪杀鸡，男女老少盛装打扮，远近亲朋也着盛装前来祝贺，主人设宴请客。青年男女也不失时机地对歌，寻找意中人。还愿时，不允许汉族观看，如是结拜的汉族观看，也不能说汉话，所有人都不能在堂前

---

① 五色旗各有含意：红色代表太阳，蓝色代表蓝天，绿色代表草木，黄色代表人，黑色代表土地。

② 供品有1个猪头、3盘糯米糍粑、熟鸡鸭各1只，及竹根鼠、山鸟、鱼等，另要有十多杯酒放在供品前。

③ "还盘王愿"的经有：《盘王请圣头目》《盘王三为书》《盘王游玩歌书》《龙城游玩书》《元盆书》《行素愿》《偷愿歌》《还达良愿歌》《打铃歌》《大流落功曹》《大游仙》《乐神科》《乐仙科》《乐三姑》《招财童子歌》《盘王神歌》《盘王部围书》《上元十言歌》《梅山九龙歌》《玉皇歌》《三清出世歌》《三元三品歌》《天师歌》《张赵二郎歌》《六元帅歌》《唐葛周三将歌》《太尉歌》《巡天三郎歌》《真武歌》《四府出世歌》《座坛祖师歌》《香火出世歌》《东极南极歌》《星主歌》《观音歌》《中坛白虎歌》《龙凤三娘歌》《黄衣判官歌》《白衣总管歌》《黎小一夜歌》《李十二歌》《五伤歌》《白马歌》《犀牛歌》《土地歌》《灶王歌》《当坊土主歌》《本部庙主歌》《驷币公歌》《家先出世歌》《本命歌》《十二年朝踏祖公》等。在不同地域、不同场合念的经书并不完全一样，但《盘王请圣头目》《盘王三为书》《盘王游玩歌书》《龙城游玩书》《元盆书》《大流落功曹》《乐神科》《乐仙科》《盘王神歌》《盘王部围书》《梅山九龙歌》《本部庙主歌》《家先出世歌》必念。

④ 还愿中的主歌是《盘王歌》，亦称《盘王大歌》《大路歌》《盘王大歌书》《乐神歌》。《盘王歌》在祭祀还愿的日子里分段演唱。先唱"来由歌""请神歌"，中间唱"传说歌""神话歌""故事歌""情歌""生产歌""苦歌"等，其中许多是还愿的唱句，结束时唱"送行"。

说汉话，夫妻不能同房，否则就不吉利，会失灵，等于没还。①

2. 土家族祭祀"八部大王"

龙山、永顺、保靖土家族民众信奉"八部大王"，他们认为"八部大王"是土家族的祖先。"八部大王"即八个部落的首领，据湘西保靖县碗米坡镇水坝村清代《复修八部大王庙的碑记》载，土家族民众信奉"八部大王"的历史十分久远："首八峒，历汉、晋、六朝、唐、五代、宋、元、明，为楚南上游……故讳八部者，盖以威镇八峒，一峒为一部落。"②

民间关于"八部大王"的传说有很多，如田荆贵《中国土家族习俗》载有这样一个传说：

> 民间传说"八部大王"系敖朝河舍、西梯老、西呵老、里都、苏都、那乌米、拢比也所也冲、接也飞也那也飞等八人，他们是一母所生的孪生兄弟，只因出生时长相奇特，被其父弃之郊野，受龙乳哺喂，凤羽温暖长大成人，因而神力无穷，本领高强，后报效朝廷，立下了汗马功劳。皇帝恐八兄弟久居京城，对己不利，于是便封八兄弟为"八部大王"，遣其回乡各管一峒。③

而龙山县土家民间关于"八部大王"出生、成长的传说较其更为具体：民间传说，很久很久以前，土家寨子里一对老夫妇，五十多岁还无儿无女。一天，他们在山上采材，碰上一个挖药的老翁，闲谈间送他们两包茶说："回去泡茶喝了，就会生贵子。"妇人喝了茶后果真有喜了，足足怀了三年六个月。一天夜里，电闪雷鸣，老妇人要分娩了。三更时分，随着一声震耳欲聋的炸雷，房里传出"哇哇"的哭声。老头子点燃松膏进屋一看，吓了一大跳，只见床前滚着八个儿子！一个个灵睛鼓眼看着他。老头子只当是怪物，趁妻

---

① 李祥红，任涛. 江华瑶族. 北京：民族出版社，2016：240-245.

② 《湘西土家族苗族自治州概况》编写组. 湖南湘西土家族苗族自治州概况. 北京：民族出版社，2007：26.

③ 田荆贵. 中国土家族习俗. 北京：中国文史出版社，1991：229.

子昏迷未醒，用竹笼背到荒山老林倒了。兄弟八个被抛到深山，哇哇直哭。山上一只白虎听到哭声，顺着声音走来，见是八个肥胖胖的小伢，非常高兴。正在危急关头，从东方飞来一条金龙，从西方飞来一只金凤。白虎与金龙厮斗起来，金凤则展翅护住八兄弟。白虎落于下风，见势逃跑了。从此这八兄弟在龙、凤抚养下成长，长得门高树大，力大无穷，又得龙凤指点，学得无敌的武艺，后由龙凤送回家。他们到家后，这个喊阿妮(土语：娘)，那个喊阿巴(土语：爹)，老头子见状惭愧得要死，娘见状欢喜得要命。这八兄弟武艺高强，捉只蛮虎像逮小猫，拔棵大树像扯根小草。天上飞的、地上跑的、水里游的，百样都弄来让爹娘尝尽了，还问爹娘想吃什么？娘开玩笑说："我想吃雷公肉。"这八个天不怕地不怕的角色真把雷公捉来了。从此这八兄弟威震八峒，成了八个部落的首领，俗称"八部大王"。[1]

龙山、永顺一带，彭姓土家族认为"八部大王"是他们的祖先，摆手堂里都供奉八部大神，俗称"八部堂"。土家族祭祀"八部大王"的仪式十分隆重，要在"八部大王"庙前跳大型军功战舞，俗称"大摆手"（也叫"社巴日"），祭祀有一整套仪式。

对这仪式，刘能朴、王本亮做了简要介绍。他们说土家族举行"大摆手"活动时，每支摆手队伍必须置青、红、蓝、黄、白五色长丈余的龙凤大旗，说这是"八部大王"为感龙殿之恩的标志，又在摆手堂前的大坪中央竖一根7.2丈高的旗杆，除悬挂最贵气的白龙旗外，顶端还扎有一只象征凤凰的白色巨鸟，以示土家世世代代承受仙凤的荫庇。为昭示八部大王捉雷公的神威，土家人还在八部庙"八部大王"像的脚下塑有一只水公鸡，用铁链系着，象征被土家远祖征服的雷公。土家族在尊崇龙凤的同时，也把那险些伤了八兄弟性命的白虎作为仇敌。龙山全县几乎都有"白虎当堂坐，无灾必有祸"之说，把"白虎"神视为煞神。

土家族对"八部大王"十分尊崇，所以修的庙宇宏伟壮观，堂前巍然耸立一座朱红牌楼，两边金龙抱柱，托起一块黑底金字的匾额，上书"大摆手堂"四个大字。摆手堂里的"八部大王"像慈祥而神骏，一般是男左女右。男的，土家人称"拔补"，女的，称"帕帕"，意即祖父祖母。

---

[1] 刘能朴，王本亮. 八部大王祭//湘西文史资料：第32辑. 内部资料，1994：343-344.

土家人在祭奠"八部大王"时至真至诚，不仅要在供桌前跳"摆手舞"，而且要动情地用土家族语言高唱"摆手歌"：

　　　　拿洞杰了格拔也，捏洞杰了克者也。

　　　　拿洞捏洞杰了哩，业坡我坡巴莫恩至谢。

　　　　业路我路巴莫扎的谢。

　　　　……①

《摆手歌》，土家族称之为"舍巴歌"，是用古土家语伴舞而唱的一种古歌，分"祭祀歌"和"伴舞歌"两大类。"祭祀歌"又分为《长马辞》《短马辞》《梭尺卡》《嘎麦请》《嘎麦喻》五个部分，分别用于"排甲祭祖""闯驾进堂""纪念八部""送驾扫堂"等摆手仪程。由掌堂师领唱，众摆手队伍附和，有问有答，委婉深沉，再伴以牛角、土号、溜子锣鼓等古老的土家民族乐器，营造出一种肃穆而雄浑的艺术氛围。②

3. 会同侗族的地神崇拜

会同侗族民众传说，地神就是蛇神，蛇神乃是自己的祖宗。因而室内发现有蛇，则认为是祖宗来查访家情，绝不轻举妄动。尤其是在每年七月半"亡人节"时间，若有蛇进屋，则认为是祖宗太公回家过节，家里老幼要对它表示敬意；清明上山"挂亲"祭祖时，如在祖坟周围见到蛇，也当作是祖宗太公现身。这时候便要跪拜作揖，祈祷老人安息，求其保佑后人财旺人兴。

也有说地神是主管一村一寨之神。过去会同境内几乎村村寨寨都建有地神祠(庙)。如团河乡向阳村、金子岩乡品溪村就有六处之多。祠庙规模有大有小，大的宽约五六丈，高丈余，建筑工艺精致，大多雕梁画栋。庙内正面墙壁安了地神牌位，普遍大楷书写"本境千年敬修得道地神之位"。有的在两侧还安其他神位；神位上方有龙蛇腾云彩画。小的通常叫地神祠，一般只竖

---

① 这几句歌词的汉语意译为："列祖列宗啊，我们请了一遍又一遍。请你们看着挂有金斗银斗的地方走来，看着洒满金钱银钱的路上踩过来吧。"

② 刘能朴，王本亮. 八部大王祭//湘西文史资料：第32辑. 内部资料，1994：344-346.

一座两三尺高的木屋，多在村寨北面的古树下边；还有的用大青石块砌成小石屋，供地神于内。因地神是坐镇一寨之神，凡外来的进寨做法事的，必须先到地神庙烧香报到，用卦征得同意后，方可进寨行事。寨里有成年人去世了，无论男女，其家里人必须持香纸到地神庙里向地神禀告死者姓名、性别、生卒年月时辰，称之"报丧"。金子岩乡品溪一带，家中生儿育女的也要前往地神庙禀报，祈求地神保佑小孩长命富贵，易养成人，当地人叫"报喜"。

侗族民间敬祭地神的形式多种多样。凡逢年过节，家家户户都要携带香纸、酒肉前往地神庙(祠)敬祭。每年腊月底要请道师来家"谢土"，感谢地脉龙神在这一年对家庭的保护。许多村寨设有"地神会"，并拥有一定的资产。凡风调雨顺、五谷丰登之年，一定要在第二年正月举行"贺地神"的大祭。届时要杀猪宰羊，全寨人同欢共宴三天。庙中灯火辉煌，香烟缭绕，鞭炮连天。许多村寨，不论丰年歉年都要定期庆贺地神，有的三年两头庆，有的三五年一庆。这种定期庆贺，除了沿袭成规的祭奠仪式之外，有的还要扎台唱戏，为时七八天，多则十天半月。①

4. 桑植县白族祭祀本主的游神习俗

游神是白族人民祭祀本主的一项极为重要的活动，是"三元教"活动的重要组成部分。始自元末明初，历代承袭，直至 20 世纪 40 年代末，先后经历了 600 多个春秋。本主即白族民众认为的祖先神。"民家聚居区供奉的本主，除普遍信奉大、二、三公外，不同地域各自还供有其他本主。如谷姓就另有高氏婆婆，王姓有陈吉、陈亮，钟姓有潘大公，熊姓有马元帅，陈姓有刘猛等。"②这些都被白族民众认为是自己的祖先神，而对其顶礼膜拜，每年都要举行隆重的"游神"仪式加以纪念。

桑植白族的"游神"一般分两个时期进行：一是本主庙会期时的"小游神"，二是一年一度的春节期间的"大游神"。白族人之所以要"游神"，原因

---

① 李一西. 会同侗族风貌//会同县委员会文史资料研究委员会. 会同文史资料：第 2 辑. 内部资料，1987：94-96.

② 谷忠诚. 民家人聚居区的本主除"大二三公"外，为何还各自信奉不同的本主? //谷利民. 桑植白族博览. 北京：民族出版社，2012：73.

祖先祭祀礼俗

有三：一是通过活动，表示不忘先祖从苍山、洱海跋涉远行，艰苦创业的功绩，并借此表达思念故土之情；二是通过庄严肃穆而又热烈欢欣的"游神"活动，感谢本主和祖先神赐福祛灾的庇佑之恩；三是借这一活动来显示本族人丁兴旺，以告外人不得等闲视之，故也隐含着一定程度的示威之意。所以，桑植县白族民众的"游神"仪式颇为壮观。①

整个"游神"活动，由本族值年会首组织安排，祭祀仪式则由三元老师主持，一般分请神上马、游神、下马安神三个阶段。"小游神"一般只进行一天，而"大游神"的时间长短则根据本族裔居住区支祠和族众人员的多少而定，一般是 7 至 10 天，多则一个月。"游神"的队伍依次是：扛四方神旗两人，在前鸣锣开道，执"肃静""回避"牌各一人，扛"风调雨顺""国泰民安"牌各一人，抬神轿者 10—12 人不等，主要视其本主神的多少与大小而定。三元老师则身穿法衣，戴五佛冠，手执海螺、三宝铃随神轿之后，会首和收香纸的各一人，另一人扛牌灯提前半日打前站，下书通知目的村，以便其做好迎神准备。整个队伍约二三十人。沿途吹动吆喝，前呼后拥，威风凛凛，所过民居或放鞭炮迎送，或焚香膜拜，以表虔诚。

"游神"前，必须请神，由值年会首于前一年的腊月下旬，请三元老师偕同几个沐浴洗身的青年男子去本主庙，在神台上摆供果做朝，念拜祖词：

山有昆仑水有源，花有清香月有影。

树木有根竹有鞭，莲蓬打从藕节生。

一拜祖先来路远，二拜祖先劳百端，

三拜祖先创业苦，四拜祖先荣耀显。

家住云南喜洲睑，苍山脚下有家园。

大宋义士人皆晓，天山逸民历代传。

接着三叩九礼，抬本主神入轿，抬到会首家的堂屋或支祠的神坛前，净水洗身，加金挂彩，供入神堂。腊月三十（月小则二十九）之日，三元老师做敬神功果，吹海螺，摇三宝铃，收兵练马，并安排神职人员及有关事项。正

---

① 谷忠诚. 民家人为什么喜欢游神//谷利民. 桑植白族博览. 北京：民族出版社，2012：72.

月初二，三元老师"请神上马"，入轿后，"游神"正式开始。

"游神"每至一宿营地，支祠族长或房头首人都要虔诚迎接，在祠堂或堂屋门前摆放香案，敬上粑粑、豆腐、牺牲、香帛等供品。神到时，众人要躬身相迎，三元老师请神出轿，由首士和游神者用手托住神像，毕恭毕敬地供进神坛。晚上三元老师要做"施食""安坛"功果，最后由三元老师领头跳杖鼓舞。届时会有数十，甚至百十余白族男子，随着笛子、锣鼓声的节奏，围着本主神，一起绕圈跳起来，做到尽欢而散。三元老师做"安坛"朝后休息，一日的游神活动随之结束。次日早上，三元老师做早朝、早饭后，"差神辞家"，到下一站，重复同样的仪式。

"游神"到最后一天，要举行隆重的"安神"仪式，这天，游神队伍已回到本主庙旁，由值年会首和三元老师带领支祠各房长及执掌旗、鼓、伞者一行，将本主神抬到堂上后，三元老师做"安神"功果，一年的"游神"活动到此结束。①

桑植县白族有各种供奉本主神的祠堂庙宇，各姓祠堂即"祖神合一"的本主庙，"如五姓祠、普子塔祠、缆船坪本主祠等。这种家庙，谷姓有 13 座，王姓 9 座，钟姓 7 座，熊姓 6 座，李姓 2 座，刘姓 5 座，陈姓 1 座。另有 4 座五姓祠。而密度最大的是芙蓉桥，从双溪桥至马合口一线 20 华里（1 华里=0.5 公里），就有 24 座，平均不到一华里就有一座。"②

（五）宗祠演剧

宋以来，湘南地区民众多是聚族而居，因而这些地区民间修建有大量的宗祠。宗祠是族民祭祀祖先、族亲商议族内事务、举办族内庆祝重要事件活动的场所，而且亦可用作子孙后代办理婚、丧、寿、喜等事宜的地方。围绕宗族事务，民众常邀戏班演戏，或以之祭奠、酬谢祖宗，或以之表达族民的喜悦，或以之警戒族人，因而宗祠演剧也就成了湘南民间戏剧的一种重要生存方式。所谓宗祠演剧即指因为宗祠事务，如修建祠堂、修撰族谱、祖先生

① 谷忠诚，谷励生. 白族游神//桑植县委员会文史资料研究委员会，桑植文史资料：第 3 辑，1992：178-179.

② 谷忠诚. 白族地区为什么祠庙多//谷利民. 桑植白族博览. 北京：民族出版社，2012：80.

日或忌日以及其他节令如清明、中元节、冬至节等，而由宗族组织的在宗祠戏台或临时搭建的戏台上进行的戏剧演出活动。宗祠演剧，湘南一带也称"祠堂戏"，如《湖南地方剧种志（衡阳湘剧志）》"祠堂戏"条介绍的内容，就与笔者所说的宗祠演剧大同小异。其文曰："城乡各氏族宗祠，凡修谱、祭祖或遇族人高中、升迁、荣归等，多迎班演戏。戏款由族中公田收入支付，戏价与剧目则由祠中值年与戏班商定，多点演颂扬本姓氏有关之剧目。"①

我国民间宗祠演剧演出场合较多，日本汉学家田仲一成指出江南宗祠演剧的演出场合，有个别祖先寿诞的祭祀演剧，对祖先群体的季节祭祀演剧（又包括元宵灯节、春分、清明的宗祠演剧以及秋祭、冬祭时的演剧），进主（祖先神位入祀）的演剧，科举及第者的祀祖谢恩演剧和超幽追荐演剧等五种。② 黄亚琴对湖南怀化一带的宗祠演剧场合做了考察，以为这里的演剧场合主要有节庆祭祖演剧（中元、冬至、春节等节日的祭祖演剧）、祖先诞辰祭祖演剧、修谱演剧、修祠演剧等四种。③

明清以来，在湖南世居少数民族间流传的声腔剧种有阳戏（怀化、湘西自治州④）、傩戏（湘西自治州、怀化、张家界）、祁剧（永州、郴州、邵阳等地）、辰河戏（常德、怀化）、湘昆（桂阳、汝城）、衡阳湘剧（永州、郴州）、衡州花鼓戏（永州、郴州）、邵阳花鼓戏（邵阳）、花灯戏（湘西、湘南）以及特殊剧种影戏（常德、郴州、岳阳）、木偶戏（邵阳、永州）等。这些声腔、剧种多数都参与过宗祠演剧。

在各种宗祠演剧场合中，与祖先祭祀关联最为直接的是在宗族举行各种祭祀活动时邀请戏班演戏。

湖南民间一年四季均有祭祀祖先的活动，这一礼仪习俗，在清代民国时期修的各州县地方志之"祭礼"中均有记载。如民国修《蓝山县志》载："凡一姓有祠堂者，所祖诞日、忌日或节日，备时物、庶羞、酒醴，族裔合祭于堂，无祠堂者祭于寝，而清明扫墓之先亦祭于祠。祭毕分胙，一堂聚饮，爵

---

① 湖南省戏曲研究所. 湖南地方剧种志丛书（衡阳湘剧志）. 长沙：湖南文艺出版社，1988：136.

② 田仲一成. 明清的戏曲——江南宗族社会的表象. 北京：北京广播学院出版社，2004.

③ 黄亚琴. 五溪宗祠演剧研究. 湖南科技大学硕士学位论文，2016：25-34.

④ 括号中地名为该剧种流布区域中少数民族人口较多的地方.

至无算，或因以酬事，族大宠多者尤甚。墓祭以清明前后日，春祭为通期，亦有冬日行之者。"①此外，我们在前面章节也引用了《慈利县志》《永绥厅志》《永州府志》等文献中的相关记载。

这些祭祀活动，又可分为两大类：一是祖宗的诞辰、忌日祭祀，如新修《桂阳县志》介绍该县给祖宗做寿庆习俗讲道："仁义的两路谢家、黄家圩、圳头黄家、樟市的西湾谢家、甘村蒋家和余田的汤家等地，还有给祖宗做生日的习俗。"届时，"要给祖宗塑像烧香祝寿，做佛事，设宴请客"，有的"酒宴后要举行较大的游艺活动……边跳边唱，手舞足蹈，气氛甚为热烈"②。很显然，在这热烈的氛围中，邀请戏班演戏是少不了的。（如图8-8）二是岁时节日，如清明、端午节、中元节、重阳节等的祭奠。在这些宗祠的祭祀仪式中，有的只备办三牲、果品祭奠一番即可，有的规模很大，要演戏以庆。

图8-8　洞口县金田乡彭家村彭氏祖先寿诞演出剧照（孙文辉 摄影）

宗祠演剧是我国南方传统戏曲的一种重要生存方式，对地方戏曲的生存、发展产生了较大影响。宗祠演剧在剧目的选择上有一定的规矩，一般来说要么选本宗族历史上出现的先圣先贤、帝王将相等能彰显本族光荣历史的

---

　① 丁世良，赵放.中国地方志民俗资料汇编：中南卷.北京：北京图书馆出版社，1991：590.
　② 桂阳县志编纂委员会.桂阳县志.北京：中国文史出版社，1994：759.

人物故事，要么是选择一些道德教化功能较为明显的伦理剧，要么是选择一些被认为有祈福禳灾功能的仪式剧。① 总之，宗祠演剧是在威严肃穆的宗祠里，乡民借有着浓郁地域特色的地方戏曲献给祖先的精神礼物，且通过选择特殊剧目表达追思，颂扬祖先功绩，并以之激励族民，教育后世子孙。

---

① 李跃忠. 湘南宗祠演剧的剧目选择特点简论//中国古代小说戏剧研究：第 13 辑. 兰州：甘肃人民出版社，2017：303-308.

参考文献

一、湖南少数民族地区地方志书

[1] 丁世良，赵放. 中国地方志民俗资料汇编. 北京：北京图书馆出版社，1991.

[2] 湖南省永顺县民族事务委员会. 永顺县土家族. 内部资料，1992.

[3] 芷江侗族自治县县志编纂委员会. 芷江县志. 北京：生活·读书·新知三联书店，1993.

[4] 新晃侗族自治县志编纂委员会. 新晃县志. 北京：生活·读书·新知三联书店，1993.

[5] 湖南省花垣县地方志编纂委员会. 花垣县志. 北京：生活·读书·新知三联书店，1993.

[6] 吴多禄. 江永县志. 北京：方志出版社，1995.

[7] 永顺县地方志编纂委员会. 永顺县志. 长沙：湖南出版社，1995.

[8] 城步苗族自治县志编纂委员会. 城步苗族自治县志. 长沙：湖南出版社，1996.

[9] 湖南省通道侗族自治县县志编纂委员会. 通道县志. 北京：民族出版社，1999.

[10] 桑植县地方志编纂委员会. 桑植县志. 北京：海天出版社，2000.

[11] 湖南省麻阳苗族自治县地方志编纂委员会. 麻阳县志(1978—2005). 郑州：中州古籍出版社，2008.

[12] 湖南省宁远县地方志编纂委员会. 宁远县志. 内部资料，2014.

[13] 《靖州苗族侗族自治县概况》编写组. 靖州苗族侗族自治县概况. 长沙：湖南出版社，1991.

[14] 《湘西土家族苗族自治州概况》编写组. 湖南湘西土家族苗族自治州概况. 北京：民族出版社，2007.

[15] 《新晃侗族自治县概况》编写组. 湖南新晃侗族自治县概况. 北京：民族出版社，2008.

[16] 《江华瑶族自治县概况》编写组. 湖南江华瑶族自治县概况. 北京：民族出版社，2008.

[17] 《城步苗族自治县概况》编写组. 湖南城步苗族自治县概况. 北京：民族出版

社，2009.

[18]《桑植县概况》编写组. 桑植县概况. 北京：民族出版社，2012.

[19] 通道侗族自治县民族宗教事务局. 通道侗族自治县民族志. 北京：民族出版社，2004.

[20] 尚立晰，向延振. 张家界市情大辞典. 北京：民族出版社，2001：211.

二、湖南少数民族地方文化研究文献

[21] 石启贵. 民国时期湘西苗族调查实录. 北京：民族出版社，2009.

[22] 秋鸿. 新晃侗族生活习俗琐谈//贵州省民族研究所. 民族研究参考资料：第22集. 内部资料，1985.

[23] 永顺县民间文学集成办公室. 中国歌谣集成湖南卷：永顺县资料本. 内部资料，1988.

[24] 金述富，彭荣德. 土家仪式歌漫谈. 北京：中国民间文艺出版社，1989.

[25] 怀化大辞典编辑委员会. 怀化大辞典. 北京：改革出版社，1995.

[26] 麻阳苗族自治县文史委员会. 麻阳文史：第5辑·麻阳民俗风情. 内部资料，1999.

[27] 马本立. 湘西文化大辞典. 长沙：岳麓书社，2000.

[28] 巫瑞书. 孟姜女传说与湖湘文化. 长沙：湖南大学出版社，2001.

[29] 游俊，李汉林. 湖南少数民族史. 北京：民族出版社，2001.

[30] 彭继宽. 湖南土家族社会历史调查资料精选. 长沙：岳麓书社，2002.

[31] 龙泽瑞，龙利农. 牛角里吹出的古歌——梯玛神歌. 北京：中国文联出版社，2003.

[32] 向光清. 桑植民俗礼仪大全：第四卷. 北京：光明日报出版社，2005.

[33] 李祥红，任涛. 江华瑶族. 北京：民族出版社，2005.

[34] 邱渭波. 常德土家族. 哈尔滨：北方文艺出版社，2005.

[35] 赵小鹏，杨文基，梁海鸥. 湖南怀化民俗史料. 北京：线装书局，2007.

[36] 石门县文史委员会. 神奇石门：民俗卷. 北京：大众文艺出版社，2007.

[37] 刘冰清，金承乾. 辰州傩歌. 北京：中国文史出版社，2006.

[38] 陈映景. 通道民歌. 内部资料，2007.

[39] 湖南省花垣县文史资料研究委员会. 花垣文史资料：第12辑·神奇的花垣·风情篇. 内部资料，2007.

[40] 林良斌，吴炳升. 习俗大观·中国湖南通道侗族文化遗产集成：第四辑·下. 北京：中国国际文艺出版社，2008.

[41] 谢明尧. 女书习俗. 长沙：湖南人民出版社，2008.

[42] 游俊，李汉林，龙先琼. 永顺县土家族卷. 北京：民族出版社，2008.

［43］贾绍兴. 喊礼——湘西神秘婚丧礼俗考察记. 北京：学苑出版社，2009.

［44］石建华，伍贤佑. 湘西苗族百年实录（上）. 北京：方志出版社，2009.

［45］张丽剑. 散杂居背景下的族群认同——湖南桑植白族研究. 北京：民族出版社，2009.

［46］阳盛海. 湘西土家族的历史文化资料. 长沙：湖南人民出版社，2009.

［47］湖南省文联《湖南歌谣集成》修订委员会. 湖南歌谣集成. 长沙：湖南文艺出版社，2009.

［48］张文华，邓东洲，金承乾. 走进辰州傩. 北京：中国文史出版社，2010.

［49］谷俊德. 桑植白族风情. 北京：民族出版社，2011.

［50］《湖南瑶族》编写组. 湖南瑶族. 北京：民族出版社，2011.

［51］李显福，梁先学. 湖南苗族风情. 长沙：岳麓书社，2012.

［52］谷利民. 桑植白族博览. 北京：民族出版社，2012.

［53］周明阜，胡晨，胡炳章. 湘西风土志. 北京：中央民族大学出版社，2012.

［54］张子伟，张子元. 湘西苗族椎牛祭. 长沙：湖南师范大学出版社，2012.

［55］姜又春. 社会人类学视阈下农村儿童养育制度研究. 成都：西南交通大学出版社，2013.

［56］彭剑秋. 永顺县民族文化系列丛书：中国土家族婚俗考. 长沙：岳麓书社，2015.

［57］熊仁先. 张家界民俗采英. 西安：西北工业大学出版社，2016.

三、其他研究文献

［58］湖南省戏曲研究所. 湖南地方剧种志丛书. 长沙：湖南文艺出版社，1988-1989.

［59］吴格言. 中国古代求子习俗·序. 石家庄：花山文艺出版社，1995.

［60］宋兆麟. 中国生育信仰. 上海：上海文艺出版社，1999.

［61］林耀华. 义序的宗族研究. 北京：生活·读书·新知三联书店，2000.

［62］余咏宇. 土家族哭嫁歌之音乐特征与社会涵义. 北京：中央民族大学出版社，2002.

［63］陈延亮，彭南均. 土家族婚俗与礼仪歌. 北京：民族出版社，2005.

［64］徐旸，齐柏平. 中国土家族民歌调查及其研究. 北京：民族出版社，2009.

［65］林继富，覃金福. 民族 村落 家庭：酉水流域土家年研究. 北京：民族出版社，2014.

后　记

　　接到书稿的撰写任务后，我和湖南籍学生交流时，喜欢问人家的民族，要是得知学生是少数民族的，则倍感亲切。然后，我会试着向学生了解他家乡的一些民俗，一些非物质文化遗产项目，可想不到的是，多数学生是这样回答："老师，我不了解。""老师，我们那里早没有这些东西了。""老师，我们那里和汉族已经没有什么区别了。"在问了好几位同学后，我便不再问这些年轻的孩子们了。我知道，许多传统文化离这些青年人已经有了一段不短的距离，有的甚至已经很遥远了。

　　礼仪习俗，属非物质文化遗产的范畴，乃我中华传统文化的重要一部分，其中多数可视为民族文化的精华。这些非物质文化遗产具有重要的历史价值、文化价值、社会价值和艺术价值。如其社会价值就是多方面的，两千多年前孔子说道："不学礼，无以立。"（《论语》）荀子也指出："人无礼则不生，事无礼则不成，国无礼则不宁。"（《荀子·修身》）我们撤除其中的一些体现阶级压迫、阶级统治的意识，传统礼教所倡导的仁爱、正义、和谐、节制、美善、忠孝、诚信等，在维系人与人之间、人与社会之间关系稳定、和谐等方面确实有着极为重要的作用。

　　按理说像礼仪民俗这类有着多方面价值，且原本就是人们生活中的一部分的非物质文化遗产，理应会得到很好的传承，但在时代面前，在经济大潮面前，在大量的西方文化涌入面前，今天不少民间礼俗已经失传或即将要失传，民间许多原本富有内涵的仪式被整得中不中，西不西，给人一种"不伦不类"的感觉。我近年来参加的一些结婚典礼，多由各类婚庆公司的小年轻在酒店主持举行。届时既有西方婚礼的一部分仪式，如由新娘父亲牵着女儿的手将女儿交给女婿、新娘新郎盟誓、交换戒指等，又有中国传统的仪式，如拜堂、喝交杯酒、新人敬改口茶等，另还有新郎致辞、新郎父亲致辞，以及说一些无伤大雅的调侃儿媳妇公公的段子等。

由于非物质文化遗产消失得厉害，因此，党和政府将保护非物质文化遗产作为了一项重要的工程来抓。21世纪以来，为保护、保存这些重要的文化遗产，政府做出了许多努力，如2011年颁布实施了《非物质文化遗产保护法》，迄今已连续公布了五批国家级非物质文化遗产保护名录，2015年起开启了国家级非物质文化遗产传承人数字化记录工程，2017年始实施了"中国民间文学大系出版工程"等。通过多年的努力，其成效也渐渐显露出来了。

礼仪民俗的内涵丰富，社会价值巨大，但其散存于人们的生活、生产中，受时代冲击、影响甚大，其保护、传承之路相当艰难。唯其如此，我们更希望通过自己的努力，为传承传播这些文化遗产做点小小的贡献。

本书的章节设置由我一人构思，全书文字也基本由我完成，侯文婷、杨凌波(侗族)、杨雅萍(土家族)三人协助查阅了资料，并在"婚姻礼俗"一章中就一些具体问题撰写了部分文字；我指导的研究生邝芳婷、印清玲、陈维民、陈继煦、蔡浪(土家族)等均参与了相关的田野调查工作，并协助整理了一些文字资料；湖南科技大学2015级本科生马如(回族)、吴姗(土家族)，2016级本科生夏镱等同学参与了湖南少数民族民俗文化的田野调查。

为完成书稿的撰写，2018年我也在一些少数民族地区做了粗浅的田野调查，调查过程中得到了一些好友和当地人的帮助，他们是(按时间先后排序)：永兴县李检荣、资兴市曹林香、资兴市二峰村书记袁剑国、怀化学院姜又春、周南中学李骏逸、麻阳县大桥江乡政府龙启武、麻阳县豪侠坪村龙树功等。

书稿的撰写，参阅了大量的地方史志和研究文献，在查阅资料的过程中得到了湖南科技大学图书馆胡婕老师、怀化市图书馆工作人员的大力支持，在此特向他们表示诚挚谢意！文中凡征引或参考了的文献，在书中都一一详细地予以了标注，在此亦向各位作(编)者表示深深的谢意！

本研究的完成亦得到了湖南科技大学"湖南省汉语方言与文化科技融合研究基地"、"中国古代文学与社会文化研究基地"的支持！感谢湖南大学出版社给了这样一次学习的机会！感谢本书策划祝世英、刘锋，责编吴海燕，他们认真地审校，纠正了原书稿中的不少错误，使著作增色不少。

本研究的完成，爱妻曹冠英亦功不可没。在我外出调研和撰写书稿的过程中，她承担了照顾家庭的重任，付出了许多辛劳。

感谢所有关心和关怀我的亲朋好友！

李跃忠

2020 年 7 月 6 日